"十四五"长三角
民办教育一体化
发 展 丛 书

总策划　李宣海

# 长三角民办教育发展报告

# （2010—2020 年）

主编　高德毅等

立信会计出版社

LIXIN ACCOUNTING PUBLISHING HOUSE

**图书在版编目(CIP)数据**

长三角民办教育发展报告：2010—2020 年／高德毅
等主编. —上海：立信会计出版社，2021.7
("十四五"长三角民办教育一体化发展丛书)
ISBN 978-7-5429-6872-2

Ⅰ.①长… Ⅱ.①高… Ⅲ.①社会办学-研究报告-
中国-2010-2020 Ⅳ.①G522.74

中国版本图书馆 CIP 数据核字(2021)第 131023 号

策划编辑　　王艳丽
责任编辑　　王艳丽

## 长三角民办教育发展报告(2010—2020 年)

CHANGSANJIAO MINBAN JIAOYU FAZHAN BAOGAO

| | | | | |
|---|---|---|---|---|
| 出版发行 | 立信会计出版社 | | | |
| 地　　址 | 上海市中山西路 2230 号 | 邮政编码 | 200235 | |
| 电　　话 | (021)64411389 | 传　真 | (021)64411325 | |
| 网　　址 | www.lixinaph.com | 电子邮箱 | lixinaph2019@126.com | |
| 网上书店 | http://lixin.jd.com | | http://lxkjcbs.tmall.com | |
| 经　　销 | 各地新华书店 | | | |
| 印　　刷 | 上海万卷印刷股份有限公司 | | | |
| 开　　本 | 787 毫米×1092 毫米 | 1/16 | | |
| 印　　张 | 24 | | | |
| 字　　数 | 525 千字 | | | |
| 版　　次 | 2021 年 7 月第 1 版 | | | |
| 印　　次 | 2021 年 7 月第 1 次 | | | |
| 印　　数 | 1—2 500 | | | |
| 书　　号 | ISBN 978-7-5429-6872-2/G | | | |
| 定　　价 | 129.00 元 | | | |

如有印订差错，请与本社联系调换

# 《长三角民办教育发展报告
## （2010—2020 年）》
## 编委会名单

总 策 划　李宣海

主　　编　高德毅　胡　卫　金秋萍　葛为民　赵良庆

执行主编　董圣足

副 主 编　林晓鸣　王　彬　阙明坤　潘　奇　刘荣飞


全体编撰者（按姓氏笔画排序）：

王　力　　王　彬　　王根杰　　王蓓蓓　　公彦霏　　方建锋

尹福会　　田光成　　朱玉娟　　刘荣飞　　刘耀明　　江彦桥

许　松　　李宣海　　杨　磊　　杨克瑞　　吴　华　　吴国兵

邱昆树　　余新宏　　汪　兵　　张　璐　　张　歆　　纽勤章

武月锋　　林晓鸣　　金　兵　　金秋萍　　赵良庆　　胡　卫

席清才　　倪　涛　　徐绪卿　　高德毅　　康亚华　　章露红

葛为民　　董圣足　　蒋园园　　阙明坤　　潘　奇　　操晓峰

# 前言

## FOREWORD

2018年11月5日,中共中央总书记、国家主席习近平在首届中国国际进口博览会上向世界庄严宣布,将长江三角洲(以下简称长三角)区域一体化发展上升为国家战略。2019年12月,中共中央、国务院印发《长江三角洲区域一体化发展规划纲要》(以下简称《规划纲要》),进一步明确了长三角"一极三区一高地"一体化发展的战略定位,按照2025年和2035年两个时间节点设置了分阶段目标,并对规划实施作出了具体的安排和部署。其中,教育高质量协同发展是长三角一体化的重要内容。《规划纲要》明确指出,教育在加快都市圈一体化发展、促进城乡融合发展、合力发展高端服务经济、协同推进开放合作上应发挥重要作用,长三角地区要共享高品质教育资源,推动教育合作发展。

民办教育作为教育事业的重要组成部分和推动教育改革的重要力量,理应在推进长三角教育一体化发展中发挥积极作用,并借助长三角一体化发展平台实现自身更高质量发展。早在2009年4月,江苏、浙江、上海两省一市教育行政部门相关负责人就齐聚南京,共同商讨长三角教育联动发展机制,并签订了《关于建立长三角教育协作发展会商机制协议书》,旨在推进长三角地区教育资源共享、教育信息互通、非学历教育互认等合作事项。这标志着长三角地区的教育合作发展迈出了实质性步伐,其交流与合作已经由民间层面、非常规状态向行政决策层面、制度化状态转变。在此背景下,2010年6月,上海市民办高等教育协会、上海市民办中小学协会、江苏省工商联民办教育协会、浙江省民办教育协会共同主办了第一届长三角民办教育高峰论坛。该论坛围绕"民办教育的体制与机制创新"和"如何建立长三角民办教育联动发展合作机制"等问题进行了积极讨论,并初步形成了长三角民办教育行业交流的常态机制。与此同时,长三角民办学校(机构)之间也陆续开展了各种内容丰富、形式多样的协同与合作活动,通过异地办学、委托管理、合作成立职教集团等形式进行了多方联动与深入交流。这在某种程度上促进了长三角地区各级各类民办教育的改革和发展。

客观地说,受各种现实因素制约,推进包括民办教育在内的长三角教育高质量协同发展并不是一件容易的事,必将面临各种体制性障碍和行政性壁垒。如何破除协同藩篱、扫清合作障碍,需要三省一市在制度及机制层面作出更多创新和探索。《规划纲要》颁布后,为了实质性地推进区域教育协同发展,三省一市民办教育行政管理部门于2018年共同签订了《长三角民办教育发展协作框架协议》，对三省一市协作机制进行了整体设计，包括深入推进会商交流，建设决策层、协调层及执行层"三级运作"协作机制，以及依托上海市民办教育发展服务中心共建民办教育协同发展中心等。这些举措推动了区域民办教育联动发展朝着更大范围、更深层次、更高水平发展。与此同时，三省一市相关部门还通过项目委托等政策工具，推动区域内各类民办学校在学前教育、基础教育、高等教育和职业教育等领域深化合作，协同扩大优质教育供给，旨在促进长三角民办教育高质量发展。

为了深入贯彻习近平总书记关于推动长三角地区更高质量一体化发展的重要指示，全面落实《长三角地区一体化发展三年行动计划（2018—2020 年）》，经过有关部门同意，2018 年 10 月，上海市民办教育协会，联合江苏、浙江和安徽三省民办教育行业组织在上海共同发起成立了长三角民办教育一体化发展联盟。该联盟本着"更好服务政府、更好服务学校"的原则，充分发挥四地协会在行业自律、交流合作、协同创新、履行社会责任等方面的桥梁和纽带作用，深入贯彻全国教育大会精神，全面推动民办教育新法新政的落地实施，引导和促进民办学校坚持公益性办学、创新人才培养模式、提升人才培养质量，不断提高长三角地区民办教育整体办学水平。

长三角民办教育一体化发展联盟成立后，致力于实现区域民办教育信息相通、资源共享、要素重组和优势互补，既为优化区域民办教育政策环境出谋划策、提供方案，也为引导各级各类民办学校健康发展集思广益、贡献智慧，从而促进长三角民办教育一体化更高质量发展，推动区域教育现代化进程，进一步办好人民满意的教育。根据《长三角民办教育一体化发展联盟合作框架协议》的安排，长三角民办教育一体化发展联盟将定期推动并实施四大合作事项：一是合力推进民办学校分类管理改革协同研究；二是组织编写长三角民办教育发展事业报告；三是探索建立民办学校第三方质量认证制度；四是共同创建长三角民办教育发展高峰论坛。

上述由官方或行业组织所采取的集体行动，为长三角民办教育协同发展和优质发展奠定了总体框架，打下了良好基础。未来一个时期，区域内各方将致力于加强地区间政府、协会、学校和教科研机构间的深度合作，打破政策壁垒，完善合作机制，丰富合作内容，健全合作制度，不断推进长三角民办教育一体化发展。

长三角民办教育高质量协同发展是一个长期的过程，不可能一蹴而就。当前和今后一个时期，按照国家层面的决策部署，各级政府将深入实施非营利性和营利性民办教育分类管理，全面落实《中华人民共和国民办教育促进法》及其实施条例精神，积极鼓励社会力量依法兴办教育，支持和规范民办教育健康发展。为系统呈现三省一市在民办教育高质量协同发展中的前期努力和已有基础，全面展示长三角一体化上升为国家战略后三省一市民办教育主管部门、行业组织和民办学校等各个主体的积极作为和不懈努力，反思一体化发展过程中存在的问题及其成因，探讨未来深化合作、共谋发展的领域及路径，我们在三省一市教育行政部门的大力支持下，特组织各方力量编写了这本《长三角民办教育发展报告（2010—2020 年）》。本书采用总报告与分报告、类别报告与专题报告、学校案例与区域政策相衔接的文本架构，以数据和事实为依据，力图全面反映 2010—2020 年长三角地区各级各类民办教育组织的改革发展情况、取得的成绩与经验以及所面临的问题与挑战等，同时结合政策解读和环境分析，就长三角民办教育协同发展的前景进行展望，以期为长三角民办教育的高质量发展作出贡献。需要说明的一点是，因官方一般在次年年中才会正式发布上一年度的教育统计数据，故本书定稿时所能引用的最新数据为 2019 年度的统计数据。但是，本书所反映的行业改革及相关发展举措涵盖了 2020 年度的事项。

本书是各方共同努力的智慧结晶。三省一市民办教育主管部门对本书的编写给予了大力支持，提供了宝贵的基础材料；各地民办教育协会主要领导全程关心关注本书编写进展，并解决了不少实际困难；来自相关单位的三十多名高水平专业人员共同参与了编写工作，几易其稿、几经琢磨、几番完善，本书才最终得以成稿。对于来自各方面的支持和帮助，以及全体编写人员的努力和付出，我们在此谨表感谢！

这是第一本关于长三角民办教育发展专门成果的著作，虽然我们深知其中还存在诸多不足，但希望它能为长三角民办教育的改革发展提供助力。"知不足而奋进，望远山而力行。"未来，在长三角区域一体化发展战略指引下，在民办教育高质量协同发展的大趋势中，我们将身体力行，不断推进系列发展报告的编撰工作，不断完善报告编撰的工作机制，为总结长三角民办教育实践经验、深化长三角民办教育理论成果作出我们应有的贡献。

李宣海　高德毅

2021 年 5 月于上海

# 目录
## CONTENTS

# 综 合 报 告

# 长三角地区民办教育发展总报告

长三角三省一市（安徽、江苏、浙江、上海）地域相连、文化相近、经济相融，各地党委、政府和民间组织历来交流频繁、协作共赢、共同发展，是我国经济发展最活跃、开放程度最高、创新能力最强的区域之一。中共十八大以来，以习近平同志为核心的党中央立足新的历史方位，支持长三角一体化发展并将其上升为国家战略。2019 年 12 月 1 日，中共中央、国务院印发《长江三角洲区域一体化发展规划纲要》，进一步完善了顶层制度设计，绘就了未来一段时期长三角地区的发展蓝图，为长三角地区的长足发展带来了新的机遇。

2020 年 8 月，习近平总书记在扎实推进长三角一体化发展座谈会上指出，实施长三角一体化发展战略要紧扣"一体化"和"高质量"两个关键词，以一体化的思路和举措打破行政壁垒，提高政策协同，推动长三角地区经济高质量发展。长三角地区的经济、科技、城市一体化和高质量发展，需要聚集不同层次的人才到此安家落户。长三角一体化发展战略要求包括民办教育在内的各类教育发挥培养人才、吸引人才、聚集人才的功能和优势，在实现自身一体化和高质量发展的同时，积极促进长三角地区经济、科技的一体化和高质量发展。

潮涌长三角，扬帆正当时。民办教育事业是我国教育事业的重要组成部分，多年来，在长三角三省一市各级党委政府、行业协会和各级各类民办学校（机构）的共同努力下，长三角民办教育交流协作日益频繁，民办教育事业发展取得了令人瞩目的成就，成为全国民办教育发展的示范区和"领头羊"。在此背景下，长三角地区各省市在新时代积极响应党中央、国务院的号召，进一步推动民办教育的合作发展，为扩大优质教育资源、促进教育均衡发展、率先实现区域教育现代化作出新的贡献。

## 一、长三角民办教育事业发展态势

2010—2019 年长三角三省一市各级各类民办学校数量、占比和在校生规模呈现出明显的差异化发展态势。

### （一）民办幼儿园数量呈增长趋势，占比显著下降；民办幼儿园在园儿童规模略增，占比先升后降

受《国务院关于当前发展学前教育的若干意见》（国发〔2010〕41 号）的鼓舞，2010—

2019 年长三角地区的民办学前教育机构数量呈现增长趋势,但与全国(特别是东部地区)的民办学前教育机构相比,其增速明显缓慢。全国民办幼儿园数量从 2010 年的 10.23 万所增至 2019 年的 17.32 万所,东部地区民办幼儿园数量从 2010 年的 4.04 万所增至 2019 年的 6.23 万所,分别增长了 69.31% 和 54.21%;而长三角地区民办幼儿园数量则从 1.26 万所增至 1.51 万所,仅增长了 19.84%(见图 1)。与此同时,随着公办幼儿园数量的增长,长三角地区民办幼儿园数量在该地区幼儿园总量中的占比明显下降,从 66% 下降到 56%。这与全国民办幼儿园发展趋势基本相同(见图 2)。

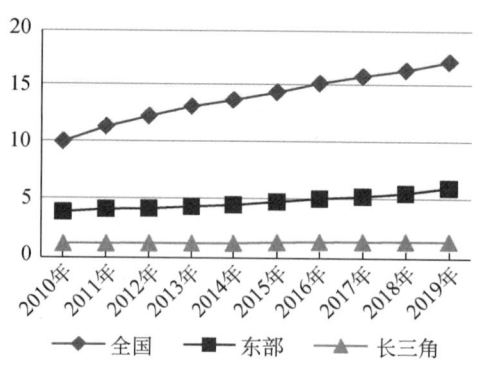

图 1　2010—2019 年民办幼儿园数量(万所)

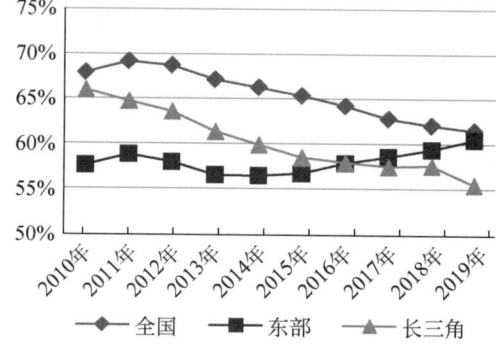

图 2　2010—2019 年民办幼儿园占比

在长三角三省一市中,2019 年安徽的民办幼儿园数量最多,有 5 761 所,占长三角地区民办幼儿园总量的 38.15%;其后是浙江,有 5 620 所,占比为 37.22%;接下来是江苏,有 3 095 所,占比为 20.50%;上海民办幼儿园数量最少,有 642 所,占比为 4.25%。同年,浙江的民办幼儿园数量占该省幼儿园总数的 68%,是长三角地区中民办幼儿园数量占比最高的省份;其后是安徽,该省民办幼儿园数量占比为 59.8%;接下来是江苏,该省民办幼儿园数量占比为 40.7%;最后是上海,该市民办幼儿园数量占比为 38.4%。

从在园儿童的规模看,长三角地区的民办幼儿园在园儿童数量从 2010 年的 228 万人增至 2019 年的 330 万人,东部地区和全国的民办幼儿园在园儿童数量则分别从 604 万人和 1 399 万人增至 1 037 万人和 2 649 万人(见图 3)。从增长幅度上看,2019 年长三角地区民办幼儿园在园儿童比 2010 年增长 44.74%,远低于全国(71.69%)和东部地区(89.35%)的相关数据。2010—2019 年,长三角地区民办幼儿园在园儿童数量占该地区在园儿童总量的比例经历了先升后降的发展过程。其中,2010—2016 年这一比例逐年上升,由 43.13% 升至 48.26%,2017 年该比例到达拐点,随后下降至 2019 年的 46.14%。与此相比,全国民办幼儿园在园儿童数量占比在 2018 年达到峰值,而东部地区的民办幼儿园在园儿童数量占比在 2010—2019 年呈现出持续的增长趋势(见图 4)。

就长三角地区而言,2019 年安徽民办幼儿园在园儿童规模最大,达 120.2 万人;浙江、江苏和上海分别为 103.6 万人、90.4 万人和 16.3 万人。同年,长三角地区民办幼儿园在园儿童占比排名依次为安徽、浙江、江苏和上海,各地占比分别为 56.8%、53.5%、35.6% 和 28.6%。

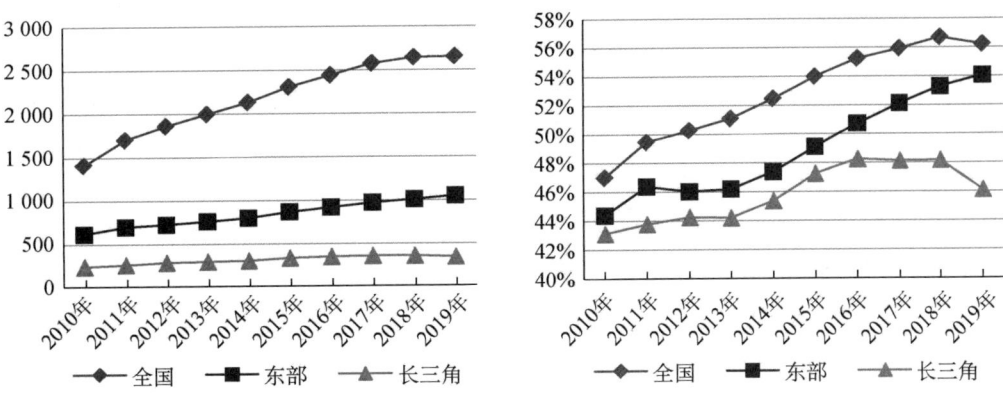

**图 3　2010—2019 年民办幼儿园在园儿童规模(万人)　图 4　2010—2019 年民办幼儿园在园儿童占比**

## (二) 民办小学数量先升后降,在校生规模和占比总体增长;民办初中数量增速缓慢,在校生规模先降后升,占比总体增长

1. 民办小学数量先升后降,在校生规模逐年增长

在小学教育阶段,2010—2019 年长三角地区民办小学的数量经历了先升后降的发展过程,由 2010 年的 690 所增至 2014 年的 827 所,此后逐年下降至 2019 年的 764 所(见图 5)。2019 年长三角地区民办小学数量比 2010 年增长了 10.72%,全国民办小学数量增长了 16.39%,东部地区民办小学数量增长了 5.79%。就民办小学数量占比而言,2010—2019 年长三角地区民办小学数量占比总体呈现增长趋势,这一趋势与全国和东部地区民办小学数量变化趋势大致相同。2010 年长三角地区民办小学数量占比仅为 2.97%,到 2019 年这一比例增至 4.79%,高于全国(3.89%)和东部地区(4.7%)的水平(见图 6)。

就长三角地区而言,2019 年安徽民办小学数量最多(314 所),其后依次是江苏、浙江和上海,数量分别为 195 所、167 所和 88 所;上海民办小学数量占比最高,达 12.6%,其后依次是浙江、江苏和安徽,分别为 5.1%、4.7% 和 4%。

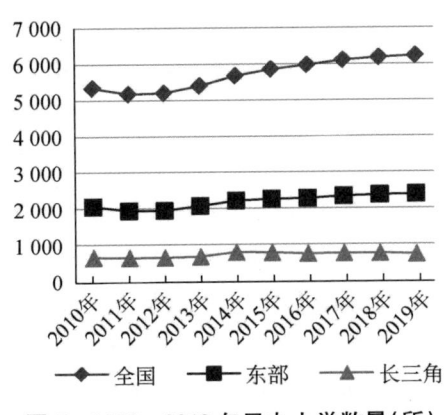

**图 5　2010—2019 年民办小学数量(所)**

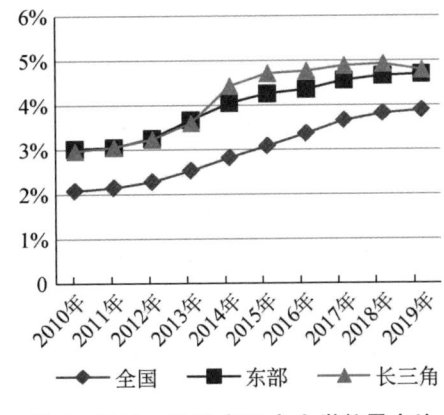

**图 6　2010—2019 年民办小学数量占比**

2010—2019年长三角地区民办小学在校生规模呈现逐年增长趋势,这与全国和东部地区趋势一致。2019年长三角地区民办小学在校生规模为145.38万人,是2010年的1.61倍。同年,全国和东部地区民办小学在校生规模分别达到944.91万人和503.36万人,是2010年的1.76和1.73倍(见图7)。从民办小学在校生占比看,长三角地区2010—2019年这一数据呈现出逐年上升趋势,高于全国同期数据但低于东部地区同期数据(见图8)。2019年长三角地区民办小学在校生占比为9.79%,全国同期数据为8.95%,而东部地区同期数据为11.84%。

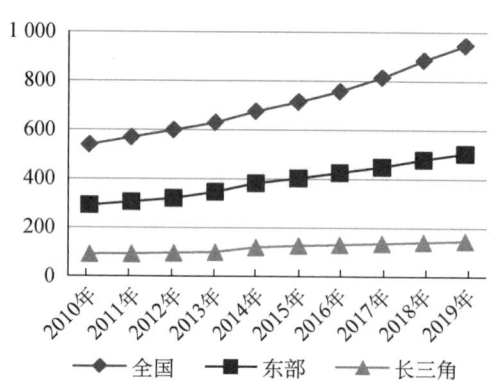

图7　2010—2019年民办小学在校生规模(万人)

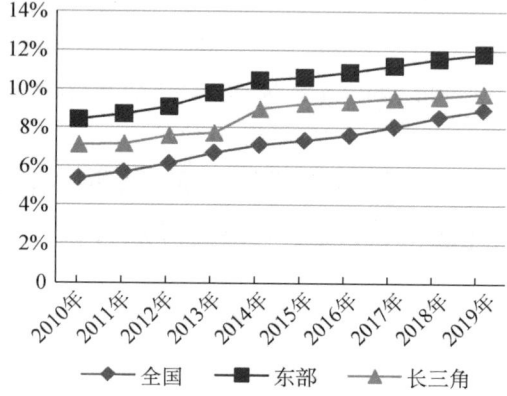

图8　2010—2019年民办小学在校生占比

就长三角地区而言,2019年民办小学在校生规模最大的省份是浙江,有48.5万人,其后依次是江苏、安徽和上海,分别为43.2万人、43.1万人和10.6万人;民办小学在校生占比最高的是浙江,达13.2%,其后依次是上海、安徽和江苏,分别为12.8%、9.3%和7.5%。

2. 民办初中数量基本稳定,占比逐年提升

2010—2019年长三角地区民办初中数量呈现增长趋势,但与全国和东部地区相比,长三角地区民办初中数量增速稍显缓慢。长三角地区民办初中数量从2010年的708所增至2019年的950所,增长了34.18%。同期,东部地区民办初中数量由1 777所增至2 572所,全国范围的民办初中数量则由4 295所增至5 793所,分别增长了44.74%和34.88%(见图9)。2010—2019年长三角地区、东部地区以及全国的民办初中数量占比都有所增长。其中,东部地区和长三角地区民办初中数量的占比要高于全国民办初中数量的占比(见图10)。

就民办初中在校生规模而言,长三角地区和东部地区都经历了先降后升的发展过程:长三角地区的下降趋势从2010年持续到2014年,由107.06万人下降到97.21万人,之后持续增长到2019年的126.12万人;东部地区在2011年出现下降,之后则一直保持持续增长的态势,到2019年达到305.70万人。从全国范围来看,2010—2015年民办初中在校生规模呈现缓慢增长态势,2016年之后进入快速增长阶段,到2019年达到687.40万人,增长了55.51%(见图11)。

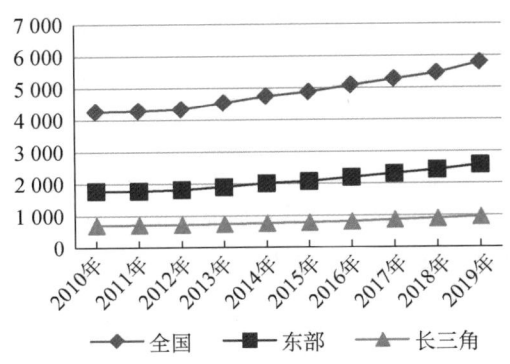

图 9 2010—2019 年民办初中学校数量（所）

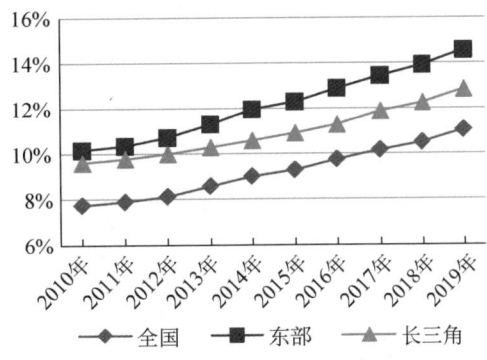

图 10 2010—2019 年民办初中数量占比

从民办初中在校生占比情况来看,2010—2019 年全国民办初中在校生占比持续增长,由 8.31％增长到 14.24％;东部地区民办初中在校生占比从 2011 年开始出现小幅增长后一直保持较快的增长速度,2019 年占比达到 16.66％;长三角地区民办初中在校生占比除了在 2011 年和 2018 年出现小幅下降,其余年份都保持了增长的态势,到 2019 年达到了 18.83％。总体而言,长三角地区民办初中在校生占比要高于全国和东部地区水平(见图 12)。

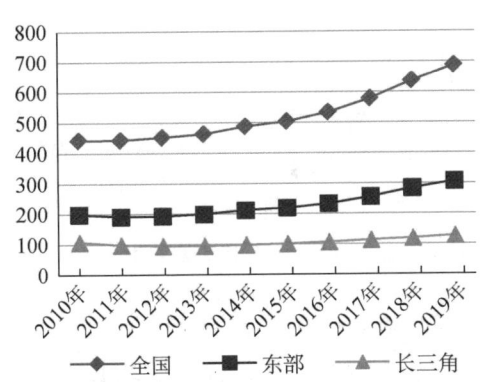

图 11 2010—2019 年民办初中在校生规模(万人)

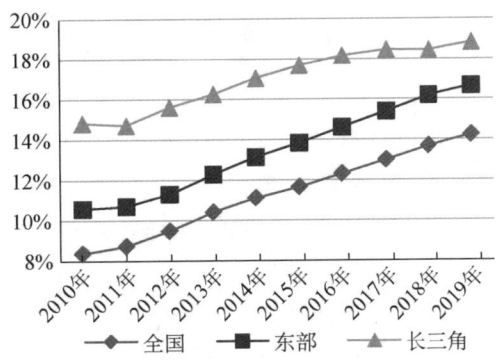

图 12 2010—2019 年民办初中在校生占比

就长三角地区民办初中数量而言,2019 年以安徽为最多,有 370 所,其后依次是浙江、江苏和上海,分别为 273 所、235 所和 72 所。2019 年长三角地区民办初中数量占比以浙江为最高,达 15.6％,其后依次是安徽、上海和江苏,分别占 13.0％、12.3％和 10.6％。2019 年长三角地区民办初中在校生规模以安徽为最多,有 53.1 万人,其后依次是江苏、浙江和上海,分别是 36.9 万人、28.7 万人和 7.4 万人。2019 年长三角地区民办初中在校生占比仍然以安徽为最高,达 24.3％,其后依次是浙江、上海和江苏,分别为 17.6％、16.3％和 15.3％。

## （三）民办高中数量与在校生规模都先减后增，占比皆保持上升趋势

2010—2019 年长三角地区、东部地区和全国范围的民办高中数量都出现了先减后增的过程：长三角地区从 2010 年到 2013 年由 541 所减少到 494 所，2014 年维持在 494 所，2015 年开始缓慢增长，到 2019 年达到 607 所；东部地区则由 2010 年的 965 所减少到 2012 年的 906 所，之后又持续快速增长，到 2019 年达到 1 354 所；全国范围由 2010 年的 2 499 所减少到 2012 年的 2 371 所，之后持续快速增长到 2019 年的 3 427 所（见图 13）。2010—2019 年东部地区和全国范围的民办高中数量分别增长了 40.31% 和 37.13%，均高于长三角地区（12.20%）的增长水平。

从民办高中数量占比情况来看，2010—2019 年长三角地区、东部地区和全国范围的民办高中数量占比除了在 2011 年曾出现过小幅下降，其余年份则持续保持稳定的上升趋势。其中，东部地区和全国范围的民办高中数量占比比较接近，而长三角地区的民办高中数量占比相对提高了 4%～6%（见图 14）。

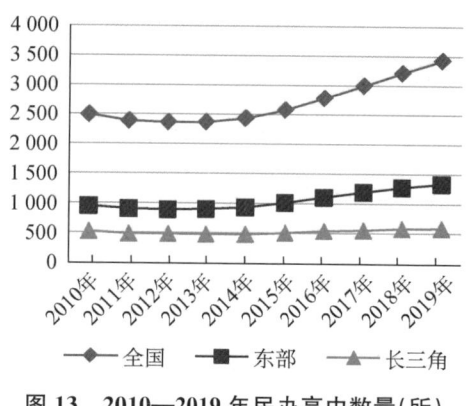

图 13　2010—2019 年民办高中数量（所）

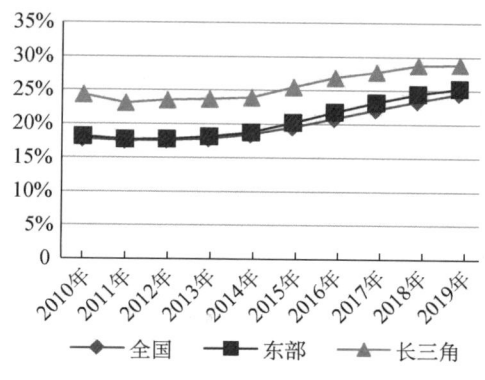

图 14　2010—2019 年民办高中数量占比

就民办高中在校生规模而言，长三角地区民办高中在校生规模在 2010 年至 2015 年出现了持续下降的态势，由 59.43 万人下降到 51.85 万人，2016 年之后开始缓慢增长，到 2019 年达到 58.13 万人，但仍然低于 2010 年的在校生规模；东部地区民办高中在校生规模在 2012 年和 2013 年曾出现过下降的态势，最低为 88.89 万人，之后则持续快速增长，到 2019 年达到 142.67 万人；全国范围民办高中在校生规模的增长趋势与东部地区相似，在 2012 年和 2013 年曾出现了下降的态势，之后持续快速增长，由 2010 年的 230.07 万人增长到 2019 年的 359.68 万人（见图 15）。2010—2019 年，从民办高中在校生规模的总体情况来看，东部地区和全国范围分别增长了 51.12% 和 56.34%，而长三角地区则下降了 2.19%。

2010—2019 年民办高中在校生占比与民办高中数量占比情况类似，东部地区和全国范围保持了持续的增长趋势，其民办高中在校生占比分别由 10.20% 和 9.48% 增至 16.51% 和 14.90%；而长三角地区民办高中在校生占比则略高于东部地区和全国范围水平，由 16.14% 增至 18.86%，但其增速低于东部地区和全国范围的增速，差距明显缩

小(见图16)。

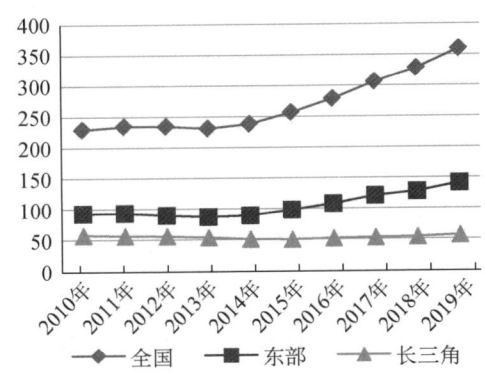
图15　2010—2019年民办高中在校生规模（万人）

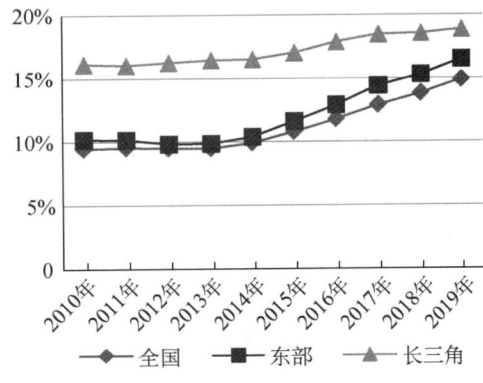
图16　2010—2019年民办高中在校生占比

就长三角地区民办高中数量而言，2019年以浙江为最多，有220所，其后依次是安徽、江苏和上海，分别有209所、118所和60所。2019年民办高中数量占比同样以浙江为最高，为36.6%，其后依次是安徽（31.3%）、上海（23.3%）和江苏（20.3%）。2019年民办高中在校生数量以安徽为最多，其后依次是浙江、江苏和上海，在校生数量分别为22.2万人、20.4万人、14.3万人和1.3万人。2019年民办高中在校生占比以浙江为最高（26%），其后依次是安徽（20.4%）、江苏（14.3%）和上海（1.32%）。

### （四）民办中职学校数量和在校生规模总体呈现下降趋势，占比先降后升

2010—2019年长三角地区、东部地区和全国范围的民办中职学校数量都出现了持续下降的态势：长三角地区由319所下降到173所，东部地区由969所下降到621所，全国范围则由3 123所下降到1 985所（见图17），下降比例分别为45.77%、35.91%和36.44%。从民办中职学校数量占比情况来看，2010—2016年长三角地区和全国范围都呈现稳步下降趋势，分别由22.77%和28.75%下降到19.13%和25.28%，2017年开始小幅增长，至2019年分别增至19.90%和25.83%。东部地区与长三角地区和全国范围类似，其民办中职学校数量占比除了在2015年曾出现微增长，2010—2016年都稳步下降，2017年以后又出现小幅增长（见图18）。

就民办中职学校在校生规模而言，2010—2016年长三角地区民办中职学校在校生规模持续下降，由32.65万人下降至24万人，下降了26.49%；2016年以后缓慢增长，至2019年在校生规模达29.09万人；2010—2019年在校生规模总体下降了10.90%。东部地区和全国范围的民办中职学校在校生规模变化情况与长三角地区类似，从2010年到2015年持续下降，分别由94.45万人和306.99万人下降至52.67万人和183.37万人，下降幅度分别为44.24%和40.27%；其后于2016年开始缓慢增长，到2019年在校生规模分别达到67.33万人和224.37万人；2010—2019年总体分别下降了28.71%和26.91%（见图19）。从民办中职学校在校生占比情况来看，长三角地区先是从2010年的10.15%下降到2011年

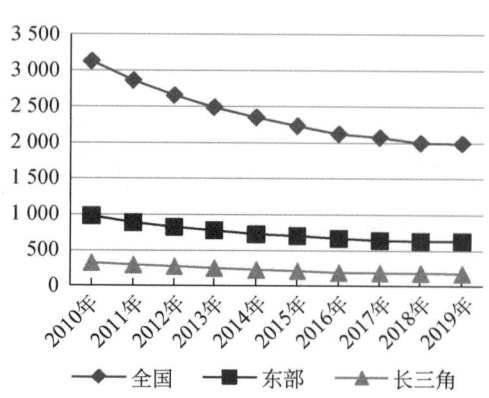

图 17　2010—2019 年民办中职学校数量(所)

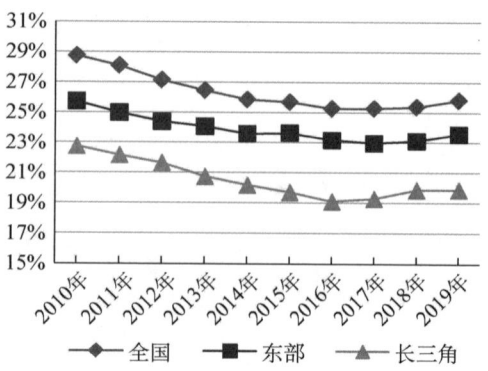

图 18　2010—2019 年民办中职学校数量占比

的 9.78%，此后稳定在 9.61% 左右，2017 年开始持续小幅上升，到 2019 年达到了 11.37%。同期，东部地区和全国范围民办中职学校在校生占比同样经历了先降后升的过程：东部地区由 2010 年的 10.43% 下降到 2013 年的 7.51%，2014 年开始缓慢上升，到 2019 年达到 11.03%；全国范围则从 2010 年的 13.71% 下降到 2014 年的 10.8%，2015 年开始缓慢上升，至 2019 年达到 14.4%(见图 20)。

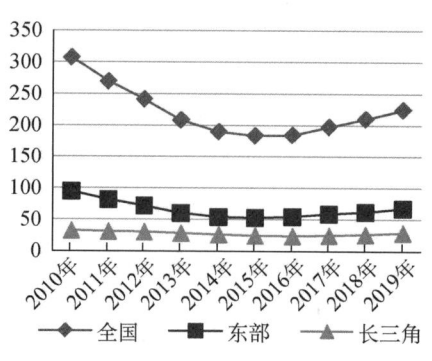

图 19　2010—2019 年民办中职学校在校生规模(万人)

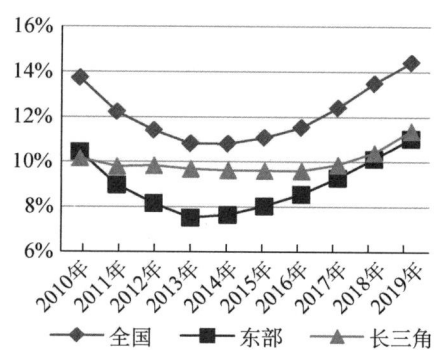

图 20　2010—2019 年民办中职学校在校生占比

就长三角地区民办中职学校数量而言，2019 年以安徽为最多，有 103 所，其后依次是浙江、江苏和上海，分别有 103 所、43 所和 24 所；民办中职学校数量占比同样以安徽为最高，达 31.4%，其后依次是浙江(17.6%)、江苏(11.7%)和上海(3.3%)；民办中职学校在校生数量以安徽为最多，其后分别是浙江、江苏和上海，分别为 16.5 万人、7.7 万人、4.6 万人和 1.3 万人；民办中职学校在校生占比同样以安徽为最高(18.8%)，其后依次是浙江(11.1%)、江苏(5.4%)和上海(1.3%)。

## (五)民办普通高校数量总体保持平稳，在校生规模小幅增长

2010—2019 年长三角地区、东部地区和全国范围的民办普通高校数量如图 21 所示。2019 年长三角地区共有民办普通高校 134 所，其中，民办普通本科高校 77 所(独立学院

为56所),民办普通高职高专院校57所。这一数据分别占东部地区同期数据的40%和全国同期数据的17.73%。长三角地区民办普通高校数量以江苏为最多,有49所,其后依次是浙江(35所)、安徽(31所)、上海(19所)。长三角地区独立学院(56所)数量占东部地区的47%,占全国的21.79%。2010—2019年长三角地区民办普通高校的数量总体保持平稳,维持在134~139所;民办独立学院的数量则呈现缓慢下降趋势,10年间共减少了8所。

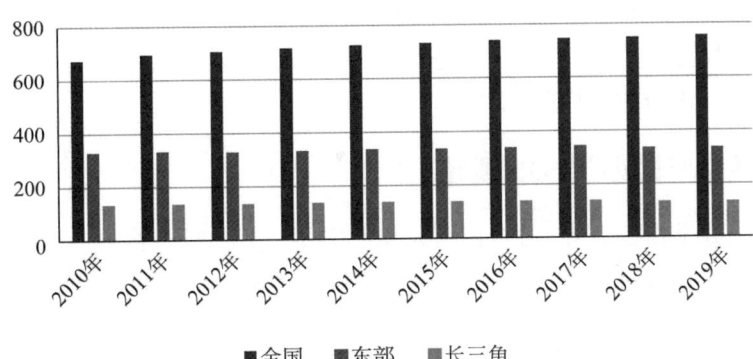

**图21 2010—2019年民办普通高校数量(所)**

2010—2019年长三角地区、东部地区和全国范围的民办普通高校在校生规模如图22所示。2019年长三角地区民办普通高校本专科在校生共有107.96万人,占全国民办普通高校本专科在校生规模的14.42%,占东部地区民办普通高校本专科在校生规模的32.59%。长三角地区民办普通高校在校生规模以江苏为最多,为41.1万人;其后依次是浙江、安徽和上海,分别为31.3万人、23.3万人和12.3万人。2010—2019年长三角地区民办普通高校本专科在校生规模呈现缓慢增长趋势,增长率为15.73%。其中,本科生规模从61.72万人增至73.65万人,增长率为19.33%;专科生规模从31.56万人增至34.31万人,增长率为8.71%。长三角地区民办普通高校在校生规模的增长率远低于全国(57.07%)和东部地区(41.09%)水平。

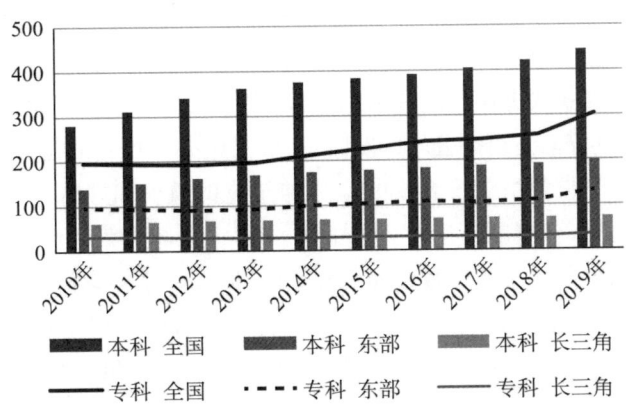

**图22 2010—2019年民办普通高校本专科在校生规模(万人)**

## 二、长三角民办教育改革发展的成绩

长三角地区是我国民办教育改革的"排头兵"和民办教育发展的前沿阵地,自《国家中长期教育改革和发展规划纲要（2010—2020年）》颁布以来,民办教育改革发展取得了令人瞩目的成绩,在制度设计、体制改革、机制建设和内涵发展方面都留下了浓墨重彩的一笔。下面主要对民办学校的党建工作、分类管理政策、学校特色发展、办学体制改革、现代学校制度等五部分内容进行概括阐释。

### （一）加强党对民办学校的领导

加强党对民办学校的领导,对全面贯彻党的教育方针、坚持社会主义办学方向、落实立德树人根本任务具有重要意义。在民办学校发展初期,其党建工作一度比较薄弱。为此,2010年颁布的《国家中长期教育改革和发展规划纲要（2010—2020年）》提出,要"加强民办学校党的建设,积极探索党组织发挥作用的途径和方法"。2016年中共中央办公厅印发《关于加强民办学校党的建设工作的意见（试行）》,要求各级各类民办学校全面加强党的建设工作,充分发挥党组织政治核心作用,实现党组织和党的工作全覆盖。长三角地区政府、行业协会和各级各类民办学校积极响应党中央、国务院和教育部的工作部署,在完善制度设计、加强组织覆盖、健全决策监督机制等方面作出了诸多努力,取得了显著成绩。

1. 完善党建工作制度设计

为了加强和改进民办学校党建工作,上海市制定《关于进一步加强和改进民办高校党建工作的意见（试行）》《关于向民办高校选派党委书记的办法》《民办高校落实党委意识形态工作责任制测评体系》等系列文件,进一步推进民办高校党建工作的制度化、规范化。江苏省于2012年出台《中共江苏省委组织部、中共江苏省委教育工委关于进一步加强民办高校党的建设工作的意见》,进一步明确民办高校党组织的主要职责,要求加强以党组织书记为重点的党务干部队伍建设,积极探索提升民办高校党建工作水平的有效途径,切实加强党对民办高校的领导。中共浙江省委组织部、中共浙江省委两新工委、中共浙江省委教育工委联合印发《关于进一步加强民办高校党建工作的指导意见》,就民办高校规范党组织设置和隶属关系、全面提升党组织建设水平、努力维护民办高校的和谐稳定、切实加强对民办高校党建工作的领导四个方面提出具体要求。中共安徽省委办公厅印发《关于加强民办学校党的建设工作的实施意见（试行）》,对充分发挥民办学校党组织政治核心作用、推进党的组织和党的工作有效覆盖、加强以党组织书记为重点的党务工作者队伍建设、建立健全党组织参与决策和监督机制、做好发展党员和党员教育管理工作、抓好思想政治教育和德育工作、加强对民办学校党建工作的领导七个方面提出了二十八项具体举措。长三角三省一市出台的上述政策文件,进一步完善了民办学校的党建制度设计,为推动新时代民办学校党建工作迈向新台阶提供了制度保障。

2. 实现党的组织全覆盖

按照"应建必建"原则,长三角三省一市积极加强各级各类党组织建设,努力扩大党组织覆盖面。上海市积极推进"三个同步"制度,即民办高校党组织与学校同步建立、党组织负责人与校长同步落实、党建工作与行政工作同步安排。由于"三个同步"制度的落实,上海市民办学校迅速做到党组织全覆盖,并全面理顺了学校党建工作与办学管理的关系,党建工作实现了归口管理,保证了党对民办学校的领导。截至 2019 年年底,上海市民办高校党委建制 14 个,直属党总支建制 3 个,基层党总支建制 69 个,民办高校实现党组织全覆盖。上海市民办中小学通过建立党委、党支部、党总支、活动型党组织等形式实现了党组织全覆盖。江苏省南京市秦淮区在全国率先成立民办教育机构党委,对全区 115 所教育培训机构、28 所民办幼儿园的党员情况进行了全面摸底排查,帮助全区分散在民办教育机构的近 500 名党员找到了组织。浙江省和安徽省也积极加强党的组织建设,其中安徽信息工程学院计算机与软件工程学院学生党支部顺利通过教育部首批"全国党建工作样板支部"培育创建单位的验收。

**专栏1**

### 安徽信息工程学院:把民办高校的党建做实

2020 年 12 月,安徽信息工程学院计算机与软件工程学院学生党支部顺利通过教育部首批"全国党建工作样板支部"培育创建单位的验收。该校是安徽当年获此殊荣的 12 家单位中唯一一所民办高校。

2016 年年底,该校在转设为全日制普通本科高校后,立即同步推动完善党建工作。2017 年 6 月,在学校党委成立不到 1 年的时间内,学校建立了 7 个党总支和 14 个党支部,实现了基层党组织全覆盖。该校校长说:"民办高校搞党建难,但必须要做,而且要做好。党建工作做好了,一定是促进办学的'强心剂',教学与党建绝不是工作中的对立;相反,两者一定是互利互促的整体。"

为此,安徽信息工程学院明确要求各二级学院设置分管党建工作的专职副书记,各党总支根据工作需要设置党务主管,同步落实各党支部书记工作津贴。同时,作为一所以"应用"立命的高校,安徽信息工程学院四成以上的教师均从民营企业转岗而来,面对这些"党员生活曾一度空白"的企业工程师们,安徽信息工程学院以"党建十科研"的"双带头人"模式让一批年轻老师们在这里重新找到了归属感和职业自信。

如今,该校学风建设成效显著,近年来在各类学科竞赛中获得国家级荣誉 77 项、省级荣誉 543 项、专利 22 项。此外,该校还培养出全国创业英雄百强匡磊,省优秀大学生陶文、余宏、杨康,省优秀共青团员王晓庆,以及 59 位安徽省品学兼优毕业生等一批先进典型个人。

**3. 健全监管机制**

上海市民办高校党工委联合市教委主管部门,建立了对民办高校委派党建督察员、政府督导专员和党组织负责人"三位一体"的工作机制,这既体现了上级党委和主管部门依据实际对民办高校的监管,又增强了上级党委和主管部门对民办高校党组织的工作指导。

为了持续推进民办高校党建工作,上海市民办高校党工委在全国率先建立民办高校党建督察员制度,完善"双向进入、交叉任职"制度,推进党组织领导成员进入学校决策层和管理层。同时,校长、副校长等行政领导班子成员也可按照党内有关规定担任学校党组织领导职务。安徽省将党建工作写入民办学校章程,明确党组织在学校法人治理结构中的地位,保证党组织在重大事项决策、监督、执行各环节有效发挥作用;大力推行"双向进入、交叉任职"制度,推进党组织领导成员进入学校决策层和管理层。同时,安徽省还进一步健全党组织参与决策和监督的制度,凡涉及民办学校发展规划、重要改革、人事安排等重大事项,党组织要参与讨论研究,且董(理)事会在对上述重大事项作出决定前,要征得党组织同意。

## (二)初步落实分类管理政策

实施非营利性和营利性民办学校分类管理是新时期我国民办教育治理的重要政策举措。从《国家中长期教育改革和发展规划纲要(2010—2020年)》提出对民办学校实施分类管理开始,到2016年《中华人民共和国民办教育促进法》的修订及其配套文件《关于鼓励社会力量兴办教育 促进民办教育健康发展的若干意见》《民办学校分类登记实施细则》《营利性民办学校监督管理实施细则》的出台,民办学校分类管理的顶层制度设计逐步健全。在此背景下,如何进一步稳妥推进和切实落实分类管理政策,已成为事关我国民办教育改革成败的重大命题。经过多年推进,民办学校分类管理过程中涉及的过渡期、分类登记、非营利性学校转设等事项已基本有了明确答案,但在登记为民办非企业单位法人的民办学校如何转设为营利性民办学校("非转营")方面仍有不少问题亟待解决。长三角地区三省一市先后出台相关配套政策举措,为破解转设程序、资产确权、补偿奖励等难点问题提供了建设性经验。

### 1. 转设程序

"非转营"的具体程序是民办学校分类管理的难点之一。上海市和浙江省温州市都设计并实施了具体可操作的程序。上海市规定的11项程序包括:转设需要举办者选择办学属性;申请名称预先核准;开展财务清算;申请办学许可证(仅用于办理过渡手续);办理公司法人主体登记手续;办理公司法人主体税务登记手续;公司法人主体承继现有学校资金资产、债权债务及经济关系;现有学校组织开展过渡阶段补充财务清算;举办者申请换发营利性民办学校正式办学许可证;现有学校注销税务登记;现有学校注销法人登记等。温州市将分类转设过程细化为五大环节,包括受理转设申请、教育用地由划拨改为出让(非必要项)、组织财务清算、分类明确资产权属、新设法人登记及原有学校注销等。其中,各个环节还包括若干流程,如组织财务清算环节的流程为:第一,现有民办学校和拟成立的营利性民办学校股东签订具有法律效应的协议,明确在学校重新登记期间办学活动的法律义务及责任;第二,现有民办学校根据《浙江省民办学校财务清算办法》(浙财资产〔2018〕26号)组织清算,清算组委托有资质的中介机构进行清产核资和资产评估;第三,受委托的中介机构对清算结果进行专项审计,对学校中的四类资产依据相关原始资料及资产来源分别加以认定。① 明确民办学校"非转营"的具体程序是落实分类管理政策的必

---

① 董圣足,戚德忠.新政背景下民办学校分类转设的困局与出路——基于浙江温州的实践探索及思考[J].现代教育管理,2020(9):38-45.

经之路,上海市和温州市的"先行先试"做法体现了主动作为和敢于创新的精神,为我国其他地区推进民办学校分类管理提供了有益经验。

### 2. 资产确权

明确民办学校现有资产权属是"非转营"过程中难度较大的环节,三省一市配套政策对此都有所涉及。例如,安徽省规定,由省级以下人民政府有关部门和相关机构依法明确出资者的土地、校舍、办学积累等资产权属。上海市规定,在许可机关以及相关职能部门的指导下,由学校组织进行财务清算,依法明确资产权属。温州市采取了切实可行的举措,对现有学校举办者出资、国有资产(财政拨款)、社会捐赠和办学积累四类资产进行了界定:举办者原始出资(含学校存续期间追加投资)依据验资报告、民办非企业单位登记证书、经登记管理机关核准的学校章程、会计账簿记录等资料加以认定;财政拨款依据财政资金拨付文件、资金到账有关单据、会计账簿记录等资料加以认定;社会捐赠依据捐赠合同、资金到账有关单据、会计账簿记录等资料加以认定;办学积累(含土地增值)依据形成办学积累的资金来源,同时结合历年审计报告、年检报告等资料加以认定。上述举措合理厘定了现有学校四类资产的边界,为其他省市的民办学校资产确权提供了有益借鉴。

### 3. 补偿奖励

在"非转营"过程中,对举办者的补偿奖励是各方关注的焦点。《全国人民代表大会常务委员会关于修改〈中华人民共和国民办教育促进法〉的决定》规定,各省(自治区、直辖市)有权制定补偿奖励的具体办法。虽然有些省(自治区、直辖市)在配套文件中对这一难题采取了模糊处理,但长三角三省一市都根据本地实际情况出台了较为具体的补偿办法(详见表1)。其中,上海市规定了补偿奖励的具体公式和约束条件;浙江省尊重政府与民办学校既有约定(主要是政府和社会资本合作项目)的法律效力;江苏省的补偿措施考虑了举办者出资的增值部分;安徽省对举办者的奖励最高达到剩余资产的30%。这些具体规定和创新举措较为有效地解决了补偿奖励中的难题,为推进分类管理政策落地奠定了坚实基础。

**表1 长三角地区三省一市补偿奖励办法**

| 地区 | 补偿奖励办法 |
|---|---|
| 上海市 | 补偿金额为出资金额与该出资的历年折算利息之和扣除出资者历年取得的合理回报与合理回报相应的历年折算利息后的金额,但不得超过剩余财产扣除财政扶持和社会捐赠形成资产后的金额。其中,折算利息分别按照从出资时或者取得合理回报时,至学校停止办学或者办学许可失效的先至时间,同期一至三年期或者一至五年期金融机构人民币贷款基准利率和一年期金融机构人民币定期存款基准利率的平均值计算<br><br>奖励金额以学校停止办学或者办学许可失效的先至时间前5年内的最高年度学费总收入金额为基数,以2017年9月1日之后历年年度检查的结果为系数予以折算。奖励金额最高不超过清偿后的剩余财产扣除财政扶持和社会捐赠形成的资产以及补偿后的金额。其中,系数初始值和最低值为0,学校每获得一次年度检查"合格"的评价,系数增加0.1;每获得一次"不合格"的评价,系数扣除0.5。办学许可证或者法人登记证被注销前2年年度检查连续为"不合格"的,以及办学许可证、法人登记证被吊销的民办学校,对其出资者不予奖励 |

| 地区 | 补偿奖励办法 |
|------|------------|
| 浙江省 | 补偿或奖励金额综合考虑举办者原始出资和2017年8月31日之前投入的后续出资、已取得的合理回报以及办学效益等因素,民办学校所在地政府已出台相关规定或与民办学校有约定且仍具有法律效力的,从其规定(约定);否则,由民办学校所在地县级以上政府确定 |
| 江苏省 | 补偿金额为出资额(即学校在登记管理机关登记的开办资金数额)及其增值,增值按照清算当年中国人民银行5年期存款基准利率计算。同时,综合考虑出资者取得合理回报的情况、办学成本、办学效益、社会声誉等因素,可采取一次结算、分期奖励的形式,从民办教育专项资金和民办学校剩余净资产中给予出资者一定奖励,奖励金额不高于民办学校补偿后剩余净资产的20%,其余财产继续用于其他非营利性学校办学 |
| 安徽省 | 净资产少于出资者累计出资的,净资产全部补偿给出资者;净资产多于出资者累计出资的,除补齐出资者累计出资外,可从余下的资产中按不超过30%的金额对出资者进行奖励。出资者已获合理回报的,补偿或奖励应进行相应扣除 |

## （三）促进民办学校的特色发展

我国民办教育经历了原始生长期后,以质量求生存、以特色求发展已经成为业界共识和民办学校改革发展的努力方向。《国家中长期教育改革和发展规划纲要(2010—2020年)》指出:"支持民办学校创新体制机制和育人模式,提高质量,办出特色,办好一批高水平民办学校。"十年间,长三角地区各级各类民办学校在政府引领和协会推动下,不断创新育人模式,在民办本科高校向应用型高校转型、民办中小学特色发展等方面持续努力,形成了"百花齐放"的良好局面。

### 1. 建设应用型民办大学

建设应用型高校、培养应用型人才是新时代民办本科高校发展的方向。2014年国务院印发《关于加快发展现代职业教育的决定》,要求"引导一批普通本科高等学校向应用技术类型高等学校转型,重点举办本科职业教育"。随后,教育部等六部委联合颁布的《现代职业教育体系建设规划(2014—2020年)》规定:"在办好现有专科层次高等职业(专科)学校的基础上,发展应用技术类型高校,培养本科层次职业人才。应用技术类型高等学校是高等教育体系的重要组成部分,与其他普通本科学校具有平等地位。"2019年《国务院关于印发国家职业教育改革实施方案的通知》提出了"到2022年,职业院校教学条件基本达标,一大批普通本科高等学校向应用型转变"的目标。民办本科高校是我国高等教育的重要组成部分,在国家的号召和推动下,长三角三省一市政府对民办高校也明确提出了培养应用型人才的目标定位,并通过出台地方政策、加快人才培养模式改革等方式,促进民办本科高校向应用型高校转型发展。例如,2015年4月,浙江省教育厅、浙江省发展和改革委员会、浙江省财政厅联合发布《关于积极促进更多本科高校加强应用型建设的指导意见》,鼓励高校进行应用型建设试点工作。在浙江省确定的首批应用型试点示范学校中,民办本科高校占比为60%。以试点为契机,浙江省民办高校在办学理念、培养方式、师资队伍建设等方面进行了系列改革探索,加强了学校应用型特色建设,一批民办高校的应用型建设走在全国同类高校前列。江苏省出台《关于加快推进独立学院规范发展的意见》等文件,采取政府引导、学校自主申请的办法,积极推动地方本科高校向应用型高校转变,促进它们扎根地方办学,服务地方社会经济发展。目前,江苏省已有20余所高校包括多所民办高校定位为应用型高等院校。此外,江苏省还出台了应用型高校建设专项激励政策,拟建设10所高水平应用型本科院校。

2. 推动民办中小学特色发展

为满足人民群众对教育的多样化需求,长三角三省一市地方政府都出台了若干规定,积极引导民办中小学特色发展。安徽省人民政府发布的《关于鼓励社会力量兴办教育促进民办教育健康发展的实施意见》强调:"引导民办学校更新办学理念,支持民办学校深化教育教学改革,提高办学质量,推动民办学校走内涵式、特色化发展之路。"浙江省人民政府发布的《关于鼓励社会力量兴办教育　促进民办教育健康发展的实施意见》明确提出:"实施民办教育品牌战略,鼓励民办学校内涵发展、特色发展和错位发展,加快建设一批高质量、有特色的品牌学校和教育集团,形成若干在国内外具有较大影响力和竞争力的民办教育品牌。"上海市更是在2012年就启动了民办中小学特色学校(项目)创建活动,以项目为抓手,促进民办中小学特色学校(项目)建设。经过3轮创建活动,上海共有127所学校成为特色学校创建校、84所学校成为特色项目创建校。通过"政府主导、学校主体、协会配合、高校培训、专家指导"的方式,特色学校(项目)创建活动进一步激发了民办中小学的办学活力,形成了一批注重内涵发展和特色建设的有影响力的学校,提升了上海市民办中小学的整体发展水平。

### (四) 探索办学体制改革

《国家中长期教育改革和发展规划纲要(2010—2020年)》颁布以来,我国民办教育进入体制改革探索的活跃期,在非营利性和营利性民办学校分类管理的总体框架下进行了形式多样的改革探索。

1. 推进独立学院转设

独立学院是20世纪初我国民办高等教育快速发展阶段的产物,它为我国高等教育发展作出了独特的贡献,但同时也滋生了影响教育公平的"校中校"现象。为促进其规范办学,2008年教育部印发《独立学院设置与管理办法》,开启了独立学院转设之路,引导独立学院实现真正的独立办学。2020年5月教育部又印发《关于加快推进独立学院转设工作的实施方案》,规定"到2020年末各独立学院须全部制定转设工作方案,同时推动一批独立学院实现转设"。该方案为独立学院转设划定了时间表和路线图。在长三角地区中,江苏省和浙江省是独立学院较为集中的两个大省,分别有26所和22所独立学院。两省政府和相关学校依据教育部要求,积极推进独立学院转设,并取得了初步成果。例如,南京信息工程大学滨江学院(无锡学院)成为江苏首家由独立学院转设为公办普通本科高校的学校；浙江大学城市学院、浙江大学宁波理工学院等院校也已成功转设为公办本科高校。一些独立学院停止了2020年度的招生计划，但更多的独立学院正在为转设选择可行的路径。

2. 探索混合所有制办学

混合所有制办学模式包括涉及实质性产权的"真混合"所有制形态和半产权性质的"类混合"所有制形态。混合所有制办学模式在教育领域一直存在争议，但职业教育领域却是例外。2014年5月，《国务院关于加快发展现代职业教育的决定》提出："探索发展股份制、混合所有制职业院校，允许以资本、知识、技术、管理等要素参与办学并享有相应权利。"据此，长三角三省一市政府和一些职业院校积极探索混合所有制办学模式，通过各种办学要素的优化组合提升办学实效，取得了显著成效。例如，苏州工业职业技术学院属于"真混合"所有制形态的办学模式，最初是由苏州工业园区管理委员会、苏州市教育局、苏州市劳动和社会保障局（现为人力资源和社会保障局）共同举办的公办股份制学校，后经股权变更，吸引社会力量参与办学，逐渐转变为政府、国有企业和民营资本共同持股的混合所有制学校。其中，国有资本"四两拨千斤"，以较少的投入吸引了大量民间资本参与办学，较好地满足了工业园区内企业对高级技术工人的需求。同时，由于兼具政府资源和市场优势，其办学实践表现出较强的生命力。浙江金融职业学院德清学院属于"类混合"所有制形态的办学模式，由浙江金融职业学院、德清县人民政府、浙江省农村信用社联合社共同创建，三方通过协商明确了主办单位、办学性质、投入方式、股权分配及管理办法等事项。这种办学模式通过整合教育资源引入行业企业共同举办不具有独立法人资格的二级学院，弥补了地方政府和公办学校经费的不足，实现了学校的良性发展。

3. 实施政府购买服务

在我国，政府购买服务模式虽实践时间不长，但已经发展成为制度设计较为健全、政府采用较为普遍、社会争议相对较小的成熟模式。2013年9月，国务院办公厅发布《关于政府向社会力量购买服务的指导意见》，对购买主体、承接主体、购买内容、购买机制、资金管理、绩效管理等进行了规定，并预期"到2020年，在全国基本建立比较完善的政府向社会力量购买服务制度"。同年11月，中共十八届三中全会通过《中共中央关于全面深化改革若干重大问题的决定》，先后四次把政府向社会力量购买公共服务确定为转变政府职能、推进社会事业改革创新的重要内容。新修订的《中华人民共和国民办教育促进法》规定，县级以上人民政府可以采取购买服务等措施对民办学校予以扶持。在此背景下，长三角三省一市政府通过委托管理、购买学位等方式积极转变政府职能，提升治理水平，扶持民办学校发展。例如，上海市自2007年启动首轮农村义务教育学校委托管理工作实践活动以来，该实践活动已经开展了五轮。在边实践、边探索的过程中，委托管理工作不断螺旋式推进，积累了较为成熟的经验，建立了相关制度，在学校管理、教研活动、开发校本课程、制订课程计划等方面涌现出不少典型案例。其中，上海市浦东新区起步最早，实践深入，取得了许多宝贵的经验，成为各地学习效仿的典范。

**专栏2**

## 上海浦东新区委托管理实践

浦东新区的委托管理实践在国内起步最早。2005年,浦东新区社会发展局与上海成功教育管理咨询中心签约,委托其管理上海市东沟中学。这是浦东新区实施的第一个委托管理项目。迄今为止,随着上海市委托管理实践的整体推进,浦东新区政府已经结束了前四轮托管实践,正在有序开展第五轮实践。委托管理的模式包括校长入驻型、校长和教师团队入驻型、顾问型和师徒带教型等。支援方通过输出先进管理经验、优秀师资、特色课程等,提升受援方的教育质量和师资水平,达到"输血"和"造血"相结合的目的。委托管理的时间为2～4年,浦东新区政府根据绩效评估结果向社会资本方支付购买服务费用。

为创造良好的委托管理制度环境,浦东新区政府相继发布了《浦东新区教育局关于进一步规范委托管理工作的实施意见》(浦教基〔2013〕25号)、《浦东新区学前教育阶段政府向民办幼儿园购买服务的实施意见》(浦教基〔2014〕11号)等。这些文件与《国务院办公厅关于政府向社会力量购买服务的指导意见》(国办发〔2013〕96号)、《上海市人民政府关于进一步建立健全本市政府购买服务制度的实施意见》(沪府发〔2015〕21号)一起,对委托管理的购买主体、承接主体、购买内容、预算管理、绩效评价、信息公开、监督管理等作出较为详细的规定,完善了委托管理的制度体系。

浦东新区委托管理实践开展多年来,取得了明显的成效。它促进了浦东新区内义务教育资源的优质均衡发展,推动了城区优质教育资源向郊区辐射,提升了一批薄弱学校的教育水平,促进了政府管办评分离、优化了政府教育治理,鼓励和壮大了诸如上海浦兴教育指导中心等教育中介组织。

### 4. 引入 PPP 办学模式

为缓解地方政府财政压力、引入社会力量参与办学、提升教育治理水平,2014年开始,我国在教育领域自上而下大力推行 PPP(public-private partnership)办学模式,即政府和社会资本合作模式。《国务院关于鼓励社会力量兴办教育 促进民办教育健康发展的若干意见》指出:"推广政府和社会资本合作模式,鼓励社会资本参与教育基础设施建设和运营管理、提供专业化服务。"为此,国务院、财政部、国家发展和改革委员会密集出台了多个政策文件,支持 PPP 模式在教育领域规范发展。作为一种顶层制度较为健全、发展环境比较友好、合作机制相对成熟、公益属性较有保障的办学模式,长三角部分地区对 PPP 办学模式进行了积极探索。例如,温州市永嘉县委托上海翔宇实业投资集团运营浙江广播电视大学永嘉学院和永嘉县第二职业学校,以及浙江省瑞安市瑞祥实验小学采用建设—运营—移交(build-operate-transfer,BOT)方式建设、运营学校,都取得了较好的实践效果。

**专栏3**

### 浙江省瑞安市瑞祥实验小学 PPP 项目合作协议要点

2015 年,浙江省瑞安市教育局与上海新纪元集团签署了瑞安瑞祥实验小学 PPP 项目合作协议。协议包括总则、合同主体、合作关系、项目前期工作、投资计划和融资方案、工程建设、项目资产移交、项目运营和服务、收入和回报、社会资本主体移交项目、不可抗力和法律变更、合同解除、违约处理、争议解决、其他约定等十五章三十一条内容。这是我国自 2014 年推行 PPP 办学模式以来,在教育领域较早签订的较为规范的 PPP 项目协议。协议囊括了设计、建设、融资、维护、运营和移交等诸多环节的关键要素,从而为项目的顺利实施奠定了坚实基础。

### (五) 健全现代学校制度

现代学校制度是民办学校发展的基石。《国家中长期教育改革和发展规划纲要(2010—2020 年)》提出建设现代学校制度,要求推进政校分开、管办分离,落实和扩大学校办学自主权,完善中国特色现代大学制度和中小学学校管理制度。《中国教育现代化2035》明确提出,鼓励民办学校按照非营利性和营利性两种组织属性开展现代学校制度改革创新,推动社会参与教育治理常态化,建立健全社会参与学校管理和教育评价监管机制。十余年来,长三角地区各级政府和各类民办学校努力推进现代学校制度建设,在政府治理、学校运行和社会参与方面作出了诸多努力。

1. 政府治理

中共十八大以来,长三角三省一市绘制了清晰的民办教育治理蓝图。一是政校关系方面,从管理走向治理,简政放权,实施清单管理。按照党和国家的要求,三省一市都实行了简政放权举措。例如,在收费管理方面,浙江省对非营利性民办幼儿园和高校实行市场调节价,具体收费标准由学校自主确定;江苏省放开营利性民办学校收费和非营利性民办学校非学历教育(除幼儿园外)收费;安徽省在试点基础上有序放开非营利性民办学校学历教育收费。又如,在清单管理方面,建立权力清单、责任清单和负面清单,把权力关进制度的笼子里。上海市建立了权责清单、全市通办事项清单、市场准入负面清单等事项清单,明确了政府对民办学校管理的权限;浙江省建立了涉及民办教育的若干服务清单,该省"政府部门职权清理,推行权力清单制度"项目在 2015 年获评"中国政府创新最佳实践"。二是分类管理方面,建立差别化扶持制度。三省一市都设计了对非营利性民办学校和营利性民办学校差别化扶持的制度,并按照新修订的《中华人民共和国民办教育促进法》相关规定不断进行制度创新。例如,在财政扶持方面,安徽省规定非营利性民办学校在获取生均公用经费补助后,要等额减收在校学生学费;浙江省规定对办园行为规范、达到等级园标准以上且收费不高于同级公办幼儿园收费标准两倍的非营利性民办幼儿园,给予生均公用经费补助,补助水平原则上应与同等级公办幼儿园保持一致。三是规范办学行为方面,对校外培训机构开展专项治理。在教育部要求下,三省一市都认真开展了校外培训机构专项整治工作。上海市出台了《上海市民办培训机构设置标准》《上海市营利性民办培训机构管理办法》《上海市非营利性民办培训机构管理办法》("一标准两办法"),建立健全了长效管理机制,建立了培训机构"白名单"制度,对相关信息进行动态更新,便于家长查询。江苏省出台了最严校外培训机构"整治令",排查校外培训机构3万余家,集中整治、规范语文、数学、外语及物理、化学、生物等学科的校外培训机构。安徽省合肥市列出校外培训机构负面清单,严格禁止强化应试的超纲教学、中小学招生与校外培训挂钩等行为。

2. 学校运行

现代学校制度要求民办学校的运行应以学校章程为准绳,不断完善内部治理体系。一是加强民办学校章程建设。章程是学校的"宪章",也是民办学校依法自主办学的重要制度设计。根据新修订的《中华人民共和国民办教育促进法》要求,三省一市政府十分重视民办学校章程建设,引导、督促民办学校建立并完善章程。上海市教委通过项目委托形式,邀请专业机构设计不同类型民办学校(机构)的章程范本,供民办学校参考;部分区县教育局也为民办中小学提供了学校章程范本。二是完善民办学校内部治理。在加强民办学校党建基础上,三省一市政府通过学校章程的审批、备案、年检和项目引领等形式,不断督促民办学校完善内部治理体系。上海市教委民办教育管理处通过项目引领,引导民办中小学完善内部治理结构,形成"决策—执行—监督"的治理格局,涌现出不少典型案例。例如,在决策机制方面,上海华育中学完善董事会运行程序,保障了教职工代表作为董事的权力行使;在执行机制方面,上海培佳双语学校将校务委员会制度升级为党政联席会议制度,打造了"一中心四系统"的执行网络结构;在监督机制方面,上海民办福山正达外国语小学在监事会人员构成方面作出了较有成效的探索。这些典型治理案例和治理经验,为长三角地区乃至全国民办学校内部治理的完善提供了经验。

3. 社会参与

非营利性社会组织、营利性企业、家长等参与学校治理是提升治理水平、构建多元共治格局的有效路径。长三角三省一市在社会参与办学方面探索了多种形式,取得了明显成效。在基金会参与办学方面,杭州市西湖教育基金会在举办西湖大学的过程中重视吸引社会力量的捐赠并争取更多的政府支持[①];由上海市教委牵头、多家非营利性民办学校联合发起成立的上海市民办教育发展基金会在2015—2016年吸纳社会捐款达1 700万元,并于2016年公益支出1 410万元,用于表彰奖励民办教育突出贡献者、优秀辅导员和品学兼优的学生,有力促进了民办教育事业的发展。在校企合作办学方面,民办高校与企业协同合作,共同培养人才、开发课程、研发产品等,已经成为长三角地区民办高校发展的常规路径。例如,江苏省无锡太湖学院着力建设校企合作联盟,2017年与中软国际有限公司、阿里巴巴集团、达内科技集团等32家国内外知名企业签订了38个校企合作项目协

① 刘金娟,方建锋.我国基金会参与非营利性民办高校办学探索[J].复旦教育论坛,2019(6):42-48.

议,标志着学校在产学研合作、协同创新办学方面跨上了新台阶。在家长参与学校治理方面,三省一市诸多民办中小学都较为重视家长在学校治理体系中的地位和作用,通过发挥家长委员会(以下简称家委会)作用、畅通家校沟通机制等形式吸引家长参与学校治理。例如,上海进才外国语中学建立了三级家委会体系,即班级家委会、年级家委会和校级家委会。依据家委会章程,家委会成员由个人自荐和群众推荐产生,当举荐候选人人数超过预定当选人人数时,通过竞选方式,得票多者当选。家委会有专门的办公室,每周五下午为家委会办公时间,主要负责家长与校方、教师的沟通,参与学校管理(主要是涉及学生发展方面的事项),并对教育过程进行监督。

## (六) 推动长三角民办教育一体化发展

早在 2009 年,上海、浙江、江苏就建立了教育协作会商机制,标志着区域交流与合作已经由民间层面、非常规状态向行政决策层面、制度化状态转变,长三角教育一体化发展迈出了实质性步伐。十多年来,特别是长三角一体化上升为国家战略后,三省一市教育共建项目日益增多,合作广度不断拓宽,协作深度不断增强。民办教育一体化发展也在此潮流中得以顺势推进,并取得了初步成果,主要表现在以下三方面。

### 1. 构建协作机制

为贯彻习近平总书记关于推动长三角更高质量一体化发展的重要批示,落实教育部关于进一步推进长三角教育改革与合作发展的总体部署,推动建立多领域支撑、跨地域协同、创新性管理的民办教育协同工作机制,2018 年三省一市民办教育管理部门共同签订《长三角民办教育发展协作框架协议》。该协议对三省一市协作机制进行了整体设计,包括:深入推进会商交流,建设决策层、协调层和执行层"三级运作"的协作机制;与教育部发展规划司和上海市教育委员会依托上海市民办教育发展服务中心共建民办教育协同发展中心,并设立秘书处;通过搭建智库平台、培育联盟组织、建设核心项目、打造品牌论坛、加强协作研究、建成评价机制,推动区域民办教育联动发展的制度逐步完善、领域逐步拓展、合作逐步稳固、项目逐步扎实、优势逐步显现。教育部发展规划司对长三角民办教育协同发展工作给予充分认可,鼓励三省一市结合自身特点,进一步激发民办教育发展活力,助推区域教育事业整体发展,为全国积累可复制、可推广的经验。此外,三省一市民办教育行业组织也积极作为,于 2018 年发起成立长三角民办教育一体化发展联盟,举行一体化发展论坛,形成常态化的交流合作机制。迄今为止,该联盟已经成功举办两届论坛,受到了各界广泛关注,产生了较大影响,为推动长三角民办教育一体化发展贡献了力量。

### 2. 理论研讨与实践探索并举

上海市以研究项目为抓手,不断推进长三角民办教育一体化进程。自 2015 年开始,上海市教育委员会就持续实施探索长三角地区一体化教育领域新机制试验项目,一些单位以民办教育领域的相关项目为抓手,进行了深入的研究工作。例如,2016 年上海邦德职业技术学院的"长三角物业管理专业建设活动论坛"项目,上海思博职业技术学院的"发挥特色校示范辐射功能,协同兄弟院校共同发展"项目;2019 年上海震旦职业学院的"长三角地区民办高职教师继续教育探索"项目,上海思博职业技术学院的"中欧调优项目成果的推广及运用"项目,上海市教育科学研究院的"长三角地区民办教育协作发展机制探索"项目,"长三角地区民办中小学联盟探索"项目,上海民办教育协会的"第二届长三角民办教育发展高峰论坛"项目。这些主题的民办教育研究和实践项目,有效发挥了引领作用,推进了长三角民办教育各个领域的协同合作。

---

**专栏4**

### 上海震旦职业学院积极打造长三角教育协作发展机制

根据《上海市教育委员会关于做好2016年度探索区域教育协作新机制试验(长三角教育协作发展)项目申报的通知》精神,为了促进长三角地区高等院校的教育与交流,创造更多利益契合点和合作共赢新亮点,推动彼此优势互补、共同发展,打造文化交流共享平台,促进交流互鉴,上海震旦职业学院先后与苏州工业职业技术学院、无锡职业技术学院、昆山登云科技职业学院、常州纺织服装职业技术学院签订了教育与交流合作协议书。

在此基础上,上海震旦职业学院与无锡智翔集团签订了"沪苏探索校企协作发展教育,共建高职物联网应用技术"项目合作协议;与苏州工业职业技术学院签订了"先进制造业(数控技术工业机器人技术)现代学徒制双证融通人才培养课题研究"项目合作协议。此外,上海震旦职业学院还与以上四校联合申报了"长三角高职教育五校合作论坛"项目。

---

#### 3. 举行教师教学技能大赛

2019年,为贯彻习近平总书记关于推动长三角更高质量一体化发展的重要指示精神,落实长三角民办教育协作发展总体部署,同时为培育长三角民办高校教学名师搭建平台,提升区域民办高校的师资队伍整体素质,推动区域民办高校教学改革,促进长三角民办高等教育质量的提升,三省一市紧扣"一体化"和"高质量"两个关键,举办了首届长三角地区民办高校教师教学技能大赛。长三角民办高校教师在本次大赛中展示了自己的教学水平与风采。此项大赛每年举办一届,形成长效机制,成为长三角地区民办教育协作发展中的一个品牌项目。

## 三、长三角民办教育事业发展面临的挑战

长三角民办教育事业发展在取得显著成绩的同时也面临诸多挑战,突出表现在民办教育一体化有待加深、分类管理政策有待进一步完善与落实、民办教育要适应发展环境的变化等方面。

## （一）民办教育一体化有待加深

### 1. 制度设计有待健全

不同于公办教育,民办教育有其自己的行业特点、运行逻辑和办学特色,在运行机制、办学定位、课程设置、专业选择、学生招生及培养等诸多方面都有独特之处,理应通过长三角一体化发展发挥其特殊优势。然而,综观长三角教育发展的相关政策文件,专门涉及民办教育的并不多见。2014年《教育部关于进一步推进长江三角洲地区教育改革与合作发展的指导意见》提出:"发挥长三角地区民间资本充裕、人民群众具有重视教育文化优良传统的优势,积极探索社会力量举办教育的新路径、新模式。按照'积极鼓励、大力支持、正确引导、依法管理'的方针,鼓励和支持长三角地区扶持与规范民办教育发展,加快探索营利性与非营利性民办学校分类管理办法,落实民办学校、教师、学生与公办学校、教师、学生平等的法律地位,建立和完善相应的激励机制和社会保障制度。"该意见原则性较强,未就如何推进长三角民办教育一体化发展进行进一步阐释。2016年三省一市教育厅(委)共同签订《长三角四省(市)教育战略合作框架协议》,其中涉及民办教育的内容仅为"加强民办非学历教育培训机构联合监管"。长三角一体化上升为国家战略后,中共中央、国务院和三省一市的相关政策文件对基础教育、高等教育、职业教育的一体化发展都进行了规定,但并未涉及民办教育。由此可见,长三角地区民办教育一体化发展缺少较为健全的制度设计和明确的规划蓝图。

### 2. 协作共享机制有待加强

目前,长三角民办教育协作机制已经初步建立,决策层、协调层和执行层"三级运作"的协作机制以及民办教育协同发展服务中心的运行已经取得了较为显著的效果。然而,由于民办教育协同发展服务中心刚成立不久,《长江三角洲区域一体化发展规划纲要》要求的发展目标与任务的完成尚需时日和努力。特别是在教育发展尚不均衡的情况下,三省一市如何进一步完善民办教育共享机制、扩大优质教育供给、促进教育均衡发展,如何打破各地区部门利益分割、加强部门协调和深度协作,如何激发民办学校的积极性和主动性、在更广范围内和更深程度上拓展合作领域和合作项目,如何探索建立民办学校第三方质量认证制度、在长三角地区开展质量认证与监控,这些难题都需要政府、行业协会、民办学校各方通过体制机制的改革和创新来破解。

## （二）民办学校分类管理政策有待进一步完善与落实

### 1. 分类转设有待推进

长三角三省一市民办学校"非转营"工作虽已取得了一定成绩,并走在全国前列,但总体上推进较为缓慢。这与民办学校"非转营"工作程序较为复杂性、各方利益相互博弈以及并无成熟经验可供借鉴有关。上海市和浙江省温州市已经明确了转设程序,部分民办学校递交了转设营利性学校的意向,但至今真正进入实质性转设阶段的学校为数不多。长三角地区不少地方政府针对民办学校"非转营"的转设程序、资产确权及补偿奖励等难点问题尚未出台明确的政策,导致这项工作整体推进的步伐较为缓慢。

2. 关联交易有待规制

分类管理实施后,不少非营利性学校举办者还抱有侥幸心理,试图通过关联交易方式将学校利润转移出去。调查研究表明,关联交易的具体样态涵盖民办学校与关联方之间的固定资产租赁行为,商品(服务)购买与销售行为,资金借贷行为,劳务购买行为,代理、协议及许可行为,局部资源使用行为,担保及抵押行为,以及其他成本调节行为等,这无疑损害了学校及师生的合法权益,干扰了民办学校的分类管理改革,增加了民办学校的潜在办学风险。[①] 相关部门如不对关联交易进行规制,则容易导致举办者以非营利之名行营利之实,进而使得分类管理的成效大打折扣。近年来,随着分类管理的逐步推进,特别是引起热议的修订后的《中华人民共和国民办教育促进法实施条例》的颁布,更加速了一些举办者通过关联交易方式从学校中套利,影响了学校正常教育教学秩序和人才培养目标的实现。因此,民办学校关联交易亟待规制。

3. 学校治理有待加强

随着民办学校分类管理的实施,非营利性和营利性民办学校的治理成为当务之急。目前,在非营利性民办学校治理中,三省一市民办学校仍存在诸多问题有待在实践探索中厘清。例如,党组织在学校治理中应该怎样发挥作用;如何规范理事长的权力;如何正确处理理事长和校长的关系;如何构建科学合理的理事会架构,以保障科学决策;如何正确发挥监事(会)的作用,避免监事机构形同虚设。实践表明,一些民办学校举办者和管理者对上述问题认识不清,导致民办学校治理体系存在不少盲区,如有的民办学校在章程中规定监事会须向董事会负责,有的民办学校举办者既在董事会任职也在监事会任职,有的民办学校监事会成员的工资由学校发放等,这些现象的存在影响了监事会独立监督作用的发挥。在营利性民办学校治理中,也有很多问题需要厘清。例如,政府对营利性学校的治理边界应如何界定;如何保障营利性学校的教育质量;如何防控营利性学校运营风险;如何发挥股东会在学校治理体系中的作用;如何处理股东会与董事会、校长的关系。对此,民办教育主管部门亟须出台相关政策或具体指导性意见,引导民办学校形成科学的治理架构,促使其尽快形成现代学校治理体系。

## (三) 民办教育要适应发展环境的变化

### 1. 学前教育:普惠发展

从 2010 年的《国务院关于当前发展学前教育的若干意见》到 2018 年的《中共中央 国务院关于学前教育深化改革规范发展的若干意见》可以看出,国家注重发展普惠性学前教育,力图解决"入园难"和"入园贵"的老大难问题。特别是 2018 年的《中共中央 国务院关于学前教育深化改革规范发展的若干意见》进一步厘定了普惠性幼儿园的发展蓝图,提出"2020 年普惠性幼儿园覆盖率要达到 80%";规范了小区配套幼儿园的建设使用;特别对

---

① 董圣足.民办学校"关联交易"的规制与自治[J].复旦教育论坛,2018(4):30-36.

社会力量办园作出规定,要求各级政府引导社会力量多举办普惠性幼儿园,支持普惠性民办园发展,并将提供普惠性学位数量和办园质量作为奖励补偿和支持的重要依据。在此要求下,长三角三省一市政府出台了相应的政策,力图尽快完成或超额完成国家规定的普惠性幼儿园发展目标。浙江省提出到2020年普惠性幼儿园覆盖率要达到80%;上海市和安徽省提出要保持或达到85%;江苏省提出要达到90%以上。但在各地发展普惠性民办幼儿园的推进过程中,一些问题也暴露出来。例如,普惠性民办园收费有政府规定的限价,导致办园经费不足、教师流失严重、办园质量下降;对普惠性与非营利性关系的认识还存在争议;一些地区政府受任务完成时间表的限制,在政策执行过程中存在简单粗暴现象等。应该说,普惠性幼儿园政策是近十年来我国学前教育发展的一项重要政策,对今后一段时期我国及长三角民办学前教育的发展具有决定性影响,民办学前教育对这一政策环境的适应还需要一个自我调适的过程。

2. 义务教育:公办、民办同步招生

招生是民办学校的生命线。长期以来,由于义务教育阶段民办学校拥有不同于公办学校的招生自主权,加上相对较高的办学质量、较好的师资配备、灵活的课程设置以及显著的办学特色,民办学校在选拔人才方面具有一定的优势,甚至成为优质教育资源的代名词。这一点在长三角地区表现尤为突出:不少享有较好办学声誉的民办学校报名者众多、录取率低,入学竞争颇为激烈;一些民办学校借助可以跨地区招生的政策优惠,争抢优质生源,扰乱了正常教育生态;还有一些民办学校借助学费壁垒及灵活的录取机制,刻意挑选家庭背景较好的学生,在一定程度上造成了教育不公。2019年6月,中共中央、国务院发布《关于深化教育教学改革全面提高义务教育质量的意见》,强调公办和民办学校同步招生,采取电脑随机派位的录取方式。此外,《关于规范民办义务教育发展的实施意见》要求,强化民办义务教育规范管理,办好办强公办义务教育,营造良好的教育生态。公办学校与民办学校同步招生、电脑摇号对民办义务教育影响深远,一些民办名校不得不调整办学方略,在师资培训、课程教学、学生分班方面进行调整。同时,家长的"择校热"也在一定程度上有所减退,许多家长更为理性地对待公办学校与民办学校之间的选择。国家采取的招生政策调整对民办义务教育学校的发展提出了挑战。

3. 校外培训:机构专项治理

为切实减轻中小学生过重的课外负担,促进校外培训机构规范有序发展,营造良好的教育生态,2018年国务院办公厅发布《关于规范校外培训机构发展的意见》,在全国开展了力度空前的校外培训机构治理行动。经过前期摸排、中期整改、后期建立长效机制,目前各地已经基本完成既定目标任务。然而,长效机制的建构并非一日之功,它包括:源头治理,建立校内校外合作机制;重点治理,加强对培训机构的合规监管、财务监管和线上培训监管;协同治理,建立健全部门联合执法机制。因此,以下两方面问题或许更值得我们去思考和探索。一是如何让家长群体参与其中,树立正确的教育观和学习观。因为如果家长成为阻碍培训机构治理长效机制构建的"最后一公里",那么前面的诸多努力终将无法真正见效。二是如何建立健全教育评价体系,切实摆脱应试教育的藩篱,向培养学生综合素质、激发学生多方面兴趣的素质教育迈进。这也是建立长效机制的根本。总之，校外培训机构治理长效机制的建构对民间办学活跃、培训机构林立的长三角三省一市而言，既是机遇，更是挑战。

4. 学校收费：监管趋严

随着分类管理的深入推进，加强对非营利性民办学校的财务监管成为政府加大财政扶持力度的必要条件。2020年，教育部等五部门印发《关于进一步加强和规范教育收费管理的意见》，要求各地加快制定并落实普惠性民办幼儿园财政补助标准，落实义务教育阶段民办学校生均公用经费补助，加强收费标准调控，坚决防止过高收费；同时要求民办学校收费收入应全部缴入经教育行政部门备案的学校银行账户，统一管理，主要用于教育教学活动、改善办学条件和保障教职工待遇，以及依据有关法律法规提取发展基金。此外，新修订的《中华人民共和国民办教育促进法实施条例》对关联交易、VIE架构、营利性学校收费等问题都作出了较为明确的规定。总之，加强对民办学校特别是对非营利性民办学校收费的监管是大势所趋。在这种情况下，长三角三省一市政府应精准施策，包括建立健全教育收费标准动态调整机制、加强教育培养成本调查、规范教育收费决策听证制度、严格执行教育收费公示制度、加强教育收费收支管理等。

# 四、长三角民办教育事业发展展望

"十四五"时期，我国将开启全面建设社会主义现代化国家新征程，向第二个百年奋斗目标进军。《中共中央关于制定国民经济和社会发展第十四个五年规划和二〇三五年远景目标的建议》延续了中共十八大以来对教育的治理思路，提出了建设高质量教育体系、坚持教育公益性的原则，并对各级各类教育的发展重点作出规定，如对民办教育提出了"支持和规范民办教育发展，规范校外培训机构"的要求。结合《长江三角洲区域一体化发展规划纲要》的相关要求，未来长三角地区民办教育事业发展或可从以下三个方面着力。

## (一) 推动合作发展，促进长三角地区民办教育一体化

### 1. 加强购买服务和委托管理，促进教育均衡发展

借鉴北京、深圳等地成功经验，长三角各地政府应继续深入实施政府购买服务和委托管理，探索建立统一的政府购买服务目录、标准和指标体系，不断扩大长三角地区不同学校和机构委托管理的范围、内容和样态，从而促进三省一市教育均衡发展。例如，继续完善政府购买义务教育阶段优质民办学校学位制度，为外来务工人员随迁子女提供良好的教育；探索实施长三角地区优质民办学校和薄弱学校的委托管理制度，通过委托管理，将优质民办学校的管理经验、教育理念、课程教学、优秀师资等输送给相对薄弱的公办或民办学校，建立协同发展机制，营造协同发展环境；购买品牌教育培训机构和集团的教育服务，发挥其课程研发、线上教学、机构连锁的优势和特长，帮助更多薄弱学校提升办学水平。

2. 创新异地办学制度，扩大优质教育资源供给

目前，长三角已有一些民办学校或教育集团通过异地办学方式将许多优质教育资源输送到需求旺盛但优质教育资源相对短缺的地区。例如，上海协和教育集团通过委托运营方式与温州森马集团合作共同创建温州森马协和国际学校；翔宇教育集团通过"投资＋运营"、委托管理等多种方式在浙江省温州市及江苏省宝应县、淮安市等地异地办学；新纪元教育集团通过PPP方式在浙江省瑞安市等地创办学校。这些异地办学模式将优秀的办学经验和优质的教育资源输送到异地，取得了良好成效。未来，为进一步促进长三角地区民办教育一体化发展，扩大优质教育资源供给，各地政府应建立健全异地办学制度，创新更多办学模式，引导优质教育资源向教育薄弱地区扩散。

3. 完善交流合作机制，促进民办学校的校际交流协作

长三角地区民办学校之间自发的合作交流早已有之，但是合作交流的组织化和制度化则是近些年才形成的。2010年由江苏、浙江、上海民办教育协会发起举办的"第一届长三角民办教育高峰论坛"是探索长三角地区民办学校合作机制的标志性尝试，论坛上签署的《长三角民办教育联动发展合作协议》提出，协会会员单位之间将开展多种形式的校际交流与合作，如开展评选活动、建立调研平台、举办研讨培训活动等。长三角一体化上升为国家战略后，民办学校之间的合作由民间组织的自发行为上升为政府支持的行为，长三角地区民办教育一体化联盟、长三角地区民办教育协同发展服务中心等机构的创建，为校际交流合作搭建了更多平台。未来，长三角三省一市政府应进一步发挥已有平台的功能，整合集聚政府、协会、学校和社会等多方力量，凭借民办机制优势，发挥协会桥梁纽带作用，借助专业机构力量，聚焦基础教育特色发展、质量提升，高等教育应用型大学建设、独立学院转设、职业教育校企合作、产教融合等重点领域，开拓更多合作项目，建立常态化的共建共享机制，将长三角地区民办学校校际交流协作提升到新的水平。

## （二）健全配套制度，落实民办教育新法新政

1. 明确过渡方案，推进分类转设

经过多方推动，目前上海、温州等地在民办学校分类登记、转设程序、资产确权、补偿奖励、土地流转等方面已有一些成功经验，为明确非营利性和营利性民办学校分类管理过渡方案奠定了良好基础。当务之急，为推进分类转设、促进长三角地区一万七千余所各级各类民办学校（不含机构）平稳过渡，各地方政府应充分借鉴上海和温州等地经验，克服观望心态，发挥创新精神，尽快明确过渡方案，厘清转设程序，明确补偿奖励措施和税费优惠政策，从而实现《加快推进教育现代化实施方案（2018—2022年）》部署的"2022年前后按照自主选择、科学分类、平稳过渡的原则全面实现现有民办学校非营利性与营利性分类管理"的目标。

2. 加大支持力度，促进民办学校发展

大力支持非营利性民办学校（包括普惠性幼儿园）发展，是我国促进教育公平、实现教育均衡发展的重大战略决策。新修订的《中华人民共和国民办教育促进法》第四十六条规

定："县级以上各级人民政府可以采取购买服务、助学贷款、奖助学金和出租、转让闲置的国有资产等措施对民办学校予以扶持；对非营利性民办学校还可以采取政府补贴、基金奖励、捐资激励等扶持措施。"据此，三省一市政府要进一步落实政府责任，细化扶持举措、创新扶持方式，加大对非营利民办学校的扶持力度。实践中，由于各级各类民办学校发展情况千差万别，而政府扶持资金又较为有限，地方政府应采取不同时期、重点有别的扶持方式，避免"一刀切""撒胡椒面"式的扶持策略。例如，目前因疫情冲击和学费限价，地方政府对确定为普惠性的幼儿园应加大扶持力度，帮助它们在维持运营的同时不影响教育保育质量。

3. 加强内外监管，防范办学风险

分类管理的有效落实离不开健全的监管体系，加强学校内外监管是防范办学风险的"不二法门"。在内部监管方面，财务监管是重点，长三角各地应按照《关于进一步加强和规范教育收费管理的意见》提出的"民办学校收费收入应全部缴入经教育行政部门备案的学校银行账户，统一管理"的要求，借鉴成功经验，建立在教育行政部门备案的银行专户，进行办学成本核算，防止非公平关联交易及资金非法转移。在外部监管方面，细化民办学校信息公开制度、建立违规失信惩戒机制、健全联合执法机制以及完善社会参与治理的多元治理机制，是预防民办学校特别是营利性民办学校办学风险的治理方略。

总之，长三角三省一市应通过内外部协同监管，逐步构建相对健全的监管体系，保障民办学校良善治理和健康发展。

## （三）深化综合改革，打造长三角民办教育现代化样板

1. 完善内部治理，构建现代学校治理体系

对民办学校实施分类管理后，非营利性和营利性两类民办学校的内部治理工作亟待开展。一是完善制度设计。鉴于目前有关两类民办学校内部治理的制度文本都相对缺乏，长三角地区地方政府应出台参考范本，为行政部门的治理工作及民办学校内部治理体系的构建提供指引。二是攻克疑难问题。针对民办学校治理的疑难问题，长三角地区地方政府应加强专项研究，合理借鉴境外私立学校治理成果和国内民办学校内部治理典型经验，集中突破尚未明晰对策的疑难问题，逐步构建民办学校内部治理体系。三是完善内部治理体系。营利性民办学校在我国是新生事物，如何构建中国体制背景下的营利性民办学校治理体系，是当前需要不断探索又亟须解决的一项任务。上海建桥学院近年以建设 ISO9001 质量管理体系为抓手，明确部门分工和管理职责、优化管理流程、完备质量标准、注重绩效考评、循环改善质量的做法，或可成为营利性民办高校治理的有效经验。

2. 解决难点问题，促进民办教育良性发展

未来一段时期，我国民办教育综合改革将会继续深化。因此，在发展环境发生变化的背景下，如何解决学前教育普惠发展、义务教育公民同招、校外培训机构专项治理、学校收费监管趋严带来的新问题，促进民办教育良性发展，考验着长三角三省一市政府的治理能力和治理水平。其中，普惠性幼儿园在限价的同时要保障教育保育质量；义务教育民办学校

在招生、收费、规模、教材、课程不断规范的情况下要持续稳定发展；校外培训机构在治理常态化的背景下要继续提供优质和多样化的教育服务；等等。这些都需要各地政府协同研究机构、行业协会、民办学校共同谋划。

3. 开展监测评估，探索建立第三方质量认证制度

《长江三角洲区域一体化发展规划纲要》要求："研究发布统一的教育现代化指标体系，协同开展监测评估，引导各级各类学校高质量发展。"社会参与教育评价和治理是实现教育现代化的重要体现，在民办教育领域探索建立长三角地区民办学校第三方质量认证制度和质量监测制度是实现长三角教育现代化的必要途径。当前，在社会评估组织发育并不充分的背景下，各级政府应培育更多的社会组织参与民办学校办学过程和办学质量评估，同时通过试点先行和实践推动，逐步建立一套既符合国际惯例又适合我国民办学校发展实际的办学质量多维评价体系，为区域内各级各类民办学校提供质量评估与认证服务。

# 上海市民办教育发展报告

2010 年以来,上海市民办教育进入快速发展和规范发展阶段。随着《中华人民共和国民办教育促进法》修订工作的完成,国家对民办教育的宏观政策进一步完善,民办教育正式进入非营利性学校与营利性学校分类管理时代。上海市根据国家对地方的授权,出台了落实民办教育新法新政的系列政策文件,并以教育综合改革国家试点为契机,推动民办教育扶持政策不断完善,财政支持力度不断加大,管理手段日趋规范,治理水平不断提升。

## 一、2010 年以来上海市民办教育发展成绩

### (一) 民办教育发展规模稳定

2019 年全市共有各级各类民办学校 881 所,在校生 47.2 万人。其中,民办幼儿园642 所,在园儿童约 16.32 万人,占全市在园儿童总数的 28.57%;民办小学 88 所(含政府给予办学成本补贴的以招收进城务工人员随迁子女为主的民办小学),在校生约10.56 万人,占全市小学在校生总数的 12.75%;民办中学 132 所,在校生约 8.68 万人,占全市中学在校生总数的 14.22%;民办普通高校 19 所,本专科在校生约 11.64 万人,占全市高校在校生总数的 22.1%。此外,全市经教育部门审批设立的培训机构达 2 400 多所。

1. 民办幼儿园发展趋势

(1) 民办幼儿园数量发展情况。2012—2019 年全市民办幼儿园数量从 2012 年的500 所增至 2019 年的 642 所,增长率为 28.4%;全市范围幼儿园总数增加了 269 所,增长率为19.20%,低于民办幼儿园的增长率。民办幼儿园占比也出现逐年稳步增加的趋势,全市幼儿园总数的增量中有 53.16% 来自新开办的民办幼儿园(见表 1)。

表 1　2012—2019 年全市幼儿园数量情况　　　　　　　　　　　　单位:所

| 年份 | 全市 | 年度变化 | 民办 | 年度变化 | 民办占比 |
|---|---|---|---|---|---|
| 2012 | 1 401 | +64 | 500 | +41 | 35.69% |
| 2013 | 1 446 | +45 | 524 | +24 | 36.24% |
| 2014 | 1 462 | +16 | 532 | +8 | 36.39% |
| 2015 | 1 510 | +48 | 562 | +30 | 37.22% |

| 年份 | 全市 | 年度变化 | 民办 | 年度变化 | 民办占比 |
|------|------|----------|------|----------|----------|
| 2016 | 1 553 | ＋43 | 580 | ＋18 | 37.35％ |
| 2017 | 1 591 | ＋38 | 601 | ＋21 | 37.77％ |
| 2018 | 1 627 | ＋36 | 623 | ＋22 | 38.29％ |
| 2019 | 1 670 | ＋43 | 642 | ＋19 | 38.44％ |

（2）民办幼儿园在园儿童情况。全市幼儿园在园儿童人数逐年上升，2012—2019年年均增长率①为2.51％；同期民办幼儿园在园儿童人数按照年均2.62％的增长率不断递增，在园儿童人数占比维持在30％左右（见表2）。

表2　2012—2019年全市幼儿园在园儿童人数情况　　　　　　　　单位：人

| 年份 | 全市 | 年度变化 | 民办 | 年度变化 | 民办占比 |
|------|------|----------|------|----------|----------|
| 2012 | 480 560 | ＋36 383 | 136 356 | ＋15 886 | 28.37％ |
| 2013 | 501 000 | ＋20 440 | 147 281 | ＋10 925 | 29.40％ |
| 2014 | 502 900 | ＋1 900 | 150 035 | ＋2 754 | 29.83％ |
| 2015 | 535 900 | ＋33 000 | 168 348 | ＋18 313 | 31.41％ |
| 2016 | 556 506 | ＋20 606 | 172 503 | ＋4 155 | 31.00％ |
| 2017 | 572 744 | ＋16 238 | 173 718 | ＋1 215 | 30.33％ |
| 2018 | 571 400 | －1 344 | 167 834 | －5 884 | 29.37％ |
| 2019 | 571 302 | －98 | 163 165 | －4 669 | 28.56％ |

（3）民办幼儿园专任教师情况。2012—2017年全市幼儿园专任教师人数逐年增长，增长率为28.18％；同期民办学前教育专任教师人数增长率为25.69％，略低于全市平均水平。民办幼儿园专任教师人数占比总体维持在28％左右，略有波动，相较于幼儿园数量占比和在园儿童人数占比，专任教师数量不足的现象依旧存在（见表3）。2012年全市幼儿园生师比为15.36∶1，民办幼儿园生师比为15.52∶1；2017年全市幼儿园生师比为14.28∶1，民办幼儿园生师比为15.73∶1。上述数据表明，民办幼儿园的生师比呈现上升的态势，且民办幼儿园生师比与全市幼儿园生师比的差距越来越大。面对快速增长的在园儿童人数，专任教师的增速已明显滞后，民办学前教育师资不足的问题十分突出。

表3　2012—2017年全市幼儿园专任教师人数情况　　　　　　　　单位：人

| 年份 | 全市 | 年度变化 | 民办 | 年度变化 | 民办占比 |
|------|------|----------|------|----------|----------|
| 2012 | 31 289 | ＋2 068 | 8 785 | ＋712 | 28.08％ |
| 2013 | 32 900 | ＋1 611 | 9 284 | ＋499 | 28.22％ |

---

① 年均增长率也称年复合增长率，指一定年限内平均每年增长的速度。

| 年份 | 全市 | 年度变化 | 民办 | 年度变化 | 民办占比 |
|------|------|----------|------|----------|----------|
| 2014 | 34 861 | ＋1 961 | 9 689 | ＋405 | 27.79％ |
| 2015 | 36 602 | ＋1 741 | 10 353 | ＋664 | 28.29％ |
| 2016 | 38 277 | ＋1 675 | 10 737 | ＋384 | 28.05％ |
| 2017 | 40 106 | ＋1 829 | 11 042 | ＋305 | 27.53％ |

**2. 民办普通小学发展趋势**

（1）民办普通小学的数量发展情况。2019 年全市共有普通小学 698 所,较 2012 年减少 63 所;同期民办普通小学共 88 所(含以招收进城务工人员随迁子女为主的民办小学),较 2012 年减少 92 所,减幅远超全市平均水平。由此可见,在全市普通小学数量逐年减少的情况下,民办普通小学的减幅明显大于公办普通小学。民办普通小学大幅度减少的原因主要是一些进城务工人员随迁子女小学被整顿合并。2017 年全市民办普通小学占比首次低于 20％,特别是 2019 年仅为 12.61％(见表 4)。

表 4　2012—2019 年全市普通小学学校数情况　　　　　　　　　　　　　单位:所

| 年份 | 全市 | 年度变化 | 民办 | 年度变化 | 民办占比 |
|------|------|----------|------|----------|----------|
| 2012 | 761 | −3 | 180 | −1 | 23.65％ |
| 2013 | 761 | 0 | 178 | −2 | 23.39％ |
| 2014 | 757 | −4 | 174 | −4 | 22.99％ |
| 2015 | 764 | 7 | 173 | −1 | 22.64％ |
| 2016 | 753 | −11 | 156 | −17 | 20.72％ |
| 2017 | 741 | −12 | 139 | −17 | 18.76％ |
| 2018 | 721 | −20 | 111 | −28 | 15.39％ |
| 2019 | 698 | −23 | 88 | −23 | 12.61％ |

（2）民办普通小学在校生情况。全市普通小学在校生人数从 2015 年开始出现负增长,而民办普通小学在校生人数则从 2013 年就开始出现负增长。相较于 2012 年,2019 年全市普通小学在校生人数增长率为 8.68％,而民办普通小学增长率为−37.80％。与此相关,民办普通小学在校生占比也是逐年下降,2017 年开始已经低于 15％,2019 年则低于 13％(见表 5)。

表 5　2012—2019 年全市普通小学在校生人数情况　　　　　　　　　　　单位:人

| 年份 | 全市 | 年度变化 | 民办 | 年度变化 | 民办占比 |
|------|------|----------|------|----------|----------|
| 2012 | 760 377 | ＋29 246 | 169 791 | 3 079 | 22.33％ |
| 2013 | 792 476 | ＋32 099 | 167 028 | −2 763 | 21.08％ |
| 2014 | 802 960 | ＋10 484 | 156 010 | −11 018 | 19.43％ |

（续表）

| 年份 | 全市 | 年度变化 | 民办 | 年度变化 | 民办占比 |
|------|------|---------|------|---------|---------|
| 2015 | 798 686 | −4 274 | 139 437 | −16 573 | 17.46％ |
| 2016 | 789 721 | −8 965 | 125 379 | −14 058 | 15.88％ |
| 2017 | 784 896 | −4 825 | 112 327 | −13 052 | 14.31％ |
| 2018 | 800 200 | +15 304 | 106 641 | −5 686 | 13.33％ |
| 2019 | 826 347 | +26 147 | 105 604 | −1 037 | 12.78％ |

（3）民办普通小学专任教师情况。民办普通小学专任教师数量的变化与学校数、在校生数的变化呈现相同的趋势，从2015年开始出现负增长。在全市普通小学专任教师人数以年均2.76％的增长率逐年增加的情况下，民办普通小学专任教师人数以年均2.35％的幅度减少。因此，民办普通小学专任教师的占比也呈现出逐年下降的态势，至2017年已经低于13％（见表6）。民办普通小学生师比从2012年的21.58∶1降至2017年的16.17∶1，同期全市普通小学平均生师比由15.82∶1降至14.35∶1。就专任教师数量而言，民办普通小学的专任教师数量低于全市普通小学专任教师平均水平的状况未见改变。

表6　2012—2017年全市普通小学专任教师人数情况　　　　单位：人

| 年份 | 全市 | 年度变化 | 民办 | 年度变化 | 民办占比 |
|------|------|---------|------|---------|---------|
| 2012 | 48 066 | 1 812 | 7 869 | 501 | 16.37％ |
| 2013 | 49 772 | 1 706 | 8 141 | 272 | 16.36％ |
| 2014 | 51 481 | 1 709 | 8 176 | 35 | 15.88％ |
| 2015 | 52 321 | 840 | 7 661 | −515 | 14.64％ |
| 2016 | 53 389 | 1 068 | 7 269 | −392 | 13.62％ |
| 2017 | 54 697 | 1 308 | 6 946 | −323 | 12.70％ |

### 3. 民办中学发展趋势

（1）民办中学的数量发展情况。2019年全市民办中学共有132所，学校数量保持稳定；在校生规模为86 829人，较上一年的83 696人增加了3.74％。

（2）民办普通初中在校生情况。普通初中阶段，全市在校生人数整体呈现下降的趋势，2017年在校生人数较2012年减少了20 000余人，2012—2017年其年均增长率为−0.99％。同期，民办普通初中的在校生人数却呈现出上升的态势，年均增长率为1.18％。2017年民办普通初中在校生占比首次超过15％（见表7）。

（3）民办普通初中专任教师情况。全市普通初中专任教师整体处于逐年增加态势，2012—2017年其年均增长率为2.21％。民办普通初中专任教师变化起伏明显：2012—2016年呈逐年增长态势，其中2013年、2014年基本维持在8％以上的增长率，2015—2016年增长率回落至2％～4％，2017年则出现了超过90％的跌幅（见表8）。

表 7　2012—2017 年全市普通初中在校生人数情况　　　　单位：人

| 年份 | 全市 | 年度变化 | 民办 | 年度变化 | 民办占比 |
|---|---|---|---|---|---|
| 2012 | 432 686 | +2 101 | 60 912 | -1 186 | 14.08% |
| 2013 | 436 696 | +4 010 | 61 572 | +660 | 14.10% |
| 2014 | 426 789 | -9 907 | 60 776 | -796 | 14.24% |
| 2015 | 412 345 | -14 444 | 59 663 | -1 113 | 14.47% |
| 2016 | 413 298 | +953 | 61 452 | +1 789 | 14.87% |
| 2017 | 411 712 | -1 586 | 64 516 | +3 064 | 15.67% |

表 8　2012—2017 年全市普通初中专任教师人数情况　　　　单位：人

| 年份 | 全市 | 年度变化 | 民办 | 年度变化 | 民办占比 |
|---|---|---|---|---|---|
| 2012 | 35 202 | +696 | 3 814 | +384 | 10.83% |
| 2013 | 35 203 | +1 | 4 147 | +333 | 11.78% |
| 2014 | 37 133 | +1 930 | 4 533 | +386 | 12.21% |
| 2015 | 37 564 | +431 | 4 633 | +100 | 12.33% |
| 2016 | 38 100 | +536 | 4 809 | +176 | 12.62% |
| 2017 | 39 276 | +1 176 | 128 | -4 681 | 0.33% |

（4）民办普通高中在校生情况。2012—2017 年全市普通高中在校生人数整体处于上升态势，其年均增长率为 0.15%。2012—2014 年民办普通高中在校生人数曾跌至低谷，2015 年起逐年上升，同期年均增长率为 2.82%。民办普通高中在校生占比在 2012—2014 年曾连续小幅下降，2015 年开始上升，至 2017 年已经超过 10%（见表 9）。

表 9　2012—2017 年全市普通高中在校生人数情况　　　　单位：人

| 年份 | 全市 | 年度变化 | 民办 | 年度变化 | 民办占比 |
|---|---|---|---|---|---|
| 2012 | 157 709 | -3 347 | 13 869 | -624 | 8.79% |
| 2013 | 156 817 | -892 | 13 607 | -262 | 8.68% |
| 2014 | 157 416 | +599 | 13 589 | -18 | 8.63% |
| 2015 | 158 201 | +785 | 14 222 | +633 | 8.99% |
| 2016 | 157 806 | -395 | 14 997 | +775 | 9.50% |
| 2017 | 158 924 | 1 118 | 15 941 | +944 | 10.03% |

（5）民办普通高中专任教师情况。2012—2017 年全市普通高中和民办普通高中专任教师人数均处于逐年上升态势。其中，全市普通高中专任教师人数年均增长率为 1.58%；同期民办普通高中专任教师人数年均增长率为 5.92%，远高于全市普通高中专任教师年均增长率水平，同期民办普通高中专任教师的占比也从 7.62% 上升至 9.39%（见表 10）。

2012—2017 年,全市普通高中生师比从 9.51∶1 下降至8.86∶1;同期民办普通高中生师比则从 10.97∶1 下降至 9.66∶1,即 2017 年民办普通高中的生师比仍未达到 2012 年全市普通高中师生比的水平。由此可见,师资问题依旧是制约民办中学发展的关键环节。

表 10　2012—2017 年全市普通高中专任教师人数情况　　　　　　单位:人

| 年份 | 全市 | 年度变化 | 民办 | 年度变化 | 民办占比 |
|---|---|---|---|---|---|
| 2012 | 16 588 | −8 | 1 264 | +69 | 7.62% |
| 2013 | 16 589 | +1 | 1 255 | −9 | 7.57% |
| 2014 | 16 981 | +392 | 1 483 | +228 | 8.73% |
| 2015 | 17 398 | +417 | 1 613 | +130 | 9.27% |
| 2016 | 17 700 | +302 | 1 649 | +36 | 9.32% |
| 2017 | 17 937 | +237 | 1 685 | +36 | 9.39% |

#### 4. 民办普通高校发展趋势

（1）民办普通高校数量发展情况及在校生情况。2012—2019 年全市普通高等学校数量发展平稳,除个别几所学校合并以外,没有出现大的波动。全市普通高校在校生人数呈现逐年递增的态势,年均增长率为 0.56%;民办普通高校在校生人数年均增长率为4.65%,民办普通高校在校生人数占比从 17.33% 增至 22.10%。从增长的绝对数来看,民办普通高校在校生人数的年均增长水平远高于全市普通高校在校生人数的年均增长水平。由此可见,民办普通高校在推动高等教育大众化、普及化方面发挥了重要作用(见表 11、表 12)。

表 11　2012—2019 年全市普通高等学校数量情况　　　　　　单位:所

| 年份 | 全市 | 年度变化 | 民办 | 年度变化 | 民办占比 |
|---|---|---|---|---|---|
| 2012 | 67 | +1 | 20 | 0 | 29.85% |
| 2013 | 68 | +1 | 21 | +1 | 30.88% |
| 2014 | 68 | 0 | 20 | −1 | 29.41% |
| 2015 | 67 | −1 | 20 | 0 | 29.85% |
| 2016 | 64 | −3 | 20 | 0 | 31.25% |
| 2017 | 64 | 0 | 19 | −1 | 28.13% |
| 2018 | 64 | 0 | 19 | 0 | 28.13% |
| 2019 | 64 | 0 | 19 | 0 | 28.13% |

表 12　2012—2019 年全市普通高等学校在校生人数情况　　　　　　单位:人

| 年份 | 全市 | 年度变化 | 民办 | 年度变化 | 民办占比 |
|---|---|---|---|---|---|
| 2012 | 506 596 | −4 687 | 87 805 | −2 613 | 17.33% |
| 2013 | 504 771 | −1 825 | 88 291 | +486 | 17.49% |

| 年份 | 全市 | 年度变化 | 民办 | 年度变化 | 民办占比 |
|---|---|---|---|---|---|
| 2014 | 506 644 | ＋1 873 | 92 228 | ＋3 937 | 18.20％ |
| 2015 | 511 623 | ＋4 979 | 100 105 | ＋7 877 | 19.57％ |
| 2016 | 514 683 | ＋3 060 | 105 881 | ＋5 776 | 20.57％ |
| 2017 | 514 900 | ＋217 | 108 193 | ＋2 312 | 21.01％ |
| 2018 | 517 800 | ＋2 900 | 110 336 | ＋2 143 | 21.31％ |
| 2019 | 526 585 | ＋8 785 | 116 393 | ＋6 057 | 22.10％ |

（2）民办普通高校专任教师情况。2012—2019 年全市普通高校和民办普通高校专任教师人数均呈现逐年增长的态势。其中,全市普通高校专任教师人数年均增长率为1.62％,民办普通高校专任教师人数年均增长率为4.71％(见表13)。同期,民办普通高校专任教师人数增量约占全市高校专任教师增量的30％。

表 13　2012—2017 年全市普通高等学校专任教师人数情况　　　　　单位:人

| 年份 | 全市 | 年度变化 | 民办 | 年度变化 | 民办占比 |
|---|---|---|---|---|---|
| 2012 | 40 118 | ＋492 | 3 968 | ＋46 | 9.89％ |
| 2013 | 40 297 | ＋179 | 3 972 | ＋4 | 9.86％ |
| 2014 | 40 558 | ＋261 | 4 041 | ＋69 | 9.96％ |
| 2015 | 41 570 | ＋1 012 | 4 461 | ＋420 | 10.73％ |
| 2016 | 42 308 | ＋738 | 4 826 | ＋365 | 11.41％ |
| 2017 | 43 484 | ＋1 176 | 4 993 | ＋167 | 11.48％ |

（3）民办普通高校生师比情况。2012 年全市普通高校生师比为 14.12∶1,民办普通高校生师比为 22.12∶1;2017 年全市普通高校生师比为 11.84∶1,民办普通高校生师比为21.66∶1。由此可见,2012—2017 年民办普通高校生师比水平远高于全市普通高校生师比水平。其原因是民办普通高校师资流动性较大。受师资不足的限制,民办普通高校办学竞争力的提升在短时间内难以有明显的突破。

## （二）全面加强党对民办教育的领导

### 1. 健全民办高校党建工作制度

近年来,上海市教卫工作党委制定了《关于进一步加强和改进民办高校党建工作的意见》《关于向民办高校选派党委书记的办法》《民办高校落实党委意识形态工作责任制测评体系》等文件,进一步推进民办高校党建工作的规范化、制度化。

### 2. 促进民办高校党建和思想政治工作

（1）截至 2019 年年底,上海市民办高校党委建制 14 个,直属党总支建制 3 个,基层党总支建制 69 个,民办高校党组织建设实现全覆盖。

（2）各民办高校党组织书记全部实现委派,党组织书记同时兼任政府督导专员。各民办高校党组织书记通过法定程序进入学校董(理)事会全部落实,从机制上保证了党组织在学校的政治核心地位。

（3）各民办高校把思想政治工作纳入党组织建设的重要内容,完善工作规划,落实保障措施,在民办高校形成大思政的环境与合力,实现全员育人、全程育人、全方位育人。

3. 实施全国首个"民创计划"项目

（1）上海市在全国率先启动"民创计划"项目,推进党建和思政工作创新。

（2）上海市通过民办高校同城协同工作平台项目和民办高校自主实施项目,加强集群整合、资源共享、协同创新,凝练民办高校党建工作的特色和优秀成果,切实提升党建工作、思想政治工作的质量和水平。

## （三）完善民办教育相关规章制度

1. 推动民办学校发展顶层制度设计

根据《中华人民共和国民办教育促进法》《国务院关于鼓励社会力量兴办教育促进民办教育健康发展的若干意见》等法律法规和政策规定,上海市制定了《上海市人民政府关于促进民办教育健康发展的实施意见》《上海市民办学校分类许可登记管理办法》和《上海市民办教育工作联席会议制度》等政策,建立健全贯彻落实民办教育新法新政的配套举措,积极推进民办学校分类管理,为上海市民办教育健康发展作好顶层制度设计。

同时,上海市在完成对民办培训机构和培训市场全面摸排、整顿的情况下,制定并出台了《上海市民办培训机构设置标准》《上海市营利性民办培训机构管理办法》《上海市非营利性民办培训机构管理办法》,为规范民办教育培训机构的长效管理提供了依据。

2. 修订完善专项管理办法

2016 年,根据财政资金分配方式及专项资金管理方式改革的需要,上海市教委会同上海市财政局制定出台了《上海市促进民办教育发展专项资金管理办法》(以下简称《管理办法》)和《上海市民办高校会计核算办法(试行)》等制度,首次提出根据要素法评定各民办高校的政府专项资金额度,并委托第三方组织开展民办高校政府扶持项目审核与监管工作,加强对专项资金的科学化、绩效化管理。目前,修订后的《管理办法》已经正式出台,明确了专项资金的申报条件,扩大了专项资金的覆盖范围,为民办学校开展分类资助、公开核定标准、严格过程监管提供了依据。

3. 稳步推进现有民办学校分类登记

上海市细化分类登记办法和流程,督促民办学校按时完成分类选择,有序开展分类登记和转设:继续选择登记为非营利性的现有民办学校全部办理完成过渡手续;选择登记为营利性的民办学校稳步推进转设工作。在区县推进教育综合改革试验区方案中,上海市将民办中小学非营利制度试点列为区县教育综合改革重点项目之一,在浦东新区、杨浦区、静安区等区相继开展了民办中小学非营利制度试点。此外,上海市教委还向试点学校拨付了试点制度经费,引导学校走彰显公益性的内涵发展道路。

## (四) 创新民办教育管理方式

### 1. 落实"放、管、服"改革要求

上海市落实"一网通办"改革要求,完成了民办教育网站整合、电子证照归集、教育数据集成整合、共享数据对接、政务服务事项查询接入、流程优化再造、审批事项压减等工作;在对信息管理系统升级的基础上,升级完善了上海市民办高校财务管理系统;在民办高校统一会计制度基础上,创新完善了民办高校预算、专项核算、报表的一体化统一管理模式,为民办高校的经费监管提供了财务信息基础。

### 2. 加强协作平台建设

上海市牵头建立长三角民办教育协作发展会议制度,打造长三角民办教育联动平台,协同推进区域民办教育事业发展。此外,上海市还设立了市级教育类社会组织管理办公室,制定了《教育类社会组织管理办法》,推进教育类社会组织依法设立、规范活动。

## (五) 大力推动社会组织参与治理

### 1. 引入第三方评价和质量监督

2017年,上海市民办教育协会、上海市民办教育发展基金会、上海市民办中小学协会等社会组织联合发起成立教育评鉴中心。教育评鉴中心专注于民办教育评估、鉴证、咨询等服务和研究项目。同年11月,教育评鉴中心正式启动对教育培训机构的质量认证工作,标志着由第三方机构对教育培训机构进行评价和质量监督的试点工作进入了实践操作阶段。

### 2. 成立民办教育协同发展服务中心

2017年年底,在上海市民办教育发展服务中心基础上成立的、由教育部发展规划司和上海市教育委员会共建的民办教育协同发展服务中心正式揭牌。这也是全国唯一一个部市共建的民办教育协同中心。该中心充分利用上海教育综合改革"排头兵""领头羊"的政策优势和改革红利,汇聚全国民办教育管理经验,利用信息化管理新手段,切实服务民办教育政策、制度建设的全过程,推动上海市民办教育发展步入新时代并面向全国发挥辐射引领功能。

## (六) 初步形成民办学校特色发展路径

随着上海市教育现代化进程的不断加快、人民生活水平的不断提高,人民群众对教育的选择性需求日趋旺盛,这为民办教育提供了广阔的发展空间。民办教育在优化教育资源配置、提高教育质量和办学效益、深化课堂教学改革和实施特色办学等方面进行了大量探索。在基础教育领域,上海市既有满足中上收入家庭子女特色化教育需求的高收费学校,也有满足一般家庭就读的普通学校。中等和高等教育领域的民办学校面向社会自主

办学,以社会经济建设和人民群众教育需求为导向,在专业设置、课程计划、用人制度和分配制度等方面采取了灵活多样的机制,培养了一批社会紧缺的新型实用人才。民办教育的发展有力地促进了上海办学体制改革,激发了整体教育系统的活力,对上海教育领域形成多元化的办学新格局作出了贡献。

分学段来看,上海市在基础教育领域实施了三轮"上海市民办中小学特色学校(项目)和民办优质幼儿园"创建活动,348所民办中小学和幼儿园进入创建计划。在高等教育阶段,上海市支持立达职业技术学院升格为本科高校(现为上海立达学院),支持中侨职业技术学院升格为本科层次职业大学(现为上海中侨职业技术大学);加快推进中高职贯通试点,2016—2019年共计在12所民办高校的50个专业中进行(含重复专业)中高职贯通试点。[①] 另外,自2017年上海市开展高本贯通人才培养模式改革以来,截至2020年4月,全市共公布四批试点专业,其中包括3所民办本科院校的8个专业和4所民办高职院校的7个专业。在2016年和2018年两次上海高校本科重点教学改革项目评审中,上海杉达学院、上海建桥学院、上海视觉艺术学院、上海外国语大学贤达经济人文学院、上海师范大学天华学院5所民办本科院校共有11个教学改革项目获准立项。

### （七）全面提升民办学校师资队伍建设

1. 深化强师工程

"十三五"时期,上海市民办高校"强师工程"项目累计培训教师3 000余人次。其中,两年一届的民办高校教师教学技能大赛作为"强师工程"的一大亮点,在进一步巩固培训成效的同时选拔了一批优秀的骨干教师和优秀中青年教师。对于在大赛中获奖的教师,"强师工程"项目优先给予支持。

2. 落实科研项目引领

上海市在第一期民办高校科研项目顺利实施的基础上,于2016年启动第二期民办高校科研项目。经审核,共有13项重大内涵建设项目和24项重点科研项目(含培育)符合申报要求,被纳入2016年度民办高校科研项目。

## 二、当前上海市民办教育发展存在的挑战

### （一）民办学校发展存在的问题

1. 教育质量和办学水平不均衡

从社会反馈来看,上海市基础教育阶段的民办学校普遍质量较好,社会认可度较高,

---

① 数据来源于2016年、2017年、2018年、2019年市教委文件(沪教委职〔2016〕5号、沪教委职〔2017〕5号、沪教委职〔2018〕13号、沪教委职〔2019〕14号),2016年20个中高职试点专业中9个试点专业来自7所民办高校,2017年23个试点专业中8个试点专业来自5所民办高校,2018年25个试点专业中16个试点专业来自9所民办高校,2019年26个试点专业中17个试点专业来自7所民办高校,共计50个试点专业来自民办高校,其中有6个专业因为贯通的中职学校不同被重复计算,重复计算8次。

尤其是在义务教育阶段,民办学校提供了可供选择的优质教育资源。部分民办高中和民办高校由于人才培养质量不高、投入不足,加之受生源变化的影响,办学长期处于困境,与上海市的城市地位和发展需要不匹配。

2. 部分民办学校存在办学隐患

上海市民办学校的主要资金来源是学费收入,另有小部分资金来源于举办者在办学初期的投入和公共财政资助。目前,民办高校的收费标准虽可实行市场调节,但短期内难以大幅度提高。同时,学校落实法人财产权后,因资产不能用来抵押,又缺乏融资渠道,民办学校的可持续投入明显不足,学校建设发展得不到有效保障。有的民办学校举办者因为资金链断裂或债务纠纷,已经出现了无力继续投入甚至不得不转卖学校的情况。

此外,部分民办学校仍然存在举办者对学校事务操控过多、校长在财务和教学上没有足够的自主权、学校内部民主决策和协商的机制尚未形成、领导班子和中层干部老龄化现象比较突出等问题。

3. 规范办学亟须系统化、制度化

经过多年的发展,上海的民办教育已经到了亟须系统化、制度化建设的关键时期,民办学校的规范发展需要一个稳定的法律制度环境。民办教育兼具教育和经济两种属性,涉及登记、产权、商事、税费、社保等多个领域,与其相关的法律政策空白较多,行业组织在行业自律、交流合作、协同创新、履行社会责任等方面的桥梁作用、纽带作用、引导作用还有待加强。此外,在民办学校的内部治理方面,部分民办学校仍然存在举办者对学校事务管控过多等问题。

4. 风险防范应对机制亟须固化

总体来看,民办学校在党建和思想政治工作、举办者资质、法人财产权落实、财务管理、学费收取和使用情况、学籍和招生管理、校园安全管理、教职工管理、参加年检等方面还存在一些风险隐患。相关部门应定期常规性查找、防范和破解民办学校办学风险隐患,建立信息公开制度、信用档案制度、违规失信惩戒制度和预警制度,推动民办学校规范办学。例如,切实落实民办学校法人财产权,督促举办者依法履行出资义务;完善民办学校内部财务监管制度,逐步构建民办学校内部控制制度等。这些问题的解决都需要建立统筹全局工作的相关制度,以支持和规范民办教育良性发展。

## (二) 民办教育发展环境的变化

1. 新时代要求民办教育发展践行新理念

中共十九大报告作出了中国特色社会主义已经进入新时代的重大判断。在新时代下,上海市民办教育应以习近平新时代中国特色社会主义思想为指导,牢固树立并切实贯彻创新、协调、绿色、开放、共享五大发展理念,全面贯彻党的教育方针,坚持社会主义办学方向,坚持立德树人,培育和践行社会主义核心价值观,全面推进支持和规范社会力量兴办教育。

2. 国家区域发展战略和城市总体规划对民办教育提出新要求

长三角地区一体化发展是国家战略,长三角教育一体化是长三角一体化发展的重要组成部分，是长三角地区高质量一体化发展的重要基础。长三角地区力图通过一体化发展实现民办教育资源在长三角范围内的整合，打造一个与长三角世界级城市群相匹配的、开放度更高、包容性更强、与经济社会发展更加协调的，在亚太地区乃至世界范围内具有国际影响力的教育增长极。这为上海民办教育提供了新的改革命题，释放了新的探索空间。

《上海市城市总体规划（2017—2035年）》将引领上海成为卓越的全球城市，成为令人向往的创新之城、人文之城、生态之城。未来上海将积极探索高密度超大型城市可持续发展的新模式，主动服务国家发展战略，推动与周边城市协同发展，优化本市空间格局，聚焦国际经济、金融、贸易、航运、科技创新中心和文化大都市建设，通过城市核心功能的提升，增强城市综合竞争力。

在此背景下，上海市民办教育应积极发挥体制机制的优势，进一步创新人才培养模式，强化与行业企业和社区的联动发展，推进应用型专业建设，培养城市建设所需的人才。

3. 新时代对民办教育提出新定位

中国特色社会主义进入新时代，我国社会主要矛盾已经转化为人民日益增长的美好生活需要和不平衡不充分的发展之间的矛盾。《中国教育现代化2035》《加快推进教育现代化实施方案（2018—2022年）》《上海教育现代化2035》等教育发展战略文件指出，"各级教育高水平高质量普及""基本公共教育服务均等化""提升一流人才培养与创新能力"是今后各级各类教育事业发展的主要目标。根据这一发展导向的要求，上海市民办教育应与时俱进，更加注重优质、均衡、特色化的发展，从以往满足差异化发展的战略定位向追求教育公平、教育均衡和人的全面发展的方向转变。

4. 高质量教育体系建设对民办教育提出新要求

中共十九届五中全会审议通过的《中共中央关于制定国民经济和社会发展第十四个五年规划和二〇三五年远景目标的建议》提出，不但经济发展要进入高质量发展阶段，社会、生态、文化、国家治理体系都要进入高质量发展阶段。在这一背景下，上海市民办教育应服务社会需求，更新办学理念，深化教育教学改革，创新办学模式，加强内涵建设，提高办学质量。具体来说，民办中小学、幼儿园应继续强调特色优质发展，民办职业院校应明确技术技能人才培养定位，服务区域经济和产业发展，深化产教融合、校企合作，提高技术技能型人才培养水平。

5. 治理改革对民办学校规范办学提出新要求

为防范、化解民办教育的办学风险，治理改革要求民办学校应把规范办学、健康发展作为今后发展的基本方向。国家层面出台的民办教育系列新政策突出了治理改革和加强规范管理的主线，以民办教育稳定、健康发展为目的，深刻影响着民办教育的发展走向。具体举措包括：对民办学校举办者、实际控制人的变更机制不断完善；对民办学校的审批条件和程序进一步明确；规范民办学校财务管理、信息公开、社会监督的力度不断加大。

6. 信息技术变革对民办教育提出新挑战

以5G、人工智能、大数据等为代表的新一代信息技术正在加速向各领域全面渗透，极大地改变了传统的生产、生活和学习方式,诸如教育评价模式、教育边界、教学组织形式、知识获取方式、教师角色定位等亟须深刻变革。作为促进教育改革的重要力量,上海市各级各类民办学校应当及时调整竞争策略,深度融合新技术,创新人才培养模式,精准对接产业,在优化教育质量评价、引领素质教育发展和内涵发展上率先作为。

## 三、上海市各学段民办教育发展定位分析

民办教育的发展推动了教育形式的多样化,目前上海市已经形成了以政府办学为主体、公办学校与民办学校共同发展的格局。民办学校办学形式多样化,有较高的灵活性,贴近社会和学生的需要,有较为灵活高效的运行机制,为激发教育办学活力作出了重要的贡献。

最新修订的《中华人民共和国民办教育促进法》实施以来,国家和地方政府积极出台各级各类民办教育配套政策。2019年2月,中共中央、国务院印发了《中国教育现代化2035》,随后中共中央办公厅和国务院办公厅印发了《加快推进教育现代化实施方案(2018—2022年)》,上海市也先后发布了《上海市城市总体规划(2017—2035年)》《上海市国民经济和社会发展第十四个五年规划纲要》《上海教育现代化2035》。根据国家和上海市的教育发展战略,上海市民办学校应进一步明确定位,充分发挥其在体制机制方面的优势,向规范、优质、特色和多元方向发展。

### (一) 学前教育阶段民办教育发展定位与任务

#### 1. 发展定位

"十四五"时期,上海市在学前教育阶段对民办教育的发展定位是:推进民办幼儿园实现普惠优质发展,支持普惠性民办幼儿园建设,鼓励民办幼儿园开设普惠性托班;坚持科学保教,防止和纠正"小学化"现象。

#### 2. 发展规模

2018年发布的《中共中央 国务院关于学前教育深化改革规范发展的若干意见》指出:"到2020年,全国学前三年毛入园率达到85%,普惠性幼儿园覆盖率(公办园和普惠性民办园在园幼儿占比)达到80%。"上海市早已提前实现这一目标。近年来,上海市每年新生儿的数量保持在18万~22万人,社会力量进入学前教育领域仍然有一定的空间。今后,上海市应规范城镇小区配套幼儿园建设,以普惠性引导、鼓励社会力量重点在人口导入区举办非营利性民办幼儿园,严格控制营利性幼儿园。

#### 3. 发展任务

(1)落实普惠性民办幼儿园政策。明确普惠性幼儿园的认定标准和扶持政策,规范小区配套幼儿园建设,鼓励社会力量重点在人口导入区、农村地区举办普惠性民办幼儿园,有序扩大学前教育普惠性学位供给。

(2)健全民办幼儿园财务监管。严格落实投融资政策,合理确定营利性民办园比例,满足家长的选择性需求;分类治理无证办园问题,完善退出机制;细化民办幼儿园在财务、

会计和资产管理制度等方面的规范性要求。

（3）支持民办幼儿园提升办园质量。鼓励幼儿园与开设学前教育专业的高校合作，重点解决学前教育师资力量不足的问题，将民办幼儿园的师资培训、教研活动、质量监测与评价、职称评审、评奖评优等纳入市、区两级学前教育管理体系，支持民办幼儿园提供优质多样、具有特色的学前教育服务。

## （二）义务教育阶段民办教育发展定位与任务

### 1. 发展定位

"十四五"时期，上海市在义务教育阶段的主要发展目标是实现优质均衡的义务教育，这也应当是义务教育阶段民办教育的基本定位。

### 2. 发展规模

随着进城务工人员随迁子女学校的合并，在义务教育阶段上海民办教育的规模将会进一步缩小。"十四五"时期，其在校生人数预计为10万人左右，占比为10%左右。

### 3. 发展任务

（1）促进义务教育优质均衡发展。切实履行政府责任，推动公民办教育协调发展，规范义务教育阶段"公参民"学校办学。例如，鼓励优质民办中小学与薄弱民办学校在本区域内或跨区建立结对关系，加强优质教育的辐射；鼓励民办中小学积极加入所在地区基础教育集团，增强公办学校与民办学校互动；支持民办中小学与高校合作，增强民办学校办学特色。

（2）规范义务教育阶段招生工作。深入推进免试入学，实行公办与民办学校同时招生。例如，落实义务教育阶段民办学校不得以"国际部""国际课程班""境外班"等名义招生；推进优质普通高中招生指标分配到不挑生源的初中学校，并进一步提高农村学校和薄弱学校升入优质高中比例，所有普通高中学校（含民办高中）严禁违规争抢生源、"掐尖"招生、跨区域招生、超计划招生和提前招生。

（3）加强部分学校办学风险防范。建立对部分经费收支有风险学校的风险预警机制。加强对学校的教学指导，对于办学资质较弱的中小学，做好"关、停、并、转"工作。加强对办学情况的实时监控，对于部分民办学校存在的夸大或虚假宣传、超计划招生、提前招生、有偿招生等情况，加大查处力度。

## （三）高中阶段民办教育发展定位与任务

### 1. 发展定位

"十四五"时期，上海市在高中阶段对民办教育的发展定位是：推动民办高中明确办学定位，深入推进适应学生全面、个性发展的教育教学改革，切实提高教育教学质量；支持民办高中参加特色普通高中项目学校创建，做到"一校一品牌""一校一特色"。

### 2. 发展规模

2010—2019年上海民办高中在校生人数整体处于上升态势，预计其在"十四五"时期有可能达到在校生2万人、占比12%左右的规模。

目前,上海市中职学校逐年减少,自 2017 年民办中职关闭 2 所后,民办中职在校生数占比已经极低(2019 年为 1.29%)。"十四五"时期,民办中职很难在规模方面有较大的发展。

3. 发展任务

(1)积极探索育人方式改革。有序实施选课走班运行机制,鼓励民办高中积极推进信息技术与教育教学相融合,深化新高考背景下的课堂教学改革。支持民办高中加强与周边社区、高等学校、科研机构、现代企业等机构的合作,推进校本课程建设,增强学校办学特色,引领高中教育教学改革。

(2)提高民办高中的核心竞争力。支持民办高中以项目合作的方式与有资质的国外教育机构进行合作,支持优质民办高中改造或兼并薄弱学校,扩大优质高中教育资源供给。鼓励和支持营利性民办高中学校实行员工股权激励制度。

## (四)高等教育阶段民办教育发展定位与任务

1. 发展定位

"十四五"时期,上海市在高等教育阶段对民办教育的发展定位是:民办院校应明确技术技能型人才培养定位,服务区域经济和产业发展,深化产教融合、校企合作,提高技术技能型人才培养水平,培养适应经济结构调整、产业转型升级和新产业、新业态、新商业模式需要的人才。

2. 发展规模

2010—2019 年上海普通高等学校数量发展平稳,从全市范围来看,除了几所学校合并,没有出现大的波动。民办高校在校生年度增长绝对数远高于全市平均水平,"十四五"时期有可能达到在校生 13 万人、占比 25% 左右的规模。

3. 发展任务

(1)扩大民办高等教育优质资源供给。鼓励民办高校与公办高校合作开展硕士生联合培养,鼓励有条件的民办高校开展硕士点申报工作。支持民办高职院校参与国家职业本科试点,提升高职院校办学层次。推动独立学院转设为办学条件达标、内涵建设领先、培养质量过硬、独立设置的民办普通本科高校。

(2)积极推动民办教育产教融合试点。支持民办高校采取与企业联合设立产业学院和技能大师工作室、与行业企业共建先进的生产性实训基地、开展订单培养和现代学徒制试点等方式,探索可复制、可推广的产教一体化职业人才培养新模式。深入实施非营利性民办高校实验实训中心建设,引导民办高校与行业企业合作共建实训中心,以校企双主体运行机制推动产教一体化人才培养。

(3)打造高等教育品牌。支持民办高校与境外优质私立教育资源合作,围绕热门专业、有条件专业开展中外合作办学、海外游学项目。

## (五)民办培训机构发展定位与任务

1. 发展定位

"十四五"时期,上海民办培训机构的发展定位是:进一步发挥民办培训机构在完善终身教育体系、构建学习型社会中的积极作用，支持民办培训机构围绕素质教育开展培训活动，支持有条件的培训机构与基础教育阶段公办、民办学校联合开展素质教育拓展活动或促进学生全面发展的相关课程。

2. 发展任务

（1）健全培训服务的综合治理体系。根据国家及上海市有关培训市场综合治理和校外培训机构监管的要求，健全培训机构监管体系，完善培训市场综合治理格局。实行"黑白名单"制度动态调整，对出现举办人"跑路"的培训机构和主要举办人设立行业从业限令。针对外部环境和培训市场发展变化，形成长效的动态治理体系。

（2）培育引领未来学习的优质教育品牌。支持教育与科技、文化、旅游等其他领域的融合发展，鼓励科技公司发挥硬件基础研发、软件系统设计、云计算等优势打造教育交叉细分行业，着重培育一批致力于加速未来学校教育变革、重塑教育生态、丰富教育产品、引领未来学习的教育行业企业。

## 四、上海市民办教育发展趋势与建议

### （一）加强党的建设，落实立德树人根本任务

今后，上海市民办教育应以政治建设为统领，积极探索符合民办学校特色的党建工作新路子，推动全面从严治党主体责任向纵深发展，持续营造风清气正的政治生态，使党组织的政治核心作用融入民办教育的各个环节。

1. 推动党组织和党建工作全覆盖

（1）贯彻落实中共中央办公厅印发的《关于加强民办学校党的建设工作的意见（试行）》（中办发〔2016〕78号），以党的政治建设为统领，持续推进党建工作与民办学校发展的同步谋划、同步推进、同步提升。

（2）民办中小学、幼儿园、培训机构等要做到党的组织应建必建，对不具备单独建立党组织条件的，可通过建立联合党支部、选派党建指导员等措施，推进党的工作全覆盖。

2. 完善党组织领导班子成员的选配与任免

（1）积极落实"双向进入、交叉任职"的规定，选好民办学校党组织负责人。

（2）制定《上海市民办高校党组织领导干部选拔任用暂行办法》，建立民办高校党建工作会议制度和民办高校政府督导专员履职述职制度，使民办教育领域成为贯彻落实党对教育事业全面领导的坚强阵地。

3. 加强和改进民办学校思想政治工作

（1）深入贯彻《教育部等八部门关于加快构建高校思想政治工作体系的意见》，围绕为党育人、为国育才，积极构建"三圈三全十育人"思政工作体系，把立德树人的根本任务落实落细。

（2）增加思政课教师来源，进一步充实民办高校思政课教师和辅导员队伍，统筹民办

高校思政教师队伍,优化师资结构。

(3) 推进公办高校与民办高校思政课联动建设机制和高校思政课教师"手拉手"备课机制,开展高校辅导员"新三同"工作模式试点,设立民办高校思政课教师研究专项和高校辅导员工作研究专项,探索形成民办高校"一校一品"或"一校数品"育人品牌。

## (二) 深入推进民办学校分类管理工作

今后,上海市民办教育应通过完善相关立法和配套政策、完善扶持方式、落实扶持政策,创设更加规范的民办教育发展制度环境;依靠改革创新推动发展,坚持顶层设计与基层创新相结合,共同破解民办教育改革发展中的难题和障碍;拓宽办学筹资渠道,梳理民办学校准入条件和程序,实行负责清单制度,创新教育投融资机制,鼓励和吸引社会资金进入教育领域举办学校或者投入项目建设。

1. 完善分类配套制度建设

(1) 结合上海民办教育发展实际,推进《上海市民办教育促进条例》调研起草工作,进一步规范、完善地方民办教育体系。

(2) 落实《上海市民办学校分类许可登记管理办法》,进一步健全民办学校准入制度;落实国家关于民办学校规范办学的要求,细化民办学校举办者变更机制。

(3) 修订完成《民办学校教育成本核算办法》《民办学校资金资产管理办法》,建立健全民办学校外部财务监管制度。

(4) 进一步健全涵盖民办学前教育、民办义务教育、民办高中教育的发展性督导评价标准体系,规范各级各类民办学校的办学行为。

2. 完成现有民办学校分类登记工作

(1) 坚持公益导向,切实保障师生合法权益和学校法人财产权,落实学校及其举办者的办学主体责任,规范办学行为。

(2) 加强部门协同,协调处理好转设工作相关问题;加强风险研判,指导督促选择登记为营利性的民办学校完成转设工作,确保现有民办学校平稳有序完成过渡。

3. 完善差别化政府扶持政策

(1) 完善民办教育专项资金投入机制,健全专项资金使用和管理办法,提高资金使用效益。

(2) 继续落实民办学校税费优惠政策,推动符合条件的非营利性民办学校与公办学校享受同等待遇。

(3) 鼓励非营利性民办学校多渠道吸引社会捐赠,扩大办学资金来源,探索营利性学校以有偿方式取得的土地、设施等财产进行抵押融资或根据学校发展需要进行股权质押等投融资体制改革,促进民办教育可持续健康发展。

4. 健全民办学校法人机制建设

(1) 推动民办学校构建科学决策、规范管理、民主监督、社会参与的现代学校制度。完善民办学校法人治理机制,规范民办学校章程,健全决策机制,落实监督制度。

（2）理顺民办学校内部决策机构、执行机构、监督机构的关系，明确其职能定位，提升民办学校内部治理能力。

### （三）推进协同治理，提升民办教育治理水平

1. 深化第三方参与治理机制

（1）继续推进由上海市民办教育协会教育评估中心承担的上海市民办教育质量认证项目，逐步扩大试点范围。

（2）充分依托民办教育协同发展服务中心项目，大力支持其开展民办教育改革试点的各项任务，推动建立多领域支撑、跨地域协同、全流程研究、创新性管理的民办教育长效机制，打造政府智库、研究高地、资源中心和风控平台。

2. 推进协作平台建设

（1）继续加强长三角三省一市民办教育机构合作，推进长三角地区民办教育联动发展平台机制建设，共同破解长三角地区民办教育联动发展难题。

（2）加强民政、财政、税务、市场监管等部门的监管协同，提升监管效能。

（3）建设市级教育类社会组织管理平台，制定并落实《教育类社会组织管理办法》，依法规范教育类社会组织活动。

3. 加强治理的系统性和协同性

（1）根据民办教育新法规新政策，修订民办高校年度检查指标体系，探索建立民办中小学和幼儿园的年度检查指标体系，完善检查实施机制，加大年检结果在扶持和招生工作中的作用。

（2）将信息公开制度与信用档案制度、违规失信惩戒制度和预警制度相结合，健全完善民办教育管理系统。

（3）落实民办学校法人财产权，督促举办者依法履行出资义务，将出资中用于办学的土地、校舍和其他资产足额过户到学校名下。对民办学校各类资产定期开展资产清查，并将清查结果向社会公布。

# 江苏省民办教育发展报告

江苏省地处长三角地区,在长江经济带江海联动发展中占据特殊区位,在全国各省中经济体量领先,人均 GDP 居全国省域第一。作为我国的经济大省,江苏省教育事业获得持续、快速、健康发展,教育规模持续扩大,教育资源积累更加雄厚,教育环境不断优化,教育质量显著提升,教育普及率、均衡化和优质化水平大幅度提升,基本形成结构合理、规模协调、质量明显提高的可持续发展的国民教育体系,教育整体水平和综合实力在全国继续保持领先水平。

近年来,江苏省民办教育快速发展,成为全省教育事业发展的重要增长点和促进教育改革的重要力量,全省范围内涌现了一批高质量、有特色的民办学校,与公办学校形成了优势互补、公平竞争、共同发展的发展格局。截至 2019 年年底,江苏省共有各级各类民办学校 3 721 所(不含民办培训机构、技工学校),同比增加 176 所,占全省学校总数的 25%;招生人数 66.43 万人,同比减少 1.53 万人;专任教师约 14.35 万人,同比增加 0.96 万人;在校生约 231.38 万人,同比增加 9.76 万人,占全省在校生总数的 15%。

## 一、江苏省民办教育基本概况

进入新时代,江苏省民办教育贯彻落实中共十九大精神,以习近平新时代中国特色社会主义思想为指导,全面贯彻中央教育方针,坚持社会主义办学方向,落实立德树人根本任务,坚持分类管理、公益导向,创新体制机制,完善扶持政策,提高教育质量,加强规范管理,办学规模不断扩大,为建设"强富美高"新江苏提供了人才支撑和智力保障。

### (一) 民办幼儿园

2018 年江苏省幼儿园总数量为 7 222 所,其中民办幼儿园数量为 2 933 所,占比达 40.61%,发展速度较快。2010—2018 年江苏省民办幼儿园的规模呈现逐年增长的趋势,但是涨幅并没有达到突飞猛进的走势。从苏南、苏北民办园发展规模来看,苏北地区的民办幼儿园发展规模较大,尤其是徐州、宿迁、盐城等民办幼儿园的数量已超过或者接近公办幼儿园的规模,占比分别达 56.26%、47.95%、46.70%;苏南地区中无锡民办幼儿园的发展规模最大,占比达 44.95%(无锡市已经全面施行幼儿园服务区制度)(见图 1)。

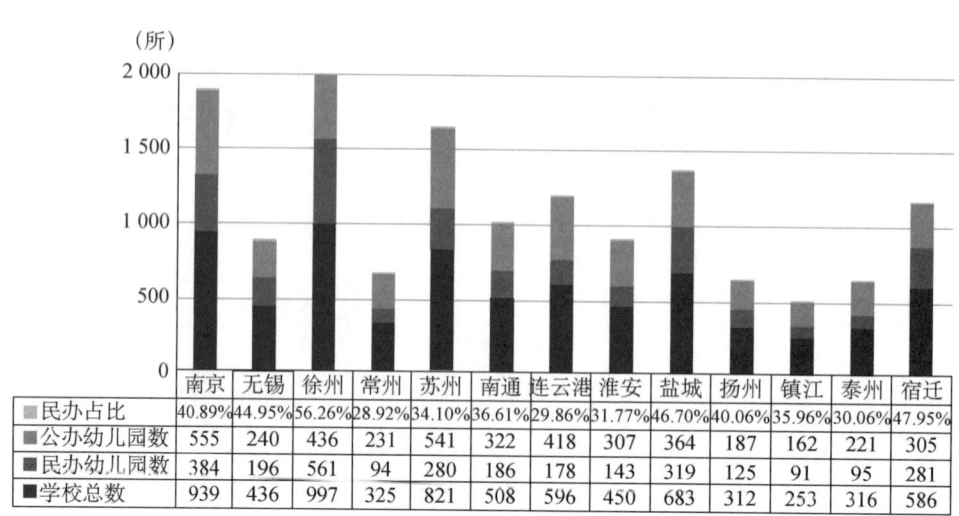

（所）

| | 南京 | 无锡 | 徐州 | 常州 | 苏州 | 南通 | 连云港 | 淮安 | 盐城 | 扬州 | 镇江 | 泰州 | 宿迁 |
|---|---|---|---|---|---|---|---|---|---|---|---|---|---|
| 民办占比 | 40.89% | 44.95% | 56.26% | 28.92% | 34.10% | 36.61% | 29.86% | 31.77% | 46.70% | 40.06% | 35.96% | 30.06% | 47.95% |
| 公办幼儿园数 | 555 | 240 | 436 | 231 | 541 | 322 | 418 | 307 | 364 | 187 | 162 | 221 | 305 |
| 民办幼儿园数 | 384 | 196 | 561 | 94 | 280 | 186 | 178 | 143 | 319 | 125 | 91 | 95 | 281 |
| 学校总数 | 939 | 436 | 997 | 325 | 821 | 508 | 596 | 450 | 683 | 312 | 253 | 316 | 586 |

图1　2018年江苏省各设区市民办幼儿园学校数基本情况

　　近年来,全省各民办幼儿园在园总人数的增长与各地区民办幼儿园数量的增长呈正比,尤其是南京、宿迁、盐城、徐州等地民办幼儿园在园人数的占比分别达 44.93％、44.04％、41.15％和 40.71％,其在园人数接近公办幼儿园(见图2)。

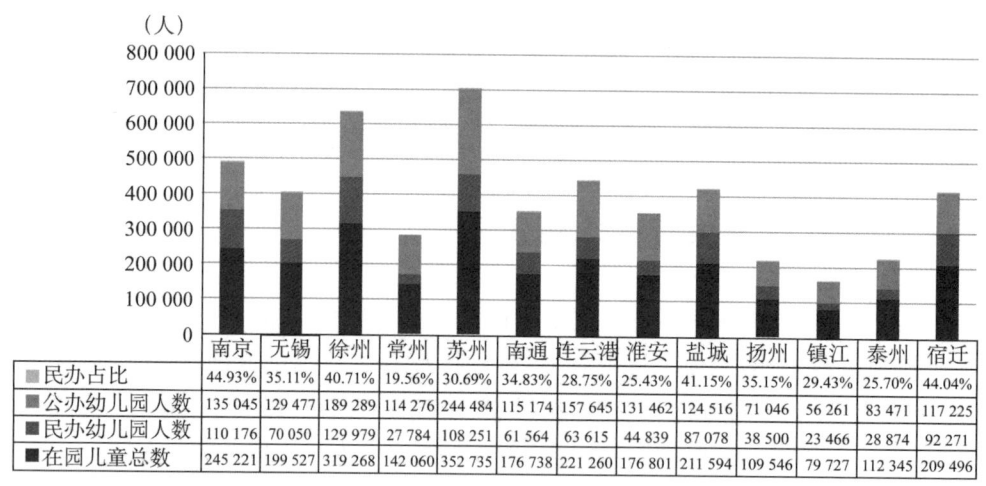

（人）

| | 南京 | 无锡 | 徐州 | 常州 | 苏州 | 南通 | 连云港 | 淮安 | 盐城 | 扬州 | 镇江 | 泰州 | 宿迁 |
|---|---|---|---|---|---|---|---|---|---|---|---|---|---|
| 民办占比 | 44.93% | 35.11% | 40.71% | 19.56% | 30.69% | 34.83% | 28.75% | 25.43% | 41.15% | 35.15% | 29.43% | 25.70% | 44.04% |
| 公办幼儿园人数 | 135 045 | 129 477 | 189 289 | 114 276 | 244 484 | 115 174 | 157 645 | 131 462 | 124 516 | 71 046 | 56 261 | 83 471 | 117 225 |
| 民办幼儿园人数 | 110 176 | 70 050 | 129 979 | 27 784 | 108 251 | 61 564 | 63 615 | 44 839 | 87 078 | 38 500 | 23 466 | 28 874 | 92 271 |
| 在园儿童总数 | 245 221 | 199 527 | 319 268 | 142 060 | 352 735 | 176 738 | 221 260 | 176 801 | 211 594 | 109 546 | 79 727 | 112 345 | 209 496 |

图2　2018年江苏省各设区市民办幼儿园在园人数基本情况

## （二）民办中小学

　　中小学段是民办教育的重要组成部分,从统计数据来看,全省民办中学学校数增长幅度较大,尤其是民办初中数量增长幅度最大。综合来看,民办初中发展较快,民办小学与民办高中发展相对较缓。

　　2017 年全省民办普通小学、初中、高中学校数分别为 194 所、180 所、115 所,占全省小学、初中、高中学校数的比例分别为 4％、8％、20％;在校生人数分别为 36.36 万人、28.33 万人、13.74 万人,占全省小学、初中、高中在校生人数的比例分别为 7%、15%、14%。统计结果表明,民办高中的发展较好。

2018 年全省民办普通中小学共 532 所,在校生人数共 88.8 万人。这一数据与 2017 年相比,民办普通中小学学校数和在校生人数都有明显增加(见表 1)。具体来看,民办小学发展缓慢,只增加了 2 所,其在校生人数占全省小学在校生人数的比例也最少;民办高中发展适中,由 2017 年的 115 所增至 2018 年的 122 所,占全省高中校数的比例超过了 20%;民办初中发展相对较快,由 2017 年的 180 所增至 2018 年的 214 所,但其占全省初中学校总数的比例并不高(不足 10%)。

表 1　2018 年江苏省民办中小学发展规模统计表

| 民办学校类型 | 学校数(所) | 在全省各类学校中的占比 | 在校生人数(人) | 在全省各类在校生中的占比 |
|---|---|---|---|---|
| 小学 | 196 | 4.8% | 412 901 | 7.4% |
| 初中 | 214 | 9.8% | 338 473 | 14.9% |
| 高中 | 122 | 21.1% | 136 655 | 13.9% |

值得关注的是,民办中学的学校数与在校生人数的比例不协调:民办初中学校数大幅增加,但在校生人数却基本没变;民办高中学校数也增加了不少,但在校生人数却在下滑(见图 3、图 4)。综合分析看来,一方面,部分民办普通中学走小班化精品教育的路径,尤其是国际化教育进程的推进,控制了一些民办学校的生源数量;另一方面,一些品质不高的民办普通中学生源数量下滑明显。这些变化在一定程度上影响着地方教育生态的平衡。

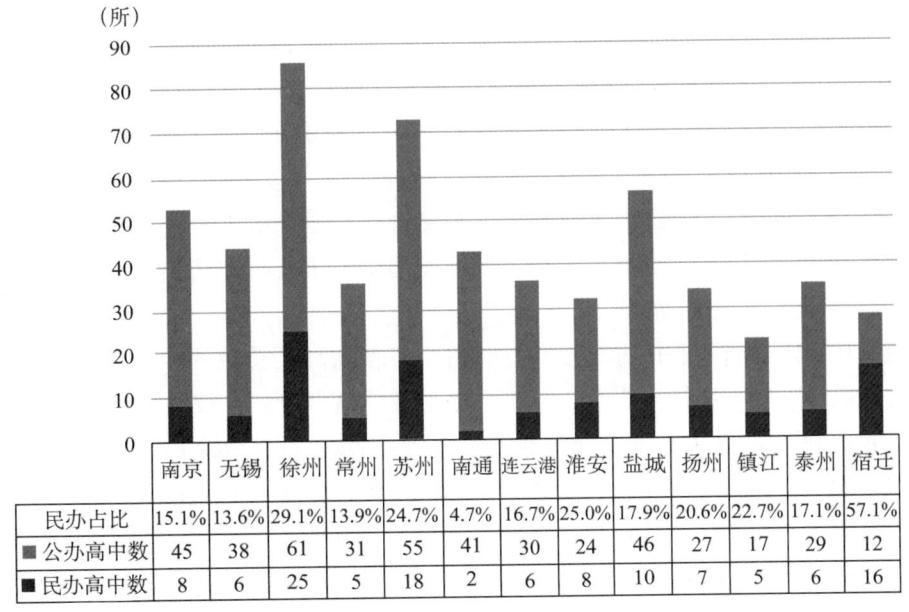

| | 南京 | 无锡 | 徐州 | 常州 | 苏州 | 南通 | 连云港 | 淮安 | 盐城 | 扬州 | 镇江 | 泰州 | 宿迁 |
|---|---|---|---|---|---|---|---|---|---|---|---|---|---|
| 民办占比 | 15.1% | 13.6% | 29.1% | 13.9% | 24.7% | 4.7% | 16.7% | 25.0% | 17.9% | 20.6% | 22.7% | 17.1% | 57.1% |
| ■公办高中数 | 45 | 38 | 61 | 31 | 55 | 41 | 30 | 24 | 46 | 27 | 17 | 29 | 12 |
| ■民办高中数 | 8 | 6 | 25 | 5 | 18 | 2 | 6 | 8 | 10 | 7 | 5 | 6 | 16 |

图 3　2018 年江苏省各设区市民办高中学校数基本情况

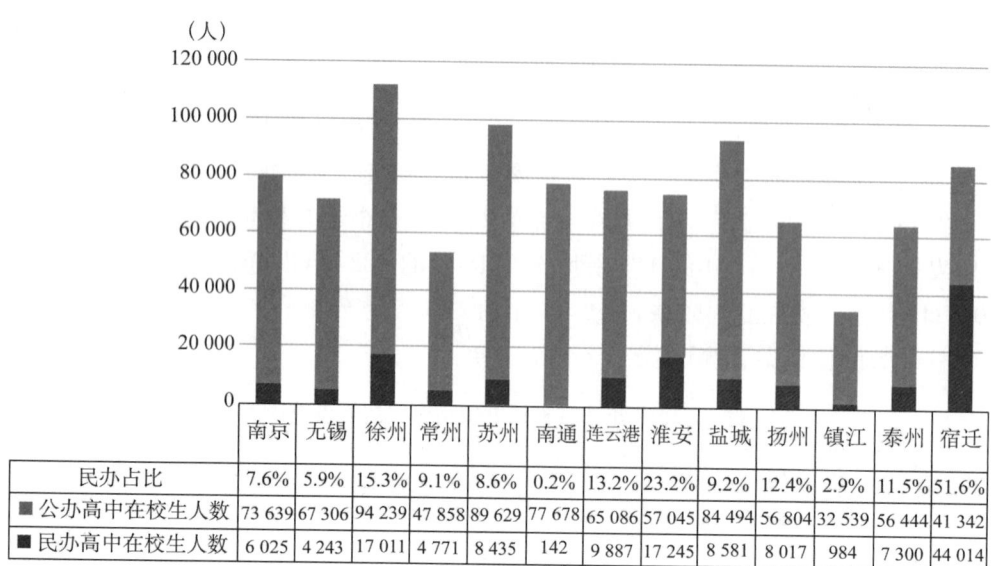

图 4　2018 年江苏省各设区市民办高中在校生人数基本情况

| | 南京 | 无锡 | 徐州 | 常州 | 苏州 | 南通 | 连云港 | 淮安 | 盐城 | 扬州 | 镇江 | 泰州 | 宿迁 |
|---|---|---|---|---|---|---|---|---|---|---|---|---|---|
| 民办占比 | 7.6% | 5.9% | 15.3% | 9.1% | 8.6% | 0.2% | 13.2% | 23.2% | 9.2% | 12.4% | 2.9% | 11.5% | 51.6% |
| ■公办高中在校生人数 | 73 639 | 67 306 | 94 239 | 47 858 | 89 629 | 77 678 | 65 086 | 57 045 | 84 494 | 56 804 | 32 539 | 56 444 | 41 342 |
| ■民办高中在校生人数 | 6 025 | 4 243 | 17 011 | 4 771 | 8 435 | 142 | 9 887 | 17 245 | 8 581 | 8 017 | 984 | 7 300 | 44 014 |

　　江苏省的民办高中相比于公办高中有比较大的优势，其中表现最为突出的是宿迁市，该市民办高中无论是学校数还是学生数均高于公办高中；相对而言，徐州、苏州、扬州、淮安、镇江的民办高中数占比也相对较高。不过，全省民办高中数占比与在校生人数占比极不协调，学校数占比较高，而在校生人数占比较低。这一现象主要与主管部门的学额配给相关，也与一些区域民办高中向精品化和国际化发展相关。

## （三）民办高等教育

　　1993 年《中国教育改革与发展纲要》发布后，江苏省制定《关于社会力量举办民办高等学校的暂行办法（试行）》，指导民办高等教育事业发展。1993 年以来，全省陆续创办了 20 余所独立设置的民办高校。世纪之交，江苏省积极探索高等教育办学体制改革，举办了 30 余所公有民办二级学院，2003 年经教育部审批确定了 26 所独立学院。目前，大部分独立学院正按照《独立学院设置与管理办法》的要求逐步实现独立办学。民办高校为江苏省高等教育发展作出了重要贡献，满足了人民群众接受高等教育的多样化需求，增加了高等教育的经费投入和入学机会，为经济社会发展培养了大批应用型人才，已经成为江苏省高等教育事业的重要组成部分。

　　截至 2019 年，全省共有民办高校 54 所，占全省普通高校总数的 38%。其中，独立办学的民办普通高校 29 所，在校生人数 16.51 万人；独立学院 25 所，在校生人数 24.96 万人。

　　全省民办高校在总体上可以分为两类：一是独立设置的民办高校，主要由企业和个人出资举办。其中，个别高校无投资主体，靠自身积累滚动发展而成；少数高校由中外合作举办，或者由独立学院转制而成。二是由普通高校利用非财政性资金与社会力量合作举办的实施本科层次教育的独立学院。独立学院的投资主体相对复杂，有的是公立高校与国有企事业单位合作，有的是公立高校与私营企业合作。从总体上看，独立学院是由公立高校与社会力量合作举办的。

### (四) 民办培训教育机构

为了进一步促进江苏省民办非学历培训教育行业健康发展和有效治理,2018年以来,江苏省政府先后出台《关于贯彻落实〈江苏省民办非学历教育机构设置和管理办法(修订)〉的通知》《关于印发江苏省培训收费行为规范的通知》《关于在全省开展教育领域人民群众反映强烈突出问题专项治理的实施方案》《省政府办公厅关于规范校外培训机构发展的实施意见》《关于印发〈江苏省校外培训机构培训服务合同(示范文本)〉的通知》等文件。此外,江苏省于2018年10月召开动员部署会,开始在全省范围内集中整治民办非学历培训教育中问题比较突出的校外培训机构,尤其是针对面向中小学生开展文化教育类培训的校外培训机构。据统计,此番专项治理共摸排中小学文化教育类校外培训机构17 291家。截至2018年年底,原合规文化教育类校外培训机构共1 892家,经整改规范后增加合规文化教育类校外培训机构1 273家,现共计3 165家;5 892家文化教育类培训机构经规范治理后转为艺术类培训机构,全省艺术类校外培训机构由16 865家增加到22 757家。同时,依法取缔消防不合格、教师无资格、无证无照的文化教育类培训机构5 405家。

就民办教育机构的数量而言,从事非学历教育培训的机构占了一大半。从是否有办学许可证、是否有法人登记证的角度,培训市场中的教育培训机构可分为有证有照、无证有照、无证无照三类机构。其中,无证无照机构多为个体户利用自有或租赁的居民房、写字楼等场地,在未经办学许可和相关部门登记的情况下,私自招生办学。这类机构即为"黑机构",是专项治理行动中重点整顿的对象,也是行政主管部门在日常管理中须谨慎预防的情形。以南京市为例,依据2018年专项治理摸底统计数据,全市共有各类民办非学历培训机构15 535家。其中,有证有照的849家,占总机构数的5.47%,含教育部门审批的622家和人社部门审批的227家;无证有照的12 983家,占总机构数的83.57%,包括擅自变更登记事项(超经营范围)开展教育培训的公司;剩余1 703家为无证无照的机构,占机构总数的10.96%(见图5)。

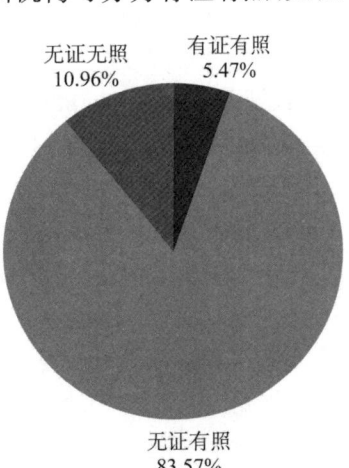

图5 2018年南京市民办非学历培训机构的类型及比例

## 二、江苏省民办教育改革发展的成效

### (一) 政策保障体系不断完善

江苏省委省政府出台一系列政策文件,对社会力量兴办教育给予大力支持,在经费资助、政策扶持等方面均给予民办学校较大倾斜,帮助民办学校快速度过艰难的创业期,走上健康发展的快车道。早在2010年,江苏省人民政府办公厅发布《省政府办公厅关于进一步促进民办教育发展的意见》（苏政办发〔2010〕135号），明确提出充分发挥江苏民营经济优势，引导和推动民办教育发展，支持社会力量捐资、出资兴办教育。政策要求落实民办学校法律地位，保障民办学校办学自主权，落实民办学校税收及相关优惠政策，实施公共财政资助和奖励政策，维护民办学校师生合法权益，营造有利于民办教育发展的社会环境，并针对性地出台了一系列具体措施，有效破解了制约江苏省民办教育发展的瓶颈问题。随后，江苏省陆续发布了《江苏省民办非学历教育机构设置和管理办法》（苏教规〔2010〕1号）、《江苏省民办学校分类登记实施细则》（苏教规〔2018〕3号）、《江苏省营利性民办学校监督管理实施细则》（苏教规〔2018〕4号）、《江苏省物价局 江苏省教育厅 江苏省工商局 江苏省人力资源和社会保障厅 江苏省民政厅关于印发江苏省培训收费行为规范的通知》（苏价规〔2018〕8号）、《省政府关于鼓励社会力量兴办教育促进民办教育健康发展的实施意见》（苏政发〔2018〕31号）、《省物价局 省教育厅 省人力资源和社会保障厅关于推进民办教育收费改革的指导意见》（苏价费〔2018〕69号）、《省教育厅关于规范非学科类教育培训机构办学行为的通知》（苏教继函〔2019〕1号）等文件，不断加强各部门间的协调沟通，持续健全部门协调工作机制，加强对民办学校的统筹规划和监督管理，对江苏省民办培训机构的乱收费问题进行整治规范，为促进民办学校提高办学质量起到了积极作用。

按照江苏省委省政府的要求，各设区市也纷纷出台符合各地民办教育发展情况的相关政策，为民办教育发展创造有利政策环境。例如，南京市先后出台了《南京市民办幼儿园办学许可管理办法》（宁教规范〔2016〕1号）、《南京市民办学历教育学校设立审批办法》（宁教规范〔2018〕1号）、《关于明确南京市民办非学历教育机构设置标准等有关事项的通知》（宁教职社〔2018〕23号）等一系列文件，就民办幼儿园、民办中小学、民办中等职业学校以及民办培训机构的设立审批与管理作出具体规定。无锡市出台了《无锡市普惠性民办幼儿园认定管理办法（试行）》（锡教发〔2016〕260号）和《无锡市市级民办教育奖补资金使用管理办法（暂行）》（锡财教〔2016〕25号）等文件。常州市出台了《常州市规范非学科类教育培训机构办学行为行动方案》（常教终〔2019〕4号）等文件。江苏省通过加强顶层设计和不断健全法律法规，为民办教育的发展提供了有力政策保障。

与此同时，随着市场经济体制的建立，中央与地方之间的关系得以调整，教育财政体制改革稳步推进，地方政府获得了更大的行政管理权，对民办教育的支持越来越大。在此背景下，江苏省对民办教育的公共财政扶持持续增强，在安排中小学公用经费时，按原公办学校的收费标准补贴民办学校。此外，江苏省还设立了省民办高等教育发展专项资金，用于奖励办学规范、积极落实法人财产权、重视教师队伍建设、治理结构完善的民办高校。同时，民办学校办学自主权得到确认，民办学校享有与同级同类公办学校同等的招生权利。2014年江苏省试点放开民办中等职业教育收费，明确全省民办中等职业学校及民办普通技工学校收费项目及标准由学校自主制定。

## （二）党建思政工作不断加强

民办学校是社会主义办学力量的重要组成部分，民办学校与公办学校共同承担着培养社会主义建设者和接班人的重任,以及立德树人的根本任务。因此,加强民办学校党的建设,对全面贯彻党的教育方针、坚持社会主义办学方向、落实立德树人根本任务具有重要意义。在发展过程中,江苏省民办教育党建工作政策体系不断完善,党组织覆盖面不断拓展,党建成果不断转化成各类民办学校的发展成果。

1. 完善党建工作政策体系

2012年以来,江苏省先后出台《中共江苏省委组织部 中共江苏省委教育工作委员会关于加强民办高校党的建设工作的意见》《江苏省民办高校基层党组织建设工作考核办法及基本标准》《江苏省民办普通高等学校党组织工作暂行规定》《江苏省民办学校党建工作重点任务清单》等文件,对全省民办高校党组织设置、主要职责、议事规则、会议制度、工作制度、保障机制等进行明确,推动民办学校党建政策体系进一步完善,形成了系统的党建工作规范。其中,13个地级市分别出台落实文件,如徐州市出台了《民办学校党委会例会制度》。2018年2月3日,中国民办教育协会在无锡太湖学院召开党建工作推进会,以高水平党建工作引领高质量发展成为全省各类民办高校的普遍共识。

2. 完善党建工作体制机制

江苏省各级地方党委不断强化主体责任,各级组织部门、教育工作部门、人力资源和社会保障部门、市场监管部门等分级分类指导民办中小学、民办高校、民办培训机构做好党建工作。例如,建立了民办学校党建工作定期会商制,每年由各级组织部门会同"两新"组织党建工作部门牵头,听取教育、人社、市场监管、民政等部门以及属地党组织指导民办学校党建工作情况汇报,总结经验,发现问题,研究解决办法,推动民办学校党建提质增效;健全民办高校党组织与董(理)事会协商沟通机制,完善党委会、院系党政联席会等议事规则,发挥教职工(代表)大会的作用。

3. 大力推进党组织全覆盖

截至2019年,江苏省民办高校落实"双向进入、交叉任职"机制,保证党组织参与学校重大事项决策。在民办高校党组织班子成员中,有21所院校36人进入决策层,有27所院校59人进入管理层。江苏省民办中小学通过建立党委、党支部、党总支等形式,各类民办培训机构通过联合成立党支部、党委等方式,实现了党组织的全覆盖。例如,徐州市成立了市委教育工委民办学校党委,批准建成民办教育机构党支部30家,向民办培训机构委派152名党建指导员,以党建带动民办培训机构健康发展。

---

**专栏1**

### 无锡太湖学院以特色党建引领高水平建设纪实

2019年2月13日,无锡太湖学院党委书记金秋萍作为省内唯一一位民办高校代表,在第二十六次全省高校党的建设工作会议上发言,与兄弟院校交流经验。

民办高校作为我国高等教育的一支重要力量,也必须成为党领导的坚强阵地。无锡太湖学院党委书记金秋萍说:"以特色党建引领高水平大学建设,才能推动学校事业向更高层次、更高水平迈进。"

近年来,无锡太湖学院充分发挥党委的政治核心作用,把党建工作纳入学院章程,健全党委参与重大决策的体制机制,党委与行政"双向进入、交叉任职",学校理事长兼任党委书记,校长兼任党委副书记,党委对学校的发展规划、人事安排、大部制改革等重大事项具有"一票否决权"。在此基础上,无锡太湖学院取得了以下成绩:全国民办高校党建研究中心落户在学校,受教育部委托,学校开展多项党建研究课题,出版《新时代党建工作研究论文集》;学校党建带头人、学科带头人"双带头人"比例超过50%;学校出台《关于加强课程思政和专业思政的实施意见》,积极探索课程思政的具体实施路径,在每一门课程中挖掘思想政治教育元素;建设一批育人效果显著的精品专业课程,打造一批课程思政示范课堂,选树一批课程思政优秀教师,逐步形成专业课教学与思政理论课教学紧密结合、同向同行的育人格局;学校各班普遍建立党章学习小组,党建工作延伸到学生社团、学生宿舍、实习基地、网络阵地,确保党建工作全覆盖;全校90%以上的学生递交了入党申请书;学校涌现出了奋不顾身抢救落水儿童的尤全发、带领村民创业致富的郭长鑫、带动宿舍同学全部考取研究生的王一斌、获得多项国家发明专利的张乐等一大批优秀学生党员。

4. 党建成果不断转化成发展成效

江苏省民办中小学充分发挥民办学校党组织政治核心作用,加强民办学校党建工作,建立健全党的组织,壮大党建工作力量,积极探索党组织发挥作用的有效途径,确保学校按照党的要求办学立校、教书育人,把培养和践行社会主义核心价值观贯穿学校教育全过程,引导师生树立正确的世界观、人生观、价值观。例如,南京师范大学盐城实验学校坚持德育为先,积极开发德育课程,注重文化育人,勇于创新德育模式,引导自主管理,坚持问题导向,攻克教学难点,全面落实立德树人的根本任务。江苏省民办高校强化课程育人、实践育人和文化育人,将课堂、课程、课本作为主阵地,推进课程改革和教学方式、方法改革,通过知识传授、实践认知和体悟让学生感受德育知识的魅力,提升学生自我教育、自我学习、自我服务的能力,通过校园精神文化、制度文化、环境文化潜移默化地影响学生的思想观念和行为方式。例如,无锡太湖学院在多年党建工作实践中形成了"发挥一个作用,抓好两支队伍,加强三项建设,实施四个延伸"的党建新模式。

**专栏2**

## 南京市召开民办教育机构党建推进会

2018年12月26日下午,南京市委教育工委召开全市民办教育机构党建工作推进会。会上明确,相关部门今后将把建立党组织作为民办教育机构审批的必审项目和年检年审的必审内容。

2017年南京市委教育工委就提出打造"一深化两强化"的教育党建总体布局。今后,南京市将以深化中小学党建为引领,进一步加强民办学校、民办教育机构党建工作力度。

此前,秦淮区已经先行先试,成为全市第一个成立民办教育机构党委的区。截至2018年,秦淮区共有115家教育培训机构、28所民办幼儿园,其中38家有共产党员,党员人数共计445名。

南京市秦淮区委教育工委书记庄芸介绍,该区民办教育机构党委于2017年11月批准成立,先后成立包括学而思党支部、启橙教育党支部等在内的党支部、联合支部共计19个。在民办教育机构中,党员人数超过3人的,已全部成立党支部;党员人数不足3人的,将在民办教育机构党委的指导下开展党建活动。

南京市委教育工委书记张生强调,全市教育系统要建立健全"分级负责、多种形式、区域兜底"的管理体制,根据各区实际,采用党组织单建、联建或者是全区层面上成立行业党组织兜底管理等形式,把机构和机构中的党员全部纳入党组织的管理之中。接下来,其他区将借鉴秦淮区的经验,积极推进民办教育机构党建工作。

## (三) 日常办学行为逐渐规范

随着教育规模的不断扩大,通过不断探索实践,江苏省各类民办学校逐步完善法人治理结构,规范日常办学行为,已逐步走上了规范管理、健康发展的轨道。

为保证全省民办教育健康发展,江苏省先后出台了《江苏省政府关于鼓励社会力量兴办教育促进民办教育健康发展的实施意见》《江苏省民办学校分类登记实施细则》《江苏省营利性民办学校监督管理实施细则》《江苏省民办高校规范性办学年度检查实施办法(试行)》《江苏省教育厅关于开展民办学校换发办学许可证工作的意见》《省物价局 省教育厅 省人力资源和社会保障厅关于推进民办教育收费改革的指导意见》《江苏省培训收费行为规范》《江苏省校外培训机构培训服务合同(示范文本)》等,对江苏省民办教育的设置条件和标准、规范管理、提升办学质量等作出了明确规定,加强了对民办学校的统筹规划和监督管理。此外,江苏省还通过制定财务管理办法和会计核算办法,规范民办学校会计与财务管理行为;通过推进民办学校落实法人财产权,保障学校基本办学条件,深化价格管理,规范民办学校管理;通过建立适合民办教育特点的检查、督导制度,规范民办招生行为,促进招生过程公平、公正、公开。

江苏省各类民办学校不断完善法人治理结构,全省民办高校均已建立健全董事会(理事会)和监事会制度,设立校务管理委员会和党委机构,实行董事会(理事会)领导下的校长负责制,党委起政治核心和监督保障作用;建立健全财务管理制度,将学杂费等事业费收入纳入学校账户,由学校管理使用。

江苏省民办教育培训机构充分发挥行业协会优势,打造并完善行业信息化服务平台,实现行业信息化大数据管理,创新管理模式。南京、无锡、苏州、徐州、扬州等地大力推进行业自律管理。例如,扬州市出台《扬州市校外培训机构长效管理实施办法(试行)》;南京市社会培训行业协会服务会员400余家,研究行业培训质量标准,建立相关行业认证体系,开展机构年检及质量评估、社会组织等级评估,推行"互联网＋社会培训"的模式,以"互联网＋"的思维规范培训市场行为;无锡市开发了民办教育公示系统网络平台,将全市证照齐全、合法办学的培训机构纳入系统,并标注详细地理信息;徐州市开发了校外培训机构网络地图公示系统,包括基础数据收集、地图检索、地图绘制、机构搜索、机构信息介绍、机构搜索屏蔽等功能,为开展校外培训机构治理提供了可靠的数据支撑;苏州市校外培训机构专项治理工作联席会议办公室实行实体化运作,15名来自不同联席单位的同志集中办公,按照"一人对一区"要求,多次开展"浸入式"督查。

### (四) 教育教学改革不断深化

随着江苏省经济的快速发展,人们的高端选择性教育需求越来越旺盛,多样化、个性化的教育消费群体越来越多。民办教育在满足大众化需求的基础上出现了不少选择性、个性化资源,逐步向富有办学特色的优质选择性教育方向迈进,积极推进教学内容和课程体系改革以及教学方法和教学手段改革,进一步提高教学质量,增强学生的综合素质和就业竞争力。

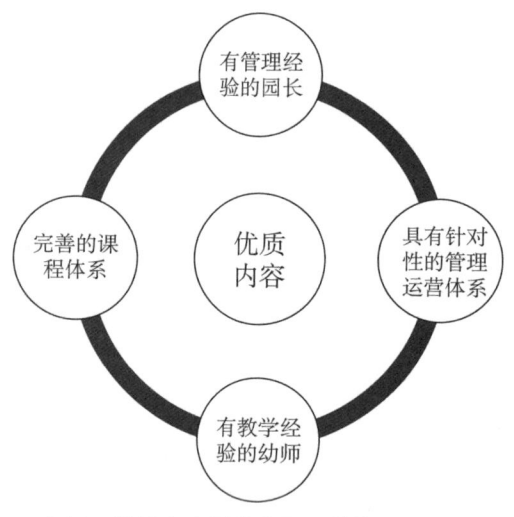

图6 优质内容是幼儿园运营的核心壁垒

1. 民办幼儿园"优质品牌"不断涌现

品牌幼儿园园长管理能力强,教师团队教学经验丰富,课程体系较为完善,管理体制针对性强,构成了品牌幼儿园的"优质内容"(见图6)。优质内容是幼儿园运营的核心壁垒,它可以提升幼儿园的教学管理水平和运营管理水平,从而增强家长对幼儿园的信任度,提升幼儿园的口碑。通过口碑的建立和传播,民办幼儿园的品牌知名度不断扩大,品牌价值由此而生。目前,江苏省内被大家认可且拥护的全球知名幼教品牌有"瑞吉欧""蒙台梭利""华德福"等。

2. 民办中小学遵循教育发展规律,探索本土的课堂教学模式

新一轮课程改革以来,民办中小学遵循学生身心发展规律和认知规律,通过学习、引进、吸收、转化等方式探索贴近学生生活的知识话语体系和课堂教学模式。例如,苏州工业园区外国语学校实施"养活教育",倡导"诚心勤勉,学用四海",主张"真诚用心,勤劳不懈,努力学习,不断实践",用实际行动践行教育改革。又如,徐州市丰县创新外国语研究教育与其周围生态环境之间相互作用的规律和机理,让校园里的每个角落都洋溢着艺术韵味,创设"情景交融"的校园氛围,打造民族器乐"浸润式"教育生态,让学生感受"古老之

韵"、领悟"传统之美",从而培养学生爱国之德,树立正确的人生价值观。此外,江苏省民办中小学在课程改革过程中积极构建校本课程体系,满足学生的个性选择。例如,江苏省武进清英外国语学校始终把课改作为学校发展的内动力,遵循"我与自身""我与自然""我与社会"三条设计路径,将国家课程、地方课程、校本课程进行有效统整,形成了普适课程、专设课程与自创课程三大课程领域。

3. 民办高等教育教学改革如火如荼

在高等教育深化改革背景下,江苏省民办高校教学工作坚持内涵发展,通过加强专业、课程与教材建设,深化人才培养模式改革和创新创业教育改革,推进实践教学体系改革和教学质量保障改革,提高民办教育教学质量。例如,苏州工业园区职业技术学院于2009年与澳大利亚启思蒙政府理工学院启动了中外合作会计专业双文凭项目,引入著名的澳大利亚 TAFE 课程标准及管理体系,在课程设置、教学管理、质量监控、顶岗实习模式、学生成绩评价方式、评估体系和质量标准方面充分学习借鉴澳大利亚学历教育与岗位技能培训相融合的教育培训体系。又如,无锡太湖学院的物联网工程、机械工程、会计学专业成功入选首批国家级一流本科专业建设点。

4. 民办非学历培训教育强化教学改革

江苏省民办非学历教育培训机构坚持走"质量立校、课改兴校、特色强校、文化润校"的内涵发展之路,深化课程教学改革,向着优质教育品牌砥砺奋进。例如,江苏华杰教育集团构建校本课程改革建设体系,以"语文学科主题学习"课程改革为先导,探索由课堂教学模式改革向课程建设改革的转变,以教学改革为着力点培养学生独立思考、表达交流、善于倾听、动手实践、思考质疑、反思建构等良好的学习习惯,把人文底蕴、科学精神、学会学习、健康生活、责任担当、实践创新作为培养学生核心素养的方向,注重学生全面发展、个性发展,重点培养学生健全的人格和高阶思维能力,让幸福校园生活贯穿各校区教育教学的始终。

## (五) 办学品牌特色日益凸显

江苏省民办学校非常重视形成、拥有和发展自己的办学特色,注重打造独具特色的办学品牌。近年来,江苏省民办学前教育通过差异化发展、个性化服务,呈现出迅猛的发展态势。江苏省民办中小学的发展定位是满足高升学率需求、国际教育需求、消费升级需求、解决家长痛点。江苏省民办高等教育以应用型人才培养为主要目标,根据就业市场动向灵活调整学科专业设置,在课程设计方面注重实践操作,注重产教深度融合,解决产业和企业的痛点。江苏省民办培训机构专注于品牌特色发展战略,以品牌加盟的模式迅速占领教育市场。从多个层面来看,江苏省民办学校已经具有比肩公办学校的核心竞争力。

1. 普惠化格局逐渐形成

自《中共中央 国务院关于学前教育深化改革规范发展的若干意见》发布以来,江苏省加快民办幼儿园普惠化转型,推动一批民办幼儿园优质化发展,目前已经形成了"高端+普惠化"的二八分成格局。在"普惠、优质"的教育理念引导下,江苏省民办幼儿园在师资团队、管理模式、科技创新等方面有了长足发展,办学特色更加多样。部分民办园积极创新办学模式、管理方式,积极探索多元主体办学,引领特色、新颖、开放的办园发展道路。地方政府在满足学前教育基础需求的基础上,加大普惠民办幼儿园创建力度,扩大优质教育资源,鼓励实力强、质量好、具有国际竞争力的教育品牌做实做强。

### 2. 集团化办学特色明显

江苏省民办中小学教育发展过程中出现了集团化办学趋向,尤其是近几年,集团化办学的趋势更加明显。该模式以品牌学校为龙头,以契约为纽带,构建大规模多层次组织形态,通过优势互补或以强带弱等方式推进教育资源优质均衡发展。教育集团大体有两种模式,一种模式是公办与民办混合办学,即以公办名校为引领,发展民办分校,通过灵活的民办运营机制放大公办学校的优质教育资源。这种模式以南京外国语学校、南京师范大学附属中学为代表。另一种模式是不同类型、不同层次、不同性质的学校通过联盟组合成不同办学形态和治理结构的集团校,即在充分尊重各校历史、多样文化和发展需求的基础上,采用集约化管理和精细化管理相结合的方式,求大同,存小异,形成集团内和谐共生的文化生态。

### 3. 应用型人才特色鲜明

应用型院校和应用型人才培养定位现已成为江苏省民办高校办学目标定位的普遍选择。近年来,江苏省民办高校持续深化产教融合,通过建机制、搭平台全方位推进"引企入教",改革创新应用型人才培养模式,校企协同育人不断深化。部分民办高校学习借鉴国际同类院校先进的教育理念和教育方法,结合当地实际,积极开展应用型本科人才培养的理论研究与实践探索,不断改革创新办学体制、管理体制和人才培养体制,深化校企合作培养人才,通过依托优势特色专业与企业共建二级学院,与企业合作设计培养方案、合作开发课程,为企业定向或订单式培养人才,不断加强学生实践应用能力培养。扎根地方办学、服务地方社会经济需求是教育转型发展的必然举措。江苏省民办高校坚持依靠地方、服务地方,围绕地方经济社会发展需要培养高素质应用型人才,体现出较强的应用型人才培养特色。

### 4. 专业化战略优势凸显

江苏省民办培训机构特别注重品牌化、专业化、连锁化的发展战略,一些知名品牌培训机构主要依靠自身的核心竞争力在教育培训市场上迅速扩张,而专业培训机构则注重纵深发展,用专注造就专业。同时,江苏省民办培训机构在建立自身品牌特色之后,以品牌化加盟的模式快速占领教育培训市场。部分民办培训机构在现有国家商标注册和良好社会口碑的基础上,进一步固化和升华品牌,以适应城市经济建设发展的需要,满足社会对优质教育资源的需求;进一步扩大民办培训机构的品牌效应,提升民办培训机构的教育品质,扩大其发展空间。

## 三、江苏省民办教育面临的挑战

未来,民办教育发展机遇与挑战并存。相对公办学校,民办学校面临的环境和情况更为复杂。一方面,民办学校要遵循教育规律,实现知识的创造、传递和应用;另一方面,民办学校也要兼顾市场反馈和盈利。在这种情况下,民办教育中的人才发展问题、运营效率和风险问题就变得更加突出。随着资本和商业元素进入教育市场,民办教育如何处理好社会责任和经济利益之间的平衡,提升自身核心竞争力,并在提供高质量教育服务的同时兼顾市场发展,迎接机遇和挑战,成为摆在民办教育工作者面前的一项重要课题。

作为教育大省,江苏省有责任积极发展优质教育,推动教育高质量发展。江苏省教育现代化起步于 20 世纪 90 年代初,从推进方式看,它可以分为起步探索阶段、区域推进阶段、整体提升阶段;从内涵变化看,江苏省教育已经走过以改善办学条件为主和以提高办学水平为主的两个阶段,目前开始进入第三阶段,这个阶段的核心任务是高质量发展。

随着教育现代化进入第三阶段,江苏省民办教育正面临四个转变,即由注重规模总量向更加关注结构优化转变、由注重外延发展向更加关注特色品牌转变、由注重硬件建设向更加关注学生成长转变、由注重经济效益向更加注重社会效益转变。基于此,江苏省民办教育主要面临如下挑战。

### (一) 分类管理促使新的转变

分类管理的发展理念对江苏省民办教育的发展带来了冲击。我国民办教育改革已进入攻坚期和深水区,实施民办学校分类管理是核心。修改后的《中华人民共和国民办教育促进法》和《中华人民共和国民法典》在立法上将民办学校划分为非营利性和营利性两类,非营利性民办学校享受更多的财政、税收、土地等方面的优惠政策;营利性民办学校可充分利用其市场化的优势吸纳人才、筹集资金,实现多样化发展。这给新时代江苏省民办教育的发展和重塑带来了新的挑战,无论是选择非营利性还是营利性,各类民办学校都需要根据各自的办学定位办出特色,以更好满足人民群众日益多样化的选择性教育需求。

### (二) 规范管理提出新的要求

规范管理对民办教育治理结构改革提出了新要求。规范管理要求健全民办学校内部法人治理结构,一方面,相关部门要加强外部监督监管,包括政府监管、社会监督和行业自律;另一方面,民办学校内部运行机制改革迫在眉睫。因此,健全董事会(理事会)制度、党组织参与决策制度,完善校长选聘机制,依法保障校长行使管理权,落实民办学校的法人财产权,健全财务、会计制度和资产管理制度,完善民办学校年度预算报告、年度财务和决算报告制度等,实现民办学校规范发展,重塑江苏民办教育,任重而道远。

### (三) 生源收紧引发新的竞争

民办教育发展具有动态性,优胜劣汰、"用脚投票"导致民办学校生源竞争白热化。以高等教育为例,中国教育在线发布的《2019 年高招调查报告》显示,截至 2018 年,全国普通本专科招生规模达到 790.99 万人,高考录取率高达 81.13%,其中江苏省高考实际录取率超过90%。居高不下的录取率折射出江苏省民办高校生源形势严峻。随着改革开放的日益深入,我国教育国际化的程度也在不断加深,越来越多的海外院校开始将高考作为其录取的参考依据。很多学生开始"用脚投票",选择远走他国,进一步加剧了民办学校的生源危机。与此同时,在新业态、新产业、新商业模式的推动下,教育需求日趋多元,进一步放大了生源数量下降的影响。因此,江苏省民办学校将面临"重新洗牌",一些教学质量不高、社会声誉不好的学校将被市场淘汰。

### (四)质量要求带来新的挑战

高质量发展要求民办学校提升其办学理念。21世纪,谁轻视质量谁就将被淘汰出局。民办学校发展中面临的根本问题在于如何保证教育教学质量。"以学生为中心""成果导向教育"和"培育质量文化"已成为发达国家和国际组织竭力推行的三大先进理念。随着高等教育大众化进程的不断推进,各国越来越重视"以学生为中心",即以学生的学习和发展为中心,实现从以教为中心向以学为中心转变,从传授模式向学习模式转变,从而提高学生的学习质量,使学生在知识、能力和素质上获得全面提升。因此,江苏省民办教育需要冷静"把脉"自身质量现状和差距,聚焦未来发展战略方向,形成新的办学思路,精准发力,提升质量。

## 四、江苏省民办教育改革发展展望

未来一个时期,江苏省民办教育的改革发展仍充满着各种挑战,一些深层次的问题尚未从根本上被消除,而发展中又会产生不少新的问题和矛盾。为适应形势发展和环境变化的需要,江苏省应当结合经济社会发展需要,不断巩固民办学校既有优势,消除劣势,持续完善民办教育治理体系,改进民办教育治理方式,构建政府主导、多方参与的共同治理机制,鼓励和引导社会力量兴办教育,并通过规划引领和政策激励推动民办学校转型升级、做大做精、做优做强。

### (一)凝聚各方共识,完善配套政策

在国家支持和规范民办教育发展的大背景下,江苏省民办教育发展需要破解的瓶颈不少,涉及多个部门,触及方方面面的利益。相关部门在研究制定民办教育配套政策时,应加强调查研究,深入基层,问计于民,积极回应民办学校举办者、教师、学生的多元诉求和重大关切。

1. 健全民办学校财政扶持政策

江苏省应加快落实新修订的《中华人民共和国民办教育促进法》中的相关规定,制定合理的补贴方案,通过政府购买、基金奖励、捐资激励、土地划拨、税收减免等方式对非营利性民办学校予以支持;对营利性民办学校而言,地方政府应尽快制定量化标准,采用税收优惠、减少土地收费等间接手段进行扶持。同时,政府必须积极探索适合江苏地区民办

教育发展的财政扶持制度,启动实施"高水平民办学校建设"等项目,激发民办学校举办者的办学热情。

2. 切实保障民办学校教师权益

江苏省应探索建立民办学校教师与公办学校教师统一的人事管理制度和社会保障体系,支持民办学校从省外、国外引进高学历、高素质人才;依法保障民办学校教师在科研、评优、参赛、奖励、培训、组织建设等方面享有与公办学校教师同等的权利。

3. 完善民办学校评价督导机制

江苏省应遵循管、办、评分离原则,加快引入民办学校办学质量、财务管理和法人治理结构等方面的第三方评价制度,并适时推出与评价相结合的民办教育财政性教育经费投入配套政策,逐步形成科学的民办教育评价督导机制。教育行政部门应制定民办学校办学评估和定期综合评估制度,履行对学校教育质量监测与问责的职责,针对各级各类民办学校构建内外结合的质量保障体系。

## (二)秉持公平原则,推进分类管理

2018年修订的《中华人民共和国民办教育促进法》确立了我国民办教育分类管理的基本框架,民办学校既可以选择登记为非营利性学校,也可以选择登记为营利性学校,这是由我国民办教育发展的现实决定的,是尊重民办学校投资办学特征的体现。江苏省实行民办学校营利性与非营利性分类管理是遵照法律的规定要求,也是逐步理顺民办教育管理体制的必然趋势。

1. 尊重民办学校自主选择的意愿

根据《江苏省民办学校分类登记实施细则》,营利性民办学校由市场监管部门依法予以登记;非营利性民办学校符合社会服务机构登记管理相关规定的,到民政部门登记为社会服务机构,符合《事业单位登记管理暂行条例》等有关规定的,到事业单位登记管理机关登记为事业单位。有关部门应在价值判断基础上秉持公平正义原则,防止在倡导和鼓励非营利性民办学校的发展过程中,有意或无意地产生对营利性民办培训机构的制度歧视乃至道德绑架,导致民办学校举办者产生"政策恐慌"。

2. 加强营利性民办学校的社会认同

中共十九届四中全会提出:要坚持和完善社会主义基本经济制度,坚持公有制为主体、多种所有制经济共同发展,要毫不动摇鼓励、支持、引导非公有制经济发展。营利性民办学校是由社会力量举办的,是非公有制经济在教育领域的一种表现形式,相关部门要坚决破除社会对教育盈利的歧视,促进市场这只"看不见的手"在民办教育领域发挥作用。

## (三)维护行业秩序,规范办学行为

规范民办学校办学行为有助于维护民办教育行业的整体利益。江苏省应通过一系列制度性安排,确保民办学校依法诚信办学和健康可持续发展,从而促进江苏省民办教育整体实力提升。

1. 规范民办学校财务管理

有关部门要指导和督促民办学校严格执行相应会计制度,规范资金资产管理,并将民办学校财务规范管理成效作为财政补助、评优评奖的重要指标和依据;要建立跨部门的联合监管机制,将民办学校学费收入纳入财务监管专户,严厉查处恶意套取、抽逃、转移资金等事件。

2. 强化行业组织自律作用

地方政府要鼓励和支持各类民办教育行业协会、社会中介机构和其他非营利性联盟组织参与民办教育共同治理,以维护民办教育行业秩序,强化民办学校自我约束能力。

3. 落实民办学校法人财产权

在尽可能减免资产过户所涉费用和帮助学校解决必要融资需求的基础上,有关部门要监督民办学校举办者依法履行出资义务,将出资中用于办学的土地、校舍和其他资产足额过渡到学校名下,任何组织不得侵占、挪用、抽逃,以防范民办学校办学风险。

## (四) 加强内涵建设,提升办学质量

1. 建立现代学校制度

牢固确立党对民办学校的政治领导地位,是民办学校发展的根本所在、命脉所在,是民办学校建立现代学校制度的应有之义。各级各类民办学校应重新调整内部关系,完善学校内部治理结构,建立健全董事会领导下的校长负责制和监事会制度,健全学校科学决策、民主管理、专家治校、自主自律、关系和谐、健康发展的管理体制机制。

2. 加快推进优化调整

地方政府应鼓励民办学校融资扩股,增强办学实力;鼓励力量薄弱的民办学校向名校转让办学权,或终止办学;鼓励支持有条件的企业、名校以合并、兼并或组建教育集团的方式,对力量薄弱或运转困难的民办学校进行资源重组;鼓励支持有实力的民办学校通过联合重组或相互持股的方式进行强强联合。

3. 促进特色优质发展

各级各类民办学校要积极适应新法新政,根据市场变化和学校办学条件,适时调整办学方向,拓展办学渠道,找到适合自身发展的生源市场和生存空间;要创新办学理念,加强个性化品牌创建,避免同质化竞争,积极创办特色专业,开设特色课程,开展特色教学、特色管理,发展特色校园文化,培养特色人才,打造特色品牌,努力做到"人无我有,人有我优"。

# 浙江省民办教育发展报告

2010 年 10 月 24 日,《国家中长期教育改革和发展规划纲要(2010—2020 年)》配套文件——《国务院办公厅关于开展国家教育体制改革试点的通知》(国办发〔2010〕48 号)发布,浙江省成为全国唯一一个承担民办教育综合改革试点的省份,并同时承担民办学校分类管理等专项改革任务。自此,浙江省开始了民办教育制度创新的艰辛探索。在全国同时承担民办学校分类管理的上海市、深圳市、浙江省三地中,浙江省温州市对民办学校分类管理进行了全面、系统的试点并取得了显著成绩,出色地完成了国家改革试点任务。2010—2019 年,全国各级各类民办学校从 2010 年的 11.9 万所增加到 2019 年的 19.15 万所,增加了 7.25 万所;在校生人数从 3 392.96 万人增加到 5 616.61 万人,增加了 2 223.65 万人;民办学校占比从 24.16％增加到 36.13％,增加了 11.97 个百分点;民办学校在校生人数占比从 8.82％增加到 19.92％,增加了 11.1 个百分点。同期,浙江省民办学校从 8 527 所减少到 6 358 所,减少了 2 169 所;在校生人数从 231.29 万人增加到 242.34 万人,增加了 11.05 万人;民办学校占比从 55.3％减少到 50.4％,减少了 4.9 个百分点;民办学校在校生人数占比从 24.61％减少到 24.47％,减少了 0.14 个百分点(见表1)。与全国民办教育发展态势相比,浙江省民办教育增速减缓,但办学条件普遍改善,教育质量全面提高,特别在义务教育阶段,社会对民办学校的评价逐年提升。

表 1　2010—2019 年浙江省民办教育在校生情况　　　　　单位:万人

| 年份 | 民办教育在校生人数 | | | | | | | 全省学生总数 | 民办学校学生占比 |
|---|---|---|---|---|---|---|---|---|---|
| | 学前 | 小学 | 初中 | 普高 | 中职 | 高校 | 总数 | | |
| 2010 | 119.74 | 34.03 | 19.68 | 19.00 | 9.89 | 28.95 | 231.29 | 939.92 | 24.61％ |
| 2011 | 123.25 | 36.95 | 18.39 | 19.25 | 9.79 | 29.58 | 237.21 | 948.04 | 25.02％ |
| 2012 | 121.48 | 39.04 | 19.08 | 18.35 | 8.93 | 30.15 | 237.03 | 943.38 | 25.13％ |
| 2013 | 118.20 | 41.94 | 19.87 | 18.06 | 7.73 | 30.70 | 236.50 | 940.15 | 25.16％ |
| 2014 | 115.60 | 47.36 | 21.71 | 16.84 | 6.55 | 31.14 | 239.20 | 938.59 | 25.49％ |
| 2015 | 118.87 | 48.00 | 22.74 | 17.11 | 7.09 | 31.34 | 245.15 | 942.51 | 26.01％ |
| 2016 | 118.26 | 47.97 | 24.21 | 18.47 | 6.98 | 31.26 | 247.15 | 945.90 | 26.13％ |
| 2017 | 117.10 | 48.07 | 25.73 | 19.35 | 7.06 | 31.32 | 248.63 | 958.02 | 25.95％ |
| 2018 | 110.49 | 48.21 | 27.45 | 19.48 | 7.49 | 32.07 | 245.19 | 970.52 | 25.26％ |
| 2019 | 103.57 | 48.50 | 28.72 | 20.35 | 7.72 | 33.48 | 242.34 | 990.16 | 24.47％ |

# 一、2019 年浙江省民办教育发展概况

2019 年浙江省共有独立设置的民办普通高校 15 所、独立学院 21 所、中外合作办学 2 所。民办（含中外合作办学）普通本专科招生人数为 10.56 万人，较上年增加 1.07 万人，增长率为 11.28%；在校生人数为 33.47 万人，比上年增加 1.4 万人，增长率为 4.37%；招生人数、在校生人数分别占全省普通本专科招生人数和在校生总数的 30.1%、31.1%。其中，独立学院共招生 4.85 万人，比上年增加 0.28 万人；在校生人数为 17.02 万人，比上年增加 0.38 万人；独立学院的本科招生人数、在校生人数分别占全省普通本科招生人数和在校生人数的 28.6% 和 26.8%。

2019 年浙江省共有民办普通高中 220 所，在校生人数为 20.35 万人，占普通高中在校生总数的 26%。民办中等职业学校（不含技工学校）共有 43 所，在校生人数为 7.72 万人，占中等职业教育（不含技工学校）在校生总数的 14.2%。民办普通初中共有 273 所，在校生人数 28.72 万人，占普通初中在校生总数的 17.5%。民办普通小学共有 167 所，在校生人数为 48.5 万人，占普通小学在校生总数的 13.2%。民办幼儿园共有 5 620 所，在园儿童人数为 103.57 万人，占在园儿童总数的 53.5%。

2019 年浙江省各级各类民办学校专任教师总数为 15.41 万人，占全省各级各类学校专任教师总数的 23.4%。其中，民办幼儿园专任教师 6.69 万人；民办中小学专任教师 6.73 万人；民办中职学校专任教师（不含技工学校）0.36 万人；民办普通高校专任教师（含中外合作办学）1.63 万人。

2010—2019 年浙江省和全国范围的民办教育在校生内部比例关系分别如图 1 和图 2 所示。由图中可知，2019 年浙江省和全国民办学前教育占比均超过 40%（浙江为 42.74%，全国为 47.17%）；在义务教育阶段，浙江为 32%，高于全国 29% 的平均水平；在民办中职学校方面，浙江为 3.2%，全国为 4%；在普通高中方面，浙江为 8.4%，全国为 6.4%；在高等教育方面，浙江为 13.8%，全国为 12.6%。

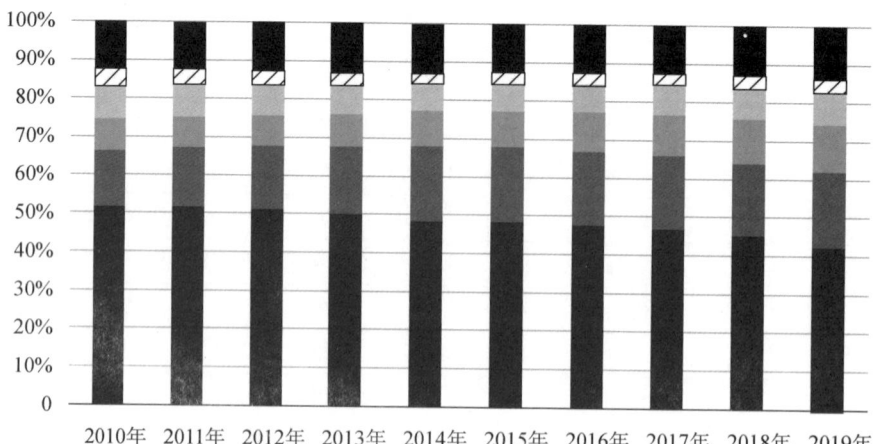

■学前 ■小学 ■初中 ■普高 ▨中职 ■高校

**图 1　2010—2019 年浙江省民办教育在校生内部比例关系**

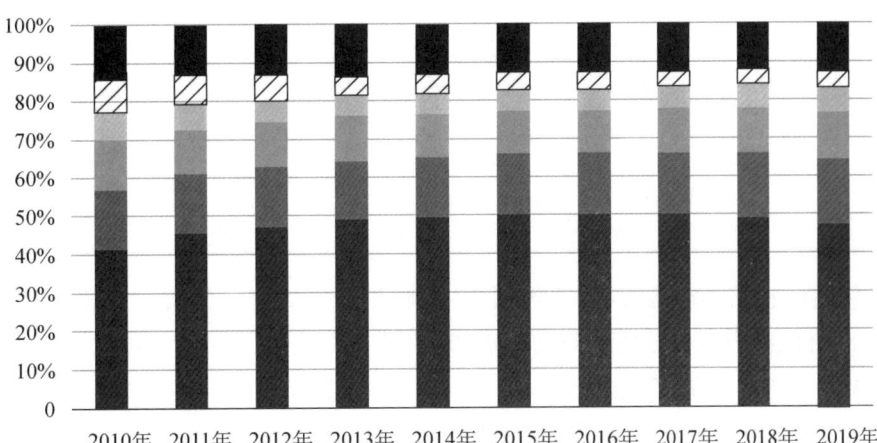

图2 2010—2019年全国民办教育在校生内部比例关系

图例：■学前 ■小学 ■初中 ■普高 ▨中职 ■高校

民办教育提供的公共教育服务分担了政府的公共教育责任,补充了政府的公共教育职能。这一部分教育服务如果由政府提供,则公共财政支出将会增加。由此,我们可以估算民办教育对公共财政的贡献(见表2、表3)。①

表2 2015—2019年浙江民办教育对公共财政的贡献概算②

| 年份 | 全省在校学生总数(万人) | 民办学校学生数(万人) | 民办学校学生占比 | 全省公共财政教育支出(亿元) | 民办教育对公共财政年度贡献(亿元) |
|---|---|---|---|---|---|
| 2015 | 942.51 | 245.15 | 26.01% | 1 220.87 | 317.55 |
| 2016 | 945.90 | 247.15 | 26.13% | 1 313.65 | 343.26 |
| 2017 | 958.02 | 248.63 | 25.95% | 1 413.14 | 366.71 |
| 2018 | 970.52 | 245.19 | 25.26% | 1 567.41 | 395.93 |
| 2019 | 990.16 | 242.34 | 24.47% | — | — |

表3 2015—2019年全国民办教育对公共财政的贡献概算③

| 年份 | 全国在校学生总数(亿人) | 民办学校学生数(万人) | 民办学校学生占比 | 国家财政性教育经费(亿元) | 民办教育对公共财政年度贡献(亿元) |
|---|---|---|---|---|---|
| 2015 | 2.60 | 4 570.42 | 17.58% | 29 221 | 4 845 |
| 2016 | 2.63 | 4 825.47 | 18.35% | 31 396 | 5 446 |

---

① 民办教育财政贡献=民办学校学生占比×当年国家财政性教育经费×0.99,更细致的测算需要先用各级各类民办学校在校人数乘以对应的一般公共预算生均教育经费,然后对各类学生的财政贡献加总求和,再减去当年对民办教育的财政拨款。

② 根据浙江省教育厅和教育部公布的统计数据测算。

③ 根据教育部网站公布的统计数据测算。

（续表）

| 年份 | 全国在校学生总数（亿人） | 民办学校学生数（万人） | 民办学校学生占比 | 国家财政性教育经费（亿元） | 民办教育对公共财政年度贡献（亿元） |
|---|---|---|---|---|---|
| 2017 | 2.70 | 5 120.47 | 18.96% | 34 208 | 6 145 |
| 2018 | 2.76 | 5 378.21 | 19.49% | 36 996 | 6 839 |
| 2019 | 2.82 | 5 616.61 | 19.92% | 40 049 | 7 578 |

2018年浙江省民办幼儿园和民办中小学分地区发展情况分别如表4和表5所示。从表中可见，浙江省民办教育在地区之间的差别非常明显。以学前教育为例，2018年民办幼儿园在园儿童人数占比最高的是温州市（81.45%），占比最低的是湖州市（26.56%）（见表4）。此外，浙江省民办义务教育、中职和高等教育也都有类似的特征。

表4　2018年浙江省民办幼儿园分地区发展情况一览表

| 地区 | 幼儿园总数（所） | 民办园（所） | 占比 | 幼儿园在园儿童（万人） | 民办园在园儿童（万人） | 占比 | 专任教师总数（万人） | 民办园专任教师（万人） | 占比 |
|---|---|---|---|---|---|---|---|---|---|
| 杭州市 | 991 | 488 | 49.24% | 34.36 | 10.20 | 29.69% | 2.63 | 0.70 | 27.38% |
| 宁波市 | 1 220 | 894 | 73.27% | 28.97 | 17.34 | 59.84% | 1.97 | 1.06 | 53.50% |
| 温州市 | 1 423 | 1 234 | 86.72% | 30.02 | 24.45 | 81.45% | 1.90 | 1.50 | 77.40% |
| 嘉兴市 | 345 | 171 | 49.56% | 13.81 | 5.30 | 38.37% | 0.91 | 0.32 | 34.71% |
| 湖州市 | 216 | 91 | 42.13% | 9.01 | 2.61 | 26.56% | 0.62 | 0.16 | 25.40% |
| 绍兴市 | 599 | 241 | 40.23% | 13.77 | 5.36 | 38.90% | 0.89 | 0.31 | 35.29% |
| 金华市 | 1 418 | 1 193 | 84.13% | 26.10 | 20.03 | 76.74% | 1.57 | 1.40 | 89.00% |
| 衢州市 | 478 | 365 | 76.36% | 7.04 | 5.11 | 61.45% | 0.82 | 0.30 | 36.58% |
| 舟山市 | 129 | 57 | 44.12% | 2.69 | 0.85 | 31.62% | 0.21 | — | — |
| 台州市 | 1 166 | 913 | 78.30% | 20.11 | 14.56 | 72.40% | 1.25 | 0.86 | 68.80% |
| 丽水市 | 468 | 303 | 64.74% | 7.55 | 4.86 | 64.31% | 0.52 | 0.31 | 59.12% |

表5　2018年浙江省民办中小学分地区发展情况一览表　　　　　　单位：所

| 地区 | 民办普通小学数 | 民办普通中学数 | | | | | | 在全省占比 |
|---|---|---|---|---|---|---|---|---|
| | | 合计 | 初级中学 | 九年一贯制 | 完全中学 | 高级中学 | 十二年一贯制 | |
| 浙江省 | 174 | 478 | 63 | 200 | 67 | 107 | 41 | — |
| 杭州市 | 21 | 88 | 13 | 42 | 11 | 12 | 10 | 16.72% |
| 宁波市 | 53 | 59 | 6 | 26 | 14 | 6 | 7 | 17.18% |
| 温州市 | 20 | 85 | 7 | 33 | 10 | 30 | 5 | 16.10% |
| 嘉兴市 | 10 | 39 | 6 | 22 | 5 | 4 | 2 | 7.52% |

| 地区 | 民办普通小学数 | 民办普通中学数 | | | | | | 在全省占比 |
|------|------|------|------|------|------|------|------|------|
| | | 合计 | 初级中学 | 九年一贯制 | 完全中学 | 高级中学 | 十二年一贯制 | |
| 湖州市 | 11 | 22 | 6 | 9 | 1 | 6 | — | 5.06% |
| 绍兴市 | 10 | 23 | 3 | 3 | 4 | 11 | 2 | 5.06% |
| 金华市 | 20 | 54 | 4 | 24 | 3 | 15 | 8 | 11.35% |
| 衢州市 | 7 | 15 | 4 | 1 | 5 | 5 | — | 3.37% |
| 舟山市 | 1 | 6 | 1 | 3 | — | 1 | 1 | 1.07% |
| 台州市 | 17 | 69 | 8 | 29 | 14 | 13 | 5 | 13.19% |
| 丽水市 | 4 | 18 | 5 | 8 | — | 4 | 1 | 3.37% |

浙江省是独立学院的重要发源地，在全国有一定的影响。但是，浙江省的独立学院大部分在大中城市，以母体举办为主，少有企业参与，形成了名副其实的"校中校"。2008年中华人民共和国教育部令第26号颁布以来，浙江省独立学院的转设迫在眉睫。但是，独立学院没有自己的校园，难以跨越"转设"的鸿沟。浙江省大中城市的土地资源少，征地费用昂贵，因此，依靠母体和独立学院自身进行校园建设是不可能的，也不是鼓励之道。同时，由于历史因素，母体对独立学院又舍不得放手，资产处理难度大。2010年以来，浙江省独立学院开始走出大城市，入住小县城，与地方结缘，开始了规模盛大的迁校工作。独立学院通过迁校获得了属于自己的独立校园，为转设和发展奠定了基本条件。同时，地方政府也有一定的财政支付能力拥有"自己的大学"，通过引入高校推动地方经济社会发展，改善教育环境。据笔者不完全统计，2010年以来浙江省有12所民办高校和独立学院开展了新校区建设（见表6）。例如，2015年温州医科大学仁济学院在温州市洞头北岙街道新城建设新校园，浙江师范大学行知学院在金华兰溪市上华街道建设新校园，浙江海洋大学东海科学技术学院迁建舟山岱山县项目也正式签约；2016年宁波大学科学技术学院慈溪校区也进入规划建设阶段。由此可见，"县域办学"成为浙江省在改革开放后继中心城市办大学、建设高教园区之后的第三次区域高等教育布局调整的重要特征。① 从实践上看，高等院校的到来也有力地推动了地方技术创新、人才培养创新、商业发展模式创新、文化建设创新，对县域经济的转型升级起到了积极的推进作用。

表6 浙江部分独立学院迁址办学一览表

| 独立学院名称 | 旧址 | 新址 | 迁址时间 |
|------|------|------|------|
| 浙江财经大学东方学院 | 杭州 | 海宁 | 2010年 |
| 浙江工商大学杭州商学院 | 杭州 | 桐庐 | 2012年 |

---

① 胡坤,徐军伟.县域办学:浙江省独立学院转型发展路径探析[J].宁波大学学报(教育科学版),2017,39(01):51-55.

| 独立学院名称 | 旧址 | 新址 | 迁址时间 |
|---|---|---|---|
| 浙江农林大学暨阳学院 | 临安 | 诸暨 | 2013 年 |
| 浙江工业大学之江学院 | 杭州 | 柯桥 | 2013 年 |
| 杭州电子科技大学信息工程学院 | 杭州 | 临安 | 2014 年 |
| 浙江中医药大学滨江学院 | 杭州 | 富阳 | 2014 年 |
| 温州医科大学仁济学院 | 温州 | 洞头 | 2015 年 |
| 浙江师范大学行知学院 | 金华 | 兰溪 | 2015 年 |
| 浙江海洋大学东海科学技术学院 | 定海 | 岱山 | 2015 年 |
| 宁波大学科学技术学院慈溪校区 | 宁波 | 慈溪 | 2016 年 |
| 浙江理工大学科学与艺术学院 | 杭州 | 上虞 | 2017 年 |
| 中国计量大学现代科技学院 | 杭州 | 义乌 | 尚在建设中 |

## 二、浙江省民办教育综合改革

2016 年 11 月 7 日,中共十二届全国人大常委会第二十四次会议通过《中华人民共和国民办教育促进法》修改决定,以"对民办学校按非营利性与营利性实施分类管理"(以下简称分类管理)为特征的"民办教育新政"正式启动。2017 年 1 月 18 日,《国务院关于鼓励社会力量兴办教育促进民办教育健康发展的若干意见》(国发〔2016〕81 号)(俗称"30条")发布,确立了"促进民办教育持续健康发展的改革方向"。随后,全国各省(自治区、直辖市)人民政府为贯彻全国人大常委会修改决定和国务院"30 条"的政策精神,纷纷制定地方实施意见。自此,浙江省民办教育改革与发展也进入新的历史阶段。

民办教育综合改革是《国家中长期教育改革和发展规划纲要(2010—2020 年)》确立的重大改革举措,浙江省作为全国唯一的民办教育综合改革试点省,承担了"清理并纠正对民办学校的各类歧视政策""完善促进民办教育发展的优惠政策,健全公共财政对民办教育的扶持政策,促进社会力量以多种形式兴办教育""积极探索营利性和非营利性民办学校分类管理""保障民办学校办学自主权""完善民办学校法人治理结构,加强财务、会计和资产管理""支持民办学校创新体制机制和育人模式,提高质量,办出特色"等多个方面的试点任务。近十年来,浙江省在"积极探索营利性和非营利性民办学校分类管理"方面进行了卓有成效的改革试点,具体试点地区温州市为民办教育分类管理进行了系统的政策设计和政策实践,取得了重大成果,极大地促进了温州市民办教育的发展。虽然"温州方案"最终没有被全国人大采纳,但温州市的实践探索为全国人大修改《中华人民共和国民办教育促进法》、国务院出台《国务院关于鼓励社会力量兴办教育促进民办教育健康发展的若干意见》(国发〔2016〕81 号)和全国各省制定地方实施意见提供了宝贵经验。

民办教育综合改革的第一项任务是"清理并纠正对民办学校的各类歧视政策"。完成这项工作的前提是清理对民办学校的各类歧视政策,然后才有可能纠正对民办学校的各类歧视政策。中共十八大以来,浙江省政府职能转变改革仍然处于摸索当中,各种体制性弊端一时还难以克服。因此,迄今为止,各级地方政府还没有将"清理对民办学校的各类歧视政策"这项工作列入议事日程。

民办教育综合改革的第二项任务是"完善促进民办教育发展的优惠政策,健全公共财政对民办教育的扶持政策,促进社会力量以多种形式兴办教育"。2013 年 8 月,浙江省政府在温州市召开了"全省社会力量办学、办医工作交流推进会",会后出台了《浙江省人民政府关于促进民办教育健康发展的意见》(浙政发〔2013〕47 号),提出"要为民办教育留出发展空间"的指导思想,这是《中华人民共和国民办教育促进法》颁布以来地方政府在民办教育发展思路方面的重要突破。也许在今天看来这个理念已经不合时宜,但它作为浙江省在综合改革试点中的重要理论成果,不但在当时对全国各级政府考虑民办教育发展策略时具有启发意义,而且也是全面理解浙江省民办教育综合改革试点十年探索的重要线索。[①] 当然,在完善民办教育发展的优惠政策方面需要反思的是,按《中华人民共和国民办教育促进法》对民办教育的定性,民办学校、民办学校教师和学生依法应该享有与公办学校、公办学校教师和学生同等的政治、经济、社会和法律权利,而这种权利不但在浙江省没有得到保障,而且在全国其他省市也没有被保障。在浙江省开放、灵活的民办教育政策环境下,省内各地中外合作办学(宁波诺丁汉大学、温州肯恩大学)、政府与社会资本合作办学(永嘉翔宇小学)、教育股份制办学(台州书生中学)等各种办学形式都有不俗表现。

民办教育综合改革第二项任务中关于"健全公共财政对民办教育的扶持政策"的要求,在《浙江省财政厅关于印发支持市县民办教育发展专项资金管理办法的通知》(浙财教〔2013〕196 号)中得到了比较系统的安排。该文件详细规定了省财政对市、县分配该专项资金的测算工具和工作流程,是浙江省在民办教育财政资助政策设计中克服政策"碎片化"倾向的一个重要进展,对其他省市出台和完善相关政策有示范意义。2018 年 3 月,随着《中华人民共和国民办教育促进法》修订工作的完成,浙江省为贯彻落实新修订的《中华人民共和国民办教育促进法》、国务院"30 条"以及《浙江省人民政府关于鼓励社会力量兴办教育促进民办教育健康发展的实施意见》(浙政发〔2017〕48 号)等文件精神,制定了《浙江省公共财政扶持民办教育发展实施办法》(浙财科教〔2018〕7 号),明确公共财政扶持民办教育发展的主要内容为:"大力提升民办学前教育质量,鼓励社会力量举办公益普惠性民办幼儿园;鼓励优质民办中小学特色发展;加强民办高等教育内涵发展。"该文件还指出:"公共财政主要对非营利性民办学校给予支持,逐步建立以'经费标准化'为主要内容,以政府补贴、政府购买服务等为手段的公共财政扶持体系。"同时明确:"结合当地经济社会发展需

---

① 浙江省教育厅在其后发布的《浙江省教育厅关于贯彻落实〈浙江省人民政府关于促进民办教育健康发展的意见〉的通知》(浙教计〔2013〕133 号)中对省政府的上述指导思想作了进一步阐发:"从统筹公办和民办教育协调发展出发,本着宜民办则民办的精神,统筹规划,留出民办教育发展空间,着力鼓励支持发展民办教育,促进公办、民办教育合理布局。"

要和教育服务实际,可通过政府购买服务、税收优惠等方式对营利性民办学校给予支持。"

民办教育综合改革的第三项任务是"积极探索营利性和非营利性民办学校分类管理"。根据国家的统一部署,浙江省确定由温州市、宁波市、德清县、安吉县承担此项试点任务,最后出于各种原因只有温州市圆满完成了试点工作。2011年,温州市委、市政府出台了《关于实施国家民办教育综合改革试点 加快教育改革与发展的若干意见》(温委〔2011〕8号)(简称"1+9"政策),2012年又增补了5个专项文件,形成了温州市民办教育综合改革试点较为完整的政策体系(简称"1+14"政策)。2014年年底,温州市又委托浙江大学民办教育研究中心制定了《温州市民办教育发展规划(2015—2020)》,这是我国第一个民办教育区域发展规划。温州市的分类管理工作在实践中克服了极大的困难,在国务院的统一部署和浙江省政府的领导下,顺利完成试点任务,为在教育领域全面推进依法治教、科学决策交出了一份完整的答卷。

民办教育综合改革的第四项任务是"保障民办学校办学自主权"。浙江省教育厅向全国人大民办教育调研组提交汇报材料时将其列为浙江省民办教育综合改革进展的第一项成果。在基础教育领域,《浙江省教育厅关于做好民办中小学招生工作的通知》(浙教基〔2012〕88号)提出规范招生的要求,并在实践中针对民办学校的实际情况进行了调整完善。2020年3月11日,浙江省教育厅发布《浙江省教育厅办公室关于做好2020年义务教育阶段学校招生入学工作的通知》(浙教办基〔2020〕6号),强调实行"公民同招",客观上淡化了民办学校的招生自主权。

民办教育综合改革的第五项任务"完善民办学校法人治理结构,加强财务、会计和资产管理"和第六项任务"支持民办学校创新体制机制和育人模式,提高质量,办出特色"在《浙江省人民政府关于鼓励社会力量兴办教育促进民办教育健康发展的实施意见》(浙政发〔2017〕48号)中都作了具体规定,但效果如何还有待实践检验。

浙江省教育厅在2014年3月给全国人大民办教育调研组提交了一份汇报材料,对2010年以来浙江省民办教育综合改革取得的成绩作了阶段性的总结:"2010年《国家中长期教育改革和发展规划纲要(2010—2020年)》颁布后,有鉴于民办教育在我省的地位和影响,为推进民办教育发展,我省主动申报并承担了全国民办教育综合改革试点任务。在国家教育体制改革领导小组的指导下,我们制订了试点方案,并按照'统筹规划、分类管理、点面结合、分步推进'的总体思路,选择温州、宁波、安吉、德清等地进行先期试点。各试点地区积极探索,都在不同程度上取得了一些成效,其中尤以温州市改革力度最大,在全国产生了很大影响。去年8月,省政府在温州召开了'全省社会力量办学、办医工作交流推进会',会后出台了《浙江省人民政府关于促进民办教育健康发展的意见》(浙政发〔2013〕47号),对促进民办教育改革发展作出了进一步部署。三年来,我省民办教育综合改革不断推进,并在一些方面取得了比较明显的进展。"该汇报材料重点列举了民办教育综合改革在以下几个方面的进展。

(1)在维护民办学校办学自主权方面取得一定进展。本着"能做的事先做起来"的思路,在全面梳理省级层面教育部门各项权限和政策的基础上,2012年6月,浙江省教育厅会同浙江省发改委、浙江省物价局研究制定了《关于进一步扩大民办高等学校办学自主权若干意见》。首先,该文件扩大了民办学校的招生计划编制权限:明确民办高校在确保基本办学条件前提下,自主制定年度招生总规模和分专业招生计划,自主确定招生范围和招生方式。其次,该文件扩大了民办学校的收费自主权:明确民办高校可自主选择本校当年专业总数 25% 以内的专业,在以基准价为基础的 50% 浮动幅度内自主制定具体学费标准。最后,该文件改革了民办学校的专业设置管理办法:明确民办高校在专业设置总数以内,可根据教育部修订的学科专业目录及设置管理办法,自主设置除国家和省控制布点外的专业,并自主确定专业方向。针对跨区域招生中出现的影响社会稳定问题,着眼于支持民办中小学规范发展,2012 年 7 月,浙江省教育厅研究制订了《关于做好民办中小学招生工作的通知》,通过省和设区市两级统筹安排,一方面切实帮助民办学校有序开展跨区域招生,另一方面有效防范因争抢生源影响社会稳定事件的发生。

（2）在落实教师社会保障待遇方面取得一定进展。2010 年,浙江省委、省政府制定的《浙江省中长期教育改革和发展规划纲要（2010—2020 年）》规定,"对符合任职条件的专任教师,都可以参照事业单位人员标准享受养老、医疗等社会保障"。为贯彻这一规定,2013 年,浙江省政府在《关于促进民办教育健康发展的意见》中对民办学校的教师管理、工资和社会保障待遇等方面提出了进一步要求。一是创新民办学校教师服务管理模式,对民办学校教师与公办学校教师要一视同仁。各地政府所属人才服务机构要积极做好民办学校教师的人事代理工作,为所属民办学校教师提供职称评聘、户口迁移、劳动关系衔接、社保关系转移等服务,方便教师合理流动;破除教师流动中的体制性障碍,进一步落实单位用人自主权,鼓励教师在公办学校和民办学校间相互有序流动。二是积极鼓励民办学校为教师建立年金等补充保险制度,进一步提高他们的退休待遇。民办学校教师在不同养老保险制度间转移养老保险关系的,其缴费年限可按规定连续计算。

目前,杭州、宁波、温州、绍兴、丽水等地已经分别出台了保障民办学校教师社保待遇的相关政策。杭州市规定,民办学校聘用的具有杭州市区户籍和国家规定任教资格,并在劳动年龄内、符合进入事业单位条件的教师,可参加市区机关事业单位职工基本养老保险。宁波市规定,实施学历教育和学前教育的民办学校,符合规定条件的,其聘用的具有中级以上专业技术职务的教师,可按规定参加事业单位职工基本养老保险;鼓励民办学校为教职工办理补充养老保险,提高民办学校教职工的退休待遇。宁波市还印发了《关于做好民办学校教师参加事业单位医疗保险有关工作的通知》,规定民办学校教师自 2012 年 5 月 1 日起纳入事业单位医疗补助统筹管理,与公办学校教师享受同等待遇。温州市规定,凡取得相应教师任职资格、参加人事代理、从事相应教育教学工作的民办学校教师,均按公办学校教师标准参加事业单位社会保险;参加事业单位社会保险的民办学校教师,享受与公办学校教师同等的退休工资、住房公积金、困难救助等待遇。

（3）在增进公共财政支持上取得一定进展。2013 年 9 月,《浙江省财政厅关于印发支持市县民办教育发展专项资金管理办法的通知》规定,从 2014 年起设立省级"支持市县民办教育发展专项资金",省财政综合各市、县财政投入民办教育情况、民办学校产出情况和民办教育发展状况三个因素对地方发展民办教育进行资金奖补。

近年来,浙江省不少地方都出台了发展民办教育财政支持政策。2011年宁波市出台的《民办教育发展专项资金使用管理办法》规定,从市财政性教育经费中安排民办教育发展专项资金,主要用于市属非营利性民办学校的补助以及对民办教育工作成绩突出的市(区、县)进行奖励。2011年温州市出台《关于公共财政补助民办教育的实施办法(试行)》,确定每年安排3 000万元作为温州市民办教育专项奖补资金,用于民办教育各项财政扶持项目支出,并要求各市(区、县)参照执行。2011年台州市出台《关于进一步加快改革 做优做强民办教育的若干意见》,明确市财政部门每年安排不少于2 200万元作为政府支持民办教育发展专项资金,且专项资金将随着财政收入的增长逐年增长;各市(区、县)也要建立政府专项资金,重点对优质民办学校进行扶持,包括对民办学校生均公用经费、学校采购的学生接送车等给予一定的财政补助。

(4) 在加强社会教育培训机构管理上取得一定进展。针对非学历教育培训市场中存在的突出问题,2011年浙江省教育厅会同工商、民政、公安、消防、税务等七部门研究制定《关于对社会非学历教育培训机构开展联合专项整治行动的通知》,按照"谁审批(登记)、谁负责"原则,重点对以中小学、幼儿园学生为服务对象的培训机构开展了为期一个月的专项整治行动。为建立专项管理机制,2010年12月浙江省教育厅、浙江省工商局联合印发《关于建立经营性非学历教育培训机构联合检查制度的通知》,以期从源头上加强管理与规范,促进教育培训机构更好发展。

(5) 在建立民办学校分类管理制度上进行了一些研究。温州市率先出台了《关于实施国家民办教育综合改革试点 加快教育改革与发展的若干意见》及一系列配套文件,规定非营利性的全日制民办学校按照民办事业单位法人进行登记管理,营利性的全日制民办学校按照企业法人进行登记管理;并分别针对营利性学校和非营利性学校,制定了相应的财政、税收、收费、土地、社保等配套政策。温州市还就《中华人民共和国民办教育促进法》提出的关于民办学校出资人可以获得合理回报的规定,建立了举办者奖励制度,即按照民办事业单位法人登记管理的民办学校,在扣除办学成本、预留发展基金以及提取其他有关费用后,在办学有结余的前提下,经学校决策机构研究决定,并报教育行政部门批准后,可从办学结余中提取一定比例的经费,用于奖励出资人。

(6) 在推进项目建设上取得一定进展。自2010年以来,根据浙江省政府统一部署,浙江省发改委会同浙江省教育厅、浙江省卫生厅,积极开展浙江省社会力量办学重点推介项目编报工作。目前,在各地上报的基础上,浙江省已筛选汇总形成了47个重点推介项目,包括幼儿园项目9个、小学项目9个、中学项目23个、大学项目6个,总投资约77亿元。

综合各方面情况分析,近年来浙江省民办教育的外延扩展已经趋缓,但在综合改革和改善政策环境方面仍在稳步推进,并取得了积极进展。[①]

---

① 浙江省地方教育政策创新非常活跃,除了浙江省政府和温州市出台促进民办教育发展相关政策,全省各地纷纷出台结合本地实际的规范性文件,在全国率先启动市、县两级民办教育发展规划。

## 三、浙江省民办教育面临的挑战

浙江省在中国民办教育发展史上曾经以政策环境宽松令全国民办教育界羡慕，在股份制办学①、教育券②、现代学校制度③、民办学校教师养老保障④等多个领域开拓创新，对全国民办教育产生了积极而持久的影响。但是，随着学龄人口的下降，在全省基础教育高普及率和公办学校办学条件持续改善的背景下，各地政府对民办教育进行了刚性规范。2019年以来，因学前教育、义务教育阶段民办学校政策环境调整，民间办学者有诸多困惑和忧虑，民间资金投资教育的信心不足。浙江省民办教育综合改革，曾经力图充分利用国家民办教育综合改革的战略机遇，创新民办教育发展模式，为提升民办教育治理能力、推进国家教育治理体系的现代化提供新的经验，为民办教育发展寻求新的制度空间。然而，受制于国家宏观政策变动的影响，浙江省民办教育综合改革在理念、体制和政策创新方面面临严峻挑战。

### （一）第一个挑战：政府能否树立正确的民办教育发展理念

《中华人民共和国民办教育促进法》第三条规定："民办教育事业属于公益性事业，是社会主义教育事业的组成部分。国家对民办教育实行积极鼓励、大力支持、正确引导、依法管理的方针。"第五条规定："民办学校与公办学校具有同等的法律地位，国家保障民办学校的办学自主权。国家保障民办学校举办者、校长、教职工和受教育者的合法权益。"但是，无论在浙江省还是全国，在现实的政策实践中，民办教育（民办学校举办者、校长、教职工和受教育者）的合法权益并没有得到完整有效的保障，以至于《国家中长期教育改革和发展规划纲要（2010—2020年）》不得不提出"清理和纠正对民办学校的各类歧视政策"的明确要求。虽然形成这种局面的原因很复杂，但政府有关部门没有树立发展民办教育的正确理念是产生上述问题的根源所在。全面贯彻落实"国家对民办教育实行积极鼓励、大力支持、正确引导、依法管理的方针"，需要以下三个核心理念的支撑。

---

① 股份制办学有两种典型模式：①学校层面的股份制，即多个出资人均以举办者身份直接参与办学；②公司层面的股份制，即多个出资人成立股份公司，公司成为学校的单一举办者。前一种模式以温州民办学校为代表，后一种模式以台州民办学校为代表。

② 2001年，浙江长兴在全国率先借鉴"美国教育凭证制度"对民办学校和职业学校学生发放可以抵扣学费的"教育券"，在全国教育界引发了广泛持久的讨论和政策实践。

③ 2001年，浙江台州椒江区教育局在"教育股份制"实践的基础上，借鉴现代企业制度的合理内核，在全国率先开展由政府推动的现代学校制度实践，成为其后由教育部主持的基础教育阶段现代学校制度理论与实验探索课题的重要思想来源和当前现代学校制度建设核心理念的滥觞。

④ 浙江是全国最早对民办学校教师提供参加事业单位养老保障并对学校缴纳的社会统筹部分提供财政资助的省份，这对于稳定民办学校教师发挥了重要作用。详见《杭州市劳动和社会保障局 杭州市财政局 杭州市教育局 杭州市人事局关于杭州市区民办学校教师参加机关事业单位职工基本养老保险的实施办法》（杭劳社险〔2005〕19号）和浙江省宁波市人民政府发布的《关于贯彻实施〈宁波市民办教育促进条例〉的若干规定》（甬政发〔2007〕58号）。

### 1. 学生教育权利平等

公办学校和民办学校因举办者（出资人）不同而身份有别，并在此基础上形成了两种不同的管理体制和运行机制。但是，学校身份不同并不应该影响学生的权利，无论是公办学校的学生还是民办学校的学生，他们的受教育的权利是平等的，必须给予同样保障。

### 2. 学校教育功能相同

有了第一个核心理念还不够，因为有人错误地认为公办学校是自己人，民办学校是异己。这就像经济领域曾经发生的"资社之辩"。实际上，无论公办学校还是民办学校贯彻的都是党和国家的教育方针，弘扬的都是社会主义核心价值观，发挥的都是教书育人的功能，为社会提供的都是同样的公共教育服务，都是公共教育的组成部分。当然，它们之间也有区别，首先是举办者不同，民办学校的举办者是"国家机构以外的社会组织或者个人"，公办学校的举办者是政府；其次是运行机制不同，民办学校更加重视市场机制，直接反映老百姓多样化的教育需要。但是，公办学校和民办学校之间存在的这些区别并没有影响他们遵循同样的基本职责——教书育人，它们在教育的微观层面都要受教育规律的制约。家长（学生）选择学校，起决定作用的不是公办还是民办，而是学校能否提供他们需要的教育。因此，政府优先考虑的不应该是办多少公办学校还是民办学校，而是如何办更多的优质学校。

### 3. 公办教育、民办教育应该一视同仁

有了上面两点认识，政府没有理由歧视民办教育，社会也没有理由歧视民办教育。在这个基础上，政府才能超越公办学校和民办学校的身份差异，按照学校的社会贡献制定统一的绩效评价和公共资源配置规则。例如，对于义务教育阶段的民办学校，只要他们为社会提供了义务教育产品（服务），就应该由各级财政拨付一定比例的生均经费（《中华人民共和国义务教育法》第四十二条规定："国家将义务教育全面纳入财政保障范围，义务教育经费由国务院和地方各级人民政府依照本法规定予以保障。"），而不是有的地方目前所实施的只拨付生均公用经费和"两免一补"的政策。

## （二）第二个挑战：政府能否转变对教育的管理模式

改革开放四十多年来，我国社会各领域都发生了深刻的市场取向变革，从而极大地释放出个体和社会组织的创新活力。但是，四十年多来政府的教育管理模式改革相对缓慢，滞后于我国社会的市场化进程，其突出表现就是学校的办学自主权得不到充分落实。在这种宏观制度背景下，民办学校很难坚持自己的教育理念和改革精神，与公办学校的趋同现象日益严重，导致人们不断质疑民办教育存在的必要性与合理性。浙江省民办教育要想真正承担起综合改革的历史责任，并在目前的发展水平上再上一层楼，只有通过系统的制度创新落实和保障学校的办学自主权，使民办教育对社会和教育发展的独特价值得到充分彰显。①

---

① 对于学校抱怨缺乏比如办学自主权，地方教育行政部门也有自己的苦衷，因为落实学校办学自主权所必需的诸多权限并不在地方教育部门手里。例如，比如专业设置、高校招生计划等在教育部，人事任免在组织部门，收费定价在物价部门，财政资助在财政和税务部门，编制管理在机构编制委员会办公室，学术自由在宣传部门，等等。

### （三）第三个挑战：民办教育能否在新旧两种分类管理体系之间实现平稳过渡

从 2016 年 11 月 7 日中共十二届全国人大常委会第二十四次会议通过《中华人民共和国民办教育促进法》修订决定算起，至今已经过了四年多时间。从《浙江省人民政府关于鼓励社会力量兴办教育促进民办教育健康发展的实施意见》（浙政发〔2017〕48 号）发布至今，也已经过了三年多时间。在此期间，虽然浙江省教育厅、浙江省财政厅、浙江省委机构编制委员会等部门相继出台了《现有民办学校变更登记类型实施办法》（浙教计〔2018〕28 号）、《落实民办学校办学自主权实施办法》（浙教计〔2018〕22 号）、《民办学校信息公开和信用管理办法》（浙教计〔2018〕20 号）、《加强民办学校教师队伍建设实施办法》（浙教人〔2018〕32 号）、《民办学校财务清算办法》（浙财资产〔2018〕26 号）、《公共财政扶持民办教育实施办法》（浙财科教〔2018〕7 号）、《民办学校财务管理办法》（浙财科教〔2018〕7 号）7 个配套文件，但在实践层面上，民办学校"分类管理"新政推进依旧缓慢。例如，《中华人民共和国民办教育促进法实施条例》直至 2021 年 5 月才修订完成；关于现有民办学校"营非选择"的相关政策也迟迟不明确。目前，距民办学校"营非选择"缓冲期还有一年多时间，浙江省现有民办学校能否在设定的期限（2022 年年底）内顺利完成转设，对浙江省各级政府教育行政部门和民办学校举办者都是一个巨大的考验。①

## 四、浙江省民办教育发展展望

2010—2020 年，浙江省民办教育在浙江省教育总量中的占比一直稳定在 25% 左右，这也是由供需关系形成的动态平衡位置。但是，2018 年以来，随着国家民办教育宏观政策的变动，区域民办教育政策环境发生了重大变化，原来的平衡被打破。因此，重建浙江省民办教育新的平衡位置，将会成为今后市场和政策博弈的核心主题。在下一个十年，减少动荡、保持稳定将会成为民办教育发展的主基调。由于当前一些政策变动已经改变了民办教育发展的原有轨道，下一步的发展变化只能从以下几个方面去观察。

### （一）关注宏观政策的变动

《中华人民共和国民办教育促进法实施条例》的修订几经波折，直至 2021 年 5 月才完成并公布，甚至在 2020 年还被重新列入国务院立法计划，说明原来 2018 通过教育部公开征求意见（4 月 20 日）、司法部送审稿（8 月 10 日）以及 2018 年 11 月底提交国务院常务会议审议的终审稿面临重大或重要修改，其中的关键是对民办教育在国家教育发

---

① 浙江省目前同时并存对民办学校的两种分类管理体系：一是由《中华人民共和国民办教育促进法》规定的"要求取得合理回报与不要求取得合理回报"的法定分类体系；二是由浙江省和温州市在民办教育综合改革背景下设计的"营利性和非营利性"试点分类体系。国家有关部门在《关于进一步鼓励社会力量参与办学的若干意见》中发布了与前两种都不同的"国际标准分类体系"。

展中战略地位的理解和《中华人民共和国民办教育促进法》明确规定的"国家保障民办学校办学自主权"做出怎样的法律规定，这关系到民办教育今后的宏观政策环境是稳定、倒退还是改善。

列入全国人大"十四五"立法规划的《中华人民共和国学前教育法》是另一个对民办教育未来发展会产生长远影响的立法事项。从《中华人民共和国学前教育法草案（征求意见稿）》来看，尽管第五条规定了"凡是具有中华人民共和国国籍的适龄儿童，不分性别、民族、种族、家庭财产状况、宗教信仰等，依法享有平等接受学前教育的权利"。但在其他条款中，却对民办幼儿园和公办幼儿园的权利进行了区别设置；在民办幼儿园中，又将营利性幼儿园排除在普惠性幼儿园之外，凡此种种，都值得深入讨论和慎重思考。

## （二）拓展地方政策空间

宏观政策与国家法律划定了民办教育的发展边界，而在边界之内，地方政策仍然有充分的创新空间。例如，民办教育面临制度性歧视是一种全国现象，浙江省在这方面做得好一点，但仍然没有找到彻底解决此类问题的对策。要彻底解决民办教育面临的制度性歧视，可以在"学生权利平等"和"学校功能相同"的理念认同基础上建立"公共教育财政资金分配政策"——教育凭证制度。在这个基础上建立以学生人数为基准的公共资源配置框架，最大限度地淡化公办学校和民办学校的所有制区别，无论公办民办一律按学生人数配置公共教育资源。在目前的法律框架内，这可能是保障民办学校与公办学校同等法律地位的一种良策设计，可以同时实现公平、效率、选择性三大政策目标，极大地推进政府教育治理能力和治理水平的现代化。

## （三）保障民办学校办学自主权

民办教育是市场经济的产物，没有市场经济，就没有民办教育，限制民办学校利用市场机制自主办学，民办学校就不能有效发挥其体制机制优势。近年来，我国政府在各个领域深化市场取向的改革，进一步简政放权，激发民间创新创业活力，取得积极成效。今后，相关部门应该尽量减少对学校微观事务的干预，专注于制度建设和公共服务，凡是市场机制能有效调节的学校办学行为，应由学校自主决策，形成权责明确、预期稳定的激励与约束机制，充分发挥市场在资源配置中的决定性作用。

## （四）依法治教任重道远

当前，国际国内形势错综复杂，发展民办教育是国家教育战略的重要组成部分，促进民办教育健康发展，对提升国家教育竞争力至关重要。政府、举办者、学校管理者都应牢固树立依法治教的理念，在下一个十年开辟浙江省民办教育未来发展的新局面。

# 安徽省民办教育发展报告

安徽是我国最早产生私学的地区之一,早在春秋时期,道家学派的代表人物老子就曾在安徽境内讲学。20 世纪 80 年代,伴随着我国民办教育的复苏与发展,安徽民办教育获得长足发展。在"十二五"和"十三五"时期,安徽省积极响应国家关于民办教育发展的各项法律法规和政策文件精神,大力支持民办教育的健康发展。同时,民办教育以其自身灵活的办学体制、运行机制,迸发出旺盛的生命力,发展速度和质量均取得了较大提升。

## 一、安徽省民办教育事业发展综述

据统计,截至 2019 年年底,安徽省各级各类民办学校(教育机构)共计 7 052 所,招生数 121.08 万人,在校生 298.79 万人,拥有专任教师 14.52 万人,教职工 22.43 万人。如表 1 所示,安徽省 2019 年全省民办学校数、招生数和教职工数均占到了全省的 1/3 以上。

表 1 2019 年安徽省民办教育占比情况表

| 类型 | 民办数量 | 全省数量 | 民办占比 |
| --- | --- | --- | --- |
| 学校数(所) | 7 052 | 21 863 | 32.26% |
| 招生数(人) | 1 210 793 | 3 605 145 | 33.59% |
| 在校生数(人) | 2 987 906 | 12 443 704 | 24.01% |
| 专任教师数(人) | 145 153 | 830 825 | 17.47% |
| 教职工数(人) | 224 304 | 692 607 | 32.39% |

本报告结合 2010—2019 年《安徽省教育事业统计资料及分析》公布的相关数据,对安徽省近 10 年的各级各类民办教育的发展情况进行分析,揭示其发展特点与趋势。

### (一)发展规模稳步增长

1. 学校规模

近 10 年来,安徽省民办教育事业呈现蓬勃发展的态势。如图 1 所示,各级各类民办学校从 2010 年的 3 857 所增长至 2019 年的 7 052 所,数量呈现逐年增长趋势,整体增长率高达 82.83%。

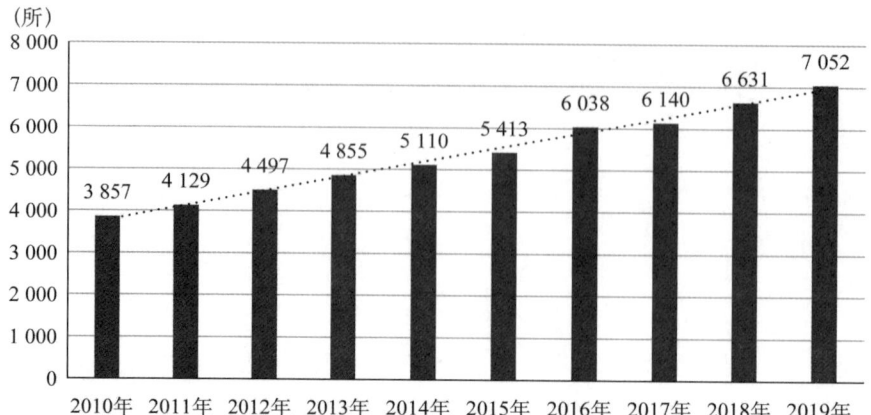

图1　2010—2019年安徽省民办学校数量

　　安徽省各级各类民办学校数量占比情况由高到低依次为幼儿园、普通初中、普通高中、小学、成人技术培训机构、高校、特殊教育机构。民办幼儿园数量占比居于首位，以2010年和2019年为例，其占比分别达75.68%、81.69%。

　　从2010—2019年安徽省各类民办学校的增长率来看，如图2所示，增长幅度最高的是成人技术培训机构，增长率高达293.94%，因其需求量大，在近10年内发展势头迅猛。而办学规范要求较高的普通民办学校（幼儿园、中小学、高校）增长幅度表现则较为平稳。

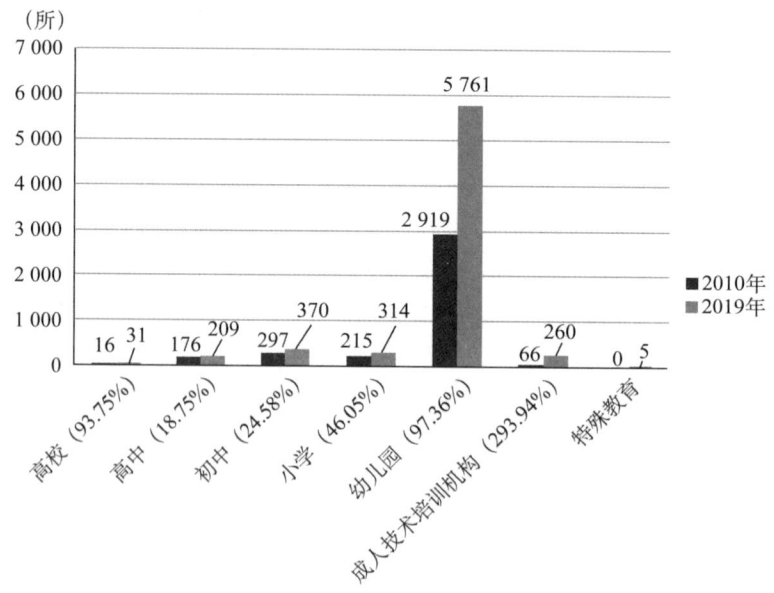

图2　2010年与2019年安徽省各类民办学校数对比

注：括号内百分比数值为各类学校增长率。

### 2. 学生规模

2010—2019年，随着民办学校数量的增加，民办学校学生规模也不断扩大，招生数从

2010 年的 58.95 万人增长至 2019 年的 97.48 万人,增长率为 65.36%,在校生数从 2010 年的 156.34 万人增长至 2019 年的 298.79 万人,增长率为 91.12%。如图 3 所示,民办学校学生规模整体呈现上升趋势。

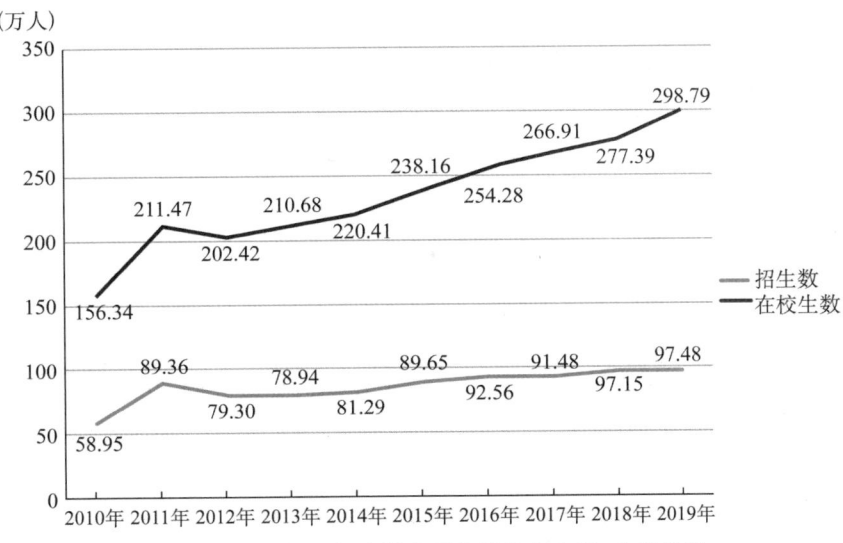

**图 3　2010—2019 年安徽省民办学校招生数、在校生数**

具体来看,安徽省各类民办学校在校生规模增长速度也存在一定差异。其中,安徽省基础教育阶段民办学校在校生规模增长情况较为突出。如图 4 所示,从 2010 年至 2019 年,增长率最高的是民办幼儿园(166.36%),是安徽省民办学校中最活跃的部分。紧随其后的民办高中(120.61%)、民办小学(119.78%)的在校生人数也实现了约 2 倍的增长。

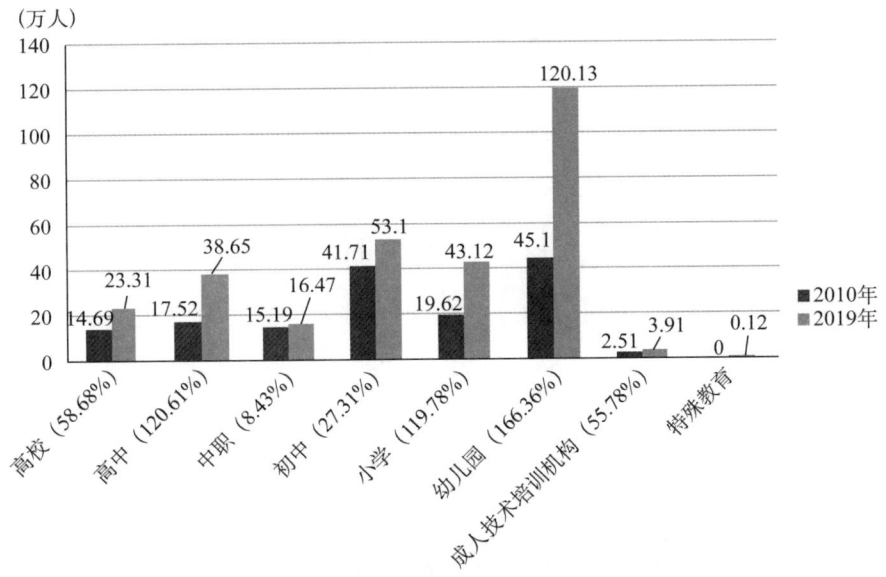

**图 4　2010 年与 2019 年安徽省各类民办学校在校生数对比**

注:括号内百分比数值为各类学校在校生数增长率。

### 3. 教师规模

近 10 年来,民办学校教师规模同样也呈现逐步上升的趋势。如图 5 所示,专任教师人数从 2010 年的 6.74 万人增长至 2019 年的 14.52 万人,总体增长率高达 115.43%。

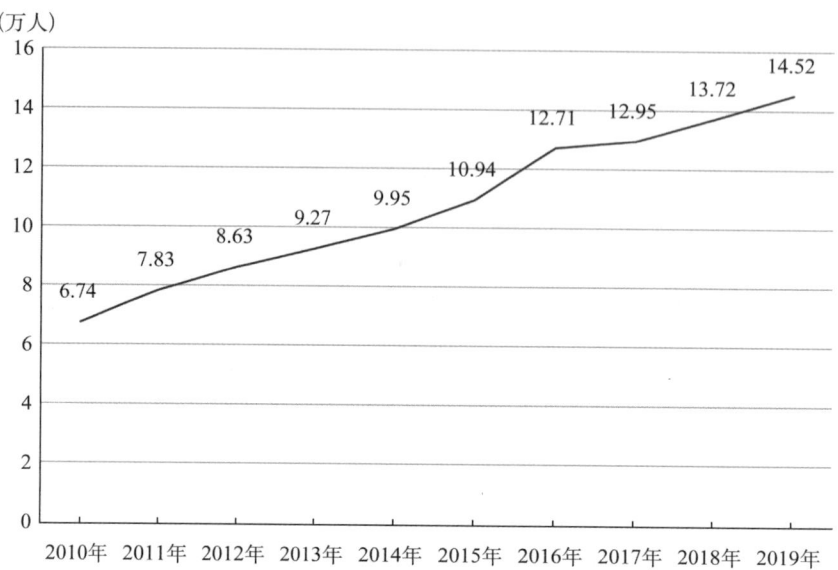

**图 5　2010—2019 年安徽省民办学校专任教师数**

在各级各类民办学校专任教师人数的增长过程中,如图 6 所示,民办幼儿园专任教师数从 2010 年的 1.99 万人增长至 2019 年的 6.40 万人,增长率达 221.61%,其后增长较为

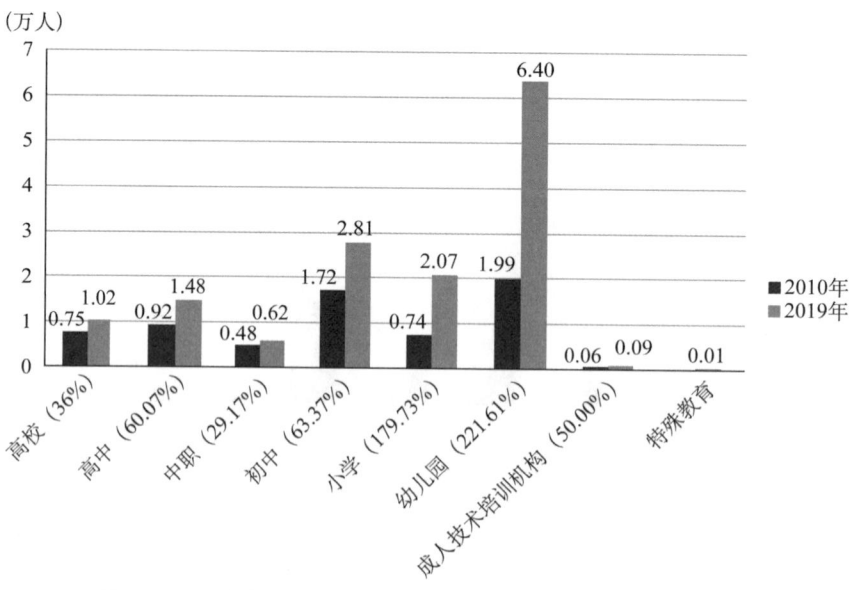

**图 6　2010 年与 2019 年安徽省各类民办学校专任教师数对比**

注:括号内百分比数值为各类学校任教师数增长率。

突出的是小学（179.73%）、初中（63.37%）、高中（60.07%）和成人技术培训机构（50.00%）。由此可见,民办幼儿园专任教师人数在几类民办学校中增长率最高,民办小学专任教师人数的增长幅度也较为突出。

结合以上各类数据的分析,安徽省各类民办学校的发展速度呈现出一定差异性。其中比较突出的特点表现为,民办幼儿园发展势头迅猛,民办中小学发展较为平稳。值得注意的是,民办成人培训机构在近10年发展迅速,成为社会资本快速涌入的"洼地"。

## （二）发展贡献日益凸显

"十三五"以来,安徽省遵循"积极鼓励、大力支持、正确引导、依法管理"的方针,不断加强支持力度,构建起从学前教育到高等教育、从学历教育到非学历教育全覆盖的民办教育办学体系,按照分类管理、分类扶持的原则,不断支持和规范安徽省民办教育健康发展。

**1. 政府扶持措施日益完善**

1）积极营造良好发展环境

安徽省先后出台《安徽省人民政府关于鼓励和引导民间投资健康发展的实施意见》《安徽省教育现代化2035》《关于大力发展民营经济的意见》《安徽省人民政府关于加快发展现代职业教育的实施意见》等文件,在资金、项目、审批等方面出台了一系列优惠政策,为民办学校发展营造了良好环境,有效提升了社会资本投入办学的积极性。

2）大力支持民办学校教师队伍建设

《安徽省人民政府关于加强教师队伍建设的意见》《安徽省人民政府关于鼓励社会力量兴办教育促进民办教育健康发展的若干意见》都明确提出保障民办教师权益,鼓励公办教师到民办学校任教;民办高校教师职称按标准评审,不受指标限制;民办高校教师培训、科研项目申报均与公办高校教师一视同仁;对民办学校教职工在不同养老保险制度间转移养老保险关系的,缴费年限可按规定连续计算等。

3）不断加大财政支持力度

"十三五"以来,安徽省财政通过专项划拨、困难补助、学费减免、助学贷款、奖助学金等形式共投入资金近46亿元,为民办学校内涵建设提供了财力支撑。合肥、芜湖、马鞍山等市都专门设立了民办教育发展专项资金。

4）逐步落实办学自主权

保障民办高校专业设置自主权,拓宽民办学校办学筹资渠道,开展放开营利性民办学校收费和非营利性民办高校、民办中等职业学校收费自主定价试点工作。

**2. 办学规模稳步增长**

由上文数据图表分析可见,截至2019年年底,安徽省各级各类民办学校数同比2010年增长达82.83%,占全省学校总数的32.26%;在校生人数增长达91.12%,占全省在校生总数的24.01%;专任教师人数增长达115.43%,占全省专任教师总数的17.47%。不断增长的办学规模,彰显出安徽省民办教育发展的强劲力量。

### 3. 教育教学质量不断提高

在规模逐步扩大的同时，安徽省民办学校逐步将发展重点放在内涵发展和提高质量上，办学条件持续改善，教师队伍素质显著提升，人才培养模式不断创新，整体办学水平明显提高，涌现出了一批中学如寿春中学，民办本科高校如安徽新华学院等办学条件好、特色鲜明、教育质量较高、具有良好社会声誉的民办学校，带动了全省民办教育整体水平的提高。

### 4. 社会贡献度明显提升

安徽省民办教育不断完善主体多元化、形式多样化的办学格局，已经形成了覆盖学前教育到高等教育各学段、包含学历教育到技能培训各种办学类型，丰富多样，活力迸发的生动局面，不仅扩大了教育资源供给，满足了人民群众选择性的教育需求，更有力助推了教育体制机制的改革创新，成为安徽省教育事业发展的重要增长点和教育改革发展的重要推动力，社会贡献度不断提升。

1）缓解政府财政压力

根据安徽省民办普通高校 2014—2018 年全日制在校生累计数测算，参照公办普通高校生均拨款标准，仅此一项，"十三五"时期就为财政节约教育经费约 100 亿元。

2）促进社会经济增长

截至 2018 年年底，安徽省民办高校固定资产总额 63.47 亿元，占地面积 12 936.76 亩*，校舍建筑面积 352.7 万平方米，图书 1 046.76 万册，民办高校大规模的校园建设和固定资产投资，拉大了城市框架。另外，逾 20 万民办高等教育在校生强力拉动了经济内需，拉动了安徽省相关产业的发展。民办学校每年提供近 20 万个就业岗位，促进了地方经济的增长。

3）培养大批技能型人才

"十三五"时期，安徽省民办高校共培养技术技能型人才 29.3 万人，为地方经济社会发展提供了大批应用型、技能型的人才和智力支撑。

## 二、安徽省民办教育发展面临的问题

新时代背景下，安徽省民办教育的发展也面临一些问题和挑战。这些问题和挑战，有来自社会的外部因素，也有来自民办教育自身的内部因素。

### （一）来自社会的外部问题与挑战

#### 1. 大众认知偏差，影响民办教育的整体发展与进步

早期民办教育的发展是建立在"补充论"的基础之上，办学的主要目的是增加教育机会。在这种背景下，作为"补充"性质的民办教育在较长一段时期内被评价为"三不像"，既不像企业，又不像机构，也不像事业。近年来，随着政策及市场等因素的影响，民办教育获得了长足发展。2016 年《国务院关于鼓励社会力量兴办教育 促进民办教育健康发展的若

---

* 1亩≈666.67平方米。

干意见》中提出"作为社会力量兴办教育主要形式的民办教育……已经成为社会主义教育事业的重要组成部分"。这些都明确地说明了民办教育的作用日趋明显。

专栏1

### 专家观点:民办教育发展"选择论"

浙江大学吴华教授提出:进入 21 世纪以后,公办教育在数量上得到比较充分的发展,特别在义务教育领域,民办教育发展找到了新的理论——"选择论"[①]。"民办教育仅用了 1% 的财政性教育经费,却为社会提供了 20% 的公共教育服务。"[②]

此外,从发展规模上看,结合《2019 年全国教育事业发展统计公报》,各级各类民办学校共有 19.15 万所,占全国普通高校总数的 36.13%;在校生达 5 616.61 万人,占全国各类学校在学总规模的 24.63%。[③] 以民办高校为例,如图 7、图 8 所示,2010—2019 年,全国民办高校数量增长了 11.98%,民办高校在校生数量增长了 48.70%。由此可见,民办高等教育在一定程度上扩大了教育供给,为群众提供了更多的接受高等教育的机会。

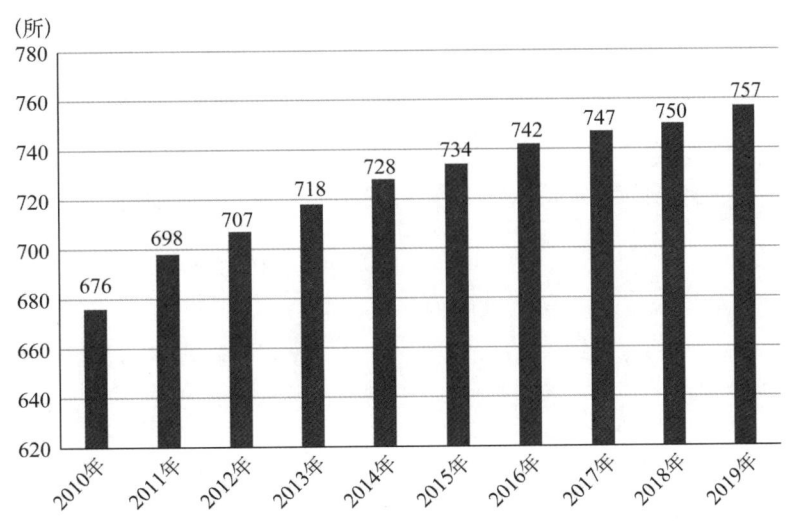

**图 7　2010—2019 年我国民办高校数量**

---

① 吴华.我国民办教育的发展动力和独特贡献回望[EB/OL].(2020-01-10)[2021-03-08].https://www.sohu.com/a/365967005_372497.

② 吴华.民办教育缘何优于公办教育[EB/OL].(2019-03-27)[2021-03-08]. https://www.sohu.com/a/304097202_379440?_f=index_chan25news_251.

③ 教育部.2019 年全国教育事业发展统计公报[EB/OL].(2020-05-20)[2021-03-08]. http://www.moe.gov.cn/jyb_sjzl/sjzl_fztjgb/202005/t20200520_456751.html.

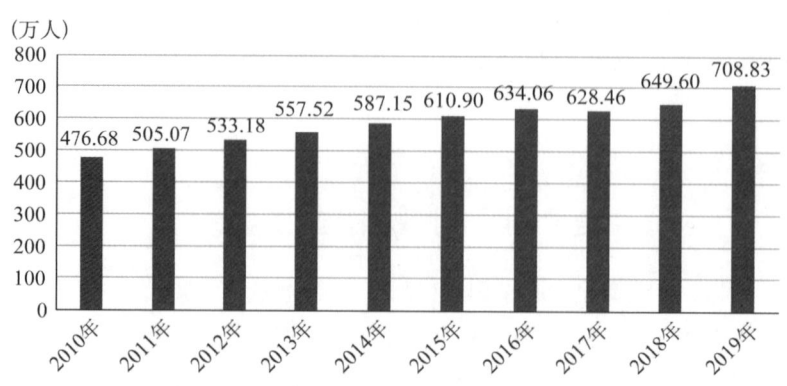

图8　2010—2019年我国民办高校在校生数

随着民办教育作用日益彰显，仍有一些人（包括部分家长、教师和学生）难以正确认识民办教育与公办教育的关系，对民办教育的作用和价值存在着质疑，不能正确看待发展中的民办教育，这种认知的偏差在一定程度上影响了民办教育稳定和健康发展。

2. 学龄人口减少，生源不足问题显现

生源问题一直是民办教育发展的重点关注对象，持续稳定的生源是民办教育发展的重要保障。结合有关专家的调查研究及安徽省新生人口的数据分析，未来学龄人口总体上呈现波动式下降趋势，对民办教育的生源势必产生一定影响。

**专栏2**

### 专家观点：学龄人口总量将波动状地进入持续负增长

华东师范大学人文与社会科学学院院长吴瑞君教授在2019年中国教育发展论坛上发布的《中国学龄人口增长变化趋势的区域差异与教育资源优化配置》报告中提出：在我国"低生育、老龄化、城镇化、高流动"的人口背景下，未来我国受教育人口数量总体呈波动下降态势，学龄人口总量将波动状地进入持续负增长。①

以安徽省2015—2019年新生人口变化数据为例，即使在2015年国家已经开始全面实施二孩政策的背景下，之后的五年安徽省新生人口数总体上还是呈现出波动式下降的趋势。如图9所示，2017年为全省新生人口数上升的拐点，随后新生人口数便持续下降至全面二孩政策实施前的水平。安徽省作为人口大省，其新生人口变化呈现波动下降的趋势导致的生源减少，必然对民办教育的生存与发展产生一定的负面影响。

---

① 吴瑞君.中国学龄人口增长变化趋势的区域差异与教育资源优化配置[EB/OL].(2019-05-16)[2020-04-09].https://www.sohu.com/a/314504152_387177.

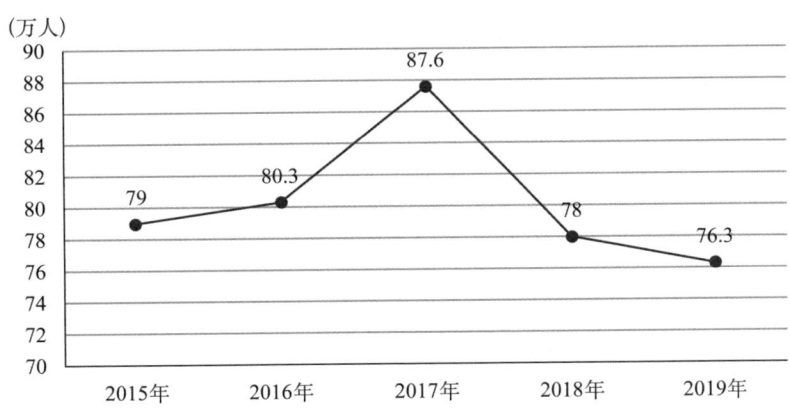

（万人）

图9　2015—2019年安徽省新生人口变化趋势图

3. 民办学校法人属性界定模糊，民办教育的可持续发展不足

目前，我国民办学校仍在民政部门登记为"民办非企业单位"，既非事业单位，也非企业单位。现实中，"民办非企业单位"的法人定位，让民办学校遭遇身份尴尬。一方面因为不是企业，故很难做到真正的自主办学、自我管理、自求发展；另一方面又因不是事业单位，故难以享有与公办学校同等的法律地位及其他待遇。① 因受民办学校法人属性不清的困扰，目前，绝大多数民办学校教师的身份及相关待遇，不能与公办学校教师享有同等权利，这种"二元制"已经成为影响民办学校教师队伍建设的瓶颈因素，整个民办教育难以吸引高层次人才，导致民办教育发展后劲乏力。安徽省民办教育发展也面临同样的困扰，法人界定的属性不清晰，已成为制约民办学校发展重要因素。

4. 配套政策有待完善，扶持政策有待落实

近年来，国家对民办教育的支持力度已经逐渐加大，民办教育的发展规模与速度都获得了较快提升，但涉及民办教育管理、发展等方面的政策仍需要进一步完善。在政策扶持方面，现已出台的有关于民办教育的法律、法规的条款仍需增强可操作性。国家政策中对于民办学校的扶持受益率低于顶层设计的理想程度，特别是对民办学校征地、基建、税收、水电等方面的优惠政策还没有完全落实到位。相关政策的不完善，政策落实与实施路径的不明确，都使得民办教育的发展面临一些困难。

5. 办学自主权尚未得到有效保障，制约了民办教育的优势发挥

目前，民办学校在专业课程设置、教育教学管理、招生收费、考核评估等方面，限制性仍然较多，办学体制的创新不足，办学自主权的空间有限，制约了民办学校的体制优势和内生动力的发挥，部分学校存在着低水平建设和同质化竞争，学科专业缺乏特色，教育教学质量不高，比较优势和核心竞争力不够彰显。

以民办学校自主招生权来说，实施高等学历教育的民办高校的招生仍采用计划方式，

① 董圣足：民办学校分类管理的制度构架：国际比较的视角[J].教育发展研究，2013(9)：14.

招生权受到一定限制，削弱了民办高校的生源基础，减少了合理的办学收入，同时也不利于民办高校挑选培养对象，塑造特色人才，影响其健康发展。① 在基础教育阶段，民办学校的招生自主权也同样受到限制。教育部发布的《关于做好2019年普通中小学招生入学工作的通知》，规定民办不得跨区域招生、严禁面试等，更是引发了部分民办中小学的焦虑。

因此，有效保障民办学校的办学自主权，促进民办学校体制机制的优势发挥，还需要全社会的重视和努力。

## （二）来自民办教育内部的问题与挑战

### 1. 民办学校办学水平不均衡

目前，安徽省民办教育的办学水平整体较高，但仍然存在良莠不齐、两极分化等问题，绝大部分民办学校规范办学，不断加大办学投入，注重办学质量的提高，实现了学校的良性发展；但也有一小部分学校发展定位不清晰，缺乏战略远见，不注重内涵建设，制约着学校的健康发展。

### 2. 内部治理的科学性与规范性不足

在内部治理方面，民办学校以董（理）事会为核心的法人治理结构仍需要进一步完善，民主与监督机制仍需要进一步强化，管理体制有待进一步健全。同时，一些民办学校缺乏高水平管理队伍，管理经验尚未成熟，个别民办学校还存在财务资产管理不规范、法人财产权落实不到位等问题。

### 3. 民办教育的经费来源较为单一

教育作为一种准公共产品，具有正外部效应，个人、社会和国家均能从中获益。《国家中长期教育改革和发展规划纲要（2010—2020年）》中明确指出："健全公共财政对民办教育的扶持政策。"但是，由于教育预算紧张，目前财政对于民办教育的投入较少。

**专栏3**

**专家观点：民办学校经费来源单一，"以学养学"特点突出**

全国人大代表、江西蓝天学院董事长于果曾提出：目前民办学校经费来源较为单一，主要靠收取学生的学费来维持学校的正常运转，走"以学养学"的道路。②

这种经费供应渠道会因生源数量变化而变得不稳定，给民办学校财务的预算、计划与分配带来困难，影响学校的正常运转。从目前的实际情况来看，安徽省大多数民办学校的

---

① 李晓康.论我国民办高校办学自主权的落实[J].现代教育管理,2009(6):99-100.
② 文滨.为了民办教育健康发展[EB/OL].(2008-03-05)[2021-04-12]. https://www.jxnews.com.cn/jxrb/system/2008/03/05/002693110.shtml.

举办方基本上都是企业,多数民办学校属于"公司办学",其办学经费仍然主要来源于学费,"以学养学"发展路径明显。政府虽采取多种措施为民办教育排忧解难,但缺乏类似财政"生均经费"的支持,使得民办学校的发展依然会受到经费投入不足的困扰,影响着民办学校的长远发展。可以说,资金短缺是目前安徽省民办高校存在的较为普遍的问题。[①]

4. 办学同质化问题相对突出

目前,民办教育办学同质化问题主要表现在两个方面:一是在办学机构的设置上,大部分民办学校设置相近或相同,发展创新力展现不足;二是在人才培养目标与方案上存在趋同现象。

据统计,安徽省现有 31 所民办高校(其中民办本科及独立学院 15 所,民办专科 16 所)。调研结果显示,约有一半以上的民办高校的学科门类和专业设置集中在工学、管理学、经济学等学科和英语、计算机、市场营销、会计等专业,同质化发展问题较为突出,办学特色不够鲜明。

5. 教师队伍建设相对滞后

北京师范大学中国教育与社会发展研究院助理研究员景安磊在研究中指出:纵观改革开放 40 年发展历程,民办教育规模不断发展壮大,与之形成鲜明对比的是民办学校教师队伍建设相对滞后,尤其是民办学校教师社会地位不高、待遇保障不足、职称评聘不畅、专业发展受限等问题未能从根本上解决,成为制约民办教育可持续健康发展的瓶颈。[②] 同样,安徽省民办教育的教师队伍及建设发展也依然存在数量不足,流动性大,稳定性不强,社会保障不到位,总体素质不尽人意等问题。

在民办学校的教师规模上,结合近 10 年安徽省民办学校专任教师数增长率来看(115.43%,前文统计数据),总体呈现出逐步上升的趋势。但由于民办高校受办学成本、社会认可度、人事职称等因素的限制,导致兼职教师多、专职教师少、专任教师数量不足的问题依然存在。有调查研究发现,安徽省民办高校的专职教师和兼职教师的比例接近 3∶1。其次,师资队伍稳定性低,结构失衡。尽管这几年民办高校的师资短缺的现象得到了一些缓解,但公立高校退休教师和应届高校毕业生依然是民办高校教师队伍的主体,呈现"哑铃型"的结构,即退休老教师多、年轻且缺乏教学经验的教师多,师资结构存在不合理现象。民办学校师资队伍建设力度和质量有待进一步提升。

## 三、发展对策与建议

面对来自社会的外部问题与自身发展的内部问题,安徽省民办教育的发展需要社会、政府、学校各方面力量的共同参与、相互配合,形成合力,才能实现更好更快的发展。

---

① 金仲夏.安徽民办高等教育发展研究[D].合肥:安徽大学,2010.
② 景安磊.民办学校高素质师资队伍建设面临的困境及其应对策略[EB/OL].(2019-04-30)[2021-04-16].
https://www.sohu.com/a/311253829_379440.2019-04-30.

## （一）社会层面：汇聚各方力量，改善民办教育的社会认可

目前，社会各界对民办教育的认可度虽有所提高，但仍然存在局限性。因此，积极引导与改善对民办教育的认知，合理正确地评价民办教育的发展，是促进民办教育健康发展的重要方面。

目前民办高校主要由社会力量兴办，需要各类研究、评估等行业和社会组织为民办教育的发展提供智库支持。第一类是集应用研究和基础研究为一体的决策咨询型科研组织。这类组织以研究民办教育发展规律、创设中国特色民办教育基本理论为主要目的。第二类是集评估和鉴定为一体的教育专业型服务组织。加快政府对民办高校管理、办学和评价三方的管办评分离，为民办高校提供独立的评估和鉴定，并定期将评估结果向社会公布，以引导社会和家长对民办高校的客观评价和正确认知，提高民办高校的办学质量。第三类是民办教育行业组织。各级民办教育协会要充分发挥自身的优势，加强调研，当好政府的参谋，发挥桥梁作用，加强政府与学校之间、学校与学校之间的沟通。要立足加强民办学校自身建设，维护民办高校的合法权益，加强自律，坚定信心，大胆创新，帮助民办高校排忧解难，推动民办高校更好更快发展。例如，安徽省民办教育协会自成立以来，在促进本省民办教育相关政策的制定、落实，加强民办教育交流与发展等方面都发挥了积极的作用。

针对性地开展关于民办教育的各类评估与专项研究，为民办教育争取更有利于其发展的政策支持与市场环境，形成对民办教育的合理评价，实现良性发展，是改善社会公众对民办教育认可度的重要途径。

## （二）政府层面：加强引导支持，促进民办教育科学发展

1. 在发展上大力引导

1）在发展战略上积极鼓励社会力量办学

确立鼓励社会力量办学是长远大计，逐步形成政府主导、社会参与、公办教育与民办教育协调发展的格局。只有从战略层面坚持"两条腿"走路，始终做到公办、民办教育一起抓、两手硬，才能办好人民满意的教育，更好地满足人民群众日益增长的教育需求。

2）在发展思路上充分肯定及支持民办教育的公益性办学导向

在合理定位和监管之下，民办教育只要依法、规范办学，只要办出了政府放心、人民满意的教育，都应得到尊重、鼓励和支持。同时进一步明确落实民办教育的公益属性。《国家中长期教育改革和发展规划纲要（2010—2020 年）》第十条指出："大力支持民办教育。民办教育是教育事业发展的重要增长点和促进教育改革的重要力量。各级政府要支持民办教育发展，鼓励民办学校办出特色，办出水平。"因此，公益性本身并不会因营利性或非营利性而发生变化。民办教育不管营利性或非营利性，政府都需要在政策法规的层面真正落实和体现对民办教育公益属性的保障。

3）在发展手段上更加注重运用法治思维和经济杠杆

在更好地发挥政府制度供给和规划引领作用的同时，注重发挥市场在教育资源配置

中的基础性作用,进一步完善有利于民办教育发展的制度体系,建立健全相应的配套措施,鼓励和吸引更多民间资本投入教育领域,推动和促进更多社会资源转化为教育资源。与此同时,要深化放管服改革,推进清单管理,全面落实民办学校办学自主权,依法管理和有序规范民办学校的办学行为。

4) 在发展重点上分类引导民办学校提高质量、办出特色

扶需扶特、扶优扶强,支持民办学校根据各自不同定位,办出特色和水平。特别是充分挖掘民办学校的选择性基因,引导民办学校成为"选择性教育"的主要提供方,成为教育供给侧结构性改革的重要力量。通过启动和实施"学科优化工程""特色创建项目""教学卓越计划"等举措,促进各级民办学校夯实基础、提高质量,实现内涵提升和转型发展。如加大对诸如安徽新华学院等发展势头好、特色鲜明的优质民办高校的支持力度,让该类民办高校在长三角乃至全国高等教育发展中发挥更大作用、作出更多贡献。

5) 在发展路径上大力推进资源整合

既要落实国家大力支持社会力量举办教育的政策,又要考虑教育资源饱和的实际,"控制增量,优化存量",鼓励现有民办学校通过引进战略,实施资产重组和资源整合,不断做大做强;支持有经济实力、有教育情怀的举办者通过转制试验、委托管理、公私合作、混合所有制等形式盘活现有发展比较困难的民办学校,以化解部分民办学校办学困境,提高安徽省民办教育的整体发展水平。

2. 在政策上着力支持

近年来,安徽省不断出台相关配套政策文件促进民办教育发展,如在全国率先出台《安徽省关于鼓励社会力量兴办教育 促进民办教育健康发展的实施意见》,制定《安徽民办学校分类登记管理办法》,先后印发《关于开展放开民办教育收费试点工作有关事项的通知》《关于推进放开民办教育收费试点工作有关事项的通知》,启动《安徽省民办教育促进条例》立法工作等。其中,分类管理是安徽省民办教育制度建设的重点。分类管理,事关民办学校、师生员工、举办者等各方利益。在分类管理的具体实施层面,需要进一步完善相关措施,保证民办教育的平稳发展。

1) 宣传新政策

民办教育的新政策充分体现了对民办教育的鼓励、支持,规范了发展的政策导向。政府部门要积极宣传新政策,特别是要引导广大举办者充分理解分类管理有利于更好地维护和实现教育公益属性,促进非营利性民办学校提高质量、办出水平;有利于保护出资人合法权益,促进更多民间资金投入教育领域;有利于营利性民办学校灵活经营、自主管理,实现多元、特色发展;有利于推进各级各类民办教育规范管理,实现民办学校的良性治理,增强社会公信力。

2) 研究新问题

以分类改革为标志的民办教育新政策,客观上会涉及各方利益的调整,对整个民办教育事业来说是一次格局重构,在实施过程中仍然会出现一些可能想象不到的新情况、新问题。政府要起主导作用,和各级各类民办学校保持密切沟通,帮助举办者根据实际情况理

性选择学校法人类型,确保分类改革平稳进行。

3)再创新路径

抓住分类管理的窗口期,着力建设一批特色鲜明、质量过硬、办学规范的民办学校。以新政策实施为契机,引导民办学校依法科学制定章程,完善法人治理结构,加快建立现代学校制度;引导民办学校走特色之路,进一步发挥体制机制和民营经济的优势,推动民办学校从量的扩张向质的提升转变。

### (三)学校层面:提升内涵建设,增强民办教育的内生动力

#### 1. 明确发展定位,实现科学发展

民办学校发展定位的确定对学校的发展方向、发展目标以及实现高质量发展等都具有极为重要的意义。同时在明确发展定位后,一定要依据社会经济发展和学校发展的需要,科学制定学校发展规划。

2017年教育部发布的《关于鼓励社会力量兴办教育促进民办教育健康发展的若干意见》提出:"明确民办学校办学定位。"对不同阶段的民办教育的办学定位也进行了相关的规定。其中,学前教育阶段鼓励举办普惠性民办幼儿园,坚持科学保教,防止和纠正"小学化"现象。鼓励民办中小学校坚持特色办学优质发展,满足多样化教育需求。鼓励民办高职院校创建地方技能型高水平大学,明确技术技能人才培养定位,深化产教融合、校企合作。鼓励民办本科高等学校积极创建地方应用型高水平大学,培养适应经济结构调整、产业转型升级和新产业、新业态、新商业发展需要的人才。通过对不同阶段民办教育的科学定位,充分发挥民办教育在完善终身教育体系、构建学习型社会中的积极作用。

#### 2. 加强规范管理,保证健康发展

1)提升依法治校的水平

提升依法治校的水平,这是民办学校规范管理的基本前提。特别是党的十八大以来,我国陆续出台了一系列促进和规范民办教育发展的新政策和新举措。民办学校的一切办学行为都要在法律、政策、制度的框架下进行,确保办学行为的合法性。

2)加强民主管理的能力

加强民主管理的能力,这是民办学校规范管理的重要一环。民办学校的利益相关者复杂多样,学校各项决策和规章制度的制订既要权衡各利益主体的相关权益,更要将学生的利益放在首位,因此管理程序应在民主、商谈的基础上有序推进,逐步建立起自主管理、民主监督、社会参与的内部管理机制,确保办学行为的有效性。

3)强化依规律办学的认识

强化依规律办学的认识,这是民办学校规范管理的核心。办教育和办企业不同,教育的核心在于强调人的发展至上。民办学校在管理过程中切勿照搬企业管理理念和模式,要遵循学生成长成才规律、尊重教育教学规律,遵循科学研究规律,强化依规律办学的意识。

长三角民办教育发展报告(2010—2020年)

3. 提高办学质量,强化内核发展

"打铁还需自身硬",办学质量是民办学校的生命线和核心竞争力。《关于鼓励社会力量兴办教育促进民办教育健康发展的若干意见》等文件中,明确提出民办学校要提高办学质量,加强内涵建设。

民办学校要对照建设标准查缺补漏,在完成规定动作的基础上不断提升质量,追求卓越。学校外部有政府部门主导的评价体系,学校内部更需要健全质量保障跟踪监督系统,确保办学质量在达标的基础上不断提升。此外,民办学校特别要在内涵建设、师资队伍建设和国际化办学等方面有所作为、有所突破,不断推进学校办学质量获得更大提升。

4. 坚持特色凝练,突破创新发展

民办学校自身发展不同于公办学校,因此在办学发展上不能盲目模仿公办学校的发展模式,要根据自身发展特点(如灵活的体制机制),实现错位发展,办出水平,办出特色才是发展之道。

民办学校要根据自身办学资源和教育市场情况,在保证教学质量的前提下,积极寻求特色突破,避免同质化发展。在办学思想上强化质量意识、特色意识、品牌意识;在教育教学上要有新思维、新突破、新创造;在管理上要有新机制、新举措;在目标和育人模式上要有新突破。通过打造民办学校的品牌专业、名师名课等,不断深化学校发展路径。

5. 拓宽融资渠道,拓展发展路径

结合当前的实际情况,民办教育要谋求自身发展就必须拓宽多元化的资金来路。以往单一地靠收取学生学费来维持办学经费的模式("以学养学")已经很难保证民办教育的健康发展。首先,民办学校在争取获得政府部门的财政支持外,要尽可能地尝试吸引社会资金的捐助。其次,树立良好的投资意识,尽可能利用发展预留资金参与投资,扩大资本收益,为民办学校获取更多发展资金。采取市场化运作的方式经营学校资产,提高办学经济效益,这是目前很多民办学校拓宽办学资金渠道的一项重要尝试。

# 四、安徽省民办教育发展展望

## (一) 管理方向上:由政府直接管理向多元管理转变

2017 年,教育部发布《关于鼓励社会力量兴办教育促进民办教育健康发展的若干意见》以及配套文件《民办学校分类登记实施细则》与《营利性民办学校监督管理实施细则》,国家鼓励发展民办教育,民办教育有了生存发展的空间,但如何建立社会主义市场经济体制下的民办教育管理体制,这是全新的课题。安徽省一直积极探索民办教育管理的新方式,在进一步深化改革的基础上,建立多元管理机制,不断促进民办教育的科学发展,这将成为未来政府对民办教育的管理需要突破的重点转变。

## (二) 资金来源上:经费来源由单一趋于多样化

2012 年 6 月,教育部印发《关于鼓励和引导民间资金进入教育领域促进民办教育健

康发展的实施意见》，积极鼓励和引导民间资金发展民办教育，以此促进民办教育健康发展。由于体制、观念、发展惯性等原因，要想从根本上彻底解决民办教育经费投入不足的问题，短期内不太现实。因此，民办教育若要健康快速发展，在政府相关财政政策扶植外，学校要主动破除融资壁垒，拓宽筹资渠道，促进社会资助方式多元化，这将是未来民办教育资金来源的发展趋势。

### （三）发展方式上：由规模扩张转向内涵提升

近年来，民办教育的规模实现了快速增长。但总的看来，这种增长主要还是粗放型的外延式增长，民办学校要想实现升级发展，必须转向内涵式发展模式，关键就是要处理好规模、质量、结构和效益的关系，把关键点、兴奋点和工作重点聚集到提升人才培养的质量上来。其中，民办教育的特色发展尤其重要，民办教育的优势应在于办学的灵活性和人才培养的特色化。但是长期以来，由于各种因素的制约，民办学校越来越趋同于公办学校，满足不了社会多层次、多样化的人才需求，制约了民办教育的健康创新发展。新常态下，民办学校不断加强与行业企业紧密结合，面向区域、社会提供特色服务，打造特色化的人才培养模式是未来发展的重要方向。

### （四）对外开放上：国际化趋势更加突显

目前，推进民办教育的国际化是民办学校提高自身办学质量、树立教育品牌的迫切需要。在未来发展过程中，安徽省民办学校将围绕培养国际化的学生、拓展学生的国际视野、培养学生国际交流合作能力等目标，积极开展多层次、宽领域的国际教育交流与合作，不断开拓联合办学、境外办学、协同培养等国际化办学模式，增强对外交流与合作，形成国际化师资、国际化专业、国际化课程、国际化学生、国际化学术交流等发展趋势。国际化发展将助力民办教育进行新一轮转型升级，打造具有国际竞争力的品牌，在世界舞台上展示安徽省民办教育风采。

# 类 别 报 告

# 长三角地区民办学前教育改革与发展

民办学前教育是我国学前教育事业的重要组成部分。近10年来,长三角地区民办幼儿园稳步发展,在增加教育资源供给、激发办园活力、满足多元化教育需求、促进体制机制创新等方面作出了积极的贡献,整体推动了长三角地区学前教育事业的蓬勃发展。三省一市在如何规范和支持民办幼儿园发展方面也涌现出了一些典型经验和做法,面对民办幼儿园发展过程中的难点和瓶颈问题,各地也进行了一些有益的尝试与探索。在长三角一体化发展大背景下,办好新时代学前教育,引领全国民办学前教育高质量发展,为百姓提供普及普惠、安全优质、丰富多元的学前教育服务,需要长三角地区秉持公办幼儿园、民办幼儿园共同发展的基本理念,建立更为完善的学前教育管理体制、办园体制和投入体制,完善政策保障体系。

## 一、长三角地区民办学前教育发展规模与趋势

### (一)总体发展规模与趋势

民办学前教育是长三角地区学前教育事业的重要组成部分。截至2019年年底,上海市有民办幼儿园642所(占总数的38.44%),民办幼儿园在园儿童16.32万人(占总数的28.56%),民办幼儿园专任教师1.16万人(占总数的26.85%)。江苏省有民办幼儿园3 095所(占总数的40.68%),民办幼儿园在园儿童90.41万人(占总数的35.61%),民办幼儿园专任教师5.96万人(占总数的35.61%)。浙江省有民办幼儿园5 620所(占总数的68.03%),民办幼儿园在园儿童103.57万人(占总数的53.46%),民办幼儿园专任教师6.69万人(占总数的43.41%)。安徽省有民办幼儿园5 761所(占总数的59.82%),民办幼儿园在园儿童120.16万人(占总数的56.83%),民办幼儿园专任教师6.40万人(占总数的56.83%)。与2019年全国民办学前教育发展情况相比,长三角地区民办幼儿园总体发展规模较大,尤其是浙江省和安徽省。浙江省民办幼儿园数量占比高出全国6.44%,安徽省民办幼儿园在园儿童人数占比高出全国平均水平0.62%(见表1)。

从发展趋势来看,近十年来,随着学前教育三年行动计划的实施,长三角地区整体学前教育资源不断扩增,民办学前教育发展规模和格局有所调整。从民办幼儿园数量及其

表 1　2019 年全国和长三角地区民办幼儿园发展规模情况

| 地区 | 民办幼儿园（所） | 占比 | 民办园在园儿童（万人） | 占比 | 民办园专任教师（万人） |
|---|---|---|---|---|---|
| 全国 | 173 236 | 61.59％ | 2 649.44 | 56.21％ | 169.30 |
| 上海市 | 642 | 38.44％ | 16.32 | 28.56％ | 1.16 |
| 江苏省 | 3 095 | 40.68％ | 90.41 | 35.61％ | 5.96 |
| 浙江省 | 5 620 | 68.03％ | 103.57 | 53.46％ | 6.69 |
| 安徽省 | 5 761 | 59.82％ | 120.16 | 56.83％ | 6.40 |

占比、民办幼儿园在园儿童人数及其占比等情况来看，2010—2019 年安徽省民办幼儿园数量呈较快增长态势，发展规模与全国平均水平持平，在园儿童人数也一直增加，但幼儿园数量占比却呈下降趋势。江苏省整体民办学前教育呈稳步发展态势，幼儿园数量、在园儿童人数及占比基本保持稳步增长态势。上海市学前教育普及普惠水平相对较高，民办幼儿园发展规模总体不及长三角地区其他三省，虽然民办幼儿园数量占比稳步增加，但在园儿童人数占比却从 2015 年的 30.78％下降至 2019 年的 28.56％。相比之下，浙江省民办幼儿园数量、民办幼儿园在园儿童人数及其占比均逐年有所减少（见图 1～图 4）。

保教队伍是幼儿园质量提升的关键。从专任教师来看，2019 年全国民办幼儿园专任教师有 169.30 万人，其中，上海市有 1.16 万人，江苏省有 5.96 万人，浙江省有 6.69 万人，安徽省有 6.40 万人。江苏、浙江和安徽三地民办幼儿园专任教师数基本与整个东部地区平均水平持平。2010—2019 年全国民办幼儿园专任教师平均数量以及东部地区、江苏省和安徽省民办幼儿园专任教师数量一直呈增长趋势。上海市民办幼儿园专任教师整体数量较少，但也呈稳步增长趋势。浙江省民办幼儿园专任教师队伍虽然近十年间规模变化不大，但一直保持着数量上的优势（见图 5）。

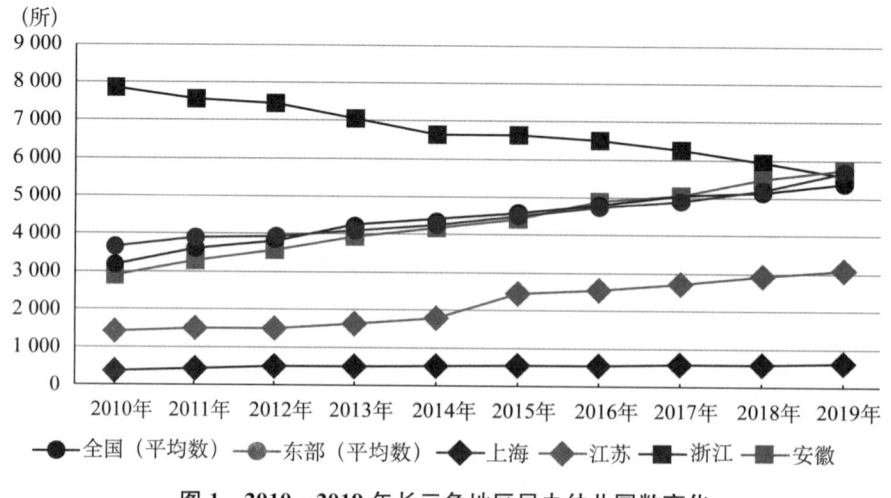

图 1　2010—2019 年长三角地区民办幼儿园数变化

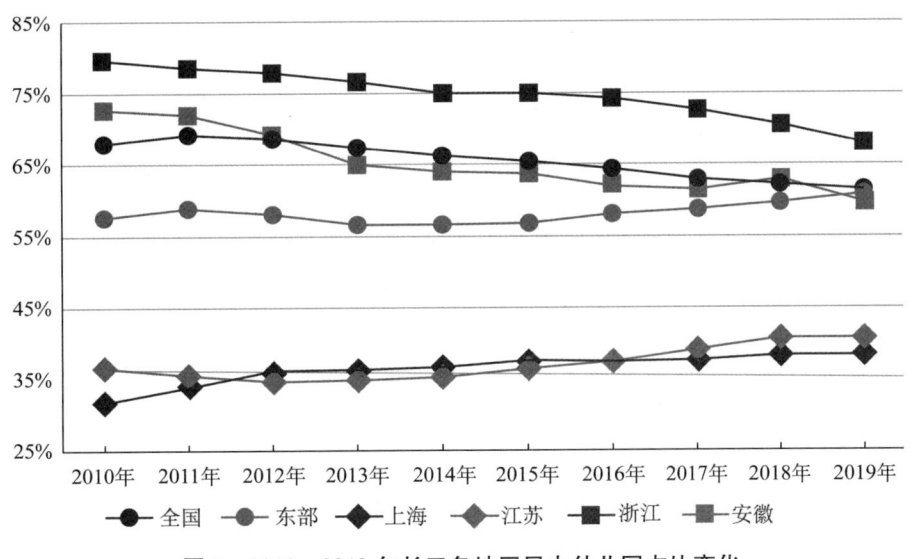

图 2　2010—2019 年长三角地区民办幼儿园占比变化

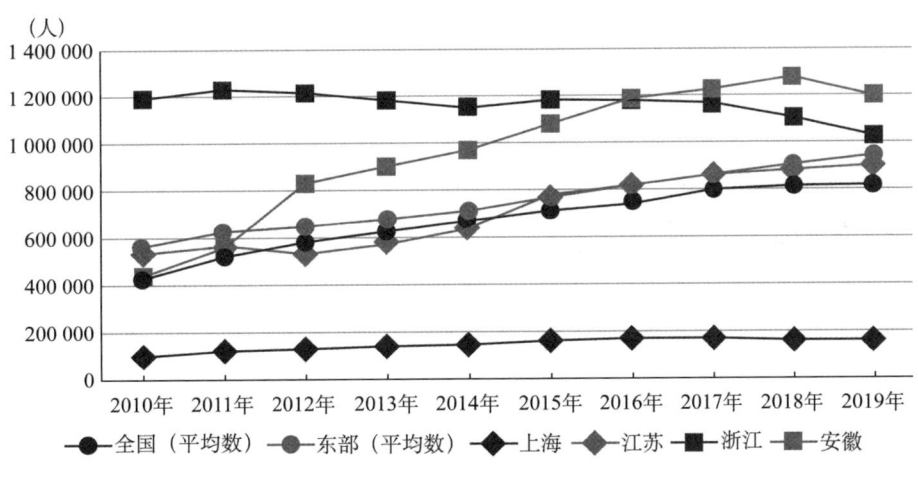

图 3　2010—2019 年长三角地区民办幼儿园在园儿童人数变化

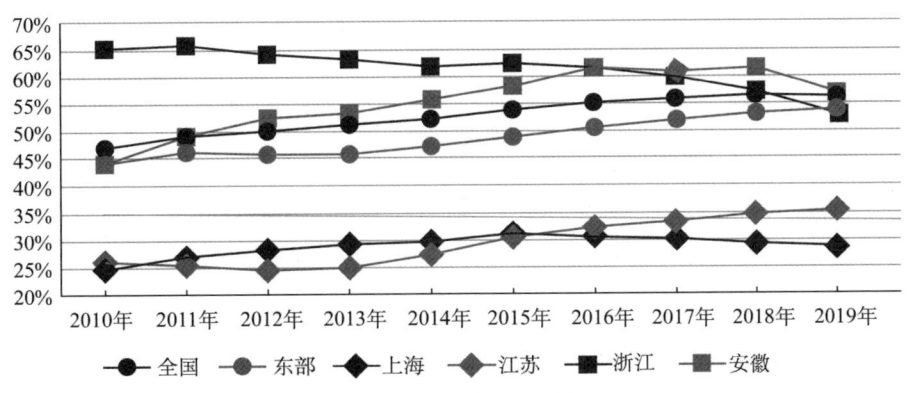

图 4　2010—2019 年长三角地区民办幼儿园在园儿童人数占比变化

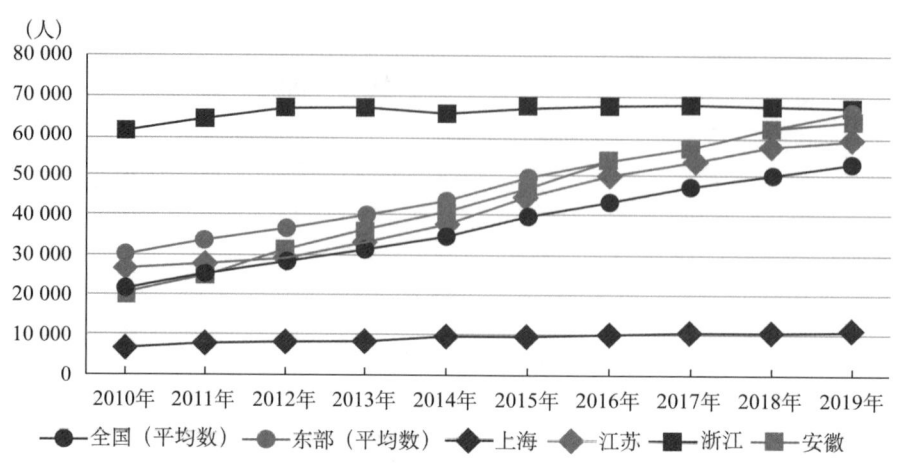

**图 5　2010—2019 年长三角地区民办幼儿园专任教师人数变化**

　　从保健医生和保育员来看，2010 年全国民办幼儿园保健医生平均数为 4 000 人左右，浙江省超过 6 000 人。2011 年全国民办幼儿园保健医生平均数急速下降，降至 1 300 人左右，整个东部地区、江苏省、安徽省和浙江省也大量减少，上海市维持在原有水平。究其原因，我们认为与 2010 年 11 月 1 日正式实施的《托儿所幼儿园卫生保健管理办法》（教育部令第 76 号）规定提高托幼机构聘用卫生保健人员的资质有关。此后至 2019 年期间，全国及长三角地区各省市民办幼儿园保健医生数量一直稳步增长（见图 6）。同期，全国民办幼儿园保育员数量一直稳步上升，整个东部地区以及浙江省保育员数量均高于全国平均水平。2019 年浙江省、安徽省和江苏省保育员数量基本一致，达到 25 000 人左右，而上海市民办幼儿园保育员数量十年间基本维持在 5 000 人左右（见图 7）。

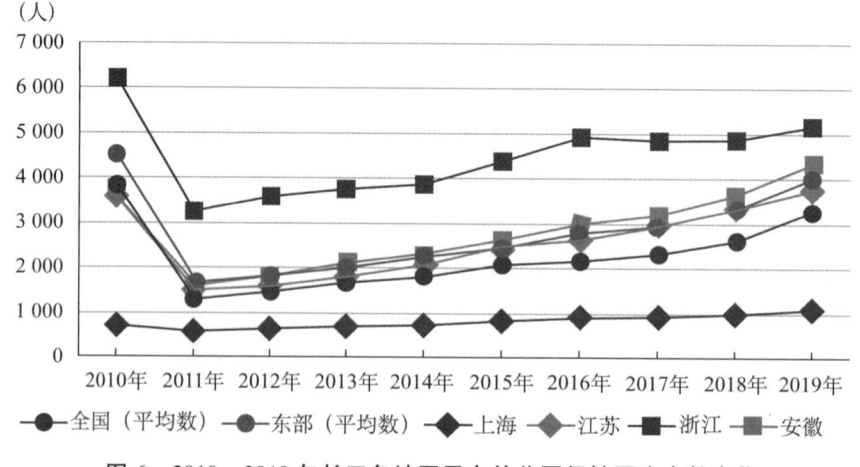

**图 6　2010—2019 年长三角地区民办幼儿园保健医生人数变化**

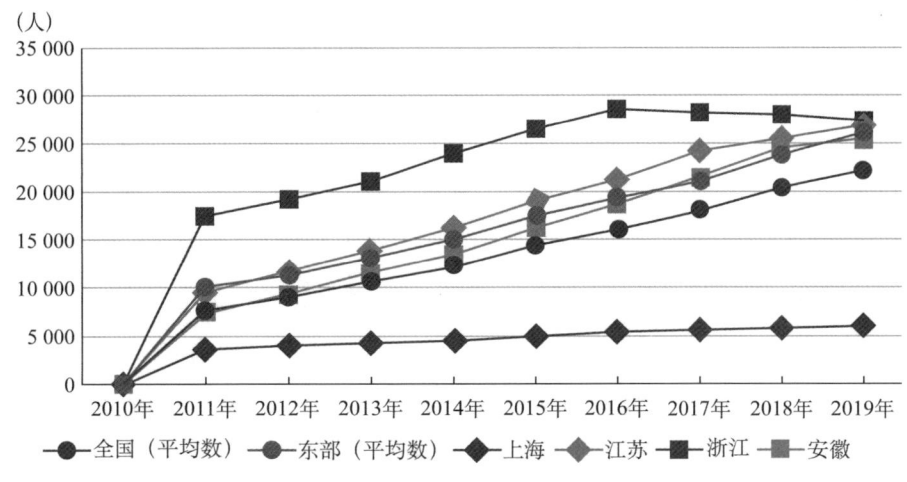

（人）

图7　2010—2019年长三角地区民办幼儿园保育员人数变化

## （二）普惠性民办幼儿园发展规模与趋势

普惠性民办幼儿园是当前我国普惠性学前教育资源建设的重要力量。2010年国务院《关于当前发展学前教育的若干意见》（国教〔2010〕41号）提出："积极扶持民办幼儿园，特别是面向大众、收费较低的普惠性民办幼儿园的发展。采取政府购买服务、减免租金、以奖代补、派驻公办教师等方式，引导和支持民办幼儿园提供普惠性服务。"2015年以来，全国和长三角地区的普惠性幼儿园数量直线上升，尤其是浙江省，2016年普惠性民办幼儿园数达到3 746所，是全国平均水平的两倍多，到2019年，浙江省普惠性民办幼儿园占民办幼儿园比例高达75.71%。此外，2016—2019年，安徽省普惠性民办幼儿园数及其占民办幼儿园的比例、普惠性民办幼儿园在园儿童人数及其占民办幼儿园在园儿童总数的比例一直呈直线上升趋势，发展速度位于长三角地区前列。2019年，安徽省普惠性民办幼儿园在园儿童人数达67万人，整整高出全国平均水平19万人。江苏省2016—2019年普惠性民办学前教育资源增长整体稳定，上海市普惠性民办学前教育发展水平整体较高，但自2017年起普惠性民办幼儿园数量占比及其在园儿童人数占比均有所下降（见图8～图11）。

同普惠性民办幼儿园数、在园儿童人数及占比变化趋同的还有普惠性民办幼儿园的专任教师人数。自2015年始，全国普惠性民办幼儿园教师人数一直呈增长趋势，长三角地区的增速超过全国，整个东部地区民办幼儿园专任教师人数一直高于全国平均水平，尤其是浙江省和安徽省。截至2019年，浙江省普惠性民办幼儿园专任教师人数达4.7万人，安徽省有3.8万人。2016—2019年，整个东部地区普惠性民办幼儿园生师比（不含保育员）一直呈现下降趋势，这说明普惠性民办幼儿园在园儿童人数的增长幅度超过了专任教师的增长（见图12、图15）。

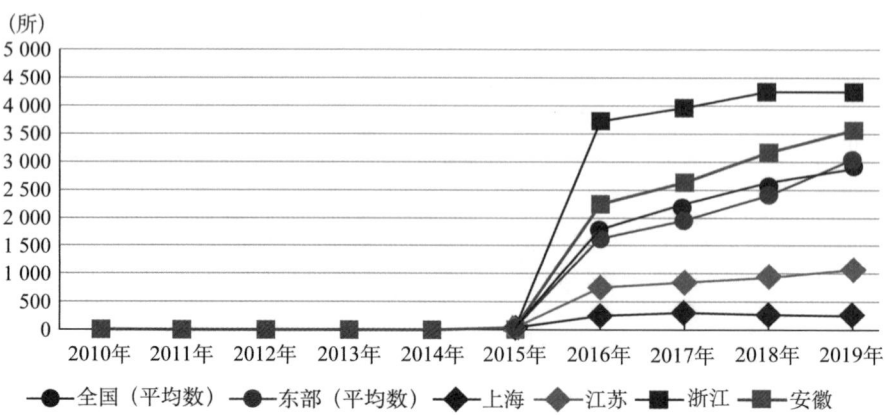

**图8　2010—2019年长三角地区普惠性民办幼儿园数变化**

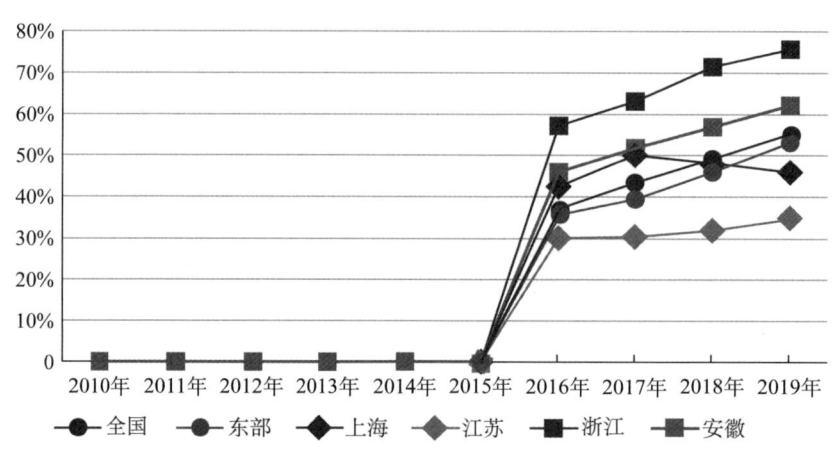

**图9　2010—2019年长三角地区普惠性民办幼儿园占民办幼儿园占比变化**

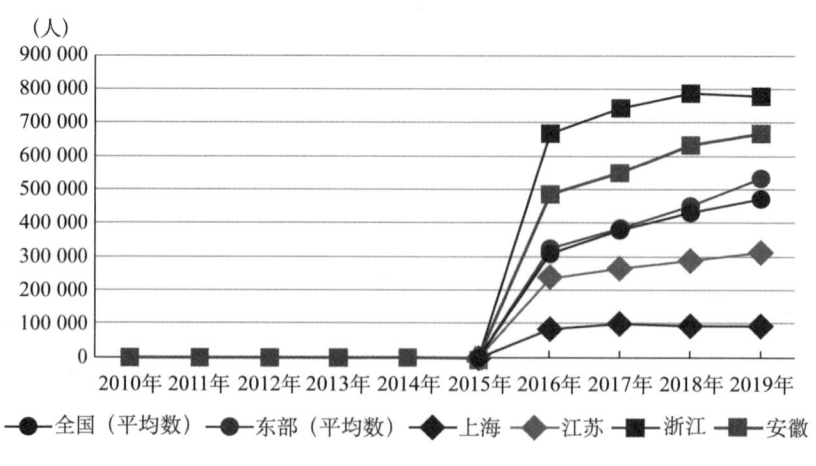

**图10　2010—2019年长三角地区普惠性民办幼儿园在园儿童人数变化**

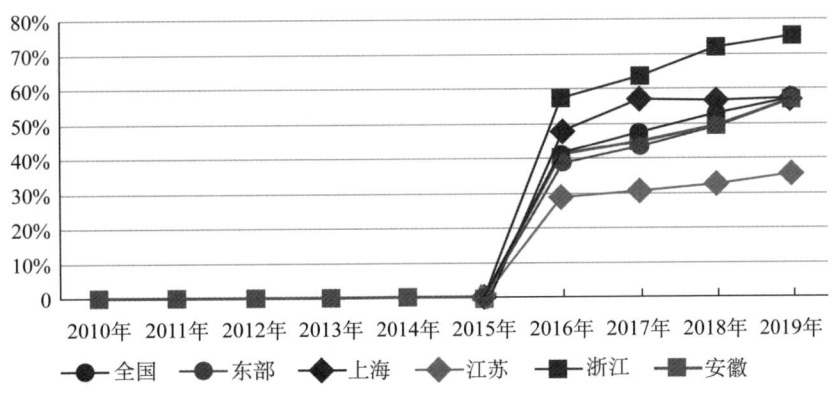

**图 11　2010—2019 年长三角地区普惠性民办幼儿园在园儿童占民办幼儿园在园儿童比例变化**

此外,长三角地区普惠性民办幼儿园保健医生人数也持续增长,尤其是浙江省,2016 年保健医生人数直达 2 698 名,是全国平均水平的三倍多,到 2019 年已有 3 807 名,位居全国前列。与此相同,长三角地区普惠性民办幼儿园保育员数量增速较快,尤其是浙江省,保育员整体数量位居长三角地区首位,截至 2019 年已达 18 722 人(见图 13、图 14)。

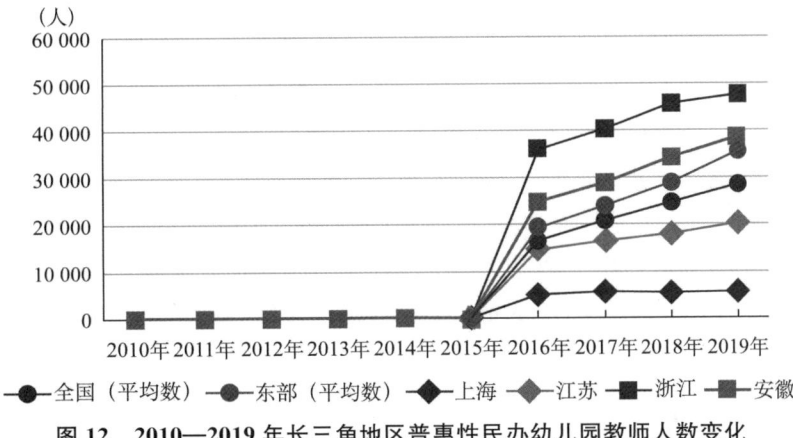

**图 12　2010—2019 年长三角地区普惠性民办幼儿园教师人数变化**

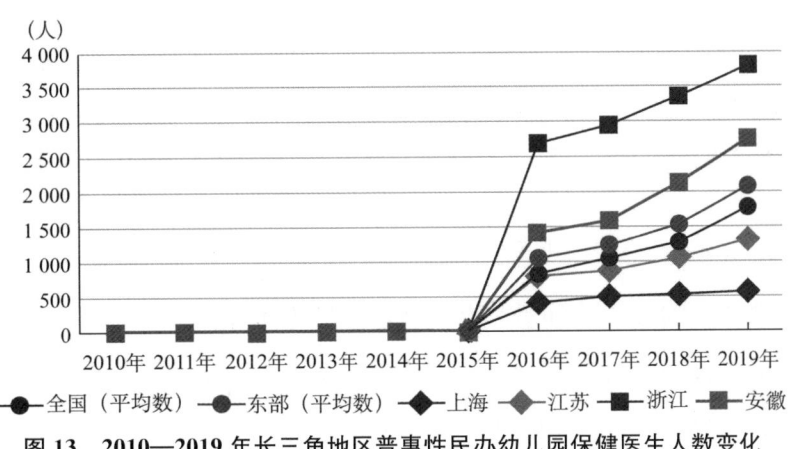

**图 13　2010—2019 年长三角地区普惠性民办幼儿园保健医生人数变化**

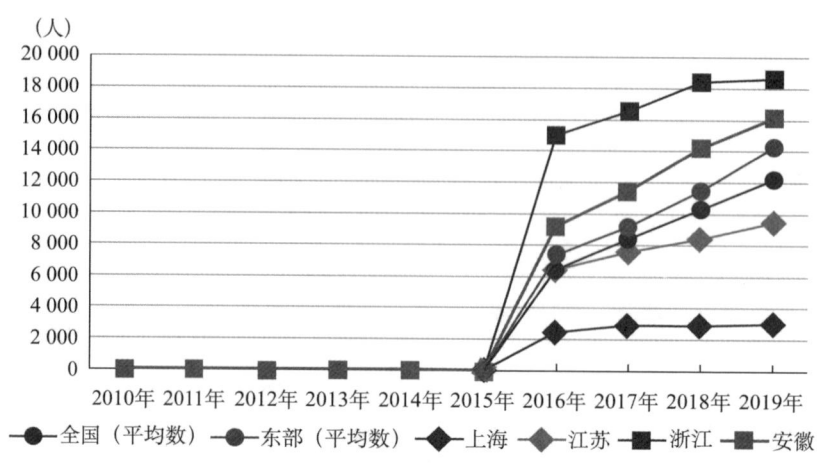

图 14    2010—2019 年长三角地区普惠性民办幼儿园保育员人数变化

图 15    2010—2019 年长三角地区普惠性民办幼儿园生师比（不含保育员）变化

## 二、长三角地区民办学前教育发展的经验与探索

近十年来,长三角地区民办学前教育事业稳步发展,在增加教育资源供给、激发办园活力、满足多元化教育需求、促进体制机制创新等方面做出了积极的贡献,整体推动了东部地区学前教育事业的蓬勃发展。另外,三省一市在如何规范和支持民办幼儿园发展方面也形成了一些有益的实践经验。同时,面对民办幼儿园发展过程中的难点和瓶颈问题,长三角地区也进行了一些有益的尝试与探索。

### (一) 不断完善民办学前教育发展政策支持体系

为促进学前教育和民办教育事业发展,我国自 2010 年后陆续出台了《关于当前发展学前教育的若干意见》(国发〔2010〕41 号)、《关于鼓励社会力量办学促进民办教育健康发展的若干意见》(国发〔2016〕81号)、《中共中央 国务院关于学前教育深化改革规范发展的若干意见》等一系列指导性文件。长三角地区各地把贯彻落实党和国家政策作为推进民办教育事业发展的契机,相继出台了系列配套文件,用于完善民办学前教育政策支持体系。主要体现在以下四个方面。

1. 出台地方性法规,鼓励和支持社会力量办园,引导和支持民办幼儿园提供普惠性保教服务

浙江省鼓励和支持向符合条件的民办幼儿园购买普惠性学前教育服务,鼓励公办幼儿园与民办幼儿园之间进行教师挂职交流等;江苏省、安徽省均提出民办幼儿园在建设规划、土地供应、税费减免、申办审批、资质认定、师资培训、表彰奖励等方面与公办幼儿园享有同等权利;地方各级人民政府可以对普惠性民办幼儿园的运行开支给予补贴,重点用于支付房屋租金、补充保教玩具、房屋维修改造等。

2. 出台专项资金管理办法,加强对民办幼儿园的财政资助

浙江省教育厅等有关部门陆续颁发《关于印发浙江省扶持民办幼儿园发展奖补暂行办法的通知》(浙财教〔2011〕183号)、《关于印发支持市县民办教育发展专项资金管理办法的通知》(浙财教〔2013〕196号)、《关于印发〈政府向社会力量购买学前教育服务实施方案〉的通知》(浙教计〔2017〕12号)等文件,要求各地加强对民办幼儿园的财政扶持力度。此外,《上海市促进民办教育发展专项资金管理办法》(沪教委财〔2016〕7号)、《江苏省学前教育综合奖补资金管理办法》(苏财规〔2018〕11号)等有关文件的出台也有力促进了当地普惠性学前教育资源的扩增和民办幼儿园的发展。

3. 出台普惠性民办幼儿园的认定与管理办法,加快普惠性民办幼儿园的发展

随着《江苏省普惠性民办幼儿园认定管理办法(试行)的通知》(苏教基〔2015〕4号)、《浙江省教育厅 浙江省财政厅 浙江省物价局关于普惠性民办幼儿园认定及管理工作的指导意见》(浙教学前〔2015〕40号)、《安徽省财政厅 安徽省教育厅关于建立普惠性民办幼儿园补助制度的通知》(皖财教〔2019〕913号)、《安徽省教育厅安徽省财政厅安徽省物价局关于扶持和规范普惠性幼儿园发展的意见》(皖教基〔2017〕23号)、《上海市普惠性民办幼儿园认定及管理工作指导意见》(沪教委托幼〔2019〕12号)等文件的出台,长三角地区各省市都形成了普惠性民办幼儿园的认定与管理办法,在认定标准、扶持政策、监管机制等方面构建了普惠性民办幼儿园发展的政策支持体系。

4. 适时出台相关政策,建立对民办幼儿园的帮扶机制

2020年新冠肺炎疫情期间,长三角地区各地积极出台对民办幼儿园的帮扶政策,助力民办幼儿园渡过疫情难关。浙江省教育厅发布了《关于切实做好疫情期间民办学校(幼儿园)帮扶工作的通知》(浙教办函〔2020〕43号),江苏省教育厅等3部门发布了《江苏省教育厅、江苏省财政厅、江苏省银保监局关于做好疫情防控期间民办幼儿园扶持工作的通知》(苏教财函〔2020〕22号);上海市教育委员会等8部门发布了《关于全力防控疫情支持民办托幼机构平稳健康发展的通知》(沪教委规〔2020〕3号)。

## （二）逐步加大对普惠性民办幼儿园财政扶持的力度

近年来，长三角地区普遍加大了对普惠性民办幼儿园的财政扶持力度。就具体的政策举措看，逐步建立生均经费补助制度，以综合奖补分担办园成本，是各地加大对普惠性民办幼儿园财政资助的基本做法。

1. 生均经费补助方面

（1）参照当地同类公办幼儿园生均公用经费标准或生均经费的一定比例给予普惠性民办幼儿园相应的财政补助。受当地经济社会发展水平、地方财政实力、发展理念等因素的影响，各地补助标准存在较大差异性。浙江省要求辖区内符合条件的普惠性民办幼儿园生均公用经费补助标准最低应为 500 元/生·年。安徽省普惠性民办园财政补助标准为市本级（市辖区、不含县改区）不低于 300 元/生·年、其他县（市、区）不低于 200 元/生·年。

（2）积极探索基于办园成本和收费差额的动态补助机制。浙江省杭州市余杭区对生均办园成本（根据上一年度的生均办园成本）和收费的差额按普惠性民办学前教育机构招收的符合当地入园条件的学籍人数给予补助，最高补助标准不超过同级同类公办园生均办园成本，并列入同级财政预算。

（3）探索建立教师持证率、参保率、最低工资和园所等级等要素与生均经费拨付标准的联动机制。浙江省台州路桥区规定教师持证率、参保率、高一级学历占比及专任教师最低工资中任一项未达到奖补当年最低标准线的，取消奖补资格。

2. 综合奖补方面

（1）园舍建设、房屋租赁、教玩具购置等硬件投入补助。在租金减免方面，浙江省杭州市江干区对租赁场地举办普惠性民办园的，按租金 100% 补助或免除租金。

（2）教师工资和社保、人才培养培训、安防等人员经费补助。浙江省金华市婺城区综合实施了普惠性民办园教师收入、人才培养培训、安防等人员经费补助：对符合学历、持证条件和任教年限的在职非编专任教师，按 3 000 元/人·年给予任教津贴补助；对自行培养或引进的特级教师等高层次人才，依据签约服务年限给予 10 万～20 万元/人·年的补助；对教师进修取得大专及以上学历证书的，按照 3 000 元/人标准补助，取得教师资格证书的，按照 1 000 元/人标准补助；对教师参加培训的，每年按专任教师 450 元/人、保育员和保健员 150 元/人的标准给予经费补助；对符合要求的专职保安给予 1.6 万元/人·年补助。在教师社保补助方面，各地也都有一些积极的实践。上海市鼓励普惠性民办幼儿园建立教职工年金制度，对建立年金制度的幼儿园在综合奖补中给予师资队伍建设专项支持。

（3）等级提升、评优评先、特色培育等办学绩效奖补。浙江省台州市路桥区每年评选 5 家区级"普惠性民办幼儿园示范园"，给予 2 万元奖励；平安校园创建等级优秀的，给予 1 万元奖励；每年评选优秀园长 10～15 名，每人奖励 1 000 元，评选优秀教师和保育员各 30 名左右，每人 500 元。

## （三）多措并举提升民办幼儿园教师待遇水平

民办园教师身份认同感低、待遇水平低、流动性大是长期困扰民办幼儿园师资队伍建设和质量提升的难题。为提升民办幼儿园教师的待遇水平，长三角地区各地进行了以下政策实践。

1. 实施最低工资制度，并将其作为普惠性民办幼儿园认定和公共财政资助的前提条件

浙江省金华市将"非编教师工资水平原则上不低于上一年度所在地全行业（单位）在岗职工的平均工资，或在原有工资水平的基础上比上一年度有较大提高"作为普惠性民办园认定的重要条件。安徽省合肥市要求幼儿园教师最低工资（不含幼儿园应当缴纳的社会保险费用）不低于本地职工最低工资标准的1.5倍。

2. 加强财政资金使用的监管，限定一定比例的财政补助用于幼儿园人员经费支出

浙江省嘉兴市规定生均定额补助的80%必须用于教师工资福利及"五险一金"支出，20%用于幼儿生均公用经费和教师素质提升支出。

3. 加大最低工资补助力度，并发放基于幼儿园教师职称晋升、学历进修、资格证持有、评优评先等能力和素养提升的综合补助

浙江省杭州市钱塘新区给予普惠性民办园非编教师最低收入保障，2018年对同一职称年度最低收入达到基准数的普惠性民办幼儿园按相应职称分别进行补助：高级教师补助38 500元，一级教师补助35 500元，二级教师补助34 500元，三级教师补助33 500元，未评职称教师补助32 500元。

## （四）不断健全民办幼儿园的监督管理机制

为规范民办园行为，促进民办幼儿园保教质量提升，长三角各地充分利用信息化管理技术，创新监管方式，强化过程性监管和动态监管，不断健全民办园监督管理机制。

1. 大力推进无证幼儿园整治

为实现无证幼儿园清零，长三角各地纷纷出台专项整治行动方案，因地制宜，精准施策。浙江省衢州市开化县以建立教学点的形式来分流就读无证幼儿园的幼儿；浙江省绍兴市新昌县对完成消防设施设备改造升级、取得消防验收合格的幼儿园按其消防改造审计投资额的30%给予补助，对主动关停的民办幼儿园给予5万～10万元补助；江苏省苏州市有序推进看护点建设，满足部分流动人口随迁子女接受看护的需求；安徽省颍上县成立学前教育"985"攻坚暨无证幼儿园（看护点）专项治理工作小组，对全县30个乡镇学前教育机构和无证幼儿园（看护点）进行全面督导检查。

2. 加强民办幼儿园的财务监管

一方面，各地政府加强民办幼儿园内部财务规范管理，要求民办幼儿园建立健全规范的会计、资产管理和预决算制度，实行园务、财务公开，严格按项目和标准收费，依法接受政府财务审计；另一方面，为提高奖补资金使用效益，各地政府加强对财政资金使用的监

管和审计。比较典型的做法是对财政资金实行专户管理,对奖补资金的使用途径做出限定性规定。浙江省杭州市等地要求普惠性民办幼儿园政府补助资金只可用于补助幼儿园运行支出,如提高教职工待遇、改善办园条件、教师培训等,不得用于经营性支出、捐赠、偿还债务、付息、支付罚款、回报举办者、赞助投资等非基本办园支出。[①]

### 3. 强化信息公开

各地政府要求民办幼儿园建立健全信息公开制度,通过教育行政部门和幼儿园官网或新闻媒体定期向社会公示办学相关信息,如普惠性民办幼儿园认定名单、招生规模、师资情况、收费标准、财政补助情况、财政资金使用情况等,并开通举报电话,接受家长和社会的监督。

### 4. 强化督导评估

一方面加强日常动态监管,充分运用学前教育管理信息系统做好民办幼儿园的数据统计与运行监管工作,在日常工作中开展对民办幼儿园安全、质量方面的常态化督查,实现动态监管;另一方面通过年度检查、督导评估、专项检查、暗访调研等多种形式对幼儿园的安全工作、办园条件、师资水平、卫生保健、保教质量、幼儿资助、实际收费等方面进行专项督导和核查,并将幼儿园的绩效评价结果与补助资金挂钩,实施分级管理。

## 三、面临的主要问题与挑战

当前,长三角地区正在深入推进普惠性资源为主体的学前教育公共服务体系建设,如何协调公办幼儿园、民办幼儿园共同发展,不断提升民办幼儿园优质教育资源供给能力,在一些关键环节和重要领域还面临着紧迫的、深层次的问题和挑战。

### (一)民办幼儿园营利性和非营利性分类管理面临制度性瓶颈

目前,长三角地区推进民办学校营利性和非营利性分类管理改革进程总体缓慢,民办幼儿园分类选择仍面临着一些制度性瓶颈。总的来看,亟须破解的难题主要体现在以下两个方面:一是推进现有民办幼儿园(2016年11月7日前设立)分类登记的配套政策仍需完善。例如,2020年6月对浙江省11个县市的抽样调查结果显示,26.52%的园长认为当地尚未开展分类登记,56.83%的园长认为当地现有非营利性园不能转为营利性园。二是普惠性民办幼儿园能否选择营利性的问题仍需进一步明确。当前,在营利性民办幼儿园准入问题上,教育部发布的《县域学前教育普及普惠督导评估办法》(教督〔2020〕1号)以及《中华人民共和国学前教育法草案(征求意见稿)》明确提出普惠性民办幼儿园的"非营利性"属性,但《浙江省学前教育条例》等地方性法规并未明确普惠性民办幼儿园的"非营利性"属性,且部分地区已经认定了一批营利性普惠性民办幼儿园。基于教育部与地方政府在普惠性民办幼儿园认定标准上存在的分歧以及可能产生的法律冲突,对此问题的认定有待进一步地厘清。

---

① 参见《杭州市普惠性民办学前教育机构认定和管理办法(试行)的通知》。

## (二) 民办幼儿园"转普、转公"权宜性政策需进一步调整

当前,为达成到 2020 年"普惠性幼儿园覆盖率 80%"和"公办园幼儿占比原则上 50%"等发展目标,长三角地区有些地方政府采取了一些权宜性策略和应急性措施,导致出现了一些新情况、新问题。

(1) 在引导民办幼儿园提供普惠性服务时,未能尊重法律事实、办园实际和举办者的选择意愿,存在比较明显的"一刀切、简单化"思维。例如,有的地方教育行政部门通过频繁约谈举办者等方式引导民办幼儿园举办者"转普";降低普惠性民办幼儿园认定门槛,将原本办园条件不达标的民办幼儿园纳入普惠序列;严控新设民办幼儿园的审批指标,非"普惠性民办幼儿园"不批,甚至冻结营利性民办幼儿园的审批;奉行"普惠保底、能公则公"的指导原则,忽视多元化学前教育服务需求,将非政府产权的营利性幼儿园转为普惠性幼儿园等。

(2) 地方权宜性、应急性政策难以形成稳定的政策预期,容易诱发政策性风险。综合调研发现,已初现端倪的风险因素包含:在小区配套民办幼儿园治理、引导民办幼儿园提供普惠性学前教育服务过程中,因地方政府未能依法行政可能引致的法律风险;在扩增公办幼儿园方面,因财政压力、编制紧缺、师资力量不足等可能引发的办学风险;各种基于教育部门和民办幼儿园举办者签订的短期协议而诞生的"公办幼儿园"因政策不稳定可能存在的法律风险和办学风险;因民办幼儿园发展空间"非市场性"萎缩、发展环境恶化可能引发的举办者大量退出风险;民办幼儿园举办者的办学预期和营利动机与非营利性民办幼儿园法律规范的冲突可能引发的办学风险。

## (三) 民办幼儿园普惠优质发展的保障机制不够健全

虽然长三角各地逐步加大了对普惠性民办幼儿园的政策支持力度,但当前民办幼儿园普惠优质发展仍面临一些明显的制约性因素。

### 1. 收费限价、财政补助不足和举办者再投入激励不足导致普惠性民办幼儿园陷入生存困境和质量危机

当前,长三角地区各地普惠性民办幼儿园的收费普遍体现出"参公"倾向,而公办幼儿园的保育费一直维持在每月数百元的标准,有些地区甚至十几年没有上调过。同时,由于实际办园成本差异、地方政策差异、补助资金到位不及时等因素,普惠性民办幼儿园的财政补助总体不足。面对不明朗的政策预期和发展前景,举办者再投入又激励不足,有些举办者为获取有限的盈余空间,还会通过扩大班额、降低师资配备标准、缩减课程、变相收费、降低教师工资水平等方式降低办园成本,保教质量严重"缩水"。

### 2. 生源压力大、师资不稳定、管理和评价同质化严重制约普惠性民办幼儿园的发展后劲

在当前公办幼儿园迅猛发展形势下,普惠性民办幼儿园生源面临更大的竞争压力。公办幼儿园扩编以及地方人事创新制度(如报备员额制、雇员制、待聘制等)实施的背景下,民办幼儿园教师队伍的流动更为频繁。传统的公、民办一体化管理和评价模式,也难以激发民办幼儿园基于自身体制机制优势办出特色,导致民办幼儿园办学同质化现象严重。

## 四、展望与建议

在长三角一体化发展大背景下，办好新时代学前教育，引领全国民办学前教育高质量发展，为百姓提供普及普惠、安全优质、丰富多元的学前教育服务，需要长三角地区各级政府秉持公办幼儿园、民办幼儿园共同发展的基本理念，建立更为完善的学前教育管理体制、办园体制和投入体制，完善政策保障体系。

### （一）加快推进民办幼儿园营利性和非营利性分类管理

根据长三角三省一市落实民办教育分类管理改革的有关制度安排，应加快民办幼儿园营利性和非营利性分类登记。当前顺利推进民办幼儿园分类登记，关键和难点在于完善现有民办园（2016年11月7日前正式设立）分类登记的过渡措施和配套政策。对此，需要各地继续探索破解一系列政策难题：明确现有民办幼儿园分类选择的补偿奖励方案，明晰现有民办幼儿园转登记为营利性的改制程序、财产权属、税费缴纳办法等，完善营利性民办幼儿园在税收优惠、用地、财政扶持、教师等方面的制度规范，加强部门之间的政策协同等。

### （二）完善民办幼儿园财政资助政策体系

当前长三角各地普遍加大了对民办幼儿园的财政扶持力度，但总的来看，民办幼儿园财政资助政策体系在一些难点和焦点问题上还有待优化。

1. 实施普遍的财政资助

当前，民办幼儿园内部存在营利性和非营利性的法人属性之别、普惠性和非普惠性的身份类属之分。积极营造各类民办幼儿园公平有序、协调发展的政策环境，政府既要实施差异化的分类扶持机制，又要保障各类主体平等享有公共财政资助的权利。当前大力支持非营利性和普惠性民办幼儿园发展是各地政策实践的基本导向，但无论从营利性民办幼儿园同等的财政贡献和儿童同等的权利保障角度考虑，还是从因办学成本和社会风险增加、办学环境恶化而难以吸引民资提供优质教育资源的角度考虑，都不应将营利性民办园排除在公共财政资助的范畴之外。对营利性民办幼儿园的财政资助方式，除相关文件明确的政府购买服务、奖助学金、转让和出租闲置国有资产外，各地也可实施普遍的绩效奖励或项目支持。

2. 加快资助标准建设

目前，各地对民办幼儿园的财政资助标准普遍存在随意性强、简单化、一刀切等问题，导致民办幼儿园财政补助水平县域之间差异较大。有些地区设置较多的前置条件和烦琐的程序，导致一些民办幼儿园望"普"兴叹，补助政策难以兑现。建立合理的成本分担机制，实现公共财政分类补贴和购买机制，需要各地加快公共财政资助民办幼儿园的标准建设，并综合当地经济发展状况、家庭经济承受能力、公办幼儿园生均教育经费支出水平和民办幼儿园实际办园成本和质量，在收费限价和政府补助之间建立起适宜的联动机制。

3. 创新质量导向的财政扶持方式

基于幼儿园等级实施分类补助、给予教师综合素养提升综合奖补、把教师最低待遇保障作为财政补助的前提、奖补资金实行因素分配法、财政扶持资金实行专户管理等财政扶持和监管方式,是目前长三角地区各地将办园质量作为财政扶持重要评价指标的已有探索和实践。创新质量导向的财政扶持方式,当前各地除进一步完善现有政策体系外,还可充分借鉴国内外的制度实践。例如,探索实施美国、中国香港等地的"教育券"制度,改变公共财政资金的传统配置路径,使学校由原来从政府手中直接竞争公共教育资源转变为通过吸引学生间接竞争,以此激发公办幼儿园民办幼儿园质量的同步提升;又如,重点支持民办学校内涵发展,公共财政资金向办学规范、办学质量高、社会声誉好的民办幼儿园倾斜,向举办方投入力度大、办学风险管控严格的民办幼儿园倾斜。

### (三) 着力促进民办幼儿园内涵发展

着力促进民办幼儿园内涵发展,不断增强其优质特色学前教育服务的供给能力,是办好新时代学前教育、引领全国民办学前教育高质量发展的题中应有之义,需要长三角各地在最薄弱和紧迫的领域出真招、出实招。

1. 进一步加强民办幼儿园教师队伍建设

为建设一支高素质、善保教、结构合理、稳定性强的民办幼儿园教师队伍,各地应不断强化以下四个方面的制度保障。

(1) 加强师德师风建设,推行师德考核负面清单制度,建立教师个人信用记录,完善诚信承诺和失信惩戒机制,着力解决师德失范问题。

(2) 强化待遇保障,增强职业吸引力。除继续推广实施最低工资保障制度、发放各类奖补津贴等待遇提升举措外,各地应进一步健全民办幼儿园教师养老保障制度,允许符合条件的教师参加事业单位养老保险,鼓励幼儿园为教师办理企业年金等补充养老保险,提高企业社保缴费基数。

(3) 保障同等权益,促进专业成长。全面推行人事代理制度,保障民办幼儿园教师在职称评审、评奖评优、专业发展等方面的同等权益。加大民办幼儿园教师培训力度,各地教育行政部门在各类年度干训和师训计划中可安排一定数量的民办专项。为避免营利性民办幼儿园教师陷入"非公办"和"非学校"的双重歧视,各地应在教师身份、社保和专业发展等方面实施积极的配套政策,保障这部分教师的同等法律地位。

(4) 促进公民办幼儿园教师合理流动。鼓励支持在编公办教师到民办幼儿园支教和任教,尤其是鼓励考上编制的民办幼儿园教师继续留在原幼儿园任教,支持民办幼儿园教师到公办幼儿园跟岗实习。

2. 健全民办幼儿园质量监测和评估机制

一方面,鉴于公办幼儿园、民办幼儿园在举办主体、经费来源和运行机制等方面存在的显著差别以及财政分类奖补的需要,应逐步健全与民办幼儿园办学特点相适应的质量评估标准体系。各地可进一步修订当地幼儿园等级评估标准,在课程理念和特色、师资队伍建设、财务管理、办学风险防范等指标和权重设置上体现出公办幼儿园、民办幼儿园的差异性,或研制出台以民办幼儿园(特别是普惠性民办幼儿园)为独立评估对象的质量标准体系。另一方面,由于举办者的营利诉求和非营利性法律规范间的冲突长期存在,民办幼儿园的持续发展也易受外部环境的影响，各地应加强对民办幼儿园的质量监测和办学风险的防控。既要做好办园条件、师资队伍管理等结构性指标的日常监测和信息公开，完善办学风险的预警和防范机制，又要健全第三方评价机制，增强评价的专业性、独立性和客观性，加强对民办幼儿园质量的动态性评价。

3. 加强对民办幼儿园的教研支持

长期以来，学前教育教研工作普遍存在重点抓公办幼儿园和优质幼儿园的倾向，难以覆盖到各级各类民办幼儿园，对民办幼儿园发展过程中的重点和难点问题也缺乏有针对性的专业指导。加强对民办幼儿园的教研指导，迫切需要教研系统充实力量，转变角色定位和工作机制。一方面，各地应健全各级学前教育教研机构，充实教研队伍，吸纳具有民办幼儿园教学和管理经验的园长或骨干教师进入教研机构，针对民办幼儿园办学规律和特点，加强对民办幼儿园课程建设、教学改革、师资队伍建设、课题研究等多方面的专业指导。另一方面，健全公办幼儿园、民办幼儿园一体化的教研体系，积极探索学习共同体、"传帮带"等多种教研模式，开展对不同类型的民办幼儿园区域教研、园本教研等各类教研指导的全覆盖。深入推进学前教育先进教育理念的学习研究、优质教育资源的共建共享，促进各级各类民办幼儿园的优质特色发展。

## （四）深入推进民办学前教育治理体系现代化

当前，政府依法管理、幼儿园自主办学、社会广泛参与的共治善治局面还未在长三角地区民办学前教育领域充分形成，加快推进民办学前教育治理体系和治理能力的现代化，需要各地政府、幼儿园和社会形成合力。

1. 提升政府管理服务水平

一方面，政府要改进管理方式，转变直接管理、公办化管理的传统模式，综合运用法律、标准、政策引导、信息服务等现代治理手段，创新与民办幼儿园办园特点相适应的管理方式。另一方面，政府要健全监督管理机制，充实民办学前教育管理力量，建立健全督学、督政和监测一体化的民办学前教育督导体系，充分利用信息化管理技术，强化对民办幼儿园的过程性监管和动态监管。

2. 加快现代学校制度建设

政府既要完善民办幼儿园法人治理结构，落实法人财产权，健全资产和财务管理制度，又要充分保障各类民办幼儿园依法办学、自主管理的权利，激发办学活力，促进民办幼儿园创造品牌和办出特色。

3. 推动社会参与民办学前教育治理常态化

政府应全面推进信息公开，强化公众参与和社会监督，建立健全社会参与民办幼儿园管理和评价的监管机制；积极培育专业教育服务机构，发挥行业协会、学会、基金会等各类社会组织在民办学前教育公共治理中的作用，共同营造公平有序、良性竞争、富有效率的民办学前教育发展环境。

# 长三角地区民办基础教育改革与发展

2010—2020 年是长三角地区各方面事业改革和发展的重要时期,以上海市为龙头,引领浙江、江苏、安徽三省,在社会、经济、文化等方面实现了跨越式发展。受此影响,长三角地区民办基础教育的发展也呈现出多元化、内涵化、品质化和创新性的特点。

2010 年《国家中长期教育改革和发展规划纲要(2010—2020 年)》发布后,上海市作为国家教育综合改革试验区,承载着先行先试和探索创新的重任,受到全国教育界和社会各方面的普遍关注和热切期盼。在探索民办学校分类管理改革时期,上海市、浙江省作为全国民办教育综合改革试点省市,在改善民办教育发展环境、深化办学体制和民办学校分类管理的改革探索中,取得了丰富的理论成果和实践经验,成为新时期全国民办基础教育[①]改革和发展的学习示范区。

## 一、长三角地区民办基础教育发展现状

### (一) 事业发展

从 2010—2019 年教育行政部门的统计数据来看,这十年期间长三角地区民办基础教育的发展存在着不均衡性,不同区域在不同学段中,民办中小学数量及占比、在校生数量及占比、班级数量等方面,均存在较大的差异性。

民办小学阶段,在学校数量上,上海、浙江两地均呈现出明显的下降趋势,低于全国和东部[②]的平均水平。其中,上海市降幅明显,十年期间上海市民办小学数量从 184 所降至 88 所,降比 52.17%;上海市民办小学数占比由原来 23.71% 降至 12.61%,低于全国和东部民办小学占比的平均水平。安徽省增幅明显,十年期间,民办小学学校数量由 215 所增至 314 所,增幅达到 46.05%,学校占比与全国平均水平持平,但低于东部平均水平。[③] 具体情况如图 1 和图 2 所示。

---

① 本文中的民办基础教育仅指民办小学、民办初中和民办普通高中。
② 东部地区特指辽宁、天津、北京、河北、山东、江苏、浙江、上海、福建、广东和海南。
③ 本报告中所有数据均由上海市教育科学研究院提供。

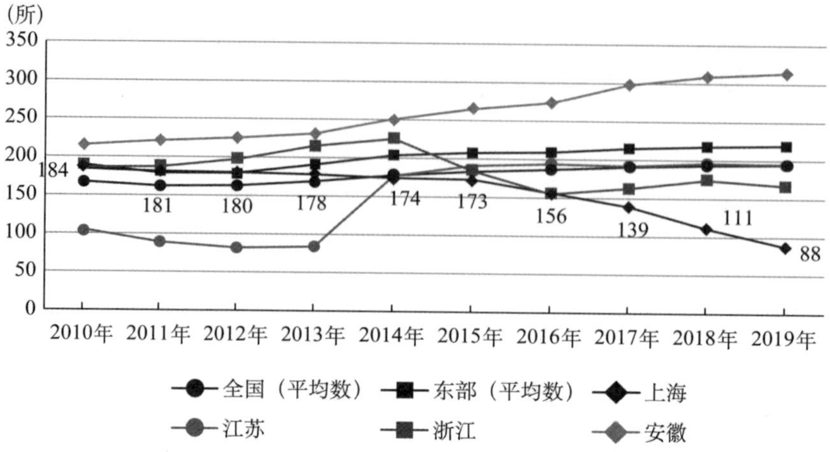

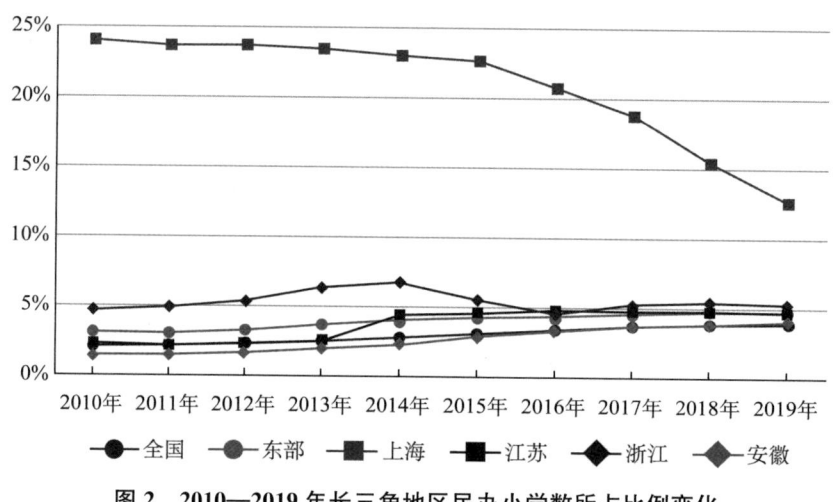

（所）

图 1　2010—2019 年长三角地区民办小学数变化

图 2　2010—2019 年长三角地区民办小学数所占比例变化

　　民办小学在校生数量，十年期间，上海市民办小学减少 58 602 人，学生占比从 23.41％降至 13.21％。2010—2019 年浙江、江苏、安徽三省民办小学在校生，在 2014 年前略有波动，后期基本上处于稳定增长态势。浙江省民办小学在校生占比在长三角地区为最高，超过东部和全国平均占比，达到 13.21％。江苏省低于全国平均占比，安徽省与全国水平基本持平。具体数据如图 3 和图 4 所示。

　　民办初中阶段，在学校数量上，长三角地区各省市稳步增长，其中，安徽省领先于长三角地区其他省市，超过全国和东部平均水平，学校总数达到 370 所。上海市只有 72 所民办初中，低于全国和东部平均水平。民办初中数在本省初中的占比中，浙江省位居长三角地区榜首，达到 15.7％，超过全国和东部平均水平；江苏省占比偏低，仅有 10.6％，低于全国平均水平 11.1％。具体数据如图 5 和图 6 所示。

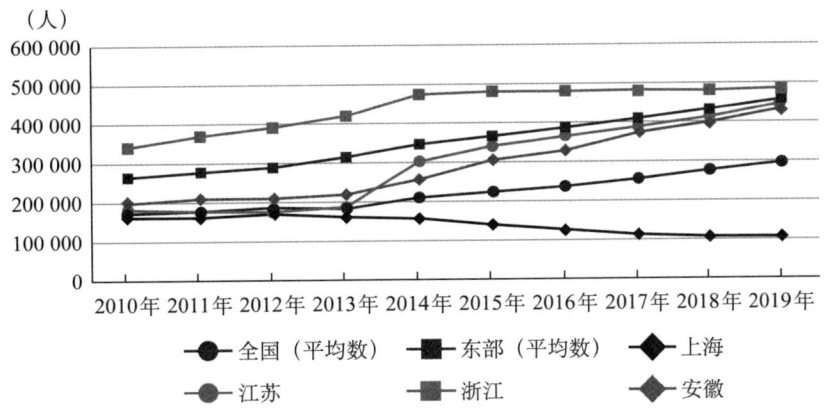

图3 2010—2019年长三角地区民办小学在校生数变化

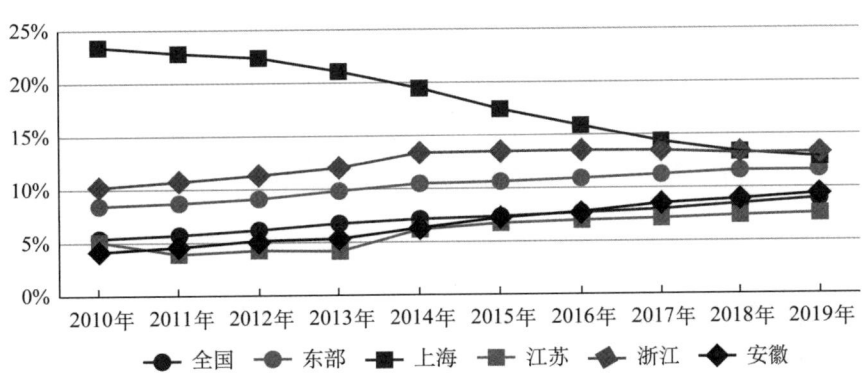

图4 2010—2019年长三角地区民办小学在校生所占比例变化

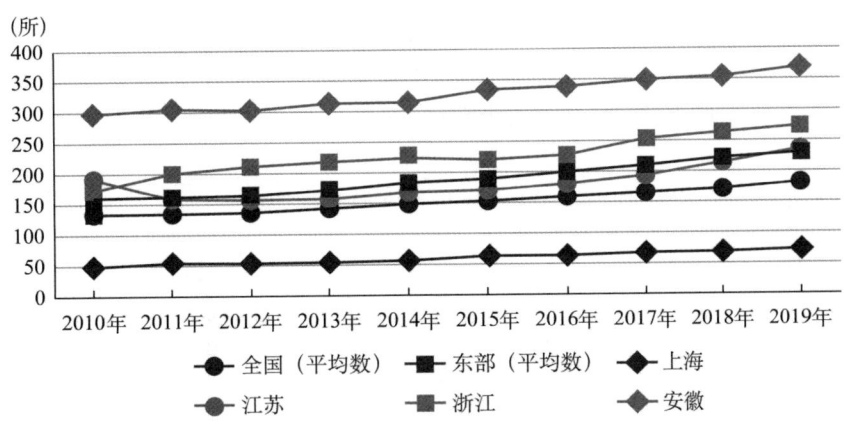

图5 2010—2019年长三角地区民办初中学校数变化

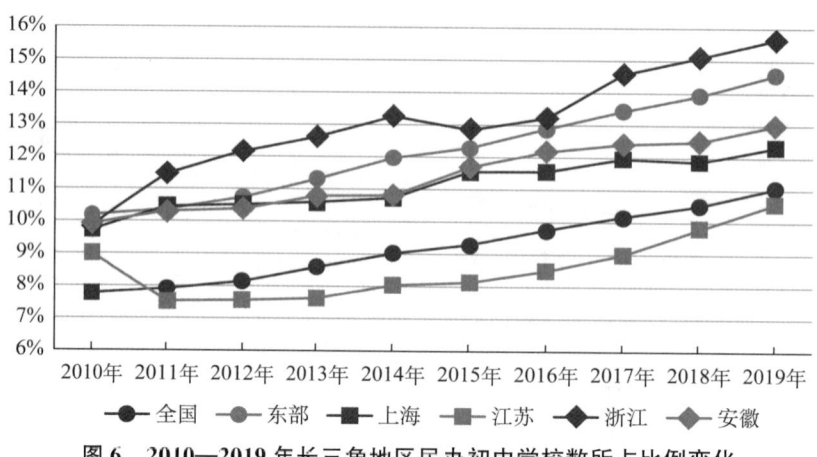

图 6　2010—2019 年长三角地区民办初中学校数所占比例变化

　　民办初中在校生数量，从总量上看，十年期间，江苏省的民办初中在校生数量波动较大，从 2010 年的 394 747 人下滑到 2015 年的 271 434 人，随后又增长到 369 938 人。其他各省市仍平稳发展。安徽省民办初中在校生数量仍然领先于其他省市，达到 530 790 人，在本省初中在校生总数中的占比也达到 24.3%，远超全国和东部平均水平。浙江省和上海市因人口总量不大，民办初中在校生的数量虽然不大，但占比超过全国和东部平均水平，分别达到 17.6% 和 16.3%。具体情况如图 7 和图 8 所示。

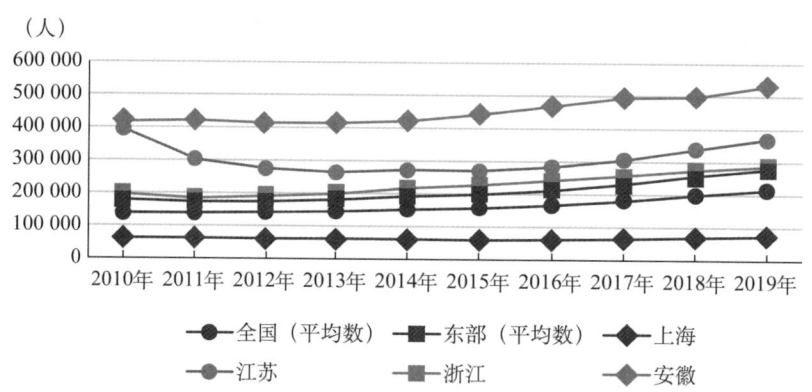

图 7　2010—2019 年长三角地区民办初中在校生数变化

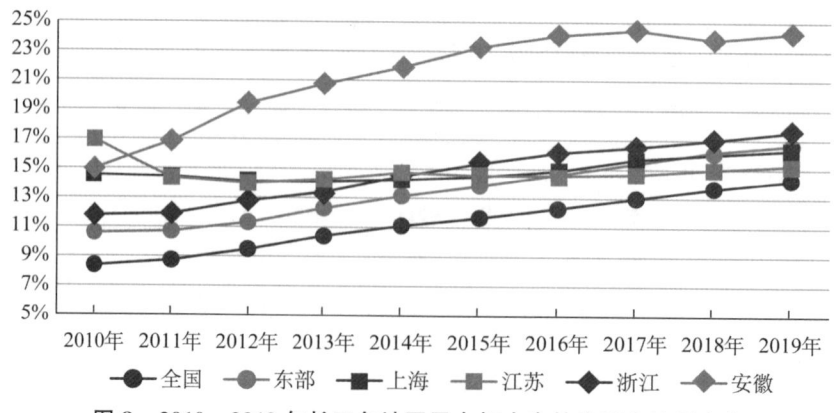

图 8　2010—2019 年长三角地区民办初中在校生所占比例变化

民办普通高中阶段,在学校数量上,安徽省仍表现出强劲发展势头,但 2016 年后浙江省后来居上,略超过安徽省,达到 220 所,在本省普通高中学校数的占比达到了 36.6%,在学校总数和本省占比上与安徽省(占比 31.3%)一起大幅度领先于上海市和江苏省,同时也超过了全国和东部平均水平。上海市和江苏省民办高中学校占比高开低走,最后低于全国和东部平均水平。具体情况如图 9 和图 10 所示。

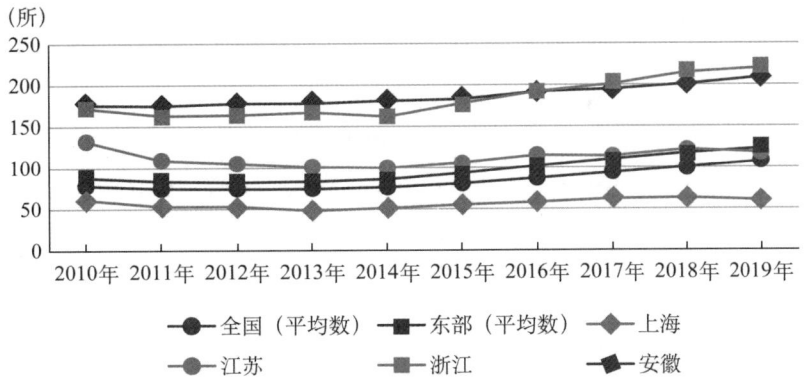

图 9　2010—2019 年长三角地区民办普通高中学校数变化

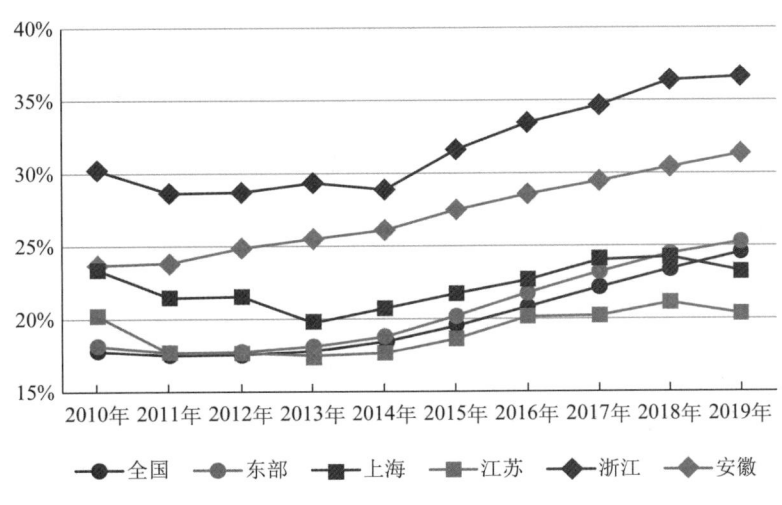

图 10　2010—2019 年长三角地区民办普通高中学校数所占比例变化

民办普通高中在校生数量,安徽省和浙江省学生数量和占比持续增长,领先于上海市和江苏省,均超过全国和东部平均线。其中浙江省更是以 26% 的比例一枝独秀。江苏省和上海市民办普通高中的学生总量以及占比整体呈下降之势。其中两地学生占比均低于全国和东部平均水平。具体情况如图 11 和图 12 所示。

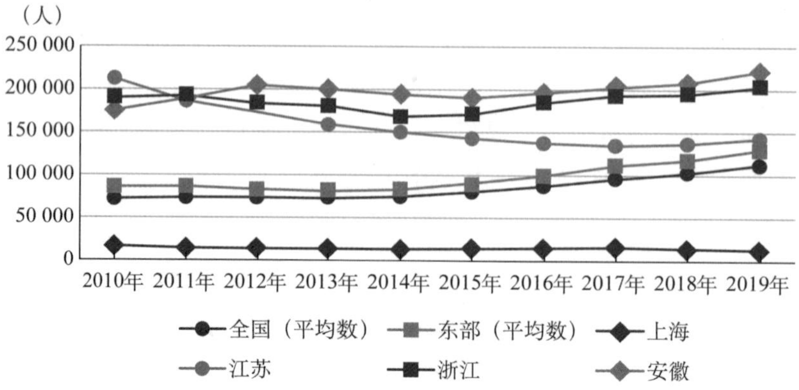

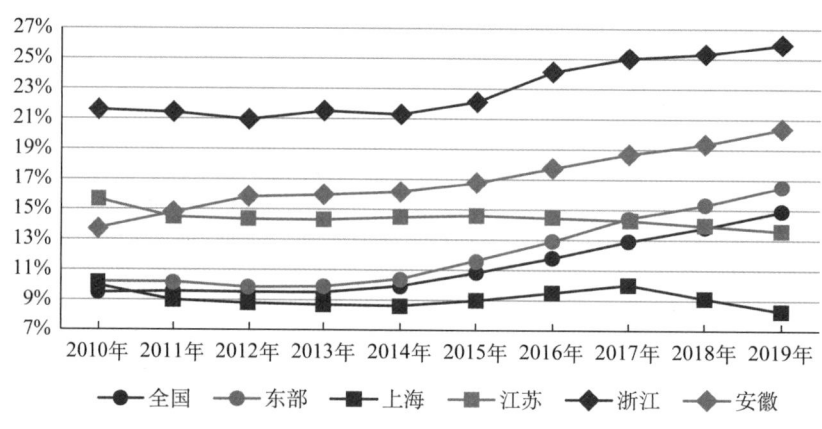

图 11 　2010—2019 年长三角地区民办普通高中在校生数变化

图 12 　2010—2019 年长三角地区民办普通高中在校生所占比例变化

## （二）教师队伍发展

　　截至 2019 年,长三角地区三省一市民办小学专任教师总计 35 062 人,与 2010 年的三省一市民办小学专任教师 37 007 人相比,减少 1 945 人,减少 5.26％。长三角地区三省一市的民办中学(包含初中与普通高中)专任教师,2019 年总量是 173 283 人,与 2010 年总量 84 928 人相比,增加 88 355 人,增比 104.04％。

　　图 13 和图 14 为各省教师队伍发展的具体情况。从图中可知,各省民办小学专任教师队伍发展波动较大,浙江省在总量上虽然领先于其他省市,已超过国家标准和地方标准,但数量在减少,仍未能达到 2010 年的教师数量,发展趋势难以判断。江苏和安徽两省自 2013 年开始,民办小学专任教师总量在持续增加,到 2019 年均已超过 2010 年两省民办小学专任教师规模。江苏、安徽两省民办小学专任教师数量虽然超过全国平均水平,但没有超过东部平均水平。在长三角地区中,只有上海市民办小学专任教师数量逐年下降,低于全国平均水平。

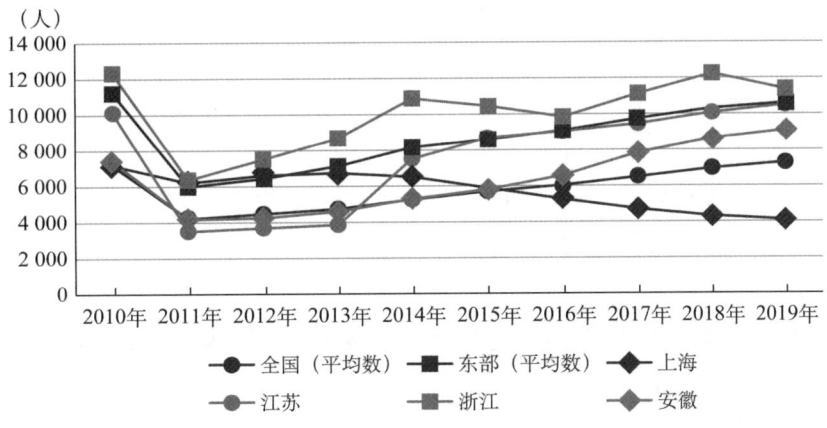

图 13　2010—2019 年长三角地区民办小学专任教师数变化

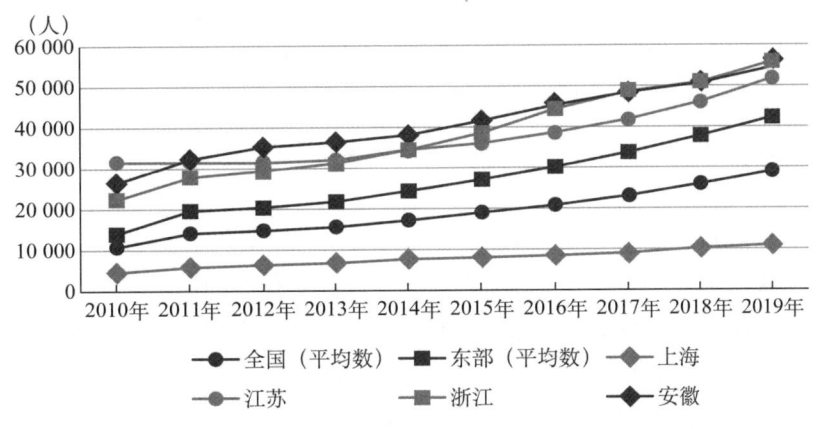

图 14　2010—2019 年长三角地区民办中学教师数变化

民办中学(包含民办初中和民办普通高中)专任教师数量,长三角地区三省一市均呈现出稳步增长趋势。2019 年三省民办中学专任教师总量差距不大,除上海市外,均超过全国和东部平均水平。

### (三) 民办教育政策扫描

2016 年之后,为支持和规范民办基础教育,促进民办中小学健康发展,长三角地区各级地方政府和教育行政部门在国家民办学校分类管理改革的政策背景下,为进一步落实中共中央和国务院关于民办学校分类管理改革、鼓励和规范社会力量办学的规定和精神,相继出台了一系列地方性法规政策。如 2017 年、2018 年,安徽省、上海市、浙江省、江苏省人民政府陆续颁布了《关于鼓励社会力量兴办教育促进民办教育健康发展的实施意见》,从中可以看出地方政府对于各地民办中小学支持和规范的理念和举措。

此外,各地政府根据本地民办学校发展情况,在此前后也制定和颁布了一系列规范性文件。在省级层面,较为典型的政策有,2015 年上海市教育委员会颁布的《关于完善本市民办学校年金制度的通知》,在全国率先提出了对民办学校教师办理补充性养老保险的要求。浙江省自 2018 年起,先后出台了《浙江省公共财政扶持民办教育发展的实施办法》《浙江省民办学校财务管理办法》《落实民办学校办学自主权实施办法》《浙江省民办学校教师队伍建设实施办法》《浙江省民办教育收费管理办法》等,这些政策一方面进一步规范了民办中小学的收费和财务管理行为,另一方面对如何落实民办学校公共财政扶持、办学自主权、教师队伍建设等问题做出了明确的规定。

## 二、长三角地区民办基础教育发展特点与支撑因素

### (一) 发展特点

长三角地区覆盖面积大,三省一市在社会、经济、文化等方面差异较大。即使是同一个省市,不同区域之间也存着资源不对等、发展不平衡的现象,如安徽省的皖南地区与皖北地区,江苏省的苏南地区与苏北地区,浙江省的浙南地区与浙西地区等。这些差异和不平衡性也统一映射到民办基础教育的现状和发展中。与我国其他区域的民办基础教育比较而言,长三角地区的民办基础教育存在着一些共性特点。

1. 办学理念先进

长三角地区自古以来就拥有丰厚的文化底蕴,明清以后又成为我国经济发展的重要基地。改革开放以来,社会、经济、文化的发展一直处于我国的前沿之地。在教育方面,长三角地区一直有着重视教育、重视人才的传统,十一届三中全会之后,随着社会、经济的改革发展,在基础教育方面,长三角地区也是我国基础教育改革的试验田和排头兵,多年的改革探索使之产生了许多先进的办学思想,民办基础教育自然深受影响。

在民办中小学,学校的举办者和管理者都非常重视办学理念对办学的指导作用,在学校办学之初,无论是学校发展、学生培养、课堂教学,还是教育服务等方面,提出了许多先进的具有前瞻性的办学理念。

上海协和双语学校提出“中西融合”理念,将办学目标设定为“致力于提供融合中西方教育精粹的高质量、多元化、全面发展的国际教育,为不同需求的学生提供多元选择的课程和发展通道,培养其成为未来出色的全球国际化人才”。宁波华茂教育集团提出“承认差异、提供选择、开发潜能、多元发展”的办学理念,较早探索差异化和个性化的教育模式,安徽巢湖春晖学校提出“以人为本,尊重生命”的理念,在学科教育之外积极开展生命教育等。

2. 办学类型多样

长三角地区民办中小学不仅数量多,学校类型也存在着多样性。较为突出的学校类型有以下三种。

(1) 集团化学校:以个人或一家法人机构举办多所学校,并且以集团化的形式进行管理。其办学范围既有覆盖一个省市区域的,也有辐射全国范围的,如上海新纪元教育集

团、浙江海亮教育集团、江苏翔宇教育集团、安徽马鞍山外国语教育集团等。

（2）企业化学校：这些企业的主业不是教育，但随着企业的发展，企业家越来越认识到教育的重要性，无论是从企业转型还是满足企业发展的多样化需求考虑，长三角地区有大量的企业家出资举办民办中小学，如浙江绿城房地产集团在浙江省和安徽省创办绿城育华学校、阿里巴巴在杭州市创办云谷学校、万科集团在上海市和浙江省创办万科学校等。

（3）国际化学校：受社会、经济开放的影响，长三角地区许多家庭都有希望子女接受国际教育的服务诉求，再加上大量的外籍人士进入、留学人员回国等因素，从而孕育了一个庞大的国际教育市场。在上海市、浙江省和江苏省苏南地区产生了许多国际学校和国际化学校①，比较知名的有上海市的光华学校、平和双语学校，浙江省的惠立学校、橄榄树学校、宁波肯特国际学校，江苏省的苏州实验国际学校等。

3. 办学品质突出

长三角地区人口总量与全国其他区域相比并不高，但流动人口占比较高，民办中小学较为集中，民办教育市场竞争较为激烈。长三角地区的民办中小学从"拼办学条件"转向"拼质量"，民办中小学办学者都非常重视学校的办学品质，尤其是教学质量，经过多年努力，有相当比例的民办中小学，在当地中考和高考升学成绩排名中位居前列，有些学校连续多年产生当地的中考和高考状元，已成为本地区老百姓心目中的优质教育资源，学位是一位难求。如上海民办华育中学、杭州育才中学、温州浙鳌高中、无锡金桥外国语学校、安徽九子山公学等。

4. 办学特色鲜明

长三角地区的民办中小学，除办学品质突出外，还存在着许多特色鲜明的民办学校。如杭州建兰中学，请阿里集团的王坚团队开发了全国第一个学校大脑，实现了智慧管理和智慧教育；上海世界外国语学校具有丰富的国际教育课程和国际文化特色；南京汉开书院的棋类特色和足球特色等。

## （二）支撑因素

多年来，长三角地区的民办基础教育无论是在政策制定、理论研究还是办学实践探索上，在全国民办基础教育中一直处于领跑地位并起示范作用，如果梳理支撑长三角地区民办中小学发展的根本原因，可以找到一些共同的因素。

1. 多样化的市场需求

长三角地区社会经济的高度发展，使人民的物质生活水平不断提高，人们对教育服务的需求也在不断提高。一方面人们不再简单地满足"有学上"的诉求，更希望能满足"上好学"的需要；另一方面，人们也不满足于仅有国内中高考一种途径，更希望能为子女的教育提供多样化途径。在这种需求的引领下，大量优质而有特色的民办学校应势而生。

---

① 特指开设国际教育项目、具有国际教育色彩，招收中国国籍学生的学校。

2.政府的开放态度

长三角地区民办基础教育的发展,离不开地方政府的开放态度。以浙江省为例,正是因为省市政府对民办教育尤其是民办基础教育有着深刻的理解和正确的认识,对于民办中小学有着包容和鼓励的态度,允许多种形式办学,鼓励民办中小学举办者在办学体制机制和育人模式上大胆创新,勇于探索,才为民办中小学留下了多样化生存和发展的空间。

3.有力的政策扶持

扫描长三角地区的民办中小学扶持政策,主要体现在三个方面:①贯彻落实合理回报政策,在执行的具体措施上积极创新,如 2010 年,在江苏省和浙江省温州市文件中,对于合理回报均给出了明确的计算方式,让合理回报落到实处;②对教师的保障,除了上海的年金制度外,浙江省部分地区允许民办中小学教师可以按照事业单位标准办理社保,对于流入到民办中小学的在编教师,探索实行员额报备制度,保留他们退休后事业单位待遇;③加强公共财政对民办中小学的扶持,上海市和浙江省都出台了专门的政策,从财力和落实措施上保证公共财政经费顺利进入到民办中小学。

4.规范化的管理

长三角地区的民办中小学经过 20 世纪 90 年代和 21 世纪前十年的发展,已达到了较大的规模和较高的比例,并成为本区域基础教育中非常重要的组成部分。与此同时,也存在着许多办学不规范、损害师生权益、社会评价不高的办学现象。为促进民办中小学健康发展,规范中小学办学行为,三省一市地方政府及教育行政部门相继出台了许多政策,从收费、招生、管理、教育教学等多个方面加强民办中小学管理,保障民办中小学依法办学,规范发展。

## 三、长三角地区民办基础教育面临的问题与挑战

### (一)面临的问题

1.民办基础教育发展不均衡

由于长三角地区覆盖面积大,人口多,不同省市之间以及同一省市不同地区之间的发展存在着不均衡性,民办中小学的发展也存在着办学规模、发展水平等方面的不均衡性。以安徽省为例,皖南的民办学校办学规范、办学水平较高,但生源严重不足;皖北的民办学校生源充足,但经济水平不高,学校收费较低,不能为学校的发展提供有力的经费保障。此外,在一、二线城市的民办中小学更注重学校特色建设和学生个性发展,而处于三、四线城市的民办学校,更注重学生的学习成绩,办学模式相对单一。

2.民办基础教育管理仍待完善

受多种因素影响,长三角地区民办中小学的数量虽然很多,但真正实现规范化管理、建立现代学校管理制度的民办中小学并不多。在实践中,很多民办中小学还处于家族化管理状态,董事会、监事会形同虚设,学校财务管理混乱,经费使用不符合规范等。学校的管理处于一个低层次高风险的状况,很难达到现代学校管理的科学化、民主化和规范化要求。这样

的学校管理水平必然会增大学校办学的法律和财务风险,也易引发多重社会问题。

3. 民办基础教育监管体系仍待探索

尽管从中央到地方,虽已出台了许多文件规范民办中小学办学行为,但各地并没有建立起民办中小学有效的监管体系。目前,对民办中小学的监管存在两个方面的问题,一方面是按着公办学校的要求来管理民办学校,忽视了民办学校的市场属性,结果存在着民办学校"一管就死"的现象,导致民办学校失去办学自主权和办学活力。另一方面是,对于民办学校的监管流于形式,缺乏有效性和针对性,无法将一些风险隐患控制在萌芽状态,无法消除制度性风险。

4. 民办学校教师队伍仍待发展

不论是提升品质还是办出特色,民办中小学都需要良好的师资队伍。在长三角地区,在民办中小学的专任教师队伍中,有相当大比例的公办在编教师,有些学校比例高达80%。这些在编教师有些是经过教育行政部门同意通过委派、借调、交流等形式到民办中小学工作的,也有些未经教育行政部门许可,以请假、停薪留职等方式进入到民办中小学。如今,随着中央机构编制委员会办公室和地方政策的要求,"严禁公办学校在编教师长期在民办学校任教",各地开始了在编教师的清退工作。这些政策的实施,必将严重影响到民办中小学师资队伍建设和整体发展。此外,随着公办学校不断招编,民办中小学教师流动加剧,这将是影响民办中小学发展的一个重要问题。如何稳定民办中小学师资队伍,提高民办中小学队伍整体水平,已成新时期影响长三角民办中小学发展的重要因素。

## (二) 存在的挑战

1. 新形势下,普通高中的"营非选择"与学校发展

2016 年 11 月 7 日,《中华人民共和国民办教育促进法》根据第十二届全国人大常委会第二十四次会议决定进行修正后,民办教育开始进入到分类选择的年代。在民办基础教育中,除义务教育阶段的民办学校只能选择为非营利性,民办普通高中既可以选择为营利性也可以选择为非营利性。在长三角地区,民办普通高中如果选择登记为营利性民办学校,则面临着税收、土地补偿金和剩余资产的处置问题,这些问题如何解决,选择登记后,营利性民办学校如何发展,政府如何进行有效监管,等等。这些问题在长三角地区大部分地区仍没有明确政策和处理意见。

2. 民办学校的转型升级

2020 年民办义务教育阶段学校全面实施招生新政,采取"公民同招,电脑派位,审批地管理"。失去了"好生源"的民办中小学与公办学校相比,是否还具有优势? 当考试成绩不再作为评价学校的重要指标的时候,民办中小学的竞争优势如何体现? 新时形势下,长三角民办中小学同样是挑战与机遇同在,风险与发展并存,未来民办中小学如何定位、如何发展,这一问题同样摆在所有办学者面前。

3. 各类公参民学校的治理整顿

在长三角地区,相当多的优质民办中小学存在着公办的基因。它们大都是由地方教

育行政部门或重点公办学校举办或参与举办。这些学校占有公办和民办的双重机制优势，成为民办中小学中的佼佼者。随着国家对各类公参民学校的清理整顿，这类学校面临着是转公还是转民的选择，没有了双重机制的优势，公参民学校未来的前景在哪里？

4. 国际教育与现有教育的融合

在长三角地区，许多国际化学校或者国际教育项目，是从小学一直开设到高中阶段。2019年7月8日，中共中央、国务院发布的《关于深化教育教学改革全国提高义务教育质量的意见》规定："义务教育学校不得引进境外课程、使用境外教材。"许多国际化的学校面临调整，许多正在学习国际课程的学生不得不中断，国际教育的市场受到挤压。一些家长的国际化教育需求如何满足，具有国际化色彩的民办义务阶段的学校走向何方？

## 四、长三角地区民办基础教育发展建议

如果从1978年开始计算，中国当代民办教育已有43年的历史，民办基础教育也有着40多年的历史。在这40多年的发展中，长三角地区的民办基础教育在全国一起处于领先地位，与全国其他区域相比，具有先发优势。

近几年来，广东、四川、河南等省受人口红利的影响，民办学校的数量增长较快，民办教育的规模已超过长三角地区的平均水平。在长三角一体化的进程下，民办基础教育又该如何发展？

### （一）重新明确民办基础教育的社会角色

纵观民办基础教育的发展，从第一所学校诞生起，便承担着国家办学补充的社会角色。2002年《中华人民共和国民办教育促进法》颁布后，将民办教育定位为社会主义教育事业的组成部分。2010年发布的《国家中长期教育改革和发展规划纲要（2010—2020年）》又将民办教育定位为"我国教育事业发展的重要增长点和促进教育改革的重要力量"。如今，2021年已基本过半，民办教育尤其是民办基础教育又该如何定位呢？

根据长三角地区民办中小学的发展状况，深入学习习近平总书记在十九大中关于社会矛盾转变的论断，结合国务院发布的《中国教育现代化2035》中的教育发展目标，可以初步设定为："我国民办基础教育的社会角色是提供公平而优质的教育，满足人民群众对教育的美好的需要。"

### （二）从长三角一体化发展的角度进行整体规划

根据中共中央和国务院印发的《长江三角洲区域一体化发展规划纲要》的精神，"协同扩大优质教育供给，促进教育均衡发展，率先实现区域教育现代化"。"依托城市优质学前教育、中小学资源，鼓励学校跨区域牵手帮扶，深化校长和教师交流合作机制。"从长三角一体化的视角对民办基础教育进行整体规划，根据三省一市不同区域社会经济发展特点，鼓励多层次多元化办学，有效地满足长三角地区的家长的选择需求，同时鼓励区域间打破

体制机制限制,建立教师和校长等教育资源在不同区域不同学校之间有序流动的机制。保障长三角地区的民办基础教育在质和量上都能较好的提升。

## (三) 建立科学的评估体系,引导民办基础教育发展

如何保证长三角地区民办中小学的办学品质和办学内涵,如何保证长三角地区民办中小学实现均衡优质发展?关键在于是否有统一和科学的评价标准。正如《长江三角洲区域一体化发展规划纲要》的规定:"研究发布统一的教育现代化指标体系,协同开展监测评估,引导各级各类学校高质量发展。"

根据长三角地区民办中小学发展特点,从遵守教育规律、市场规律和儿童成长规律考虑,建议由三省一市的教育行政部门牵头,汇集教育方面的相关专家,设计出一套民办中小学健康发展的指标体系,同时建立起相应的监测评估机制,通过监测和评估工作,规范和引导民办中小学健康发展。

# 长三角地区民办职业教育改革与发展

## 一、长三角地区民办职业教育概况

### （一）长三角地区民办职业教育发展背景

#### 1. 中国职业教育发展背景

党的十九大报告指出，"新时代中国社会的主要矛盾已经转化为人民日益增长的美好生活需要和不平衡不充分发展之间的矛盾"。为有效解决不平衡不充分发展问题，必须加快建设实体经济、科技创新、现代金融、人力资源协同发展的产业体系。职业教育如何在建设现代化经济体系中展现应有的作为，是职业院校学习宣传、贯彻党的十九大精神、融入现代化经济建设新征程，必须读懂、弄通、做实的理论和实践问题。在对职业教育的具体要求上，党的十九大报告指出，要"完善职业教育和培训体系，深化产教融合、校企合作"。完善职业教育和培训体系是目标，同时在贯彻实施过程中，要注意产教融合、校企合作的系统性、整体性和协同性的制度设计，将自上而下深化改革的顶层设计和自下而上的项目带动、探索实践有机结合。职业院校要主动适应地方产业转型升级的要求，因应产业发展变化趋势，动态调整学校专业布局和专业设置，有效激励企业技术人员和学校教师协同为学生提供优质的校企合作课程项目服务，是深化产教融合、校企合作改革的着力点和突破口。

#### 2. 长三角地区职业教育发展背景

长三角地区是中国改革发展最具活力的区域之一，在国家发展全局中具有重要地位。2014年，教育部出台《关于进一步推进长江三角洲地区教育改革与合作发展的指导意见》（教发〔2014〕7号），标志着长三角地区教育联动发展进入了一个新阶段。2018年，三省一市共同签署《长三角地区教育更高质量一体化发展战略协作框架协议》和《长三角地区教育一体化发展三年行动计划》，明确成立长三角教育一体化发展领导小组、长三角教育一体化发展研究院和长三角教育人才服务联盟等，提出了未来教育融合发展"两步走"目标。2018年11月5日，习近平总书记在首届中国国际进口博览会开幕式上发表重要讲话指出，将支持长三角地区一体化发展并上升为国家战略。2018年12月，长三角三省一市签署系列教育一体化协议。2019年5月13日，中共中央政治局召开会议审议《长江三角洲区域一体化发展规划纲要》,会议指出长三角一体化发展具有极大的区域带动和示范作用,要紧扣"一体化"和"高质量"两个关键,带动整个长江经济带和华东地区发展,形成高质量发展的区域集群。2019 年 5 月 22 日,长三角地区主要领导座谈会在安徽芜湖召开,进一步明晰高质量一体化发展的战略目标、战略定位和战略方向。随着《长江三角洲城市群发展规划》《长三角地区一体化发展三年行动计划(2018—2020 年)》和《长三角一体化发展规划纲要》等文件的发布,长三角地区一体化发展正式上升为国家战略,进入了全面提速的新阶段。

面对长三角地区经济发展一体化的趋势,江、浙、皖、沪地区的职业教育从总体上来看,还存在着许多弊端,如在指导思想上缺乏准确的目标定位,在招生和就业市场上存在着盲目和恶性竞争,在专业设置上存在着过于集中和单一等混乱无序现象。因此,实施长三角地区职业教育一体化发展的策略,对于适应区域经济一体化发展的需要,打破行政区划的制约,有效整合区域的职业教育资源,构建区域内的人才培养系统和运作系统,为区域经济的持续、快速发展提供人才保证具有理论和现实的意义。其次,长三角地区内的职业教育,由于地理位置、历史积累、地方政策、经济实力等诸方面因素,造成职业教育资源的区位差异。随着长三角地区社会经济一体化进程的加快和各社会元素的进一步融合,缩小区位差异,实现职业教育同步发展、同位运行,是职业教育资源整合的深层次原因。不囿于一市一地的职业教育资源的合理配置和有效整合,而从整个长三角地区产业结构对人才需求出发,统一对长三角地区的职业教育资源进行整合,可以避免长三角地区职业教育的重复建设,并通过人力资源的统筹布局,实现人力资源的合理配置和有效使用,减少和弱化区位差异。长三角地区职业教育将面临一个竞争和开放的发展机遇。长三角地区的职业教育坚持一体化布局、优势共有、资源共享、成果共得的共同发展,既是区域经济发展对职业教育提出的要求,也是职业教育自身改革发展的必然需求。

3. 长三角地区民办职业教育发展背景

长三角地区经济正处于一体化进程加快、城市集群效应放大、经济总量快速成长、职业教育市场需求旺盛的重要节点。在长三角地区职业教育一体化的背景下,民办职业教育作为经济社会的重要推动力量,为长三角地区的经济发展培养了大批的高素质技能型人才,其地位和作用愈益凸显。2018 年 10 月 27 日,由三省一市民办教育行业组织共同发起的长三角民办教育一体化发展联盟(以下简称联盟)在上海宣告成立,并在当天举办了首届长三角民办教育发展论坛。联盟旨在充分发挥三省一市协会在行业自律、交流合作、协同创新、履行社会责任等方面的桥梁和纽带作用,深入贯彻全国教育大会精神,全面推动民办教育新法新政的落地实施,引导和促进民办学校坚持公益性办学、创新人才培养模式、提升人才培养质量,不断提高长三角地区民办教育整体办学水平和对区域经济社会发展的贡献力。联盟成立后,致力于实现区域民办教育信息相通、资源共享、要素重组和优势互补,既为优化区域民办教育政策环境出谋划策、提供方案,也为引导各级各类民办学校健康发展集思广益、贡献智慧,从而促进长三角民办教育一体化更高质量发展,推动区域教育现代化进程,进一步办好人民满意的教育。这就要求民办教育(包括民办职业教育)机构和从业者,学习和把握新政策,通过多种形式,凝聚新时代发展的共识;群策群力,积极争取良好的政策环境,发挥集体与组织的力量,调动内生动力,实现良性发展;充分发挥三省一市民办职业教育协会在行业自律、交流合作、协同创新、履行社会责任等方面的桥梁和纽带作用,着力为优化和改善区域民办职业教育政策环境出谋划策、贡献智慧,为引导和促进各级各类民办职业学校健康发展集思广益、提供借鉴。

### （二）长三角地区民办职业教育发展态势

2010—2019 年,长三角地区三省一市各类民办职业院校数量、专任教师队伍和在校生规模等方面,呈现不同的发展态势和地区差异。截至 2019 年年底,长三角地区共有民办职业教育学校 230 所,专任教师约 2.40 万人,在校生将近 63.39 万人。通过长三角地区教育数据与东部地区乃至全国民办职业教育数据的对比分析,其中长三角地区民办职业院校数量占比分别为 30.30%、9.97%;专任教师占比分别为 37.05%、14.09%;在校生占比分别为 31.88%、12.02%,具体数据详见表 1。

表 1  2019 年长三角地区民办职业教育占比分布表

| 类型 | 长三角地区 | 东部地区 | 全国 | 相对东部地区占比 | 相对全国占比 |
|---|---|---|---|---|---|
| 学校（所） | 230 | 759 | 2 307 | 30.30% | 9.97% |
| 专任教师数（人） | 24 036 | 64 878 | 170 625 | 37.05% | 14.09% |
| 在校生数（人） | 633 921 | 1 988 944 | 5 275 583 | 31.88% | 12.02% |

数据来源:全国和长三角地区教育事业统计资料。

1. 长三角地区民办中职教育发展态势

截至 2019 年年底,长三角地区共有民办中职学校 173 所,专任教师约 1.18 万人,在校生近 29.09 万人（见图 1、图 3）。

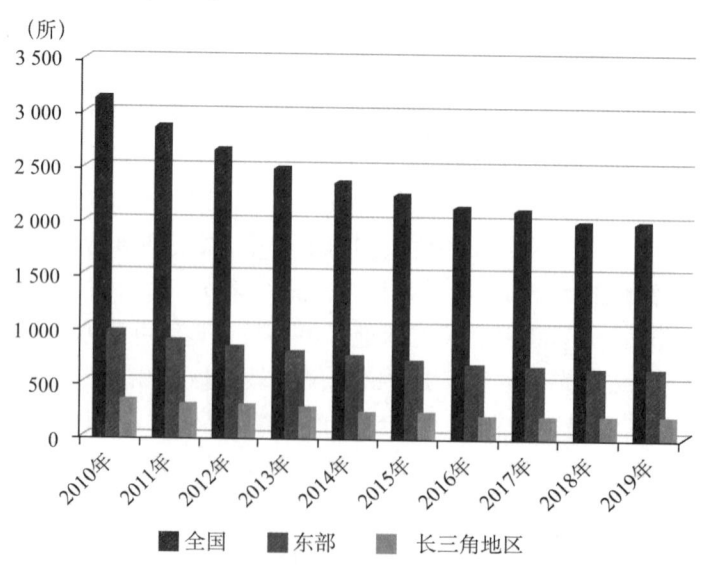

图 1  2010—2019 年民办中职学校数量图

图 1、图 2 所示为民办中职学校数量和占比情况,2010—2019 年,长三角地区、东部地区乃至全国范围内,民办中职学校数量都持续呈现下降的态势,长三角地区民办中职学校的数量由 319 所下降到 173 所,下降比为 45.77%。数量占比也稳步下降,由 20.76%降为19.91%。

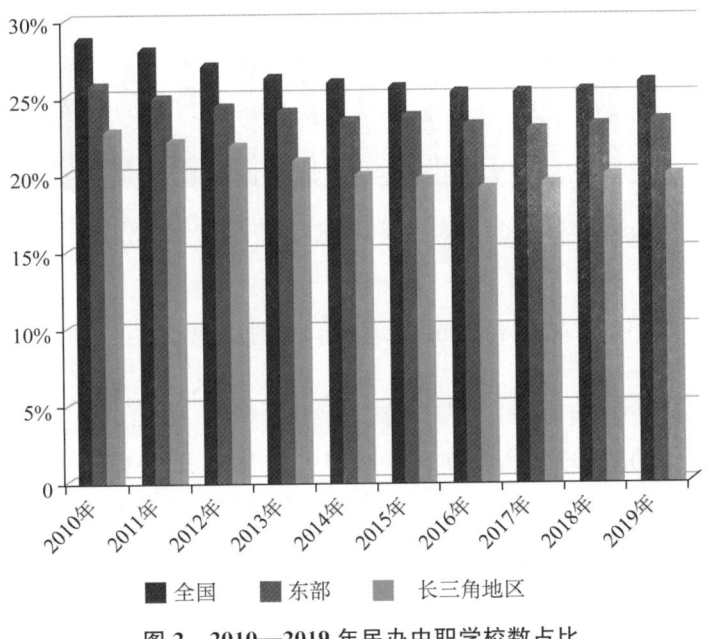

**图 2　2010—2019 年民办中职学校数占比**

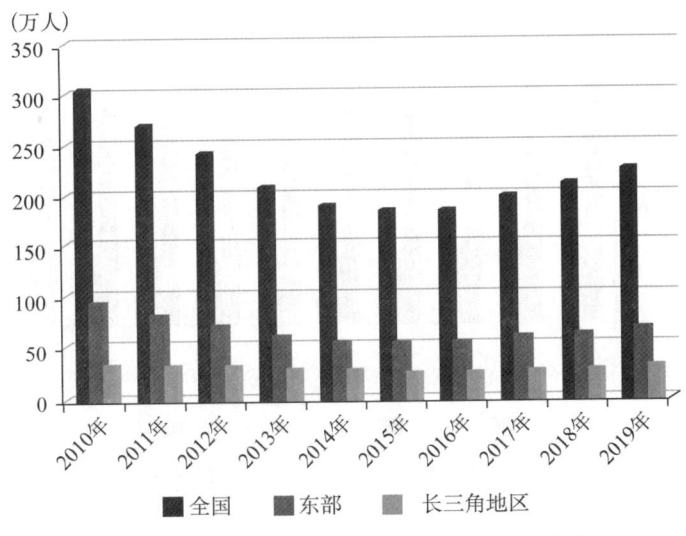

**图 3　2010—2019 年民办中职学校在校生人数**

通过图 3、图 4 可知,在学校在校生方面,长三角地区民办中职在校生情况与东部地区和全国范围的民办中职在校生变动趋势类似,长三角地区民办中职在校生总量也呈现

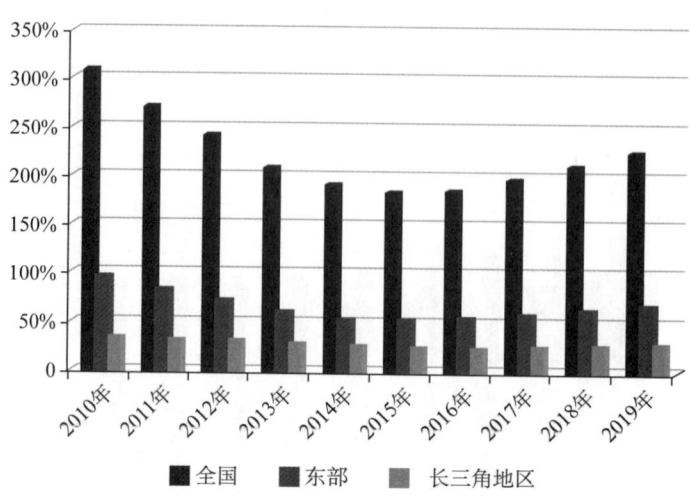

**图4　2010—2019年民办中职学校在校生占比**

先减后增的态势，从2010年的31.12万人降到2016年的24.00万人，下降22.88％，此后缓慢增长至2019年的29.09万人。2010—2019年总体来看，下降了6.52％。在校生占比来看，由2010年的10.15％下降到2016年的9.65％，再增至2019年的11.37％。长三角地区民办中职学校在校生占比，总体高于东部地区民办中职学校在校生占比，低于全国民办中职学校在校生占比。

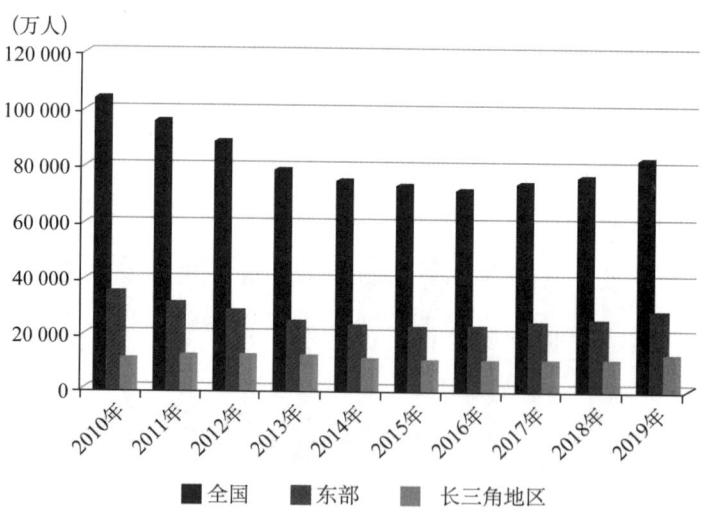

**图5　2010—2019年中职学校专任教师人数**

通过图5可看出，因为民办中职学校在校生人数的先减后增，专任教师人数也呈现类似的趋势。长三角地区民办中职学校专任教师人数，从2010年的1.23万人逐年减少至2016年的0.97万人，然后再稳步增长到2019年的1.18万人。长三角地区的民办中职生师比为24.74∶1，总体优于东部地区（24.90∶1）和全国（27.46∶1）（见图6）。

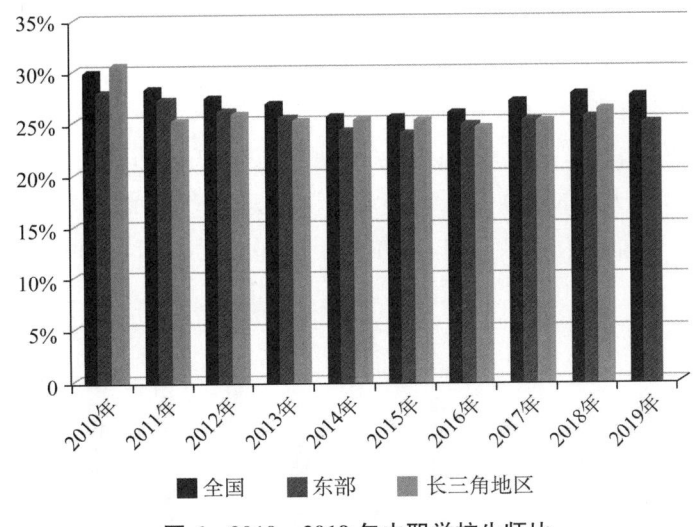

**图6 2010—2019 年中职学校生师比**

2. 长三角地区民办高职教育发展态势

截至 2019 年年底,长三角地区共有民办高职院校 57 所(见表 2),专任教师约 1.23 万人,在校生近 34.30 万人。

**表 2 2010—2019 年民办高职院校数量** 单位:所

| 年份 | 2010 | 2011 | 2012 | 2013 | 2014 | 2015 | 2016 | 2017 | 2018 | 2019 |
|------|------|------|------|------|------|------|------|------|------|------|
| 全国 | 303 | 308 | 316 | 325 | 307 | 310 | 317 | 320 | 330 | 322 |
| 东部地区 | 157 | 155 | 151 | 153 | 145 | 141 | 143 | 147 | 145 | 138 |
| 长三角地区 | 60 | 61 | 61 | 61 | 59 | 59 | 59 | 59 | 57 | 57 |

由表 2 可知,2010—2019 年长三角地区乃至东部地区和全国范围内,民办高职院校数量虽有所波动,但总体持平,就 2019 年数据来看,长三角地区民办高职院校数量分别是东部地区的 41.30%,全国的 17.70%。

通过图 7 可知民办高职院校在校生规模,2010—2019 年,长三角地区民办高职院校

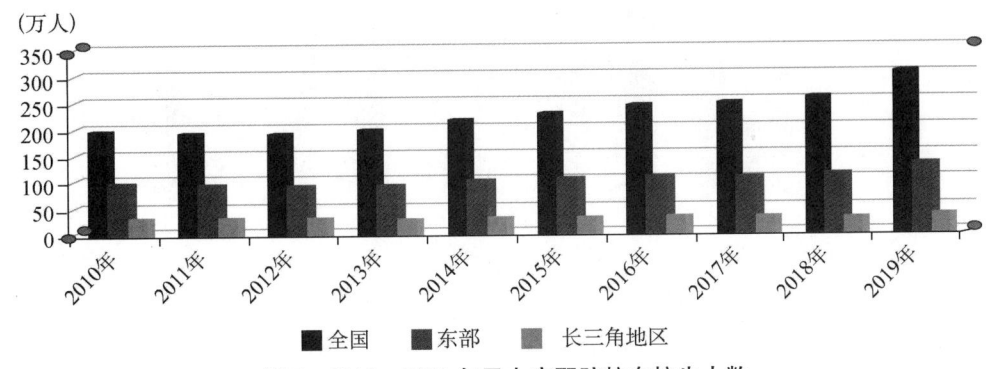

**图 7 2010—2019 年民办高职院校在校生人数**

在校生人数呈现先是缓慢下降然后又缓慢增长的态势,由 2010 年的 31.16 万人增长到 2019 年的 34.30 万人,增长了 10.09%,同期全国民办高职在校生人数增长了 54.93%,东部地区民办高职在校生人数增长了 36.78%。

通过图 8、图 9 可看出,长三角地区民办高职院校专任教师规模总体呈现缓慢增长趋势,由 2010 年 1.13 万人增长到 2019 年的 1.23 万人,增长了 8.76%。2019 年,长三角地区的民办高职院校生师比为 27.94∶1,总体优于东部地区(34.77∶1)和全国(34.1∶1)。

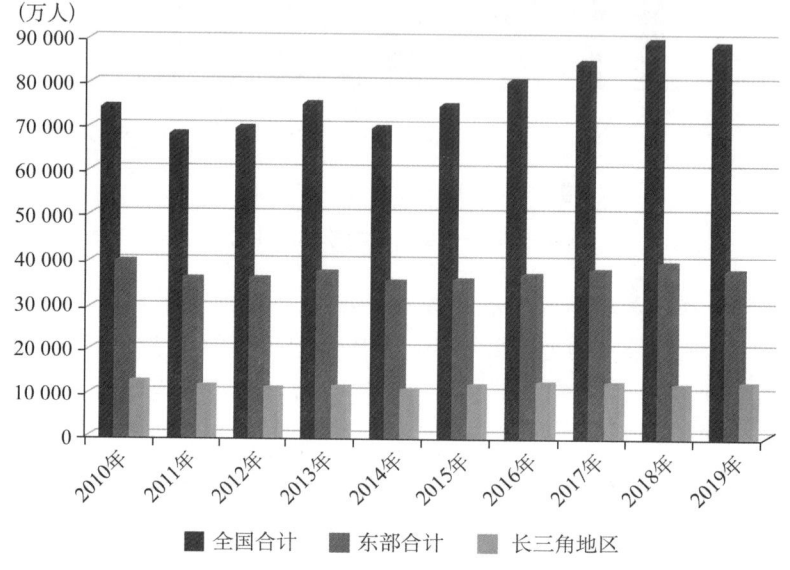

图 8　2010—2019 年高职院校专任教师人数

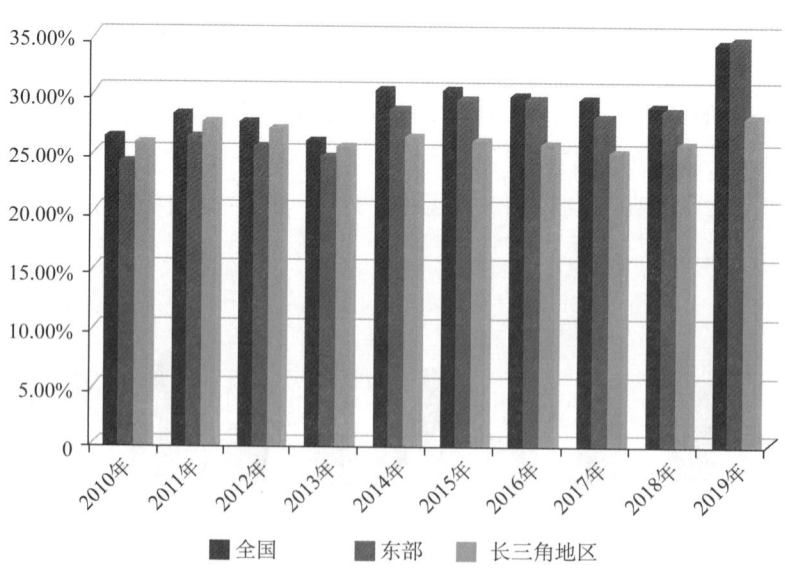

图 9　2010—2019 年高职院校生师比

## 二、探索与实践:长三角地区民办职业教育改革发展环境分析

随着长三角地区作为世界第六大城市群(Megalopolis)概念的提出,长三角持续发展和创新能力的提升取决于其地域内的知识要素、人才要素和制度要素三个方面,它们分别对应了城市人力资本、知识资本和制度资本的发育程度,而职业教育发展水平更能直接、及时体现“三大资本”的发育程度。探索和研究长三角地区民办职业院校一体化发展模式,旨在适应和促进城市群发展和产业集聚与集群的趋势,使区域要素资源特别是职业教育资源的效能和能量得以“最大程度的释放”。职业教育是现代国民教育体系的重要组成部分,2019 年《国家职业教育改革实施方案》明确了职业教育改革的重大制度设计和政策举措;随着《中华人民共和国民办教育促进法》和《国务院关于鼓励社会力量兴办教育促进民办教育健康发展的若干意见》的颁布与实施,标志着我国从顶层设计上进一步完善了民办教育发展的制度框架,民办教育进入了分类管理的新时期。与此同时,长三角地区乃至国家的民办职业教育也迎来了新的发展机遇。

### (一)长三角地区民办职业教育改革发展机遇分析

#### 1. 把握经济转型升级、产业结构调整的战略机遇期

职业教育作为经济社会发展的重要基础,必须在建设社会主义现代化强国、实现中华民族伟大复兴的历史进程中承担起自身的责任。新一轮科技革命和产业变革方兴未艾,云计算、大数据、物联网、区块链和人工智能等技术孕育兴起,不断催生产业的新技术、新工艺、新业态、新产业、新模式,迫切需要职业教育培养更多知识型、复合型、创新型、技术技能型人才;我国经济进入高质量发展阶段,转变发展方式,转换增长动能,加快建设现代化经济体系,迫切需要职业教育参与联合攻关和协同创新,突破技术瓶颈,增强创新能力;受新冠肺炎疫情影响,世界经济严重衰退,振兴实体经济,扩大就业,维护民生,做好“六稳”“六保”工作,迫切需要扩大优质资源供给,满足经济社会发展和人民群众对多样化的职业教育的需求,职业教育的重要地位和重要作用越来越凸显。

#### 2. 把握长三角一体化发展、建设全球卓越教育协作典范的机遇

2019 年 12 月 1 日,中共中央、国务院印发《长江三角洲区域一体化发展规划纲要》。作为全国高质量发展样板区、率先基本实现现代化引领区、区域一体化发展示范区,长三角在推动高质量发展、建设现代化经济体系、促进区域一体化发展方面,要加快各类改革试点举措,集中落实、率先突破和系统集成,增强长三角地区创新能力和竞争能力,提高经济集聚度、区域连接性和政策协同效率,引领全国高质量发展、建设现代化经济体系。在长三角一体化发展上升为国家战略的大背景下,实现长三角教育一体化发展,既是长三角教育更高质量发展的客观要求,也是教育更高程度发展的重大机遇。随着《关于进一步推进长江三角洲地区教育改革与合作发展的指导意见》《长三角地区教育更高质量一体化发展战略协作框架协议》和《长三角地区教育一体化发展三年行动计划》的颁布,长三角地区

进入教育合作与联动阶段。尤其是随着长三角民办教育一体化发展联盟的成立以及《长三角民办教育发展协助框架协议》《长三角生态绿色一体化发展示范区职业教育一体化平台建设方案》等政策文件的落地，长三角建设全球卓越教育协作典范全面发力，民办职业教育迎来了发展新机遇。

3. 把握职业教育大变革、大发展的机遇

近年来，国家把发展职业教育作为优化高等教育结构、培养大国工匠、推动中国制造"品质革命"的重大战略举措，相继出台系列重大政策，持续释放制度红利，职业教育迎来了加速发展的"黄金期"。2018年以来国家为发展职业教育改革采取了一系列改革举措：建立一批制度标准，完善国家职业教育制度体系，完善学校设置、师资队伍、教育教学相关标准和职业培训标准；实施一批重大项目，实施中国特色高水平高职院校和专业建设计划；开展"1＋X"证书制度、推进职业教育国家"学分银行"建设、探索本科层次职业教育、培育产教融合型企业、构建符合国情的国家资历框架制度等试点。长三角地区作为我国近代职业教育的发源地，应紧紧围绕服务国家和区域发展战略，构建"学段纵向贯通、产教横向融通、区域多维联动"的现代职业教育体系，为区域经济社会发展、产业转型升级提供有力支撑。

4. 把握民办教育规范化发展的新机遇

2018年以来随着《中华人民共和国民办教育促进法》和《国务院关于鼓励社会力量兴办教育促进民办教育健康发展的若干意见》（以下简称《若干意见》）以及教育部与相关部委联合发布《民办学校分类登记实施细则》《营利性民办学校监督管理实施细则》的出台，尤其是《中华人民共和国民办教育促进法实施条例》的完成修订，显示了我国对民办教育的重视和扶持力度的逐渐加大，体现了国家对民办教育形势的新判断、发展的新定位、制度的新安排，为民办教育在新的历史起点上实现健康发展指明了方向。

## （二）长三角地区民办职业教育改革发展风险分析

1. 地区经济发展水平不平衡，民办职业教育与区域经济发展水平不匹配

在高端产业和新兴产业领域，长三角地区发达城市几乎处于全面竞争之中，长三角地区民办职业教育若要协同发展，必然面对巨大的挑战。如何化解城市之间的激烈竞争、如何平衡职业教育"产出—收益""投入—回报"之间的关系成为长三角地区民办职业教育一体化发展的重大难题。三省一市不同行政区划，由于所服务的对象不同，在现有的规章制度和利益的维护方面不可避免存在不一致甚至矛盾的地方，要实现三省一市民办职业教育一体化协同发展，破解区域之间的竞争需要在区域发展的制度上做出创新，长三角地区不仅需要破除阻碍发展的行政壁垒，还需要统筹协调，权衡利弊，以发展的眼光看待职业教育的发展、民办教育的发展，在教育投入、师资共享、招生就业等方面做出协同，从顶层设计层面健全区域行政协调机制尤为重要。长三角地区教育一体化的重要前提，是教育资源的供给和需求，这个过程必然伴随成本的支付和利益的获取，这就需要各地政府间相互磋商，形成需求导向的联合共商共建共管共育共享机制，保障教育要素的合理流动。

## 2. 民办职业教育资源分布不均衡

目前三省一市的教育资源分布并不均衡,有的地区的教育硬件设施、师资资源等还相对薄弱,专业的低水平重复,为数不少的民办高职院校和民办职教本科院校为争夺生源在专业设置上贪大求全,缺乏围绕产业需求、区域发展需求合理配置资源的教育理念,往往是有什么资源建什么专业、什么专业好招生建什么专业,缺少对专业的类别、基础、发展前景的科学评价,导致专业结构的不合理。在三省一市的行政区划格局下,各地政府代表地方利益,不可避免产生相互博弈现象。在博弈过程中,存在两种可能:一种是行政主导者以大局观和优势互补为价值导向,选择积极合作的策略,确保区域内利益相关主体获益,在良性竞争和合作中推动区域教育一体化发展;另一种是为保护地方利益而选择非良性竞争策略,往往导致信息互通渠道不畅、一体化驱动力不足、稳定性不强,从而延缓甚至偏离了教育一体化进程。

### 3. 民办职业教育观念认同和组织合法性问题的挑战

囿于社会观念、法律制度、政府角色作用发挥及资助政策的不到位等因素,民办职业教育未来发展仍受很大制约。观念认同的挑战首当其冲,民办教育是"促进教育改革的重要力量"的认识并未被人们普遍认同。观念的分歧,导致民办职业教育长期在政策和制度的歧视环境下发展,而且在国家财政投入能力提高后,民办职业教育可能将被视为可有可无之物,对民办职业教育的地位、作用及重要意义的共识的形成仍需深入推动。

同时,民办职业教育的组织合法性问题也是一个挑战。尽管我国在法律层面初步解决了民办学校合法性的问题,但从长远来看,法律规范的实施仍存在较多的问题。例如分类管理后是否允许营利性民办中职学校的存在,又如法律允许营利性民办高校的开办发展,但是营利性民办高校的公益性如何实现。另外,已经上市的诸多民办职业教育在没有履行新的法人登记手续之前,还能认为他们是非营利性民办学校吗?对于非营利性民办职业教育而言,情况也不乐观。我国是否要将非营利性民办职业教育作为未来民办教育发展壮大的主体部分?在缺乏细致区分营利和非营利性民办教育制度规范的背景下,政府的扶持政策难以落实,很多民办职业教育的非营利性实现程度与公众期望以及非营利组织的行为准则并不吻合,这使得非营利性民办职业教育的"非营利性"受到质疑。

## 三、共赢与发展:长三角地区民办职业教育发展趋势与战略选择

长三角地区民办职业教育在当前的形势下机遇与挑战并存,随着政策前景趋好和区域经济的日益强盛,民办职业教育的梦想与辉煌同在,我们一定要满怀信心,主动作为,携手共进,砥砺前行,努力开辟一条适合自我奋进的民办职业教育发展之路。

### (一) 发展趋势

1. 面向世界:创建长三角地区民办职业教育一体化发展示范区
以习近平新时代中国特色社会主义思想为指导,贯彻落实《长江三角洲区域一体化发

展规划纲要》精神，系统推进长三角地区民办职业教育一体化发展，提升长三角地区民办职业教育在整个教育体系中的能级和水平，着力推动形成区域协调发展新格局，着力推进更高水平协同开放，着力创新一体化发展体制机制，搭建民办职业教育一体化协同发展平台，拟制定《长三角地区民办职业教育一体化发展行动计划》。

长三角地区民办职业教育一体化发展行动计划的整体构想是力求做到"八个统筹"：统筹招生规划布局；统筹学科专业建设规划；统筹人才培养方案；统筹课程教学标准；统筹教师队伍建设规划；统筹就业人才供给；统筹谋划产教融合；统筹提供社会服务。

2. 面向未来：开启长三角地区民办职业教育通向 2035 新征程

1）深入推进长三角地区民办职业教育一体化发展行动计划

借助长三角地区民办职业教育的区域优势和资源优势，构建长三角地区民办职业教育一体化的发展模式，突破区域内各市各校各自为政的低层次重复建设的运行体制，以体制—机制—运行为核心，以制度为框架，以专业群的整合为抓手，对现有的民办职业教育资源进行重组，最大限度提升长三角地区民办职业教育资源的增量和可持续发展竞争力，科学谋划长三角地区民办职业教育对技术技能人才的系统培养，实现民办职业教育与区域企业人才需求的紧密对接，助力长三角地区经济发展。

2）加快培养适应经济社会发展的"国际职业人"

国际职业人是指熟悉某一行业国际化通用职业标准，掌握某一行业国际通用职业技术和技能，可以在不同国家的相关行业和企业就职的国际化人才。民办职业教育需要放眼世界，了解国际化发展前景，培养具备国际化素质、拥有国际化能力、适应新时代发展需要的"国际职业人"，这将成为职业教育的未来走向。国际生存空间要求从业劳动者以技能为基础，适应国际劳动力市场需求，掌握符合国际通用标准的劳动技术技能。为此，民办职业教育必须有质的突破和飞跃，形成具有国际视野的高层次技能人才的培养体系，加强与职业资格证书制度及就业准入制度的衔接，通过培养适应经济社会发展的"国际职业人"，增强职业教育办学的生命力。

## （二）战略选择

### 1. 开放与对接

这里所说的"开放"，是指在长三角地区民办职业教育这个大的空间里，树立开放理念，营造良好的开放环境，突破彼此封闭的思维定式，实现开放式建构，促进民办教育资源和要素的有效对接和综合运用。其目的是提高区域内民办职业教育的教育质量，提升区域内民办职业教育办学的整体水平，推动区域内民办教育迈向一个全新的高度，更好地服务于区域经济建设，促进区域改革发展。所谓"对接"，是强调全方位实现相互的渗透，共存共荣，互利互惠。

共同组建长三角地区民办职业教育合作联盟，做到在开放中实现对接，在对接中促进互通。通过对接规则，努力建立公平开放透明的教育环境。具体要实现四个方面的开放与对接和一个方面的双向互动。

1）地方教育政策的开放与对接

重点将长三角各城市职业教育发展战略与策略进行充分交流和对接,研究制定长三角地区民办职业教育合作的区域性政策法规,探索建立区域民办职业教育跨省决策、执行、监督的协作机制,实现长三角地区内民办职业教育的相关政策的开放与对接,统一政策引领、统一发展方向、统一教育标准,为区域内的民办职业院校合作提供政策支持。

2）学校治理能力和经验的开放与对接

区域内建立民办职教院校长培训制度,建立书记校长论坛和书记校长对话制度,互派院校长助理挂职锻炼,共谋民办职教院校新发展。进一步完善现代大学制度建设,促进民办职教院校治理体系和治理能力现代化,推动民办职教院校整体工作上台阶上水平。

3）优势学科专业的开放与对接

强化区域优势学科专业协作,统一专业人才培养方案,统一专业人才培养目标和要求,建立专业带头人的交流、研讨、互访制度,联手打造一流学科。

4）精品教学课程的开放与对接

统一课程标准,统一教学要求,区域内民办职教院校精选精品课程,建立互听、互学、互教制度,定期组织课程教学赛事活动,联手打造一流精品课程。

5）校际教师(或学生)的双向互动

区域内民办职教院校教师之间互派访问学者,建立教师互换兼职机制,实现教学全过程的学习考察和教学透视。学生干部相互交流,学生活动相互参与,乃至建立学生互换协作培养项目,共享双方教学成果和相关资源,取长补短,有效提升教学质量和教学水平。

2. 等效与互认

质量上等效是彼此互认的前提,彼此互认是合作发展的基石。长三角地区民办职业教育只有在质量上等效,才能实现在教育成果上互认。为此,长三角地区民办职教院校要做好"一个加强两个构建"。

1）加强自身修炼,着力提升自我发展能力

既要提高教育教学水平,又要提升教育教学管理能力;既要打造适应新时代职业教育发展要求的师资队伍,又要能够培养出具备职业技术素养和综合素质良好的优秀毕业生。

2）构建长三角地区民办职业教育质量保证和评估体系

研究制定区域内相对统一的民办职教院校、教师评价标准和学生综合素质评价办法,完善区域内民办职教院校合作育人机制,促进长三角地区各城市职业教育的共同发展。

3）构建长三角地区民办职业教育学习成果认定和学分转换机制

以长三角地区民办职教院校为主体,以学习者为中心,建立科学合理的学分认定办法,制定公开透明的转换程序,方便学习者在不同院校获得的学分以及其他的学习成果得到认定、转换和积累,畅通校内教育与校外教育之间的转换通道,搭建人才成长立交桥。

3. 合作与共赢

合作共赢是促进长三角地区民办职业教育健康发展的内在要求,既能最大化的发挥各个院校的潜力,又能克服各个体院校能力的局限性,促进共同进步和全面发展。

1）努力打造长三角地区民办职教院校合作交流的文化平台

开展区域民办职教院校学科技能竞赛、组织教师的交流和教学赛事活动、联合招生、合作培养、启动"四新"（新工科、新文科、新农科、新医科）建设与人才培养计划，促进民办教育资源互补，教学要素流动，构建优势叠加、互惠互利的育人环境，从各自为政到合作共赢。

2）加强长三角地区民办职教院校与企业的合作

梳理长三角地区支柱产业，以长三角地区支柱产业为依托，以民办职教院校精品专业为基础，实现校企强强合作，以强带弱，构建区域产教融合信息服务平台和校企共建产教融合创新创业平台，形成产教融合实体化运作模式与机制，推动产学研建设与研究，建立校企人才双向流动的长效机制。

3）合作开展教学研究和人文精神教育

聚焦教育管理体制、办学体制、院校治理、人才培养模式、考试招生制度等方面的改革，增强长三角地区民办教育改革的联动性。制定长三角地区民办职业教育创新发展计划，每年组织实施年度合作项目，积极开辟新的合作项目，推动民办教育资源要素在区域内自由流动和优化配置，合作开展教学研究和人文精神教育，真正使学生受益、教师受益、学校受益，努力开创合作共赢新局面。

坚持优势互补，互利共赢。搭建更加广阔的交流合作平台，不断发展壮大合作主体，强化各级教育行政部门、各级各类民办职教院校之间的有效合作，进一步提高长三角地区民办职业教育的整体水平。

# 长三角地区民办高等教育改革与发展

高等教育是国家创新发展的重要源泉,也是国家发展水平和发展潜力的重要标志。民办高等教育作为我国高等教育事业的重要组成部分,在实现高等教育强国以及人才振兴战略中发挥着重要作用。在新的历史时期,我国高等教育既需要加大财政性教育经费投入,也需要鼓励和吸引社会力量参与办学,丰富高等教育资源供给,需要民办高等教育勇挑重担、积极作为。作为我国高等教育改革发展的前沿地带,长三角地区民办高等教育树立了改革先导的旗帜标杆,推动了中国教育体制机制的改革创新,为全国民办高等教育高质量发展提供了可借鉴的经验。

## 一、长三角地区民办高等教育的改革与发展现状

《国家中长期教育改革和发展规划纲要(2010—2020 年)》明确规定,要大力支持民办教育,要求各级政府把发展民办教育作为重要工作职责,健全公共财政对民办教育的扶持政策,对具备学士、硕士和博士学位授予单位条件的民办学校,按规定程序予以审批。受政策推动,长三角地区各省市加快制定配套政策文件,指导民办高等教育事业发展。2010 年以来,长三角地区陆续创办了 135 所民办高校,包括 74 所民办本科高校和 60 所民办专科高校,经教育部审批确定了 64 所独立学院,大部分独立学院正按照《独立学院设置与管理办法》的要求逐步实现独立办学。各类高校在校生总体规模保持稳定,办学层次有待突破,办学质量不断提高,办学改革持续深化。民办高校为长三角地区高等教育发展作出了重要贡献,满足了人民群众接受高等教育的多样化需求,增加了高等教育的经费投入,扩大了高等教育的入学机会,为经济社会发展培养了大批应用型人才,已经成为促进长三角地区高等教育事业发展的有生力量。

### (一)办学规模总体稳定

长三角地区民办高校办学规模主要包括学校规模和在校生规模两类。其中,学校规模包括长三角地区民办高校规模、长三角地区民办本科高校规模、长三角地区民办专科高校规模和独立学院规模;在校生规模包括长三角地区民办本科高校在校生规模、长三角地区民办专科高校在校生规模和独立学院在校生规模,统计时间跨度为 2010—2019 年。研究发现,2010—2019 年长三角地区办学规模在均值上下浮动,总体规模稳定。

1. 学校规模

2019 年长三角地区民办高校总数为 134 所,约占全国民办高校总数的 17.70%。其中,安徽省 31 所,浙江省 35 所,江苏省 49 所,上海市 19 所(见图 1)。与 2010 年相比,2019 年长三角地区民办高校数量减少 1 所,总体规模保持稳定。

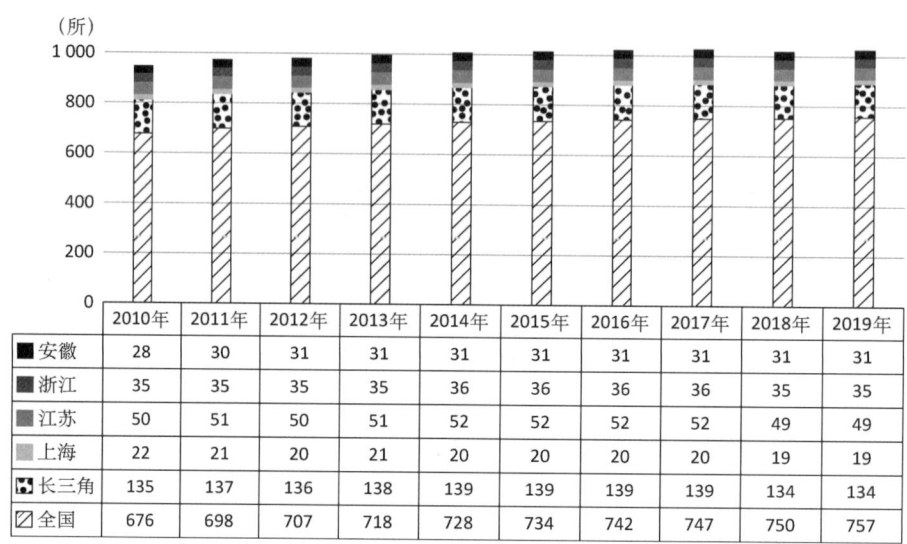

| (所) | 2010年 | 2011年 | 2012年 | 2013年 | 2014年 | 2015年 | 2016年 | 2017年 | 2018年 | 2019年 |
|---|---|---|---|---|---|---|---|---|---|---|
| ■安徽 | 28 | 30 | 31 | 31 | 31 | 31 | 31 | 31 | 31 | 31 |
| ■浙江 | 35 | 35 | 35 | 35 | 36 | 36 | 36 | 36 | 35 | 35 |
| ■江苏 | 50 | 51 | 50 | 51 | 52 | 52 | 52 | 52 | 49 | 49 |
| □上海 | 22 | 21 | 20 | 21 | 20 | 20 | 20 | 20 | 19 | 19 |
| ⊡长三角 | 135 | 137 | 136 | 138 | 139 | 139 | 139 | 139 | 134 | 134 |
| ▨全国 | 676 | 698 | 707 | 718 | 728 | 734 | 742 | 747 | 750 | 757 |

**图 1　2010—2019 年长三角地区民办高校数量情况**

2019 年长三角地区民办本科高校总数为 77 所,约占全国民办本科高校总数的 17.74%。其中,安徽省 15 所,浙江省 26 所,江苏省 29 所,上海市 7 所(见图 2)。与 2010 年相比,2019 年长三角地区民办本科高校数量增加 3 所,总体规模保持稳定。

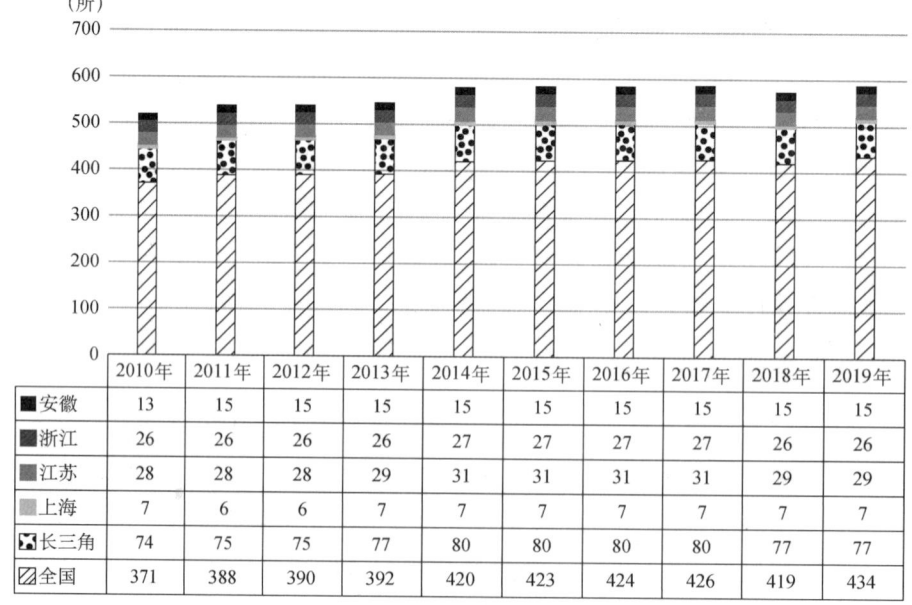

| (所) | 2010年 | 2011年 | 2012年 | 2013年 | 2014年 | 2015年 | 2016年 | 2017年 | 2018年 | 2019年 |
|---|---|---|---|---|---|---|---|---|---|---|
| ■安徽 | 13 | 15 | 15 | 15 | 15 | 15 | 15 | 15 | 15 | 15 |
| ■浙江 | 26 | 26 | 26 | 26 | 27 | 27 | 27 | 27 | 26 | 26 |
| ■江苏 | 28 | 28 | 28 | 29 | 31 | 31 | 31 | 31 | 29 | 29 |
| □上海 | 7 | 6 | 6 | 7 | 7 | 7 | 7 | 7 | 7 | 7 |
| ⊡长三角 | 74 | 75 | 75 | 77 | 80 | 80 | 80 | 80 | 77 | 77 |
| ▨全国 | 371 | 388 | 390 | 392 | 420 | 423 | 424 | 426 | 419 | 434 |

**图 2　2010—2019 年长三角地区民办本科高校数量情况**

2019 年长三角地区民办专科高校总数为 57 所,约占全国民办专科高校总数的 17.70%。其中,安徽省 16 所,浙江省 9 所,江苏省 20 所,上海市 12 所(见图 3)。与 2010 年相比,2019 年长三角地区民办专科高校数量减少 3 所,总体规模保持稳定。

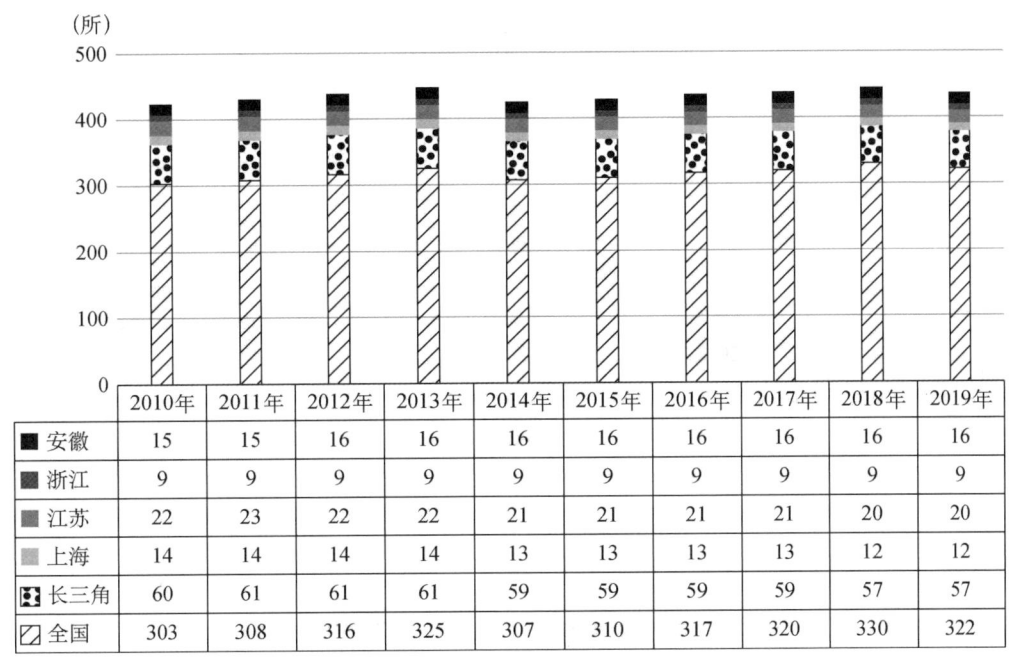

| (所) | 2010年 | 2011年 | 2012年 | 2013年 | 2014年 | 2015年 | 2016年 | 2017年 | 2018年 | 2019年 |
|---|---|---|---|---|---|---|---|---|---|---|
| ■ 安徽 | 15 | 15 | 16 | 16 | 16 | 16 | 16 | 16 | 16 | 16 |
| ■ 浙江 | 9 | 9 | 9 | 9 | 9 | 9 | 9 | 9 | 9 | 9 |
| ■ 江苏 | 22 | 23 | 22 | 22 | 21 | 21 | 21 | 21 | 20 | 20 |
| ■ 上海 | 14 | 14 | 14 | 14 | 13 | 13 | 13 | 13 | 12 | 12 |
| ⊞ 长三角 | 60 | 61 | 61 | 61 | 59 | 59 | 59 | 59 | 57 | 57 |
| ▨ 全国 | 303 | 308 | 316 | 325 | 307 | 310 | 317 | 320 | 330 | 322 |

图 3  2010—2019 年长三角地区民办专科高校数量情况

2019 年长三角地区独立学院总数为 56 所,约占全国独立学院总数的 21.79%。其中,安徽省 8 所,浙江省 21 所,江苏省 25 所,上海市 2 所(见图 4)。与 2010 年相比,2019 年长三角地区独立学院数量减少 8 所,随着 2020 年《关于加快推进独立学院转设工作的实施方案》持续推进,独立学院转设步伐加快,根据"成熟一所、转设一所""能转尽转,应转快转"的原则,未来一段时期,长三角地区独立学院数量将逐步减少直至清零。

2. 在校生规模

2019 年长三角地区民办本科高校在校生 73 万余人,较 2010 年增长约 19.34%,约占全国民办本科高校在校生总数的 16.53%(见图 5)。其中,安徽省增幅明显,增长近 6 万人;上海市、浙江省均有所增长,分别增长约 2 万人、3 万人;江苏省民办本科高校在校生数总体保持不变。

2019 年长三角地区民办专科高校在校生 34 万余人,较 2010 年增长约 8.68%,约占全国民办专科高校在校生总数的 11.31%(见图 6)。其中,安徽省有较为明显的增长,长三角地区其余两省一市增长幅度均不明显。

2019 年长三角地区独立学院在校生 49 万余人,较 2010 年增长约 4.46%,约占全国独立学院在校生总数的 19.23%(见图 7)。受转设政策影响,长三角部分地区独立学院在校生总数逐年下降。

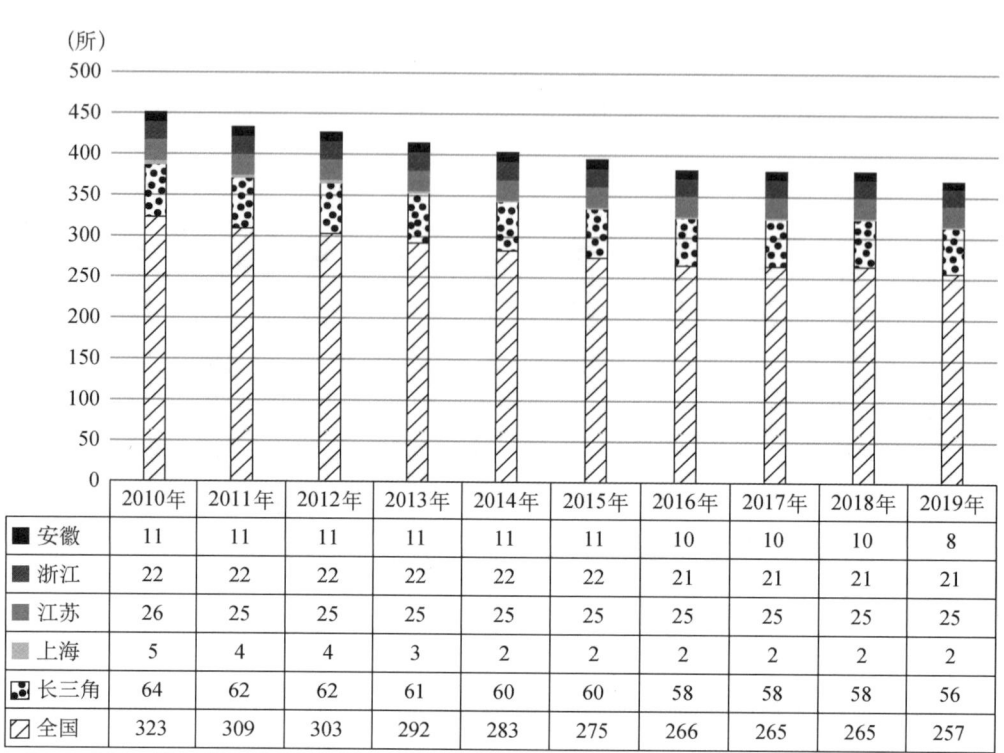

| | 2010年 | 2011年 | 2012年 | 2013年 | 2014年 | 2015年 | 2016年 | 2017年 | 2018年 | 2019年 |
|---|---|---|---|---|---|---|---|---|---|---|
| ■ 安徽 | 11 | 11 | 11 | 11 | 11 | 11 | 10 | 10 | 10 | 8 |
| ■ 浙江 | 22 | 22 | 22 | 22 | 22 | 22 | 21 | 21 | 21 | 21 |
| ■ 江苏 | 26 | 25 | 25 | 25 | 25 | 25 | 25 | 25 | 25 | 25 |
| ■ 上海 | 5 | 4 | 4 | 3 | 2 | 2 | 2 | 2 | 2 | 2 |
| ▣ 长三角 | 64 | 62 | 62 | 61 | 60 | 60 | 58 | 58 | 58 | 56 |
| ▨ 全国 | 323 | 309 | 303 | 292 | 283 | 275 | 266 | 265 | 265 | 257 |

图 4    2010—2019 年长三角地区独立学院数量情况

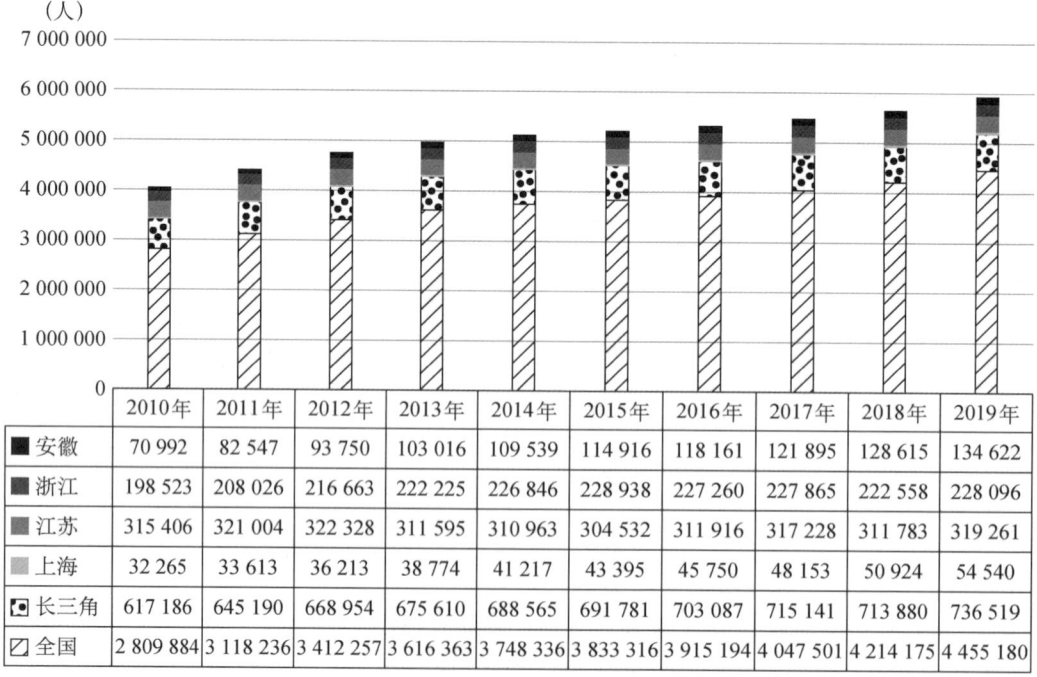

| | 2010年 | 2011年 | 2012年 | 2013年 | 2014年 | 2015年 | 2016年 | 2017年 | 2018年 | 2019年 |
|---|---|---|---|---|---|---|---|---|---|---|
| ■ 安徽 | 70 992 | 82 547 | 93 750 | 103 016 | 109 539 | 114 916 | 118 161 | 121 895 | 128 615 | 134 622 |
| ■ 浙江 | 198 523 | 208 026 | 216 663 | 222 225 | 226 846 | 228 938 | 227 260 | 227 865 | 222 558 | 228 096 |
| ■ 江苏 | 315 406 | 321 004 | 322 328 | 311 595 | 310 963 | 304 532 | 311 916 | 317 228 | 311 783 | 319 261 |
| ■ 上海 | 32 265 | 33 613 | 36 213 | 38 774 | 41 217 | 43 395 | 45 750 | 48 153 | 50 924 | 54 540 |
| ▣ 长三角 | 617 186 | 645 190 | 668 954 | 675 610 | 688 565 | 691 781 | 703 087 | 715 141 | 713 880 | 736 519 |
| ▨ 全国 | 2 809 884 | 3 118 236 | 3 412 257 | 3 616 363 | 3 748 336 | 3 833 316 | 3 915 194 | 4 047 501 | 4 214 175 | 4 455 180 |

图 5    2010—2019 年长三角地区民办本科高校在校生人数情况

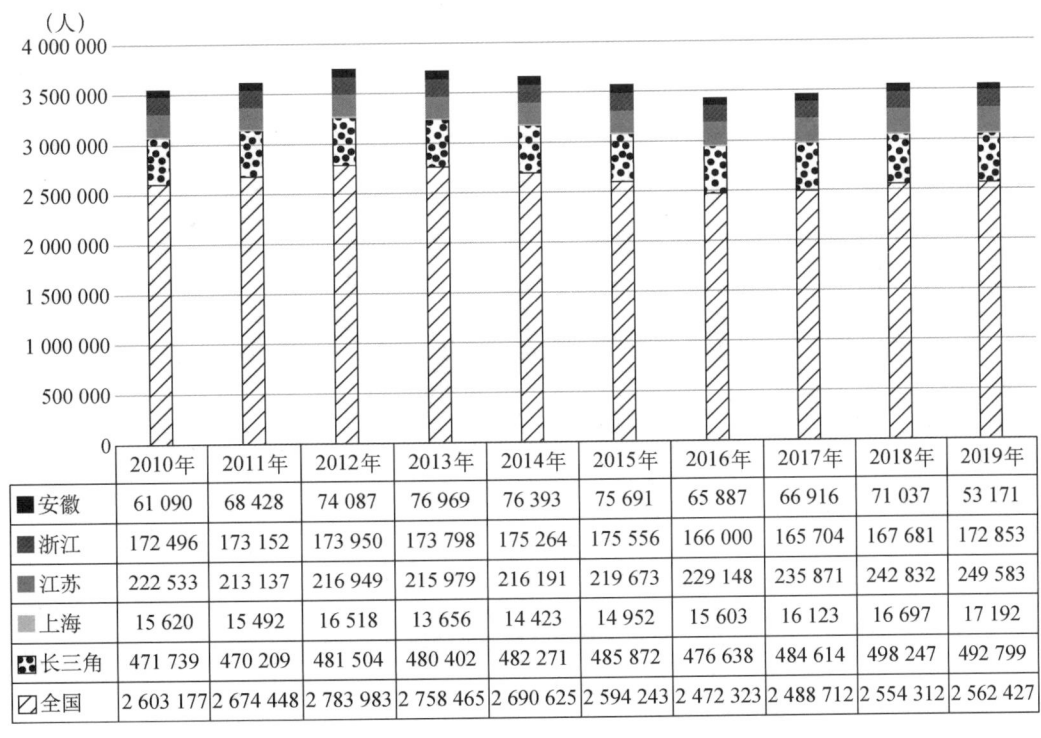

| | 2010年 | 2011年 | 2012年 | 2013年 | 2014年 | 2015年 | 2016年 | 2017年 | 2018年 | 2019年 |
|---|---|---|---|---|---|---|---|---|---|---|
| ■ 安徽 | 76 474 | 81 241 | 77 995 | 75 017 | 72 838 | 82 632 | 83 347 | 81 212 | 77 200 | 98 746 |
| ■ 浙江 | 76 667 | 74 172 | 71 490 | 70 274 | 70 275 | 69 831 | 71 156 | 70 521 | 74 048 | 84 581 |
| ■ 江苏 | 98 417 | 96 919 | 87 203 | 87 037 | 87 035 | 86 679 | 85 405 | 81 585 | 82 669 | 91 629 |
| ■ 上海 | 64 088 | 59 254 | 54 042 | 52 215 | 53 599 | 59 424 | 63 146 | 63 414 | 63 891 | 68 079 |
| ■ 长三角 | 315 646 | 311 586 | 290 730 | 284 543 | 283 747 | 298 566 | 303 054 | 296 732 | 297 808 | 343 035 |
| ▨ 全国 | 1 956 961 | 1 932 451 | 1 919 358 | 1 958 520 | 2 122 803 | 2 275 188 | 2 424 647 | 2 464 354 | 2 563 661 | 3 031 901 |

图 6　2010—2019 年长三角地区民办专科高校在校生人数情况

| | 2010年 | 2011年 | 2012年 | 2013年 | 2014年 | 2015年 | 2016年 | 2017年 | 2018年 | 2019年 |
|---|---|---|---|---|---|---|---|---|---|---|
| ■ 安徽 | 61 090 | 68 428 | 74 087 | 76 969 | 76 393 | 75 691 | 65 887 | 66 916 | 71 037 | 53 171 |
| ■ 浙江 | 172 496 | 173 152 | 173 950 | 173 798 | 175 264 | 175 556 | 166 000 | 165 704 | 167 681 | 172 853 |
| ■ 江苏 | 222 533 | 213 137 | 216 949 | 215 979 | 216 191 | 219 673 | 229 148 | 235 871 | 242 832 | 249 583 |
| ■ 上海 | 15 620 | 15 492 | 16 518 | 13 656 | 14 423 | 14 952 | 15 603 | 16 123 | 16 697 | 17 192 |
| ■ 长三角 | 471 739 | 470 209 | 481 504 | 480 402 | 482 271 | 485 872 | 476 638 | 484 614 | 498 247 | 492 799 |
| ▨ 全国 | 2 603 177 | 2 674 448 | 2 783 983 | 2 758 465 | 2 690 625 | 2 594 243 | 2 472 323 | 2 488 712 | 2 554 312 | 2 562 427 |

图 7　2010—2019 年长三角地区独立学院在校生人数情况

总体来看,长三角地区各类民办高校数量总体稳定,其中民办本科高校呈增长趋势,民办专科高校、独立学院则呈下降趋势;各类民办高校在校生人数均有所增长,但增长幅度不大。作为全国公认的教育大省,江苏省的民办高校办学规模总体高于长三角地区其他省市。

值得关注的是,长三角地区民办专科高校数量与在校生人数的比例不协调,在校生人数有一定程度增长,可学校数量却在下滑。综合分析来看,受地方对技术技能型人才需求上升及高职院校扩招政策的影响,各地区鼓励高等职业教育发展,民办专科高校入学人数也随之有所增长,但上海市和江苏省各有两所民办专科高校却由于种种原因被迫退出了办学,一定程度上影响了长三角地区民办高等教育的生态平衡。

## （二）办学层次逐步提升

自 2010 年以来,教育部启动"服务国家特殊需求人才培养项目"试点工作,部分地区民办高校获得实施专业学位研究生招生资格,使这些地区民办高校发展至硕士层次,这在一定程度上反映了一所民办高校的综合竞争实力和办学水准。如图 8 所示,2010—2019 年期间,长三角地区民办高校未能获得单独招收研究生的资格,高层次办学还有待突破。

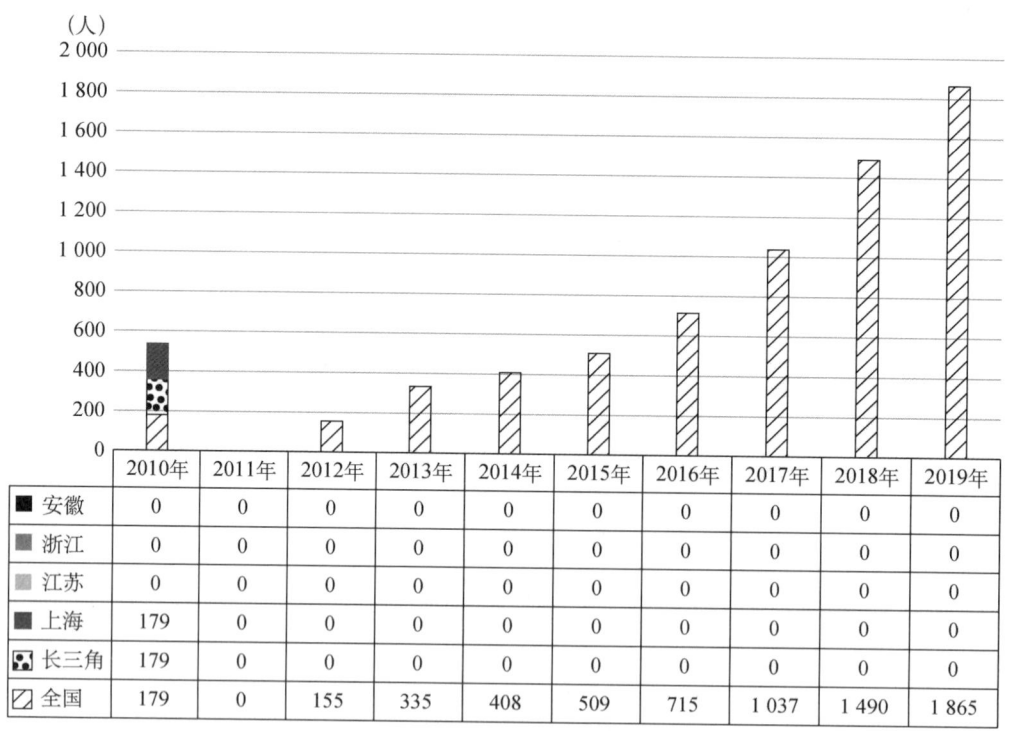

| | 2010年 | 2011年 | 2012年 | 2013年 | 2014年 | 2015年 | 2016年 | 2017年 | 2018年 | 2019年 |
|---|---|---|---|---|---|---|---|---|---|---|
| ■ 安徽 | 0 | 0 | 0 | 0 | 0 | 0 | 0 | 0 | 0 | 0 |
| ■ 浙江 | 0 | 0 | 0 | 0 | 0 | 0 | 0 | 0 | 0 | 0 |
| □ 江苏 | 0 | 0 | 0 | 0 | 0 | 0 | 0 | 0 | 0 | 0 |
| ■ 上海 | 179 | 0 | 0 | 0 | 0 | 0 | 0 | 0 | 0 | 0 |
| ▣ 长三角 | 179 | 0 | 0 | 0 | 0 | 0 | 0 | 0 | 0 | 0 |
| ▨ 全国 | 179 | 0 | 155 | 335 | 408 | 509 | 715 | 1 037 | 1 490 | 1 865 |

图 8　2010—2019 年长三角地区民办高校研究生在校生人数情况

但从整体来看,长三角地区民办高校办学层次正逐步提升,许多高校在新建初期仅从事非学历教育,随着办学实力的不断增强,长三角地区民办高校逐渐向高等学历教育发展,逐步形成了实施普通高等教育的办学模式。2018年4月,教育部正式批准设立西湖大学,该校与复旦大学、浙江大学两所"985"高校联合培养博士研究生,并于2018年招收120名博士研究生入学,标志着长三角地区民办高校办学层次的跃升。同时,浙江省对西湖大学的办学定位进行了多次调整,从2019年1月《关于全面实施高等教育强省战略的意见》提出支持西湖大学以新机制加快建设高水平研究型大学,到2019年3月浙江省教育大会提出推动西湖大学早日建成世界一流新型研究型大学,再到2020年5月出台的《浙江教育现代化2035行动纲要》提出"支持西湖大学探索世界一流新型研究型大学建设的浙江新模式",①表明浙江省对民办高校高水平发展全力支持的态度。西湖大学的获批设立将进一步助推长三角地区民办高校办学层次的提升,并为长三角地区民办高校多元发展提供新的有益经验。

### (三)办学质量不断提高

2015年,教育部颁布《关于加强高等学校本科教学工作提高教学质量的若干意见》,2018年又颁布了《关于加快建设高水平本科教育全面提高人才培养能力的意见》,这两个文件都突出强调了对提高本科教学质量工作的意见。提高本科教育质量,这既是国家对于高等教育办学的基本要求,也是民办高等教育办学的立身之本。近年来,长三角地区民办高校的办学质量不断提高,办学硬件设施不断完善,师资队伍不断优化,教学、科研水平不断提升,人才培养质量规格和社会服务能力不断提高,办学成效获得社会的广泛认可。

教学质量层面,长三角地区民办高校在办学积累不足、学术带头人力量有限,特别是在缺乏研究生教育的情况下,本科教学仍在多个方面取得重要突破。譬如,上海立达学院目前拥有市级教学团队5个、市级教学名师2名、市级精品课程10门;上海震旦职业学院拥有2个市级优秀教学团队、7个市级精品课程、5个上海市重点专业,以及11个校企合作专业项目,该学院2018年获评上海市教学成果一等奖、二等奖、三等奖多项;浙江广厦建设职业技术大学荣获国家级教学成果奖二等奖1项、浙江省教学成果奖一等奖2项、教育部规划基金项目2项、浙江省科技进步一等奖1项;宁波财经学院获得浙江省、宁波市教学成果奖22项,等等。这些成就彰显出长三角地区民办高校在提高教学质量方面取得的进步。

专业建设层面,江苏三江学院获批国家级综合改革试点专业1个、江苏省级品牌专业2个、江苏省级卓越工程师试点专业1个;江苏省无锡太湖学院获批国家级一流本科专业3个、江苏省"十二五"高等学校重点专业1个;浙江树人学院的国际经济与贸易专业获批为国家特色专业。专业建设成果既有力带动了人才培养质量的提高,也为长三角地区民办高校高质量发展夯实了基础。

---

① 阙明坤、陈春梅,王华.我国建设新型高水平民办大学的背景、挑战与策略——以西湖大学为例[J].高校教育管理,2020,14(04):32-41.

### （四）办学改革持续深化

改革开放之初，在社会思想观念陈旧落后、国家政策尚不明确的背景下，长三角地区的一些有志之士勇于创新，敢为人先，积极创办了中华人民共和国成立以来最早的民办高校，创造了多项全国第一：全国首批获批设立的民办高校、全国第一所独立学院、全国第一所中外合作大学、全国第一所高起点民办大学等。① 毫无疑问，每个第一的出现，都不是偶然的，它体现了长三角地区民办高校勇于创新的改革精神。

这种敢于改革、善于创新的办学精神，是中国高等教育改革发展的宝贵财富，在一定意义上也是长三角地区经济持续增长的内生动力所在。改革开放以来，长三角地区民办高校在没有前车之鉴的形势下开始了办学体制改革的探索，并相继在中外合作办学、混合所有制改革、本科职业教育、独立学院转设、分类管理等方面进行了积极探索或先行先试，在多个方面取得了显著的成效。

1. 部分民办高校在中外合作办学中崭露头角

长三角地区民办高校高度重视国际交流合作，为提升国际化办学水平，积极开展中外合作办学，探索开放办学。江苏省的西交利物浦大学大力开展国际化合作办学，对标国际，借鉴国际先进理念，与国外大学、认证机构、研究机构紧密合作，2018 年 6 月，西交利物浦大学国际商学院（IBSS）获欧洲质量发展体系 EQUIS 认证，截至目前 IBSS 已同时获 AACSB 和 EQUIS 两项精英认证，且均以获认证的"最年轻商学院"创下商学院认证史上的记录，该学院学生就读期间出国继续学习的高达 60%。上海市的上海纽约大学，由华东师范大学和美国纽约大学联合创办，成为世界一流大学携手中国"985"重点大学创建的第一所具有独立法人资格的中美合作大学。在长三角地区，还有浙江省宁波诺丁汉大学、温州肯恩大学，江苏省昆山杜克大学，包揽全国 9 所独立中外合作大学中的 5 所。此外，江苏省无锡太湖学院等多所民办高校积极探索，与英国西苏格兰大学等国外知名高校合作，创新人才培养模式，为培养具有国际视野的高素质人才作出了贡献。

2. 少数民办高校在混合所有制改革中奋勇争先

近年来，长三角地区民办高校积极探索混合所有制改革，在社会力量投资办学的基础上嵌入国有资本，实现国有资本、集体资本、非公有制资本等不同所有制资本交叉融合。② 其中，既有在原来学校基础上通过不同所有制性质的资本融合而形成的混合所有制民办高校，也有不同所有制性质的资本共同筹建、运营的混合所有制民办高校。譬如，浙江树人学院的发展得到了浙江省政府、浙江省教育厅、浙江省政协的大力支持，浙江省政府将学校周边的 4 所公办中专学校全部整合并入该学院，有力提升了该学院的综合实力，改善了办学条件，获得 800 个事业单位编制指标，每年有 7 000 多万元国家财政经费补助，2016—2018 年该学院共有 20 个项目获得中央财政和浙江省财政专项经费支持。

① 宋斌. 改革开放 40 年浙江民办高等教育的发展历程、变化及启示[J].浙江树人大学学报.2018(2)：7-12.
② 石猛.推动民办高校混合所有制办学规范化发展[J].中国高等教育,2018(Z3)：25-26.

混合所有制民办高校获得了不少公共资源,学校声誉与社会竞争力得到迅速提升。

3. 一些民办高校在本科职业教育方面表现优异

2017 年以来,国家层面相继发布《关于"十三五"时期高等学校设置工作的意见》《国务院关于印发国家职业教育改革实施方案的通知》《中华人民共和国职业教育法修订草案(征求意见稿)》,加快推动本科职业教育改革,鼓励民办高职院校按照有关法律法规和设置标准要求审批设置民办本科学校。目前,长三角地区已有两所民办高职院校获批开展本科层次职业教育试点,打破了职业教育止步于专科层次的"天花板"。其中,上海中侨职业技术学院升格为上海中侨职业技术大学,设置有汽车服务工程、土木工程、食品质量与安全、数字媒体技术、工业机器人技术、护理等 6 个职业本科专业;浙江广厦建设职业技术学院升格浙江广厦建设职业技术大学,设置有土木工程、工程造价、软件工程、电子商务、工艺美术、风景园林等 6 个职业本科专业。上述两所高校始终坚持公益办学导向,不断提高学校治理水平,加强"双师型"教师队伍建设,深化产教融合、校企合作,开展职业技能培训,不断提升人才培养质量,为长三角地区民办本科职业教育改革探索积累了经验。2020 年 7 月,江苏省教育厅发布《江苏省教育厅关于印发江苏省职业教育质量提升行动计划(2020—2022 年)的通知》,要求民办职业院校强化内涵建设,加快发展本科职业教育,积极支持符合条件的学院开展本科层次职业教育试点。目前,民办本科职业教育改革在长三角地区愈发受到重视。

4. 部分民办高校在分类管理改革中先试先行

自 2010 年起,长三角地区积极推进分类管理改革,其中浙江省、上海市作为探索营利性、非营利性民办学校分类管理的试点省市,清理并纠正了民办教育的多项歧视性政策,不断完善民办高校内部管理体制,完善法人治理结构,建立健全民办高校财务、会计和资产管理制度。2016 年,全国人民代表大会常务委员会通过《关于修改〈中华人民共和国民办教育促进法〉的决定》,长三角地区各省市主动配合,先后印发了相应的实施细则,对分类管理改革中涉及的分类登记、准入条件、保障措施、学校办学、稽查监管和退出机制等问题作出明确规定。此外,部分省市还出台了多项配套政策,譬如,上海市出台了《上海市民办学校分类许可登记管理办法》,浙江省出台了《公共财政扶持民办教育发展实施办法》《民办学校财务管理办法》《现有民办学校变更登记类型实施办法》《民办学校信息公开和信用管理办法》《民办学校教师队伍建设实施办法》《落实民办学校办学自主权实施办法》《浙江省民办学校财务清算办法》,江苏省出台了《民办学校分类管理实施细则》《营利性民办学校监督管理实施细则》,为长三角地区民办高校实行分类管理进一步明确了实施路径。2019 年 6 月,上海工商外国语职业学院有限公司登记为中国第一所营利性高校,随后,上海市、浙江省部分民办高校选择登记为营利性民办高校,为促进长三角地区乃至全国民办高等教育多元发展提供了典型案例。

5. 独立学院转设工作持续推进

截至目前,长三角地区独立学院已成功转设 10 所,占全国独立学院转设总数的 11.2%。为贯彻落实教育部办公厅《关于加快推进独立学院转设工作的实施方案的通知》

等文件精神，长三角地区各省市加快推进独立学院转设工作，目前已就一部分拟转设独立学院进行了公示。同时，各省市加快出台落实转设工作的配套政策，譬如，2020年8月《浙江省教育厅等六部门关于推进全省独立学院转设工作的指导意见》颁布，该文件强调"能转尽转，能转快转，因校施策"，要求加快创造条件，尽早完成转设，为浙江省独立学院转设提供了路径指引。

## 二、长三角地区民办高等教育改革与发展瓶颈

长三角地区民办高等教育的发展，从院校数量到办学质量，在全国都居于领先地位，随着中国特色社会主义事业进入新时代，长三角地区民办高等教育进入了转型升级的新阶段，面对经济社会的转型发展、民办教育分类管理、教育治理体系与治理能力现代化、教育高质量发展的要求，新的形势对长三角地区民办高等教育的发展提出了新的挑战。

### （一）民办教育分类改革提出新挑战

随着2016年第十二届全国人民代表大会常务委员会第二十四次会议审议通过《关于修改〈中华人民共和国民办教育促进法〉的决定》，将民办学校分为非营利性、营利性两类，我国民办学校进入了分类管理的新阶段。修正后的《中华人民共和国民办教育促进法》从促进和规范民办教育健康发展的角度，确立了两套不同的扶持体系，维护了师生的合法权益，为我国依法治理民办教育事业提供了法制保障。此后，国务院相继出台《国务院关于鼓励社会力量兴办教育促进民办教育健康发展的若干意见》《民办学校分类登记实施细则》《营利性民办学校监督管理实施细则》，进一步完善民办学校分类管理的顶层设计。目前，民办学校分类管理改革已经步入攻坚期，全国31个省（自治区、直辖市）相继出台了具体落实的文件。面对新的扶持政策与监管规范，长三角地区民办高校无论是法人性质、学校章程，还是治理模式等都将发生重大变化，这要求学校举办者、管理者在办学理念、治校方略、法人结构等方面均要随之改变。

当前，对照新法新政提出的分类管理要求，长三角地区民办高等教育自身还存在以下一些突出问题：①师资力量薄弱。长三角地区民办高校数量约占全国民办高校数量的五分之一，而教职工人数普遍不足，高层次人才和中青年骨干教师缺乏，教师流动过于频繁，民办教师社会地位不高、待遇保障不足，专业发展受限。②办学经费短缺。长三角地区绝大部分民办高校经费仍旧依赖于学费收入，虽然部分省市政府财政给予了支持，但力度有限，民办高校自身吸引社会资金的能力较弱，经费不足的问题仍显突出，特别是对于选择非营利性的民办高校，办学经费不足的境况将更加窘迫。③办学行为有待规范。健全的法人治理结构是民办高校健康发展的压舱石。目前长三角地区一些民办高校还没有完全落实法人财产权，资产过户工作进展缓慢，学校章程不健全，信息公开、财务运行、营利性高校监管有待加强。④办学质量有待提升。质量是民办学校的生命线，目前长三角地区民办专科高校的社会认可度不高，民办本科高校则存在办学质量参差不齐的问题。

实行分类管理是借鉴西方国家经验,完善我国管理民办学校的政策法规,加强对民办学校依法监管的重要改革举措。《中国教育现代化 2035》明确提出:"鼓励民办学校按照非营利性和营利性两种组织属性开展现代学校制度改革创新。"为此,长三角地区民办高校需要进一步化解实施分类管理的难题,应对挑战,在分类管理中发挥好改革的排头兵作用。

## (二)教育治理体系与治理能力现代化提出新要求

2019 年 10 月 28 日,党的十九届四中全会审议通过了《中共中央关于坚持和完善中国特色社会主义制度、推进国家治理体系和治理能力现代化若干重大问题的决定》,明确提出推进国家治理体系和治理能力现代化的总体要求和总体目标,开启了"中国之治"的新篇章。

教育治理体系和治理能力现代化是国家治理体系和治理能力现代化的重要组成部分,中共中央、国务院印发的《中国教育现代化 2035》指出:"优先发展教育,大力推进教育理念、体系、制度、内容、方法、治理现代化,着力提高教育质量。"该文件还要求教育制度更加完善,到 2035 年基本实现教育治理体系和治理能力现代化。实现教育治理体系和治理能力现代化,民办高等教育不能缺席,尤其是长三角地区民办高等教育,要率先树立起教育治理体系和治理能力现代化的标杆,总结现代化治理的经验,为全面实现我国教育治理体系和治理能力现代化提供样板与经验。

与全国其他地区民办学校相同,长三角地区民办高校也存在治理结构失衡的问题。当前,由于出资人所有权与学校法人经营权不分,导致长三角地区部分民办高校权力决策运行机制不规范。董事会成员结构单一,权力过于集中,董事职责履行不到位,董事长决策代替董事会决策,家族化和内部人控制学校的问题突出。这一问题在全国其他地区民办高校也普遍存在。据相关研究资料显示:我国的民办普通高校中,60%左右属于家族式管理。① 虽然这种运行管理模式具有凝聚力强、决策速度快、内部信息沟通顺畅等优点,但是权力过多集中于办学出资人,容易导致学校管理人情化、思维定式化。失衡的治理结构不仅不利于形成办学利益相关者责任分担利益共享的和谐关系,甚至还扭曲了学校决策、管理、监督的职能,不利于民办高校构建高效公平的运行机制和激发办学活力。

尤其是长三角地区江浙一带还存在部分"校中校"型(国有民办型)独立学院,长期依赖母体高校办学,其内部治理结构不够合理,治理能力亟待提升。虽然该模式下独立学院仍然实行董事会领导下的院长负责制,但是董事会成员由母体高校党委书记、校长以及重要职能部门负责人担任,重大事项的决策需公办高校党委研究同意,董事会往往形同虚设,职能难以发挥,院长难以自主开展工作,办学独立性难以得到保障。

面对教育治理体系和治理能力现代化的新要求,长三角地区民办高校治理结构亟须优化,必须健全外部监管机制,重构内部权力制衡机制,充分发挥长三角地区一体化发展

---

① 王一涛.我国民办高校创办者群体特征及其政策启示[J].高等教育研究,2014,35(10):56-62.

中的协同治理作用,确保民办高校办学的公共性和公益性,促进长三角地区民办高等教育可持续的健康发展。

## （三）经济社会转型发展提出新期待

自"十三五"规划实施以来,我国社会主义市场经济体制改革持续深化,教育市场愈加完善。经过五年的持续奋斗,我国经济社会发展取得了历史性成就,"十三五"规划主要目标任务如期完成。我国经济实力、科技实力、综合国力和人民生活水平又跃上新的台阶,全面建成小康社会胜利在望,中华民族伟大复兴又向前迈出了新的一步。在民生领域,经济社会的快速发展带动了人民生活水平的提高,人民群众对教育的需求也随之发生变化。以长三角地区为例,有相当部分群众对教育的"刚需"逐渐转向了差异性教育需求,民办教育推出的个性化、特色化教育满足了人们选择高质量教育的向往,教育多元化的发展使长三角地区教育水平不断提高,大批高素质人才的培养有力促进了这一区域社会经济的发展。其中,民办高等教育在人才培养方面发挥的重要作用不可或缺。

受疫情影响,2020年全球经济下行,我国经济同样不可避免地遭受冲击。在党和政府的正确领导下,我国防疫工作取得了显著成效,社会稳定经济迅速恢复发展,并成为2020年全球经济唯一正增长的国家。同时,还必须清醒看到,疫情变化和外部环境存在诸多不确定性,我国经济恢复基础尚不牢固,世界经济形势依然复杂严峻,疫情冲击导致的各类衍生风险仍不容忽视,特别是经济活动的需求端和供给端,疫情造成的负面影响还在逐步显现。目前,国内需求端因疫情防控持续向好,但由于国外疫情仍在肆虐,外需难以稳定;在消费需求减少的背景下投资需求也在降低。同时,供给端受到的影响则表现为供应链的断裂。受这两种情况的冲击,企业生产减少,从而降低了对劳动力的需求。[1] 这一结果直接导致了国内就业市场形势的严峻,加剧了学生就业的困难。就长三角地区而言,此次疫情贯穿2020届高校毕业生就业工作的关键时期,严重影响了长三角地区高校毕业生的就业环境。

在经济社会发展面临转型,产业结构布局调整的新形势下,长三角地区民办高校人才培养模式还不适应形势变化的要求,毕业生就业面临的困难在所难免;许多民办高校学科专业设置趋同,人才培养的针对性不强,甚至于部分民办高校忽视办学定位与发展实际,盲目攀高,在教育教学过程中"使命漂移""学术漂移",导致毕业生无法适应产业发展的需要;大部分民办专科院校人才培养质量不佳,社会认可度不高。

## （四）教育高质量发展提出新任务

提高教育质量是民办高等教育发展的主题。当前,全球新一轮科技革命、产业变革正在加速演进,科学探索正在不断向纵深拓展,以智能、绿色、泛在为特征的群体性技术革命

---

① 郭玉娟.疫情防控背景下高校毕业生就业工作的形势与创新[J].中国高等教育,2020(Z2):76-77.

将引发国际产业分工重大调整,创新驱动成为许多国家谋求竞争优势的核心战略。[①] 从市场中兴起,具有产业性、竞争性、体制灵活性的民办高等教育,一定程度上成为提升国家发展水平和发展潜力的利器,国家对高质量民办高等教育的需要比以往任何时候都更加迫切,对应用型和技术技能型人才的渴求比以往任何时候都更加强烈。

习近平总书记曾强调:必须把教育事业放在优先位置,深化教育改革,加快教育现代化,办好人民满意的教育,加快一流大学和一流学科建设,实现高等教育内涵式发展。可以说,实现高质量发展是办人民满意教育的关键所在,是国家建设与发展的迫切需要,是应对科技革命和产业变革的必然选择。在此背景下,长三角地区民办高等教育无论是从提供高质量人力资源保障的角度,还是从直接提供应用性基础研究和技术创新服务支撑的角度,都同时面临着前所未有的挑战及千载难逢的历史机遇。

就长三角地区民办高等教育的现状而言,无疑在多样性、创新性、开放性、智能化等方面尚有较大的欠缺,教育的高质量发展亟待从四个方面开拓进取。首先,教育高质量发展要能满足人的全面发展的需要。由于人的能力的多样性、需求的多样性、发展的多样性,决定了需要用多样化的教育满足不同需求。然而,目前长三角地区民办高校的教育模式还过于单一,对多样化的教育模式的探索尚未成形。此外,大部分民办高校无论在筹资模式还是组织形式上,都未能实现多样化发展。其次,教育高质量发展要能满足产业变革的需要。长三角地区民办高校的创新理念和方法尚处于初级阶段,往往出现一个新领域办一个新专业,出现一个新的技术岗位创建一个新的学科,用这样的方式改革教学是否能满足产业变革对教育的需要还有待实践的检验。教育模式的改革需要对专业和课程设置进行系统性的创新,创新的依据既要符合教育规律,更要满足产业变革的需要,没有这样的改革,民办高校难以实现高质量的发展。再次,教育高质量发展要能推进跨区域合作,互利共赢。长三角地区民办高校在国际合作方面已取得了一定的成效,但在省市范围的交流合作方面却存在短板,民办高校跨省市合作的渠道不畅通、机制不健全,行政壁垒仍然存在,导致长三角地区民办高校的集群效应无法发挥。最后,教育高质量发展要能适应信息技术革命的需要。在不久的将来,人工智能、大数据、虚拟现实、增强现实乃至未来智能机器人将会在教育领域大量应用。长三角地区民办高校亟须改变传统的"教"与"学"方式,在人工智能、信息化基础上拓展教育新形态、新空间、新平台。

## 三、长三角地区民办高等教育改革与发展建议

长三角地区民办高等教育改革发展关乎我国民办高等教育事业全局,需要三省一市政府尊重差异、相互借鉴、取长补短、共同推进。未来一段时期,长三角地区三省一市政府需要突破民办高校分类管理瓶颈,法人治理结构瓶颈,人才培养模式瓶颈与高质量发展瓶

---

[①] 安东尼·塞尔登,奥拉迪梅吉·阿比多耶.第四次教育革命:人工智能如何改变教育[M].吕晓志,译.北京:机械工业出版社,2019:1-9.

颈,进一步发挥引领示范作用,推动我国民办高等教育事业的可持续健康发展。

## （一）借助长三角地区一体化发展契机,推动分类管理落地

为落实分类管理改革,《国务院关于鼓励社会力量兴办教育促进民办教育健康发展的若干意见》规定:"地方各级人民政府要根据本意见,因地制宜,积极探索,稳步推进,抓紧制定出台符合地方实际的实施意见和配套措施。"截至目前,全国 31 个省、直辖市、自治区都先后制定、印发了地方实施细则,部分省市还出台了配套政策。长三角地区对分类管理改革颇为重视,共出台了 13 项配套文件,其中,上海市出台 4 项、浙江省出台 7 项、江苏省出台 2 项、安徽省暂未出台。

借助长三角地区一体化发展契机,三省一市应加快建立跨区域联席会议制度,促进长三角地区民办高校分类管理的落实。在此基础上,长三角地区尚未出台民办高校分类管理配套政策的省应加快工作节奏,统筹协调,凝聚共识,广开言路,科学地制定配套政策。分类管理配套政策制定必须尊重客观规律,杜绝主观臆断,牢牢把握民办高等教育的本质要求,切实反映地方民办高校发展需要;要利用公开听证、公众参与、专家顾问咨询等方式,努力协调各方利益,消除歧见形成共识,提高分类管理配套政策的有效性;要避免公权力的滥用,形成有效的私权保障体系,为民办高校的利益相关者提供控权和维权机制,体现政策制定的公平公正。在配套政策出台的基础上,长三角地区各省市应充分借鉴上海等地已有的经验,结合本地民办高校的实际,加快推动分类管理改革的落地。

## （二）健全法人治理结构,助力治理体系和治理能力现代化

为进一步提升长三角地区民办高等教育治理能力和治理体系现代化水平,应该进一步健全法人治理结构,妥善处理好学校内部的各种权力关系,明确民办高校董事会、校行政、党组织、监事会的权力边界,厘清职责分工,充分发挥不同利益相关者在内部治理过程中的作用。

（1）健全董事会制度,提高学校决策能力。应当根据《中华人民共和国民办教育促进法》第二十二条的规定,科学设计董事会制度,充分发挥董事会的决策职能。要进一步完善程序性制度,对董事会的组成人数、产生办法、任期和任职资格、权力范围等做明确规定。要健全董事会会议制度和议事规则,凡学校重大事项的讨论和决策,应由董事会集体作出决议并监督实施。要精细设置董事会组织机构,主动借鉴国外私立大学成熟经验,在董事会下设立常务委员会和特别委员会,包括预算管理、财务、发展战略、对外事务、土地建设、审计委员会等,充分确保董事会决策的专业性、科学性。

（2）强化校长行政力,提升学校管理效能。应当建立校长职业化制度,推动校长的角色由"学术专家"到"职业管理人"的转化。要提升校长队伍的专业化、职业化管理水平,进一步发挥校行政领导班子作为管理者、组织者、经营者、引领者的作用。要制定完善的绩效考核指标体系,对任期内校领导班子的目标、职责进行绩效考核。

（3）发挥党委政治核心作用,把握学校发展方向。应当毫不动摇地坚持和加强党对

意识形态工作的领导权,认真落实《中华人民共和国民办教育促进法》和中央办公厅《关于加强民办学校党的建设工作的意见(试行)》的精神,巩固党的执政基础,实现两个覆盖,建立健全适应民办高校党建要求的工作机制,切实有效地发挥民办高校党组织的政治核心作用。

(4) 构建教授治学的有效机制,确保治学效果。应当根据教育部《高等学校学术委员会规程》,完善学术委员会负责人选拔机制,避免行政干预。要进一步完善《学术委员会章程》,理清学术权力、行政权力的关系,明确权力边界,充分发挥民办高校学术委员会的职能,为学术自由、学术民主、教师主导地位等提供制度保障。

(5) 完善民主管理制度,助推学校文化建设。应当进一步健全教职工代表大会(以下简称教代会)制度,充分发挥学校教代会在学校发展和管理中的作用。要进一步健全学生代表大会(以下简称学代会)制度,切实把坚持和完善学代会制度作为民主管理体系的有机组成部分,列入学校工作计划,充分发挥学代会制度的桥梁纽带作用,通过学代会制度了解学生诉求,更好地服务学生成长成才。

### (三) 对接地方产业发展,建立高水平应用型人才培养模式

2020年中央经济工作会议提出,要完善职业技术教育体系,实现更加充分更高质量就业。长三角地区民办高等教育必须回应经济社会转型要求和发展期待,构建起良序的市场竞争环境,特别是要创新人才培养模式,培养适应地方经济发展需要的高水平应用型及技术技能型人才,要着眼于培养学生的岗位胜任力,优化实践教学和实训平台,保障民办高校学生的"稳就业",促进地方经济社会平稳发展。

面对长三角地区产业结构及就业形势的转变,区域各地政府应当主动作为,成为改进民办高校毕业生就业工作主要责任主体,要制定出台一系列针对性的举措,进一步拓宽就业渠道和就业领域。区域各地民办高校和企事业单位应紧跟政策"指挥棒",进一步完善学校就业工作体系,强化学校和用人单位的合作互动,引导毕业生向有政策红利的领域合理流动,创新校校、校企、校地合作模式,拓宽交流、共享资源。

在地方普通本科高校向应用型高校转变的过程中,长三角地区民办高校要逐步加强产教融合、校企合作,提升民办高校对接地方产业、行业、企业及服务区域经济发展的能力,这既是国家对于民办高等教育事业发展的要求,同时也是创新密集和产业变革时代下民办高校建设高水平学校的必然选择。面对转型发展的要求,长三角地区民办高校要坚持依托企业发展,与产业发展形成鱼水相依关系,在学科专业建设层面映射行业产业特色,不断培养适应企业技术进步要求的创新人才。

### (四) 紧贴教育改革前沿,促进长三角地区民办高校高质量发展

在教育改革的浪潮中,长三角地区民办高校唯有紧贴时代前沿,不断增强核心竞争力,方能实现高质量发展。在目前的形势下,长三角地区民办高校应关注多样发展、创新发展、开放发展和智能发展。

（1）长三角地区民办高校需要以多姿多样的变革来应对变化的世界、科技、产业和需求。既要认真吸收一流私立大学办学经验，更要坚持走自己的道路，扎根中国大地，体现中国特色，遵循教育规律，聚焦中心、关注多样、适应普及、鼓励特色，构建多样化的民办高等教育体系和与之配套的评价体系，推动实现多样化发展。

（2）长三角地区民办高校必须以新的思维和路径创建适应未来新经济发展的教育模式。要主动适应新技术、新形态、新模式、新产业的需求，推动理念创新、组织创新、管理创新和制度创新，推动民办高等教育由量变到质变，积极融入长三角地区新一轮的产业革命。

（3）长三角地区民办高校应主动打开地域边界，以开放的眼光和姿态，在区域合作中融合发展，推动知识体系创新和开放协同育人，推动长三角地区民办高等教育一体化进程，在融合发展中培养创新人才。

（4）长三角地区民办高校应运用信息技术助推教育教学改革。长三角地区民办高校要推动信息技术与教育教学深度融合，通过教育教学改革促进教育目标从知识传授转变为知识创新，教学主体从教师转变为学生，教学方法从单向灌输转变为双向互动，培养模式从"批量生产"转化"个性定制"，教学场所从相对封闭转化为更加开放、多元。

# 专题报告

# 上海民办高校的党建与思想政治工作创新

在党和政府对社会力量办学实行"积极鼓励、大力支持、正确引导、加强管理"的方针政策的推动下,我国民办学校的数量有了很大的增长,并且在我国社会主义教育事业中发挥着越来越重要的作用。民办学校与公办学校具有同样的重要性质,都是党和国家对广大青少年学生思想政治教育的前沿阵地。但是与公办学校相比,民办学校的党建工作相对薄弱,因此,切实加强民办学校党的建设工作在现阶段的重要性尤为突出。

上海目前有全日制民办普通高校 17 所(本科高校 8 所,专科高校 9 所),其中党委建制民办高校 14 所,直属党总支建制民办高校 3 所。民办高校党总支 68 个,党支部 343 个。上海民办高校现有二级学院 45 个,应配备专职组织员 45 人,现已配备专职组织员 37 人,兼职组织员 14 人,党务工作人员 597 人。民办高校在校生总数 116 393 人(少数民族学生数 4 165 人),约占全市高校本、专科在校生总数的 20.7%。教职工数 7 915 人,专职教师数 5 454 人,专职辅导员数 729 人。党员总数 6 288 人,其中教职工党员数 3 473 人,教职工党员占比数 55.23%;学生党员数 2 815 人,学生党员占比数 44.77%。

## 一、上海民办高校党建与思想政治工作的现状与问题

### (一) 民办高校党建与思想政治工作的现状

#### 1. 党组织基本覆盖,充分发挥政治核心作用

长期以来,上海民办高校始终坚持和加强党的全面领导,确保党的组织和党的工作"双覆盖",扎实办好中国特色社会主义民办高校,努力培养社会主义事业建设者和接班人。

(1)"政"字当头,把牢办学方向。民办高校党组织充分发挥政治核心作用,找准党组织开展工作的着力点,保证办学的正确政治方向。坚持每周一次政治学习制度,组织学校党员干部及时传达学习中央文件精神和落实上级党组织工作部署。落实双向进入制度,保证党组织有效参与学校重大事项决策。高标准建设党的工作和思想政治工作的队伍,为坚持社会主义办学方向提供强有力的政治保证。

(2)"爱"字贯穿,筑牢育人体系。民办高校坚持全员全过程全方位育人,努力提供最好的条件、最暖的关爱,树立"建设学生满意、家长放心、社会赞誉一流"的教育梦想,培育

"只争朝夕、勤俭建校、廉严实优、务实求真"的精神追求。把廉洁纪律挺在前面，全体教师做出"不接受家长吃请、不收受家长礼物"公开承诺并主动接受监督。所有教学资源、场馆设施向学生免费开放。

（3）"实"字托底，打牢基层基础。民办高校坚持党建工作重心下移，做到二级学院有总支，年级有支部，班级有小组，日常有活动。不断完善基层党组织的各项规章制度、党支部标准化建设工作手册，细化党建工作目标。为所有基层党组织配设"党员活动中心"，挂牌设立"学生党员寝室"。搭建学校党建和思想政治工作微信群等网络新媒体平台。

2. 党组织制度建设比较完善，保障工作有力开展

（1）打通关键枢纽，使院级党组织成为贯彻执行党的决策部署的政治核心。通过建强院级党组织，推动党的决策部署向基层延伸。围绕系统学习党的十九大精神和习近平总书记关于教育的重要论述，学习习近平总书记重要讲话和中央决策部署，定期召开专题会议，党委书记领学、院系书记跟学，树牢"四个意识"、坚定"四个自信"、做到"两个维护"。建立党建工作明示承诺清单制度，院级党组织书记每年对10个方面的党建工作指标作出量化承诺。通过年检、专项督查，由上海市教卫工作党委对17所民办高校党组织贯彻执行政治纪律、落实重大决策部署、全面从严治党情况进行重点检查。

（2）夯实组织基础，发挥基层党支部在建设"双一流"中的战斗堡垒作用。通过打造过硬基层党支部，坚持将支部建在特色学科、重要团队和重大项目上，实现党建工作与一流学科建设双促进。结合现代民办高校建设实际，制定党支部考核评价的详细指标，153个党支部通过"五好"验收，并建成优秀党支部100个。保障党支部在本单位重要事项决策的话语权，教职工晋升职称职务、评奖评优等必须听取党支部意见。

（3）激活神经末梢，在从严从实抓好教师党建工作上全面发力。聚焦教师党建这个重点难点，推动党建工作不断提质增效。实施"育人强师"全员培训计划，专设海外归国留学人员培训班；建立党员与非党员教职工结对的"事业之友"制度，覆盖100％的非党员教师，2019年发展高知党员93名。扎实开展"双带头人"培育工程，大力选拔党务上有能力、业务上有建树、师生中有影响的教学科研骨干担任党支部书记。开展"三育人标兵"和"最美教师"评选，涌现出一大批立德树人、教书育人的先进人物。

3. 改革育人管理机制，形成党建工作与育人工作有机融合的新格局

在近三十年的发展历程中，上海民办高校不断改革育人管理机制，出台了一系列相关制度，持续深化综合改革，形成了党政融合的决策机制、去行政化并强化服务以及"学院＋学生公寓"的协同育人机制。

（1）建立了党政融合的决策机制。党委、董（理）事会、校务会同心同向，深度融合，董（理）事会坚持重大事项与党委沟通协商；持续完善了党委、行政交叉任职的体制结构，学校党政各部门及学院管理干部双向进入、交叉任职。党政融合的决策机制，使学校自觉把党建工作放在学校发展的首位，使党建和学校管理体制以及各项工作高度融合，使党的教育方针、政策能得到全面深入地贯彻。坚定理想信念教育，厚植爱国主义情怀，党委、董（理）事会、校务会紧密协作落实"立德树人"的根本任务。

（2）去行政化并强化服务。许多民办高校在校内推行"大部制"改革，成立了教学与研究部、学生工作部、行政部、保障部、国际部五个工作部，去行政化并强化服务，突破行政束缚，将高校职能由管理向服务转化，管理服务双重育人，管理重心下移，权责匹配，促进学科间的融合交流，更好地发挥民办高校的优势。

（3）建立"学院＋学生公寓"的协同育人机制。创立"学院＋学生公寓"管理模式，各二级学院以学生公寓为单元，在二级学院的统一领导下开展工作，各二级学院学生管理的工作重心向学生公寓延展，强化、细化育人职能。加强学生自立和自我完善教育，丰富学生第二课堂活动，充实校园文化生活，把学院与学生公寓管理相结合、第一课堂与第二课堂相结合、教育与管理相结合、教书与育人相结合、服务与育人相结合。

4. 实施民办高校党建和思想政治工作创新计划

2018年6月经上海市委、市政府同意，在上海市教卫工作党委、市教委的支持下，投入4 000万元，上海市民办高校党工委启动了上海市民办高校党建与思想政治工作创新计划实施项目。实施项目分为A、B两大类，A类项目为同城平台类项目，包括民办高校干部和党员研修基地、民办高校辅导员研修基地、民办高校思政课师资研修基地、民办高校思政类课程建设协同中心、民办高校党建与思想政治研究中心、民办高校心理工作协作平台、民办高校党建服务中心、民办高校同城协同平台等；B类项目是各个民办高校自主实施的建设项目，包括学校基层党组织建设、党支部标准化建设、主题党日活动、党员教育与服务、党务工作者职业提升、辅导员职业化专业化发展、思政类教学名师（团队）建设、校园文明项目建设、民办与公办学校联建共建项目、区域化党建项目等。项目实施以来，在上海市民办高校党工委的指导下进展顺利，成果丰硕，收效明显，得到了民办高校的广泛好评。

5. 强化价值引领，落实"课程思政"工作改革

上海继续巩固思政课程主渠道、主阵地作用，明确立德树人的根本培养方向。其核心在于推动思政课程与课程思政如鸟之两翼、车之双轮协调前行，推动课程思政广覆盖，赋予专业课程价值引领的重任，并进一步提升和改善各种专业学科的育人成效。

（1）在健全思想政治课学科支撑体系上下功夫。学校思想政治教育的核心内容是坚持马克思主义的指导，用习近平新时代中国特色社会主义思想铸魂育人。作为一门专业课，思政课建设需要有综合性的哲学、历史学、教育学、经济学、新闻学等人文社会科学的学科支撑和专业滋养。近年来，上海民办高校积极推进学科综合改革，通过教育学科群、基础学科群、优秀文化传承创新学科群等学科群的建设，服务学校思政课建设。许多民办高校还以马克思主义学院、教师工作部建设为契机，在学科建设、人才引进、经费保障、教师职称晋升等方面给予马克思主义学院、教师工作部特殊的政策倾斜，为思政课建设提供组织保障，协调解决工作中存在的问题。马克思主义学院也按照习近平总书记提出的思政工作要"因事而化、因时而进、因势而新"的要求，完善"课堂讲授、实践教学、移动课堂"三位一体的教学模式，探索"微课堂—微作业—微互动"三微教学，把专题讲授、案例教学、互动式教学等有机结合，不断增强思政课的针对性和吸引力，思政课的到课率和抬头率不断提升。

（2）以德智体美劳五育并举统领课程思政的目标。大学阶段是一个学生走向社会的最后教育与准备阶段，不仅是学生学习文化知识的最后教育阶段，也是学生在精神、道德、人格方面逐步定型，进而走向社会的最后准备阶段，这是学生一段极其珍贵的人生经历。大学阶段的教育目标是促进人在德智体美劳等方面更高质量的全面发展。德是做人的根本，课程思政应将德育置于课程目标之首，倡导并践行社会主义核心价值观和爱国主义精神，不断提高学生思想道德素养，提高学生服务国家、服务人民的社会责任感。同时，还要注重鼓励学生在专业知识学习之余，养成勤锻炼、有情趣、爱劳动的生活取向，注重因地制宜，发挥学校自身的优势、社会网络资源、校史育人功能，最大限度创设条件，激活学生的创造活力，将学生培养成品德高尚、专业过硬、体魄强健、审美高雅、热爱劳动的新时代好青年。

（3）将思想政治元素融入课程内容。专业课程蕴含着丰富的思想政治元素。一方面，专业知识本身具有明显的价值倾向、家国情怀等；另一方面，教师通过深度挖掘，在已有思想政治元素的基础上实现进一步拓展和开发。由此，专业教材和课程内容应体现时代性，教师在知识传授中应注重主流价值观引领。专业课程教师应当具有正确的政治立场和坚定的政治意识，履行好教书育人的岗位初心，主动承担起培养社会主义建设者和接班人的时代重任。课程思政不是简单的"课程"加"思想政治"，不是在专业课程中剥出几节课时讲授思想政治内容。"思想政治"与"课程"的关系，应当是"如春在花、如盐化水"，而非"眼中金屑、米中掺沙"。要避免将德育内容生硬楔入专业课程的倾向，两者不应该是机械组合而应该是有机融合、相互促进、协调发展。国情教育和主流价值熏陶，是其最为基本的两个维度。教师不宜硬性灌输，生硬地直接给出结论，而应由近及远、由表及里、引人入胜地引导学生理解社会制度的历史性变革和国家取得的历史性成就，应在扎实的文献研究和社会调查基础上，把家国情怀自然渗入课程方方面面，实现润物无声的效果。

### （二）民办高校党建和思想政治工作存在的问题

上海民办高校党的建设，经过多年的探索和实践，取得不少的成绩。但从总体上看，民办高校的党建工作基础差、起点低，加之各学校对党的建设重视和投入程度不同，党建工作不够到位和不够规范，至今仍存在一些棘手问题。

1. 有的民办高校对加强党的建设的重要性认识不够

有的民办高校对开展党建工作的重要性缺乏足够认识，有些民办高校领导对党组织的介入有这样那样的顾虑，加上民办高校特别注重成本核算，注重投资回报，功利性倾向较为明显，追求机构精简，往往不能配备足够的党务工作者。虽然有的民办高校意识到建立党组织是一种趋势，晚建不如早建，但在实际行动上却显得有些勉强；有的民办高校对建立党组织心存疑虑，认为学校资产属个人所有，建立党组织没有必要；有的怕党组织活动多，加重负担，影响教学；有的担心党组织干预学校行政管理。这些认识对开展民办高校党的建设工作带来了一定的阻力。

2. 认识上的"轻重倒置"使党建工作"虚空化"

民办高校党建工作不仅受到学校领导体制、办学形式、办学条件等客观因素的影响，而一些学校领导主观上也存在"重专业、轻思政"的意识。民办高校有自主用人权和分配权，有的学校充分利用这一优势条件，以优厚的待遇吸收配置良好的师资资源，因为他们认识到良好的师资是学校发展的核心因素。而思想政治工作却容易被忽略，党组织在教育中的作用得不到应有的重视，在学校工作中缺乏地位，党组织的活动时间、经费和人员得不到保障，精力投入也不充足。有的民办高校负责人甚至认为民办高校抓教学质量才是"硬的""实的"，抓党建工作和思想工作是"虚的""空的"。他们潜意识认为："主要是有碍于国家政策规定，不然民办学校建立党组织有何用呢？"甚至有人认为政治思想活动的减少正是民办体制区别于公办体制的"本质特征"所在。

3. 党组织在学校工作中的地位和作用没有得到真正落实

上海民办高校普遍实行董事会或理事会决策下的校长负责制，在这种体制下，学校重大问题的决策由董事会或校长决定。尽管中共中央组织部、中共教育部党组在《关于加强社会力量举办学校党的建设工作的意见》中明确规定："设校董会的社会力量举办学校，党组织负责人应进入校董会。"但在实际中并未全部真正落实。董事会或校长掌握着学校的用人权和财务权。在这种情况下，党组织要监督校长及行政管理机构的办学行为，保证正确的办学方向，其可作为空间在实际中必然或多或少地受到限制。

4. 党建工作开展不畅使党员的先进性没能真正得到发挥

有的民办学校为节省工资，精简机构，基层党组织的负责人一般都由行政负责人或教学人员兼任，党务干部配备不齐，基层党务工作者紧缺，兼任的党务工作者由于自身工作量大，一人多岗，难以聚精会神抓党建。这就使党组织的活动不能正常开展，在一定程度上挫伤了党员参加党的活动的积极性；由于缺乏有针对性的思想政治教育和党内政治生活锻炼，党员组织观念淡薄，加之党组织又缺乏一定的凝聚力，党员的先锋模范作用并没有很好地发挥。

## 二、上海民办高校党建与思想政治工作的特色与成果

进入新时代，培养什么人、怎样培养人、为谁培养人成为中国高等教育必须回答的根本问题。民办高校作为人才培养的阵地，只有坚定贯彻党的教育方针，坚持社会主义办学方向，遵循教育为人民服务、为中国共产党治国理政服务、为巩固和发展中国特色社会主义制度服务、为改革开放和社会主义现代化建设服务的基本要求，才能承担起培养担当民族复兴大任的时代新人的历史使命和时代责任。课程思政强调将思想政治工作贯穿学科体系、专业体系、教材体系、管理机制体系之中，在传授课程知识的基础上引导学生将所学到的知识和技能转化为内在德行和素养，注重将学生个人发展与社会发展、国家发展结合起来，是高校立德树人的突破口和新抓手，有助于帮助学生解答思想困惑、价值困惑、情感困惑，激发其为国家学习、为民族学习的热情和动力，帮助其在创造社会价值过程中明确自身价值和社会定位。

## （一）围绕中心抓党建，在学校转型发展中起引领作用

多年来，上海民办高校党组织坚持全面落实管党治党、办学治校、育人育才的主体责任，不断健全责任体系，特别是强化了意识形态工作的主体责任，夯实组织基础，全面推进民办高校"一流党建"的创建工作。

1. 强化民办高校党组织政治核心功能内涵

学习贯彻落实中共中央办公厅《关于加强民办学校党的建设工作的意见（试行）》（以下简称《意见》）和中共中央组织部等五部委关于《民办学校党建工作重点任务》（以下简称《任务》）的精神，发挥民办学校党组织政治核心作用，是深入学习贯彻习近平新时代中国特色社会主义思想和党中央重大决策部署，也是全面贯彻党的教育方针，坚持社会主义办学方向，落实立德树人根本任务，不断增强"四个意识"、坚定"四个自信"、做到"两个维护"的重要体现。当前，要落实《意见》《任务》中民办学校党组织的政治核心作用的六个重点：①对标党和国家的方针、政策的贯彻执行和牢牢把握社会主义办学方向；②对学校党建、德育、思政工作和党的组织实施领导作用；③对董事会、校长、园长依法行使职权的监督作用；④对"三重一大"行政管理事务的参与和党组织机构、人员的考评晋升起决策、决定作用；⑤依法对团、群组织的指导，发挥工会、学联会的积极性，凝聚师生员工、推动教育发展，引领校园文化、维护安全稳定；⑥落实党管干部、党管人才，参与干部人事管理，负责干部招聘和提干晋升、人员的思想政治和行为规范的考核。

2. 推进民办学校党的组织和党的工作有效覆盖

上海民办高校把推动党的建设有关内容写入学校章程，坚持党的领导和依法治校的有机统一。具体如下：①明确民办高校党组织领导干部调整，必须事前请示上级党组织、经过党章规定程序，并报上级党组织批准。②明确推进党组织班子与学校决策层、管理层"双向进入、交叉任职"，健全完善党组织与学校董（理）事会、监事会日常沟通协商及党组织与行政管理层联席会议等制度，保证党组织在重大事项决策、监督、执行各环节有效发挥作用。③明确民办高校党委书记是上海市教卫工作党委领导下的基层党组织负责人，同时，又兼任政府督导专员。④明确根据党组织要求，推进党政领导干部交叉任职的制度，党组织书记进董事会，校长兼党委副书记，党员董事长进党委会。民办高校两级学院党政领导实施党政领导干部交叉任职制度。⑤明确设立各级党的组织工作部门，配备必要的专、兼职党务干部和工作人员。党组织工作部门以及基层党组织的负责人的任免由党委决定，报董事会备案。⑥明确落实《意见》要求，"兼职从事党建工作的人员，应计算工作量"，并发放相应的工作津贴。⑦明确民办高校的上级党组织和行政管理部门要把民办高校党建工作作为教育教学质量评估、年度检查等常规考核的重要指标，党建工作不符合要求的民办高校，待整改合格后，再进入年检与教学评估程序。

3. 提升民办学校基层党组织建设质量

上海民办高校党组织认真落实党支部工作条例，从基础工作、基本制度、基本能力入手，推进民办高校"三会一课"基层党组织标准化、规范化建设。具体如下：①推动"两学一

做""不忘初心、牢记使命""四史学习教育"常态化、制度化,引导基层党组织围绕学校发展,贴近师生需求开展党的活动,发挥党组织的先进性、党员的榜样作用,鼓励岗位建功立业,增强党建工作的针对性、实效性,杜绝形式主义、弄虚作假。②坚持把政治标准放在首位,严把党员发展质量关和干部晋升的思政关。加强对师生的政治引领和政治吸纳,加大在优秀青年教师和高校学生中发展党员力度,重视培养和吸收符合条件的民办高校出资人和举办者入党。③规范党员组织关系管理,定期排查党员组织关系,督促符合转入条件的教职工党员、符合转出条件的毕业生党员尽快转接组织关系。注重建好用好党建工作信息化平台,加强对流动党员和党组织关系接转的管理。④建立党组织常态化考核、提升和整顿机制。每年确定一定数量相对薄弱的基层党组织,集中转化提升。民办高校积极开展新时代高校党建示范创建和质量创优工作,加强对院(系)党组织和师生党支部工作的指导推动,实施教师党支部"双带头人"培育工程,发挥党员先进性,鼓励入党积极分子岗位建功立业。

4.压紧压实民办学校党建工作责任

上海民办高校党组织坚持以党的政治建设为统领,把抓好思想政治与德育工作作为首要政治责任,全面加强民办学校党建工作,推动学习习近平新时代中国特色社会主义思想融入日常、抓在经常,把理想信念教育、社会主义核心价值观教育、爱国主义教育贯穿全过程,在教学科研管理工作中认真履行政治把关职责,牢牢把握意识形态工作领导权,在保证政治方向、凝聚师生员工、推动学校发展、引领校园文化、维护安全稳定、参与人事管理和服务等方面充分发挥战斗堡垒作用。具体如下:①推进落实全面从严治党要求,督促民办高校各级党组织履行好管党治党主体责任、党委书记履行好第一责任,严格落实民办高校党组织意识形态工作、基层党建、党风廉政建设和党内监督"三大主体责任",领导班子成员和各级领导干部履行好"一岗双责",促进民办高校班子运行状态、校内政治生态、事业发展态势"三态"持续向好;②按照的《关于进一步加强民办高校党建工作的实施意见》要求,进一步做好民办高校党组织书记选派、内部选拔、任职审批等工作;③落细落实《关于进一步加强民办高校党的建设工作的实施意见》和《民办学校党建工作重点任务》,深化和完善民办高校各级党组织书记履行党建工作责任述职评议制度,推动落实民办高校党建工作重点任务清单、党组织书记抓基层党建工作责任清单;四是继续推进基层党建"书记项目"管理工作,推动党建工作从严从紧、落细落实,进一步发挥好民办高校综合考核"助推器""指挥棒"作用。

## (二)坚持党的基层组织在校内的"全覆盖",着力党组织办学治校能力的提升

积极探索构建"铸魂·提质·创新"的党建育人模式,促进党建工作与育人工作的有机结合,强化各级党组织的育人职责,不断增强基层党建工作活力,把民办高校党建工作落实到各个育人成才的"小亮点"上。目前,学校党组织紧扣发展的主题,不忘初心,牢记使命,切实担负起管党治党、办学治校、育人育才的主体责任,着力培养德智体美劳全面发

展的社会主义建设者和接班人，不断开创新时代民办高校党建工作的新局面。

1. 坚持政治铸魂，实现政治建设与思想引领合拍共鸣

（1）突出政治功能，强化政治把关。建立书记、党委（总支、支部）委员与预备党员"一对一"谈话等制度，充分发挥党委在育人工作中的价值引领与政治保障作用，并明确基层党组织在课程建设、教材选用、学术活动等方面的政治责任。

（2）积极开展教师思想政治工作和师德师风、学术道德、教风学风建设，牢牢把握思政工作的政治方向。

（3）实施旗帜领航工程，通过红色课堂、红色文化、红色连线、书记有约、红色先锋等方式，积极整合党校培训、党日活动、先锋示范、"三会一课"等基层党建育人资源，推进党建育人工作落地生根。

2. 坚持提质强基，实现质量提升与育人成才互促共赢

（1）聚焦根本保证，确保党的基本理论、基本路线、基本方略在教育教学中不折不扣地贯彻落实。

（2）聚焦队伍建设，从严抓实干部管理和教育，选优配强基层党支部的队伍建设，通过开展微党课评选、"双带头人"培养、师德师风建设，培养党员教学能手和骨干，提高育人能力和水平。

（3）聚焦质量提升，制定《民办高校"基层党建质量提升年"实施方案》，严肃党内组织生活，提高党员发展质量，严格党务工作管理。同时，针对基层党建育人的盲点盲区，将党员积分管理、双述双评等工作与立德树人相结合，强化督促考核，提升党建工作的育人实效。

3. 坚持融合创新，实现党建创新与成长需求同频共振

（1）立足学校师生成长发展的需求，坚持"一院一特色、一院一品牌、处处有风景"的思路，实施基层党建特色项目建设，努力培育一批有影响力的基层党建育人特色项目。2017年、2018年民办高校共立项基层党建特色项目135项，其中重点项目25项，逐步形成学校基层党建与思想政治教育融合创新的良好局面。

（2）立足师生成长发展需求，结合党建传统优势与新兴技术，探索体验式、开放式的党建育人方式和手段，积极推广"党员在线""党课开讲"教育管理平台、思想引领"E时代""青春铸梦"微信教育平台等新媒体阵地建设的成功经验，筑牢基层党建育人阵地。

（3）坚持党建统领群团组织，充分发挥各类群团组织的育人纽带功能，推动工会、共青团、学生会等群团组织创新组织动员、引领教育的载体与形式，充分发挥教研室、学术梯队、班级、学生宿舍在师生成长中的凝聚、引导、服务作用。开展"教工党员服务工程"以及"名师起航"党课加油站等项目，有效解决了大学生理想信念、生涯规划、学习实践方面的困惑，取得了实实在在的育人成效。

（4）通过实施"民办高校基层党建对标争先计划"，遴选培育并获评上海高校党建工作标杆院系、样板支部"双带头人"标兵、党务工作示范岗、青年教工党员示范岗等一大批先进典型，通过树典推优，营造了立德树人的良好氛围。

## (三) 构建"三位一体"育人机制,牢牢掌握师生思想政治工作的主导权

民办高校党组织把党的建设工作视为学校办学育人的基础工程、战略工程,强化领导层和师生群体的政治意识,优化校党组织的政治引导功能,做实基层党组织的战斗堡垒作用,完善思想政治工作组织架构,落实民办学校党组织主体责任机制,强化规范管理,同时管好宣传喉舌,强化监督问责,持续正风肃纪,以问题意识为导向,构建"三位一体"育人机制。

### 1. 强化思想引领,落实立德树人根本任务

探索实现从思政理论课主渠道育人向"课程思政"立体化育人的转化。上海建桥学院根据学校"培养雷锋式大学生"的育人定位,结合"卓越建桥计划"人才培养"八项核心素养"要求,推行"成果导向教学(OBE)",促进课程思政针对性和有效性,该校"新时代雷锋精神融入立德树人全过程"项目获得上海市教学成果一等奖。建桥学院雷锋馆建成以来接待了校内外参观者两万余人次,已成为该校思想政治教育、服务社会、践行社会主义核心价值观的重要基地。以"雷锋精神"为内涵的"奉献中国"系列课程建设取得积极成效,学校作为唯一的民办高校代表,入选教育部在上海召开的加强新时代高校思想政治理论课建设现场推进会观摩单位。许多民办高校在思想引领中坚守意识形态工作阵地,认真分析研判意识形态领域倾向性苗头性问题,针对性地进行引导。加强并规范对各类报告会、研讨会、社团、网络以及师生自媒体的引导和管理,确保阵地安全。有的民办高校成立了由教学经验丰富和政治意识较强的老同志组成的专职教学督导队伍,督促教师守好政治底线、法律底线、道德底线,严格教学规矩、课堂规矩。

### 2. 强化把思想政治课建设扛在肩上的责任意识

民办高校党委会、校长办公会每学期都专题研究思想政治课建设工作,统筹学校思想政治课建设。坚持问题导向,深入研究思想政治工作规律和教育规律、学生成长规律,提升思想政治课建设实效性。思想政治课是落实立德树人根本任务的关键课程,需要全校教职员工、全社会共同支持与参与。近年来,上海师范大学天华学院党委把整合社会力量充实思想政治课教师专兼职队伍作为一项重要探索,积极组织校领导和中层管理干部,通过担任班主任、讲授思政课等多种形式,深入到思想政治教育的一线,推进全员育人。该校将积极推进政府官员、国企领导、英雄人物、劳动模范等进校园、上讲台、担任学生校外导师等工作,切实提升社会参与学校育人的实效性。针对思想政治课教师考核评价问题,该校充分考虑思想政治课的特殊性,破除唯论文、唯职称、唯学历等"五唯"评价模式,突出对思政课教师立德树人实效性的考核。下一步,该校还将完善干部选任体系,将更多的优秀思想政治课教师、优秀辅导员等纳入学校后备干部梯队,为思想政治课教师更好地参与办学治校、全面发展提供更加宽广的舞台。

### 3. 在区域化党建中共建志愿公益服务平台

上海中侨职业技术大学党委在参与金山区域化党建的过程中,充分发挥基层党组织和党员的主动性,以建设基层服务型党组织为契机,在实践中强化宗旨意识,广泛开展党员、入党积极分子先锋志愿服务实践活动,将党组织政治属性与服务功能有机结合,发挥

先锋模范作用。在廊下郊野公园、吕巷水果公园、金山体育中心等建立志愿者服务基地，每年组织近千名师生开展常态化志愿服务活动，并与金山区司法局联合开展"留溪港湾·点亮心愿"特殊对象未成年子女关爱活动，累计关爱 60 余名特殊人群的子女。该项工作也得到市政府官网"中国上海"的报道。该校与金山区红十字会联合开展造血干细胞入库登记工作，累计 800 余名师生志愿登记入库。与该校所在辖区的张堰镇每月开展阳光家园阳光行、小候鸟展翅行动、54 关爱 99 等三项志愿者服务品牌活动，覆盖镇内的智障人士、进城务工子女、高龄老人等人群。该校外国语学院发挥语言优势，建立外语志愿服务队，为廊下国际马拉松赛、城市沙滩铁人三项赛、国际青少年足球邀请赛等赛事以及外国驻沪领事看金山活动提供外事接待志愿者。该校艺术学院发挥艺术专业优势，建立文化志愿者服务队，开展"绘金山故事·传志愿精神"主题活动，累计为石化街道、山阳镇、廊下镇、金山新城等地美化村居墙壁，开展为老摄影等专业化的志愿服务。在爱心暑托班开设衍纸艺术课程，深受小学生们的喜爱。形成了主动地融入社区，共同参与社会治理的志愿者工作的新常态。

### （四）提高教师育德能力和水平，创建并实施学生通识素质人才培养

上海民办高校适应大思政工作格局需要，发挥教师作为立德树人、育人育才的主力军作用，广大教师特别是思想政治课教师从五个方面不断提升"主体"的自信与自觉，不断提升自身素质和能力。

1. 做科学理论特别是习近平新时代中国特色社会主义思想的自觉传播者

坚持不懈地传播马克思主义理论和习近平新时代中国特色社会主义思想，通过科学理论的学习、传授和引导，为学生一生的成长奠定科学的思想基础。学校要求教师传播马克思主义科学理论，首先自己要真懂、真信，努力提升自己的理论水平。"传道者自己首先要明道、信道"，才能引导学生坚定对马克思主义科学理论的信仰。

2. 做中国共产党执政的坚定支持者

为完成好立德树人使命，上海民办高校要求教师必须树立政治意识、大局意识、核心意识、看齐意识，自觉维护党中央权威和党中央集中统一领导，与党中央保持一致，在教育教学中引导学生坚定道路自信、理论自信、制度自信、文化自信；引导学生认识人类社会发展的历史必然性，认识中国特色社会主义的历史必然性，树立为共产主义远大理想和中国特色社会主义共同理想而奋斗的信念和信心。

3. 做社会主义核心价值观的坚定信仰者、积极传播者、模范践行者

坚持不懈培养和弘扬社会主义核心价值观是高校广大教师的重要任务。作为人类灵魂的工程师，上海民办高校要求广大教师要把社会主义核心价值观体现到教育教学、教书育人的全过程，引导学生树立正确的世界观、人生观、价值观。结合各门课程的教育教学，对学生进行价值引导，树立正确的价值目标和行为规范，不断提升其道德素养。

4. 做先进思想文化的传播者、学生健康成长的指导者和引路人

上海民办高校高度重视师德师风建设，按照"四个相统一"的要求，自觉把教书和育

人、言传和身教、潜心问道和关注社会、学术自由和学术规范很好地结合起来，以德立身、以德立学、以德施教。同时，注重以文化人、以文育人，不断用民族优秀传统文化、人类先进思想文化、革命文化和社会主义文化充实教育教学内容，以自己渊博的学识、实际行动和榜样力量引导和带动学生健康成长。

5. 做教育教学改革与创新的实践者、探索者

上海民办高校注重发挥课堂教学主渠道作用，以创新精神不断探索课程建设、课程教学和教学改革的有效途径与方式、方法，满足学生成长发展需求和期待。特别是适应互联网和新媒体的发展趋势，运用学生喜闻乐见、易于接受的新手段、新技术，运用学生喜欢的教育教学表达方式，如微信群、微信公众号、自媒体等方式对学生进行思想和价值引导、专业知识教育与传授，进行解疑释惑。

## 三、上海民办高校党建与思想政治工作的思考与对策

### （一）加强党对民办高校的领导，保障民办高校健康发展

民办高校在党建工作方面具有不同的特点，制约因素很多，但归根结底是民办高校创办者对建立党组织认识不到位，这是党建发展的瓶颈。公办高校由国家投资建立，学校的资产归国家所有，学校经费主要由国家财政拨款，学校党组织代表党和国家管理学校资产，决定学校经费的使用。而民办高校的投资主体是创办者，学校的资产归创办者所有，办学经费主要来自学生学费和创办者出资，董事会决定学校经费的使用。如上所述，不少投资办学者认为民办高校的党建工作是可有可无之事，致使民办高校党建工作往往缺乏必要的人力和物力支持，党务工作队伍得不到应有配备，党组织活动不能正常有序地开展，党员发展速度缓慢，等等。

1. 破解党建工作有效开展的瓶颈

民办高校的党组织要力求做好下面两件事。①寻求政策的支持。积极与省市级教育工委沟通，由上级党组织建立科学的督导机制，加大对民办高校党建工作的检查、评估力度。评估机构要将党建工作纳入民办高校教育教学评估体系，作为办学质量和水平考核的重要指标；建立民办高校党建工作评估标准，并据此进行量化评估。上级党组织要将民办高校基层先进党组织、优秀党员和优秀党务工作者的表彰纳入对学校党建工作的整体管理之中。②要加强学习。组织并指导办学投资方认真学习中共中央组织部、中共教育部党组《关于加强民办高校党的建设工作的若干意见》和中共中央组织部等五部委下发的《民办学校党建工作重点任务》，认真学习党中央关于加强党建工作的战略部署，使学校董事会深刻认识到加强党建工作的必要性、重要性和紧迫性，真正理解、关心和支持党建工作，从人力、物力、财力各方面为党建工作提供保障。

2. 党组织要树立"以为求位"的思想

在学校投资创办者对党建工作认识不到位的情况下，民办高校党组织不要气馁，要充

满自信,要树立"以为求位"的观念,并做好以下三件事:①党组织要增强党建服务学校中心工作的意识,不能单纯地为了党建抓党建,而应充分发挥党组织的政治优势和组织优势,围绕学校的中心工作,把师生员工凝聚在一起,帮助教育学生坚定共产主义的远大理想和中国特色社会主义信念,教育引导学生树立正确的世界观、人生观和价值观,帮助学校教师和管理层确立教学中心地位,牢固树立质量意识、服务意识、发展意识,培养社会需要的有用之才,确保培养的人才让党和国家放心、令社会和人民满意。②要按照"党要管党,从严治党"的要求,加强自身建设,切实履行党组织的职责,加强对党员的教育和管理,规范党的组织生活,主动发挥党组织的政治核心作用。同时要教育和引导广大党员在教书育人、管理育人、服务育人中发挥先锋模范作用,为群众树立良好的榜样,以优异的成绩争取董事会对党建工作的理解、支持和重视。③民办学校党组织要找准自己的定位。为了避免由于投资者对民办高校党建工作认识的不到位而引起的一些误解,民办高校党建工作的定位一定要找准。根据党和国家有关文件精神,民办高校党组织统一领导学校党的工作,发挥政治核心作用。政治核心作用包含三方面内容,即在学校党建、思想政治工作和德育工作中起领导作用,在学校办学方向、人才培养中起保证作用,在学校依法办学、规范办学中起监督作用。对于具体的教学行政工作不过多干预,更不能越俎代庖。学校党组织和校行政之间既各司其职,又协调统一;党组织既要有所为,又要有所不为。这样,才能消除民办高校投资方的误解,更好地发挥党组织在民办高校中的政治核心作用。

3. 探索、创新党建工作的新方法和新途径

加强民办学校党组织建设,必须不断改进和创新民办学校党建工作方式,建立工作保障体系。就上海民办高校党建工作实践来看,学校党组织始终把基层党建工作和师生思想政治工作与学校的改革发展有机地融为一体,始终坚持以促进民办高校健康发展为党组织活动的出发点,力求党的活动"为学校工作所需要,为学生教工所欢迎,为学校董事会(投资人)所支持"。在活动内容上,把党建工作寓于促进学校发展之中,渗透于教学活动(包括相关的业务工作)之中,与提高党员、学生和教职工素质有机结合起来;正确处理党的活动与教学活动的关系,通过开展生动活泼、卓有成效的党建工作和思想政治工作,密切党群关系,较好地团结和带领教职工完成各项教学工作和其他工作;积极主动地为党员、群众排忧解难,化解各种矛盾,为学校健康发展提供思想和政治保证;坚持党组织对共青团、院校社团组织的领导,最大限度地调动各方面的积极因素;在活动方式上,正确处理党组织与董事会的关系,建立重大问题通报、协商机制,做到相互尊重、相互信任。坚持统一规划的大型活动与业余、分散的小型活动相结合,坚持党组织活动与群团组织活动相结合,努力形成坚持经常、丰富多彩、富有活力、富有成效的党组织活动机制;学校党组织坚持定期开展组织生活,除召开党员大会、民主评议党员等活动外,其他活动一般以党小组为单位进行,尽量做到开展业务活动与党组织活动两不误、两促进,既提高了基层党组织凝聚力、感召力和战斗力,又促进了学校教学工作、学生管理、后勤服务等各项工作卓有成效地开展,真正实现了"围绕发展抓党建、抓好党建促发展"的党建目的。加强民办高校党的建设,必须在明确党建工作重要意义的同时,坚持从民办高校的实际出发,对党组织的

地位作用、职责范围、运行机制以及党组织与董事会、校行政的关系等方面进行深入的探索，努力打通学校党政合作途径，把党建工作与学校的改革发展有机地融为一体，营造充满生机和活力的工作局面。

### （二）理顺民办学校党组织隶属关系，推进党的组织和党的工作有效覆盖

按照围绕中心、服务大局、拓宽领域、强化功能的要求，着眼于增强生机活力，进一步加强党的基层组织建设，推进党的组织和党的工作有效覆盖，完善组织设置和工作机制，加强党组织班子成员和党务干部管理，做好发展党员和党员教育管理服务工作，严格组织生活制度，认真贯彻民主集中制，强化党组织日常监督和党员民主监督，抓好党风廉政建设。凡是有3名以上正式党员的民办高校，都要按照党章规定建立党组织，并按期进行换届。民办高校应按期召开党员代表大会或党员大会，选举学校党组织领导班子。建立党委的民办高校每届任期5年，建立直属党总支的民办高校每届任期3年。民办高校党组织领导班子成员由学校党组织负责人、有关职能部门以及部分院（系）党员负责人组成，形成合理的人员、年龄、知识和专业结构。民办高校党组织委员、副书记、书记候选人，要先报上级党组织同意，再按规定程序选举产生，选举结果报上级党组织批准。党组织委员出现空缺时，应及时按规定程序补选。

民办高校党组织应选优配强基层党组织负责人，配备足够数量的专兼职组织员，加强教育培训，为他们开展工作创造条件。选好配强党支部书记，注重从优秀教职工和优秀学生党员中选任。通过设立党建专项经费、党费补助等方式，完善党建工作经费保障机制。民办高校要将党组织活动经费列入年度经费预算，保证必要支出。民办高校党员交纳党费可全额返还。要拓宽经费来源渠道，为党员开展活动提供必要场所，建立多种形式的党员实践服务基地。发挥公办、民办高校党建工作的区域合作共建、联建的优势，实现资源共享。

### （三）抓好民办学校思想政治教育，促进全员全过程全方位育人

民办高校作为高等教育事业的重要组成部分，同样承担着"为谁培养人、培养什么样的人、怎样培养人"的重大责任。意识形态教育是人才培养的核心内容之一，青年的价值取向决定未来整个社会的价值取向。新形势下，民办高校在助力高等教育大众化和教育强国事业中担当重任。相比普通公办高校，民办高校更需要加强意识形态教育，保持好清醒头脑，坚守住意识形态阵地，坚持马克思主义指导地位，把握意识形态工作的领导权。

民办高校是教育事业的新生力量，其自身的特殊性决定了意识形态领域工作的特殊性和复杂性。随着知识经济时代的快速发展，民办高校正处于转型发展时期，立足于服务支持地方经济社会发展，其灵活多元的办学模式、自主管理的教育体制、市场需求的课程导向、教育对象的复杂多样、师资力量的稀缺薄弱、思想政治教育活动的形式单一，导致民办学校在开展意识形态工作时出现党的领导弱化、意识形态教育效果不佳、意识形态教育形式单一、思想政治课育人意识淡薄、党的建设工作流于形式等问题，最终导致民办高校

的意识形态工作成为健康发展进程中的弱项之一。民办高校要在高要求、低回应的现状中寻求发展,不断加强思想文化阵地建设,促使学校意识形态工作积极向上健康发展,办好人民满意的教育、社会认可的教育、国家放心的教育。

1. 突出课堂教学

吃透学情,打好民办高校思想政治课教学的"主动仗"。提升思想政治课教学实效是民办高校思想政治课建设的重中之重。民办高校的思想政治课要达到立体生动、鲜活明快之效,就必须吃透学生的基本学情,准确把握他们在思想政治课堂上普遍存在的情绪化学习(对感兴趣的内容学习积极性较高,而对于系统性理论则学习效率较低)、思辨性不足、自信心偏弱等问题,高度聚焦思想政治课"教法攻坚",积极探索符合学生特点的灵活多样的教学方式,形成具有民办高校特点的思想政治"金课"方法论。民办高校思想政治课教师除了要基于学生长远发展的需求传递真理性知识,组织开展各类增益性课堂活动之外,还必须充分考虑学生的理论接受方式和课堂话语偏好,更多地使用生活化、大众化、故事化、协商化、情感化等语言。应善于在富有温度的思想政治课堂场域中将"理论干货"以生动活泼的话语方式呈现给学生,将主流意识形态和价值观如盐溶水般地化于饶有趣味的课堂话语之中,以润物无声的方式渗透到学生心中,浑化无迹、有味无痕,进而内化为学生的思想观念和价值理念,外化为学生自觉自律的行为选择。

2. 突出实践养成

实施"校地结对、实践育人"计划,上海杉达学院投入 3 000 万元建设两校区的大学生素质教育中心,使心理健康、艺术教育等各项素质教育的附加值最大化。该校开设的"希德讲坛"每学期邀请 8～10 位名家名教授演讲,教育引导学生敬业爱国、博学多思、追求卓越,深受该校学生的欢迎,并获全国民办高校党建和思想政治工作优秀成果一等奖;该校广泛开展诸如"跨越时空·恋上经典"弘扬优秀传统文化短剧展演、"筑梦长征路""春运暖冬行动"等校园文化和社会实践活动;该校还与浦东新区区委宣传部、上海科技馆战略合作,打造文化资源共享联建模式;搭建起新媒体宣传平台,"传统文化在线谈""书信时光"等专题,使思想政治工作"活起来"。该校还建立了"课程、培训、实践、服务"四位一体创新创业育人模式,如学生手绘百米"暖墙"亮相老弄堂,"墙暖梦飞"高校社区共建百米文化墙;学生在上海廊下大棚里搞了场"土"到底的时装秀,发扬和传承土布文化,传播社会正能量。为此,该校获得全国民办高校创新创业实践实训基地建设奖、上海高校实践育人创新创业基地等荣誉。

3. 突出工作创新

习近平总书记在全国高校思想政治工作会议上强调指出:"思想政治工作从根本上说是做人的工作,必须围绕学生、关照学生、服务学生,不断提高学生思想水平、政治觉悟、道德品质、文化素养,让学生成为德才兼备、全面发展的人才。"学生在哪里,我们的思政工作就在哪里,这是党的群众路线在高校思政工作中的生动表达。新时代民办高校思想政治工作,既要重视课堂教学的显性教育,又要注重第二、第三课堂的隐性教育,达到"潜移默化、润物无声"的效果。以立德树人为根本任务,以学生发展为中心环节,将有形空间塑造与无形体验浸润结合,将有形教学教育与无形引导引领结合,推进柔性管理隐性教育与刚性管理显性教育有机融合,是提升思政工作实效的必由之路。早在2007年,上海民办高校实行学生社区辅导员同吃、同住、同学习的"三同"工作制度,在开展日常思想政治教育方面进行了一系列实践,取得很好效果。近年来,针对高校思政工作的新形势、新变化、新要求,上海民办高校在深入推进"三全育人"综合改革试点过程中,着力探索"同场域、同频率、同成长"的"新三同"工作法,为辅导员赋能提质,制度化协调各种育人队伍,形成育人共同体,践行一线规则,进入学生发展的最近场域,就地开展思政教育,打造辅导员队伍建设升级版,营造校内"三全育人"微型生态圈,推动民办高校重组育人资源、下沉育人力量、优化育人体系,不断提升新时代民办高校思政工作的针对性和有效性。

4. 突出压实责任

上海市教卫工作党委每年与各民办高校签订落实意识形态工作责任书,各民办高校与所属单位签订责任书,落细落小,传导压力。强化检查问责,认真履行"一岗双责",把各自的工作管起来、严起来,把各项任务抓到位、落到位,确保压力层层传导、责任级级落实。综合施治抓重点,织就一张"安全网络"。紧盯重点人员、重点事件、重要节点、重点阵地"四重"不松懈,查缺补漏抓短板,对于敏感情况和突出风险做到早发现、早报告、早处置。开展工作督查和"飞行检查",上海市教卫工作党委就意识形态工作约谈民办高校负责人,有关民办高校就意识形态问题问责干部教师,切实让督导检查"带电""长牙"。

## (四) 重视师德师风建设,推进民办学校思想政治工作队伍专业化职业化

习近平总书记指出:合格的老师首先应该是道德上的合格者,好老师首先应该是以德施教、以德立身的楷模;师者为师亦为范,学高为师,德高为范。老师是学生道德修养的镜子。由此可见,教师的育德意识和育德能力直接关系课程思政的质量和效果。

1. 教师是课程的实施者,是教学实践的主体

专业教师能否接受、践行课程思政的新理念,适应课程思政的新要求,是能否构建学校德育新格局的关键。专业教师不应当只埋头做一个"对很少的东西知道很多、对很多东西知道很少"的"专家",不应当对育人报以"事不关己"的态度,而应该做有理想信念、有道德情操、有扎实学识、有仁爱之心的好老师。育德能力是指教师在培养学生道德品质的过程中应具备高超的技能。教师的工作不仅是传播知识、传播思想、传播真理,更重要的是塑造灵魂、塑造品行、塑造人格,"为了每一个学生的终身发展"。

2. 要用多元评价体现课程效果

由于长期以来唯数量化的评价导向,对专业课程的评价主要侧重于采用调查问卷、统计分析等方法,就专业论专业,评价标准单一。要认真贯彻落实教育部关于清理"五唯"的各项要求,回归教育的本质和初心,为推进课程思政营造良好的制度环境。就课程思政评价的本身而言,需要将学生的认知、情感、价值观等内容纳入其中,体现评价的人文性、多元性。为此,应逐步将客观量化评价与主观效度检验结合起来,综合采用结果评价、过程评价、动态评价等方式,制定出更为精细和系统的评价指标,充分及时反映学生成长成才

情况,反映课程中知识传授与价值引领的结合程度,以科学评价提升教学效果。

3. 要以制度设计服务课程改进

习近平总书记指出,"要增强制度意识,善于在制度的轨道上推进各项事业"。充分挖掘和拓展专业课程的育人价值,推动专业课程走向课程思政,同样有赖于相关制度的健全。完善教材开发制度,突出专业课程的价值取向,充分体现不同课程的特色与优势,形成特色鲜明、优势突出、交叉互补的教材内容体系;完善教师培训制度,进一步加强对专业课程教师的培训力度,鼓励其在教学科研工作中体现课程思政的理念;完善教学组织管理制度,强化教学方案设计和教学改革,开展教师教学比赛,注重典型示范和榜样塑造,以先进带普遍、以局部带全域。完善教研制度设计,有助于推动教师以其研究成果和实践成果反哺于教学,实现教书育人、科学研究、社会服务相得益彰,推动构建课程思政的育人大格局。

# 长三角地区民办教育政策改革进展及优化建议

分类管理是我国民办教育领域的一项重要制度设计。全国人大常务委员会于2015年12月和2016年11月,分别对《中华人民共和国教育法》《中华人民共和国高等教育法》《中华人民共和国民办教育促进法》进行了一揽子修订,随后印发的《国务院关于鼓励社会力量兴办教育促进民办教育健康发展的若干意见》《关于加强民办学校党的建设工作的意见(试行)》《民办学校分类登记实施细则》《营利性民办学校监督管理实施细则》《关于营利性民办学校名称登记管理有关工作的通知》等规范性文件,共同确立了对民办学校实施非营利性和营利性分类管理的法律构架和政策框架,标志着国家对民办教育新法新政的实施。我国民办教育类型多样、功能定位和发展阶段区域差异性大,从全国层面看,无论是发展规模、质量样态,还是政府对民办教育政策体系建构,长三角地区无疑是民办教育发展较发达的区域。本文以破解民办教育分类管理改革的难点为切入口,运用比较分析的方法,系统总结了长三角地区三省一市民办教育新政实施中的亮点、创新点,深入分析三省一市完善配套政策面临的挑战,提出了进一步完善、优化民办教育分类管理地方配套制度的若干政策建议,具有重要的实践意义。

## 一、长三角地区民办教育地方新政出台情况

### (一)基本情况

对于国家在民办教育领域作出的这一重大制度变革和创新,三省一市政府积极落实,持续推进地方配套制度建设。上海市人民政府自2017年年底转发了"1+1"文件和民办培训教育"一标准两办法"后,2019年12月,又发布了《上海市人民政府关于加强培训机构管理促进培训市场健康发展的意见》和《上海市培训机构监督管理办法》;浙江省人民政府出台了"1+7"文件,并于2018年颁布了《浙江省学前教育生均经费制度指导意见的通知》;江苏省出台了"1+3"文件;安徽省继地方新政后,于2019年制定了《关于加强民办教育监督管理规范民办学校办学行为的若干意见(试行)》。综观三省一市出台的地方配套政策,不仅在具体制度设计上富有地方特色,而且亮点突出、创新鲜明,制度建设卓有成效(见表1)。

**表 1　长三角三省一市民办教育分类管理改革文件发布基本情况**

| 地区 | 名称 | 时间 | 配套 |
|---|---|---|---|
| 安徽省 | 安徽省人民政府关于鼓励社会力量兴办教育促进民办教育健康发展的实施意见(配套:3) | 2017 年 10 月 17 日 | 推进放开民办教育收费试点工作有关事项的通知 |
| | | | 民办学校分类登记实施办法 |
| | | | 加强民办教育监督管理规范民办学校办学行为的若干意见(试行) |
| 上海市 | 上海市人民政府关于促进民办教育健康发展的实施意见(配套:6) | 2017 年 12 月 26 日 | 民办学校分类许可登记管理办法 |
| | | | 民办培训机构设置标准 |
| | | | 非营利性民办培训机构管理办法 |
| | | | 营利性民办培训机构管理办法 |
| | | | 上海市人民政府关于加强本市培训机构管理促进培训市场健康发展的意见 |
| | | | 上海市培训机构监督管理办法 |
| 浙江省 | 浙江省人民政府关于鼓励社会力量兴办教育促进民办教育健康发展的实施意见(配套:7) | 2017 年 12 月 26 日 | 公共财政扶持民办教育发展实施办法 |
| | | | 民办学校财务管理办法 |
| | | | 现有民办学校变更登记类型实施办法 |
| | | | 民办学校信息公开和信用管理办法 |
| | | | 民办学校教师队伍建设实施办法 |
| | | | 落实民办学校办学自主权实施办法 |
| | | | 浙江省民办学校财务清算办法 |
| 江苏省 | 江苏省政府关于鼓励社会力量兴办教育促进民办教育健康发展的实施意见(配套:2) | 2018 年 2 月 22 日 | 民办学校分类管理实施细则 |
| | | | 推进民办教育收费改革的指导意见 |
| | | | 营利性民办学校监督管理实施细则 |
| | | | 民办高等教育发展专项资金管理暂行办法 |

## （二）主要特点

根据国务院 2017 年出台的民办教育新政文件的要求,历时 3 年,全国已有 29 个省市出台了民办教育地方新政文件,其主要特点有以下三点。

### 1. 新政文件出台及时

根据教育部的要求,各地应该在国务院民办教育新政文件出台一年之内发布地方落实此项工作的文件,安徽省、上海市、浙江省等省市在规定时间内发布了地方新政文件,随后江苏省也在 2018 年 2 月 22 日发布了地方新政文件,长三角地区三省一市地方新政文件出台时间明显早于全国其他省市。

2. 新政文件内容较为完备

从长三角三省一市民办教育新政文件的内容构成看，基本涵盖了国家关于民办教育新政的主要内容，主要体现在：一是明确要求加强民办学校党的建设；二是涵盖财政扶持、准入领域、师资建设、融资以及土地优惠税费等方面的扶持举措；三是涵盖规范治理结构、加强学校资产和财务监管、收费以及其他规范办学行为的治理举措；四是明确了分类管理改革过渡期设置、举办者补偿和奖励及推动平稳过渡等举措。

3. 地方政府高度重视民办教育新政配套文件的出台

长三角地区三省一市政府在发布民办教育新政文件的基础上，重视做好相关配套文件的出台，上海市先后出台了《民办学校分类登记许可管理办法》等 6 个配套文件；浙江省出台了《公共财政扶持民办教育发展实施办法》等 7 个配套文件；江苏省出台了《营利性民办学校监督管理实施细则》等 4 个配套文件；安徽省出台了《推进放开民办教育收费试点工作有关事项的通知》《民办学校分类登记实施办法》等 3 个配套文件。这些配套文件对构建地方民办学校分类改革制度体系具有重要推动作用，值得关注和借鉴。

# 二、长三角地区民办教育地方新政亮点

## （一）完善党建工作机制，保障民办学校办学方向

加强民办学校党建是国家新法新政的最新精神和规范民办学校管理的重点领域，各地新政主要从人员配备、工作机制和建设保障三个方面加以突破。

（1）多渠道选派民办学校党组织负责人。如上海市制定了《上海市民办高校党组织领导干部选拔任用暂行办法》，进一步推动民办高校党建工作的制度建设；江苏省新政根据民办幼儿园、民办中小学和民办高校的不同情况，提出了学校基层党组织负责人产生的不同办法。民办中小学、幼儿园党组织负责人一般从学校管理层中产生，符合条件的董（理）事长、校长经上级党组织同意也可担任党组织负责人。《江苏省营利性民办学校监督管理实施细则》规定：民办高校党组织书记按组织关系隶属，由党委教育工作部门选派。

（2）明确民办学校党组织运行机制。三省一市明确了民办学校党组织的职能，上海市规定"涉及民办学校发展规划、重要改革、人事安排等重大事项，党组织要参与讨论研究，董（理）事会在作出决定前，要征得党组织同意；涉及党的建设、思想政治工作和德育工作的事项，要由党组织研究决定"。安徽省规定，民办学校党组织要充分发挥政治核心作用，强化思想引领，牢牢把握社会主义办学方向，牢牢把握党对民办学校意识形态工作的领导权、话语权，切实维护民办学校和谐稳定。浙江省规定，民办学校党组织要发挥政治核心作用，强化思想引领，牢牢把握社会主义办学方向，牢牢把握党对民办学校意识形态工作的领导权，切实维护民办学校和谐稳定。江苏省规定，牢牢把握党对民办学校意识形态工作的领导权、话语权，确保学校按照党的教育方针办学，切实维护学校和谐稳定。

（3）完善党建工作保障机制。除了将党建纳入民办学校年检内容，三省一市将党建纳入民办学校设立、评估考核、督导、管理监督、表彰奖励等环节，制定党建专门支持计划。上海市规定，制订实施民办高校党建和思想政治工作创新专项计划。安徽省规定，按照主管部门管理与属地管理相结合的原则，理顺民办学校党组织隶属关系；将党组织活动经费列入学校年度经费预算；上级党组织对民办学校上缴的党费可全额返还学校党组织。江苏省规定，民办学校党务干部纳入教育系统党务干部教育培训体系，市委教育工委选派民办高校党组织负责人前，须向省委教育工委请示选派事项及人选情况，省委教育工委批复同意后，市委教育工委方可任命或批复。

## （二）建立完善的扶持体系，推动民办学校高质量发展

长三角三省一市力图建立完善的民办教育扶持体系，着重体现在财政扶持、鼓励社会力量进入教育领域、师资建设和土地税费优惠政策上。

（1）不断丰富财政扶持方式。各地不断加大财政扶持力度，如浙江省明确各级各类民办学校的补助标准，要求不断创新民办学校财政扶持方式。上海市提出健全以招收进城务工人员随迁子女为主的民办小学办学成本政府补贴制度，对义务教育阶段民办学校，按照不低于公办学校生均公用经费基准定额的标准给予补助。浙江省规定，义务教育阶段民办学校享受同等义务教育生均公用经费基准定额补助和"两免一补"政策。安徽省在规定给予民办学校生均补贴的同时，规定民办学校在获取生均公用经费补助后，要等额减收在校学生学费。浙江省在《关于印发建立浙江省学前教育生均经费制度指导意见的通知》（浙财科教〔2018〕4号）中规定，对辖区内符合条件（办园行为规范达到等级园标准以上，且收费不高于同级公办园收费标准2倍的民办幼儿园）的普惠性民办幼儿园给予生均公用经费补助，补助水平与同等级公办幼儿园一致。

（2）积极鼓励社会力量进入教育领域。为了发挥财政扶持资金的杠杆作用，浙江省规定，引导和鼓励社会各界向民办学校捐赠，拓宽民办学校筹资渠道，各地可研究设立公共财政配比资金，对非营利性民办学校在民政部门登记设立的基金会接受的捐赠收入进行配比，省财政每年按经第三方审计确认的市、县级民办学校举办者投入数的15%和上年市、县财政对民办学校补助数的15%安排预算资金，通过转移支付方式支持市、县各类民办教育发展。有的省通过探索建立教育发展投资公司或组建教育融资担保公司等方式，搭建教育投资运作平台，为民办学校提供贷款担保等服务，并探索以无形资产、商标权以及非教育设施抵质押贷款和营利性民办学校发行专项债券的办法。浙江省规定，鼓励金融机构在风险可控前提下开发符合民办学校资金运行规律的资产证券化、项目收益债、教育公益信托、融资租赁等金融产品。上海市规定，探索办理民办学校未来收入、应收账款、知识产权质押贷款业务。安徽省规定，允许营利性民办学校以各种方式引入风险投资、战略投资，发行专项债券，通过资本市场进行规范融资。允许民办学校依照国家规定利用捐赠资金和办学结余设立教育基金，通过专业基金运营机构运作，实现保值增值，收益用于学校发展，推广政府和社会资本合作（PPP）模式，支持社会资金和民办学校依法依

规利用建设—移交(BT)、建设—经营—移交(BOT)、企业债券、项目收益债、中期票据等融资工具投入学校项目建设。

（3）推动民办学校高水平师资队伍建设。三省一市明确民办学校教师和公办学校教师享有同等待遇，主要体现在工龄计算、职称评定、人事管理、培训、招聘、人才政策和退休后待遇等方面，还对民办学校给教师购买年金或商业保险给予直接或间接的财政补贴。支持在编在岗公办学校教师流动到民办学校进行支教，并明确流动机制和办法，如浙江省规定在民办学校任教的公办学校编制的教师最多不能超过 20%，公办教师在民办学校累计任职、任教时间不超过 6 年。安徽省规定，支教教师的公办教师身份、档案关系和社会保险等均保持不变，工龄、教龄连续计算。上海市提出探索建立民办学校教师从教奖励制度。

**专栏1**

### 浙江省多项举措提高民办学校教师待遇

完善学校、个人、政府合理分担的民办学校教职工社会保障机制，民办学校教师参加社会保险，单位应缴纳部分由民办学校承担。对为教师办理机关事业单位养老保险的民办学校，当地政府可给予适当的补助。

鼓励民办学校参照公办学校标准，为教师在参加基本医疗保险和大病保险基础上，建立补充医疗保险。鼓励民办学校按规定为参加企业职工基本养老保险的教职工建立企业年金，改善教职工退休后的待遇。

民办学校教师在不同养老保险制度间转移养老保险关系，其缴费年限可按规定连续计算。

资料来源：《浙江省民办学校教师队伍建设实施办法》(浙教人〔2018〕32 号)

（4）对民办学校实行部分税费优惠政策。法人财产权过户费用减免，有的省对涉及土地等法人财产权原值过户到民办学校时产生的契税、个人所得税等进行相应减免。三省一市地方配套政策在财政扶持、土地税费优惠等方面都作出了细化的规定，有力地保障了分类管理改革在地方的有序展开。但三省一市在税收和用地优惠方面的做法相对保守，基本采取国家新法新政规定的做法。

### （三）进一步引导民办学校规范办学

根据新法新政要求，三省一市将民办学校治理体系的建构重点落脚在民办学校内部治理结构完善、加强财产财务制度建设和规范民办学校办学方面。

（1）引导民办学校科学构建内部治理结构。上海市除了要求民办学校按照法定要求建立健全监事机构外，还规定一个自然人不得兼任同一个学校的董（理）事和监事。强调董（理）事会和监事会成员依据学校章程规定的权限和程序共同参与学校的办学和管理。

此外,还提出探索职业校长制和公开选聘机制。在《浙江省民办学校财务管理办法》中规定,民办学校财务机构负责人(会计主管人员)实行回避制度,董事会、理事会或类似决策机构(以下简称决策机构)的直系亲属不得同时被聘任为民办学校财务机构负责人(会计主管人员)。民办学校财务机构负责人(会计主管人员)的直系亲属不得在本单位财务机构中从事会计工作。

(2)建立健全财产财务管理制度。三省一市均要求民办学校将法人财产过户到学校名下,浙江省还规定资产未过户到学校名下前,举办者对学校债务依法承担相应法律责任。为了加强财产财务监管,上海市提出建设完善的民办学校财务监管平台,并建设民办学校财务评估体系。为了加强民办学校财务风险管控,浙江省要求民办学校合理控制学校负债规模,借款只能用于学校本身的建设和发展,对外投资要报相关部门备案,且不得从事股票、期货等高风险项目投资。针对校外培训机构培训经费出现的一些不可控风险,2019年12月出台的《上海市人民政府关于加强本市培训机构管理促进培训市场健康发展的意见》中提出,由教育、人力资源社会保障部门会同市场监督管理、财政、税务、金融、人民银行、银行保险监督管理委员会等部门联动协作,建立资金监管与业务管理平台,探索推进履约保证保险、第三方支付、单用途预付消费卡管理等多种方式,进一步降低培训机构预收资金风险,保护学员和员工合法权益。

(3)丰富民办学校规范办学路径。浙江省规定,违反相关规定配备公办学校在编教师的民办中小学校,必须承担相应区域的公共服务责任,其招生参照公办中小学校实施管理,更不得跨区域招生。为了完善民办学校信息公开制度,浙江省专门出台了《民办学校信息公开和信用管理办法》,明确了公开信息的范围,包含了党建、举办信息、登记信息、内部治理信息、招生信息、收费信息、教师和其他人员数量及结构情况、办学条件和年度财务状况、接受和使用捐赠的信息以及自然灾害、安全事故、公共卫生事件等突发事件的应急处理预案以及处置情况、涉及学校的重大事件的调查和处理情况等。上海市规定民办学校信息要公开年度检查、接受扶持、奖励和处罚等内容。江苏省规定社会组织或者个人可以书面形式向营利性学校申请获取相关信息。为引入第三方评估加强办学信用与质量防控,上海市提出将进一步在民办学校管理中使用第三方评估结果。安徽省在2019年8月2日专门发布了《关于加强民办教育监督管理规范民办学校办学行为的若干意见(试行)》。该文件规定,各地要建立民办教育监督平台,设立投诉热线、信箱、电子邮箱等,畅通监督渠道,接受社会监督。探索建立民办学校办学行为社会监督员制度,可聘请党代表、人大代表、政协委员、责任督学、媒体记者、学生家长等组成社会监督员队伍,对辖区内民办学校办学行为进行全方位、全过程监督。

### (四)制定了较为系统的过渡期政策

民办学校分类管理改革影响最大的就是18万所现存民办学校,有的省市已初步在过渡期设置、补偿奖励办法和转设举措等方面进行了制度设计。

(1)设置现存学校过渡期。三省一市明确了过渡期和分学段实施办法,大部分省设置五年为过渡期,江苏省设置三年为过渡期,上海市根据不同学段学校设置不同的过渡期限,并要求民办学校在限定时间内用书面形式做出学校办学属性的选择。安徽省下放非高等教育学段过渡期的设置权限,规定民办高校之外学段的民办学校的过渡期由各市或省直管县决定。

（2）对补偿奖励进行制度安排。明确进入补偿或奖励范围资产的时间,上海市规定2017年9月1日前的出资可纳入出资确认范围,浙江省提出出资确认范围应继续依法执行民办学校与当地政府的约定,体现了契约精神。明确补偿计算办法,江苏省、上海市规定上限为出资额及其增值,其中江苏省的增值按清算当年5年期存款基准利率计算,上海市增值按照一定期限内贷款基准利率和定期存款基准利率的平均值计算。明确奖励在剩余资产的最高比例,其中江苏省为20%,上海市的奖励比例基于民办学校收费水平按系数计算,并与民办学校规范办学情况挂钩,如年检不合格的学校举办者无法得到奖励。江苏省允许实行一次结算与分期奖励的方式,还规定可以从民办教育专项资金给予出资者一定奖励。

（3）出台推动平稳过渡的举措。江苏省规定,新建配套幼儿园不得设立为营利性幼儿园。明确转设程序,安徽省规定,学校产权（股权）流转,要纳入所在地政府产权交易平台。江苏省、安徽省、上海市都明确规定了减免性条款内容。江苏省规定,举办者或出资者将所拥有的土地以原值过户到学校名下时,只收取工本费和登记费。安徽省规定,出资人以不动产用于办学,原有不动产过户到民办学校名下且不属于买卖或交换行为的,免除办理过户手续中的行政事业性收费。上海市规定,民办学校的举办者以不动产作为出资,因履行出资义务需要将有关不动产登记到民办学校名下的,只缴纳证照工本费和登记费。

## 三、长三角地区民办教育地方新政面临的挑战

从局部看,三省一市民办教育新政不乏亮点,在稳步推进区域民办教育分类管理改革中发挥了积极作用。但从整体看,凡是涉及举办者切身利益的关键问题还存在举措不够清晰的短板,政策的可操作性有待于进一步加强。

### （一）国家层面对民办教育提出了新的治理要求

国家层面自2016年年底发布了"1+3"新法新政后,还相继发布了《关于规范校外培训机构发展的意见》《关于学前教育深化改革规范发展的若干意见》《关于深化教育教学改革全面提高义务教育质量的意见》《关于规范校外线上培训的实施意见》以及《关于在自由贸易试验区优化营利性民办学校审批服务的通知》等,每个文件都涉及对民办教育领域的重大政策的调整（见表2）。尤其是2019年义务教育阶段规范招生和提高办学质量文件相继出台,民办学校招生实行由审批地统一管理、公民同招、电脑派位、免试入学、优质高中名额分配等相关政策正在逐项落实,同时不得以面试、面谈等名义选拔学生,这些措施

进一步压缩了民办学校生源选拔空间。对于这些文件的精神和相关内容,《中华人民共和国民办教育促进法实施条例》在修订过程中已充分吸纳。

表2  2018年以来国家民办教育政策新走向

| 文件名称 | 发布主体 | 发布时间 | 涉民内容 |
|---|---|---|---|
| 关于规范校外培训机构发展的意见 | 国务院办公厅(国办发〔2018〕80号) | 2018年8月6日 | 构建促进中小学社会培训机构规范发展长效机制,探索建立负面清单和联合监管机制 |
| 关于学前教育深化改革规范发展的若干意见 | 中共中央国务院 | 2018年11月7日 | 社会资本不得通过兼并收购、受托经营、加盟连锁、利用可变利益实体、协议控制等方式控制国有资产或集体资产举办的幼儿园、非营利性幼儿园<br>民办幼儿园一律不准单独或作为一部分资产打包上市;上市公司不得通过股票市场融资投资营利性幼儿园,不得通过发行股份或支付现金等方式购买营利性幼儿园资产 |
| 关于深化教育教学改革全面提高义务教育质量的意见 | 中共中央国务院 | 2019年6月23日 | 义务教育学校不得引进境外课程、使用境外教材。民办义务教育学校招生纳入审批地统一管理,与公办学校同步招生;对报名人数超过招生计划的,实行电脑随机录取 |
| 关于规范校外线上培训的实施意见 | 教育部等六部门(教基函〔2019〕8号) | 2019年7月12日 | 校外线上培训机构在取得ICP备案(涉及经营电信业务的,还应当申请电信业务经营许可)、网络安全等级保护定级备案的证明、等级测评报告后,向机构住所地的省级教育行政部门提交相关材料,申请备案 |
| 关于在自由贸易试验区优化营利性民办学校审批服务的通知 | 教育部(教发函〔2019〕119号) | 2019年11月29日 | 对实施专科教育的营利性民办高等学校和其他营利性民办高等教育机构,实施中等及中等以下学历教育、学前教育、自学考试助学及其他文化教育的营利性民办学校的设立、分立、合并、变更和终止审批,实行"证照分离"改革全覆盖试点 |

## (二)转设营利性民办学校的渠道不够畅通

目前长三角地区三省一市民办教育新政对现有民办学校如何过渡,尤其是如何向营利性学校转设缺少具体的程序性规定,如涉及财务清算范围、组织方式、缴纳税费种类和标准、剩余资产补偿奖励等都不够明确和细化,这也导致实质性转设成功的民办学校不多,更多民办学校处于观望状态,而且除了个别省外,大部分省市对营利性民办学校的扶持政策采取了原则性表述或模糊处理,尤其是对举办者普遍关心的营利性民办学校的营业税(增值税)、所得税的优惠问题采取了回避态度,再加上正面宣传不到位,甚至引发了部分举办者的"政策性恐慌",并纷纷采取"轻资产化"、架构灰色关联交易甚至抽逃办学资金等各种规避措施,这对民办学校的稳定运行和健康发展造成了负面影响。

## (三) 转设营利性民办学校税费补缴问题有待于进一步明确

国家对民办教育的新法新政规定,分类管理改革后原以行政划拨方式所取得的用地,如选择营利性,必须由划拨改为出让,出让金必须由原土地使用者予以补缴。目前除海南省以外,大部分省市对选择转设营利性民办学校时所产生的巨额土地税费缺乏明确说法,如是否需要补缴土地出让金,按何种标准缴纳土地出让金等问题都不明确。粗略计算,以一所经历五年办学时间、拥有 100 亩土地校园的民办学校为例,如向营利性民办学校转设,按设立时出让与划拨土地差价计算,需要补交 200 万左右的出让费;如按照转设发生时的差价计算,则要补交 8 000 万左右的出让费,以此类推,对土地面积更大的民办高校而言,所需补交的土地出让费可多达 2 亿~4 亿元。由此可见,土地补交税费是现有民办学校转设营利性学校支出的最大成本,而且我国民办学校基本靠学费滚动发展起来,举办者如不具有雄厚的办学资金,现有民办学校就很难转设为营利性学校。

## (四) 补偿奖励条款达不到举办者的预期

缺乏退出机制是当前各地对民办教育新政普遍担忧的问题,其中补偿奖励条款是退出机制的核心要素。当前各地补偿奖励条款要么没有操作性,要么力度达不到举办者预期。除上海市等个别地方提出了具体计算方法或公式以外,多数省市对补偿和奖励数额的计算方法语焉不详,直接影响了分类选择的推进。从已经出台的补偿和奖励办法来看,大部分省市的补偿奖励力度偏低,普遍不符合举办者的预期,主要体现为:一是原始投资确权过程中无法体现"历史贡献"和举办者"投资办学"的初衷,除江苏省外,大部分省市以民办学校设立时的出资额及经法定程序确认的追加投资额为准;二是奖励比例过低,一些省市设置了 15%~30%的最高奖励比例,其算法和依据不足;三是个别省市采取"转设过程奖励"的办法,而不是新法规定的"退出奖励"的办法,对新法生效以后出资者的投入和新增办学积累不再作为补偿或奖励的参考依据,无疑不利于鼓励现有学校举办者继续办学的积极性。调查显示,现阶段我国民办教育的主要特征还是投资(出资)办学,而社会捐资办学和政府资助办学占比较低。对新法有关剩余财产补偿奖励条款的态度,八成举办者认为相关条款兼顾了出资人权益;对新法有关现有非营利性学校分类转设时进行财务清算的规定,半数以上举办者认为技术上不具有可行性;对新法有关补偿奖励条款,近四成举办者认为不符合内心期望。虽然江苏省、上海市的配套文件对现有民办学校剩余资产处置作出了规定,但举办者认为补偿奖励措施显得比较保守和谨慎,突破不大,与举办者的内心期望值相去甚远。

### （五）现有监管制度难以抵御民办学校资产证券化风潮冲击

风险投资进入民办教育领域，是我国民办教育兴起之初就存在的现象，其涉足的领域，已由学前教育和校外教育扩大到高等教育领域。风险投资的进入作用显著，极大地丰富了民办学校的资金来源，但其负面影响也突出，毕竟风险投资进入教育领域，其最初和终极目的就是营利。国家目前对进入教育领域的社会资金性质没设限制，而风险投资的过度涌入对教育的良性发展并不是一件好事。近年来，学前教育收费居高不下以及大量的民办教育机构寻求国外上市，与进入的风险投资有很大关系。对于风险投资的负面影响，国家已有清醒的认识。为此，在学前教育领域，国家已经从举办者变更、幼儿园上市以及社会资本进入的方式三个方面作出了前置性审批的规定。2018 年 11 月 7 日中共中央、国务院发布的《关于学前教育深化改革规范发展的若干意见》明确提出，社会资本不得通过兼并收购、受托经营、加盟连锁、利用可变利益实体、协议控制等方式控制国有资产或集体资产举办的幼儿园、非营利性幼儿园。幼儿园控制主体或品牌加盟主体变更，须经所在区县教育部门审批，举办者变更须按规定办理核准登记手续，按法定程序履行资产交割。民办幼儿园一律不准单独或作为一部分资产打包上市。上市公司不得通过股票市场融资投资营利性幼儿园，不得通过发行股份或支付现金等方式购买营利性幼儿园资产。长三角地区三省一市积极落实了中央的上述精神，如上海市发布的《关于推进学前教育深化改革规范发展的实施意见》规定，民办幼儿园一律不准单独或作为一部分资产打包上市。上市公司不得通过股票市场融资投资营利性幼儿园，不得通过发行股份或支付现金等方式购买营利性幼儿园资产。

## 四、进一步完善长三角地区民办教育政策的建议

尽管三省一市地方政府十分重视民办教育新政的地方配套制度建设，并在实践中积极探索制度的创新和完善，取得了良好的社会反响和现实效果。然而，地方新政配套政策的不够健全既与地方政府部门的主观因素相关，同时也与外部客观条件影响有关，如税收优惠政策的决定权在中央层面，地方很难突破。长三角地区三省一市应该以问题为导向，以贯彻国家民办教育新法新政为根本，相互学习、借鉴，进一步完善地方新政的政策体系。

### （一）及时贯彻落实国家最新改革精神

2016 年年底以来，中央层面先后发布了《关于规范校外培训机构发展的意见》《关于学前教育深化改革规范发展的若干意见》《关于开展城镇小区配套幼儿园治理工作的通知》《国家职业教育改革方案》等文件，对民办培训机构治理、普惠性幼儿园发展及企业参与举办职业教育等做出新的政策指引，尤其是 2021 年 4 月 7 日颁发的修订后的《中华人民共和国民办教育促进法实施条例》在外资进入、集团化办学、培训机构分类以及关联交易等方面提出了新的规则。对于国家层面的政策法规，除了那些明确、具体可操作的规定

可直接执行外,其他一些相对原则的规定,必须吸纳于地方配套体系内,保证新法新政的精神全面地方化,并具有可操作性。

## (二) 进一步释放营利性民办学校发展空间

鉴于社会主义初级阶段的国情,投资办学仍然是现阶段民办教育发展的基本特征。民办学校分类管理改革的最终目的是吸引更多社会力量进入教育领域,办好人民满意的教育。对此,我们在大力倡导捐资办学和非营利性办学的同时,还需要在法理和政策层面平等对待营利性学校,着重解决现存学校转设营利性民办学校中所遇到的瓶颈问题。一是充分发挥好《关于实施进一步支持和服务民营经济发展若干措施的通知》(税总发〔2018〕174 号)等利好政策,在广泛征求意见和充分讨论的基础上,通过"负面清单"等方式,明晰营利性学校的政策预期。二是由中央层面明确营利性民办学校税收优惠政策,可比照《国务院办公厅关于促进社会办医加快发展若干措施的通知》(国办发〔2015〕45 号)的相关规定,比照营利性医疗、养老机构和高新企业,予以相应税费减免的政策优惠。三是降低转设营利性民办学校成本,建议以学校设立时土地差价为基础计算基准进行土地出让金补交,或借鉴海南省的做法,减免相关税费和出让金,为保障民办学校的平稳过渡,还应允许缓交或分期缴纳相关税费。

## (三) 细化出台民办学校平稳过渡举措

各地应尽快出台新政配套政策,着力破解分类管理改革中的瓶颈问题:一是科学设置过渡期,基于区域比较,过渡期一般以 5 年为宜,可采用为不同时间段设立的民办学校设置不同过渡期的做法,精准施策,且鉴于政策变化和法规的不明朗,建议过渡设置较短的省份进一步延长过渡期。二是各地要进一步明确补偿和奖励的原则、具体数额、计算方法、具体程序,以文件细则、补充细则或文件附件的形式加快出台相关政策。在补偿和奖励的比例上"宜高不宜低",充分保护现存民办学校举办者的办学积极性和维护基本办学稳定,防控因分类管理改革引起的办学风险。三是进一步明确清产核资的具体路径和程序。四是简化转设程序,各地参照转制企业操作办法,明确转设过程中涉及的相关材料和具体程序,由教育与人保、工商、民政等部门负责明确,并及时研究解决转设营利性民办学校过程中的名称保留、义务教育阶段拆分等问题。

## (四) 加快健全民办学校现代治理体系

从长治久安,进一步促进民办教育健康可持续发展角度,各地应在地方新政中进一步加强民办学校现代治理体系的建设。一是各地应进一步完善民办教育联席会议制度,促进部门协同,并设立专门行政管理机构,配备专职人员,适时建立专门的教育执法机构及执法队伍,构建完善的政府领导、审批、监督体系。二是出台完善营利性学校监管制度,在保证营利性民办学校办学自主权的基础上,紧抓质量保障和规范办学主线,完善财务监管、教育督导、年报制度、质量监控等制度,加强信息强制公开,从根源上解决 VIE 架构、

"变相营利"和各种关联交易问题，探索建立营利性民办学校保证金制度。三是加强民办学校举办者变更的管理，进一步细化举办者变更的程序，强化新举办者资格核查、财务清算及变更收益监管等环节，杜绝各种不规范的变更及交易行为。四是提升"自治"和"共治"水平，引导民办学校开展现代学校制度建设，在党建、独立董事设置、亲属回避、办学风险自控等方面开展制度创新，并进一步加强对协会、专业服务机构、第三方评估机构等行业、专业组织的扶持力度，加速共治格局的形成。

## （五）推进长三角地区民办教育联动发展

加强长三角地区三省一市民办教育合作机制建设，把长三角地区建成落实新法新政的示范区域。搭建信息共建、共有、共享平台，推动区域民办教育一体化联动发展，促进区域民办教育优势互补、协同发展，营造民办教育一体化发展的良性生态环境。具体如下：①建立长三角地区民办教育信息互惠互通共享机制。可以尝试打通三省一市民办学校信息平台，或建立统一的信息平台，实现区域内信息平台的互通、共建、共享。加强三省一市民办教育协会的协作，逐步健全、完善长三角地区民办教育一体化发展联盟的内设机构和工作机制，引导和促进民办学校坚持公益性办学、创新人才培养模式、提升人才培养质量，为优化区域民办教育政策环境出谋划策、提供方案。②搭建民办教育联动发展工作平台。由教育行政部门牵头，利用长三角三省一市民办教育区域特色和优势资源，建设四个具有规模效应、综合效应的民办教育实习实训基地，整合教育资源，实现师资、专业和实习实训基地的优势互补。基地对三省一市所有民办学校开放，以提高三省一市优质、特色教育资源的利用率和辐射力。③共建民办教育校长及教师培训联动平台。探索长三角三省一市民办学校校长和名师培养平台建设，实现各级各类民办学校骨干教师、优秀中青年干部等在区域民办学校之间的交流挂职，提升民办学校校长、教师培训水平，丰实民办教育发展后备人才资源的厚度。④探索长三角地区民办教育交换生示范校项目建设。遴选八所具有全国知名度、区域影响力的民办高校，作为区域民办教育交换生示范校，以"相互支持、资源共享、优势互补、互惠互利"为原则，开展民办高校交换生试点工作，通过交流拓宽学生视野，实现优质教育资源的共享。

# 长三角地区民办学校师资建设与发展

教师是教育事业发展的第一资源,更是新时期民办教育改革发展的聚焦点和生长点。2010 年,《国家中长期教育改革和发展规划纲要(2010—2020 年)》明确提出民办教育分类管理的改革方向,在教师队伍建设方面也提出落实同等地位、完善社保制度、保障合法权益等要求。2021 年 4 月,修订后的《中华人民共和国民办教育促进法实施条例》(以下简称新《实施条例》)公布。新《实施条例》为提高民办学校教师的身份地位,将保障教师权益,督查和引导民办学校重视师资队伍建设作为重要内容。各地根据国家部署纷纷出台地方政策法规,建立健全民办学校教师队伍建设改革配套措施。长三角地区既是全国民办教育高度发展的地区,更是区域发展一体化的试验区,其发展现状和政策实践对全国民办学校师资建设具有重要的借鉴意义。

## 一、长三角地区民办师资队伍建设现状

### (一) 民办教育机构师资规模整体上平稳增长

1. 学前教育阶段专任教师人数整体有所增长

在长三角地区,浙江省和上海市民办学前教育专任教师人数的增幅较缓,其中浙江省在 2018 年、2019 年连续两年民办学前教育专任教师人数还略有回落,上海市则在 2019 年有所回落。而增幅比较显著的是江苏省和安徽省,尤其是 2014 年以后,两省的增长幅度均超过全国。其中江苏省 2015 年、2016 年增幅分别为 12.4% 和 20.6%,安徽省 2015 年、2016 年的增幅分别达到 15.1% 和 15.6%。江苏省和安徽省民办学前教育专任教师的持续高幅增长,很大一部分来自农村民办幼儿园(见图 1)。

2. 专任教师人数小学段省际区别较大,中学段增长趋势明显

(1) 小学阶段。受学龄人口下降影响,不论是全国还是东部地区,民办小学的规模在 2011 年都有一个很大的降幅,上海市的情况比较特殊,随着民办小学入学人数逐年减少,10 年来专任教师人数一直呈持续下降趋势,由 2010 年的 7 181 人降至 2019 年的 4 098 人,整体降幅达到 42.93%。浙江省民办小学专任教师人数在 2011 年经历了骤降后,除了 2016 年、2019 年有不同程度回落外,基本趋势还是在迂回中有所增长。江苏省和安徽省则在 2013 年后民办小学专任教师人数增长明显,江苏省基本与东部地区历年平

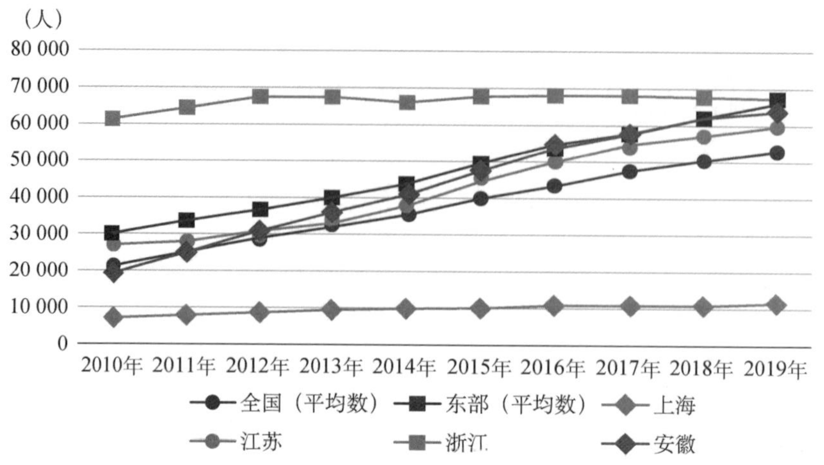

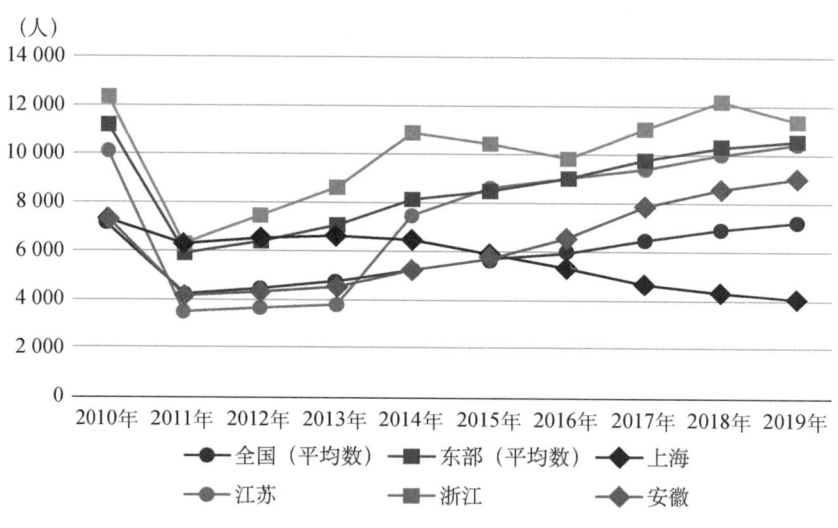

**图1　2010—2019年长三角地区民办幼儿园专任教师人数变化图**

均水平持平,而安徽省增长幅度略缓,2010—2015年增幅与全国平均水平持平,之后的增幅则明显高于全国平均水平。浙江省、江苏省和安徽省民办小学专任教师人数增长到2019年依然没有恢复到2010年的水平(见图2)。

**图2　2010—2019年长三角地区民办小学专任教师人数变化图**

（2）中学阶段。上海市增长比较平缓,除了2011年增幅达25.8%,2012—2019年这8年平均增幅在8.4%。浙江省、江苏省、安徽省的增长幅度均远远高于全国甚至东部地区平均水平,尤其是浙江省,2014年以后增长迅猛,平均增长率在12%左右,并在2019年反超安徽省。

3. 民办中职专任教师人数平缓下降,在2016—2019年略有上扬

民办中职学校数和在校生规模在2010年后持续下降,因此专任教师人数也随之下降。从图3中可以看到,安徽省的民办中职专任教师人数远高于长三角地区其他二省一

市,尤其 2011 年,安徽省民办中职专任教师人数经历了一次大幅增长,从 2010 年的 4 802 人增长到 2011 年的 7 058 人,增幅高达 46.98%。在长三角地区的其他二省一市中,浙江省民办中职专任教师人数规模高于东部地区和全国平均水平。除了上海市以外,其他三省民办中职学校都经历了 2011—2015 年的萎缩期,而 2016 年因为民办中职学校在校生人数略有增长,导致专任教师人数也有了小幅回升。

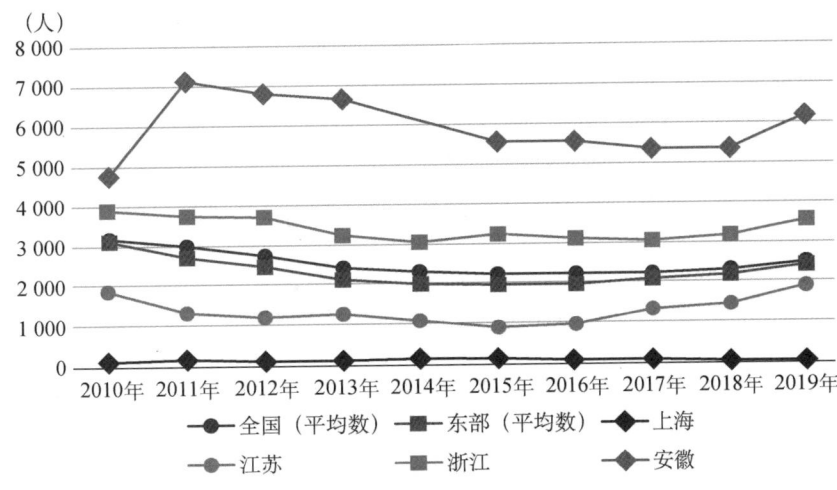

**图 3 2010—2019 年长三角地区民办中职专任教师人数变化图**

4. 民办普通高等学校专任教师规模稳步上升

长三角地区,民办普通高校数由高到低依次为江苏省、浙江省、安徽省、上海市,民办普通高校专任教师人数规模也基本符合这个序列。长三角地区民办普通高校专任教师人数变化如图 4 所示,随着高校不断扩招及中职院校升格,民办普通高校专任教师规模也逐年稳步增长。

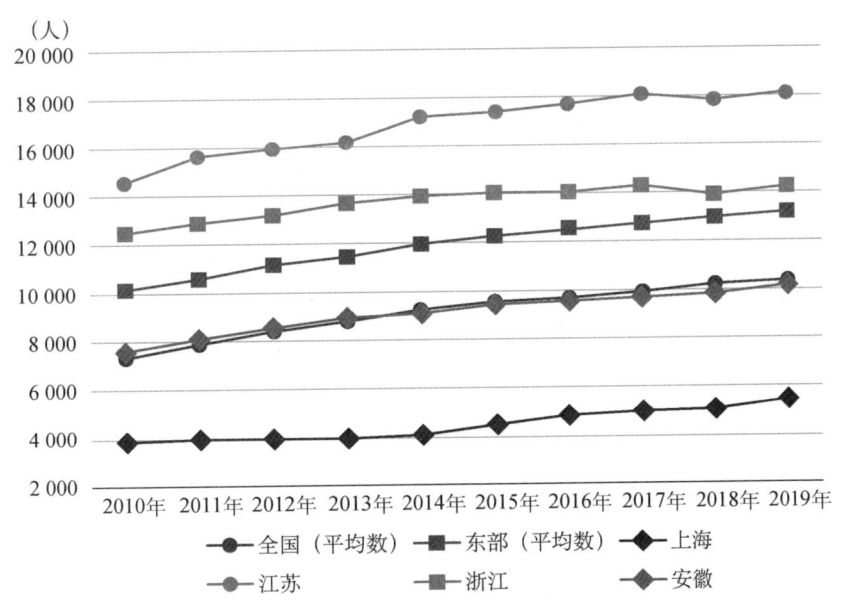

**图 4 2010—2019 年长三角地区民办普通高校专任教师人数变化图**

## （二）师资配置与结构不断得到优化

1. 生师比不断下降

在长三角地区，普惠性幼儿园已经达到 80% 比例的是浙江省和上海市，安徽省和江苏省到 2019 年依然没有突破 75%。从 2016—2019 年长三角地区普惠性民办幼儿园的生师比数据（见表 1）看，长三角地区普惠性幼儿园的生师比基本都高于东部地区水平，但在逐年下降，生师比最低的是江苏省，从 2016 年的 16.36∶1 降至 2019 年的 15.7∶1，其次是上海市和浙江省，安徽省还是偏高，但下降幅度最大。

表 1  2016—2019 年长三角地区普惠性民办幼儿园生师比（不含保育员）

| 区域 | 2016 年 | 2017 年 | 2018 年 | 2019 年 |
| --- | --- | --- | --- | --- |
| 全国 | 18.81 | 18.28 | 17.49 | 16.64 |
| 东部 | 16.46 | 16.11 | 15.61 | 15.1 |
| 上海 | 17.13 | 17.25 | 16.8 | 16.19 |
| 浙江 | 18.5 | 18.28 | 17.23 | 16.3 |
| 江苏 | 16.36 | 16.15 | 15.96 | 15.7 |
| 安徽 | 19.65 | 18.98 | 18.41 | 17.33 |

此外，民办幼儿园的保育员和保健员人数也在 2011 年后持续增长。其中安徽省和江苏省的增幅相对较高，尤其安徽省，10 年来保育员的增幅在 14%～26%，保健员的增幅在 15%～20%。

在义务教育阶段，上海市和浙江省民办中小学生师比虽然在有些年份略有反复，但基本趋势是不断下降的，尤其是在国家持续实施农村义务教育学校教师特设岗位计划，吸引高校毕业生到农村从教，农村学校师资配置改善明显。浙江省下降了 2.5 左右，上海市下降了 1.7，安徽省因为民办学校增长较快，民办小学生师比在 2012 年明显下降后又开始不断走高，基本与 2011 年持平，而民办初中生师比下降则比较明显，10 年间下降 2.5 左右。江苏省民办小学的生师比有所增高，民办初中的生师比则基本持平。

在高中阶段，民办高中学校生师比一直比较低，尤其是上海市，民办高中学校较少，招生人数也有限，生师比一直较低，在 2010 年就已经是 3.67∶1。其他三省中浙江省偏高，为 8.5∶1，江苏省和安徽省都在 6.5∶1 左右。三省一市民办高中生师比在 10 年中持续下降，2019 年上海市已经到了 1.2∶1，其次是江苏 2.76∶1，浙江省下降幅度最大，达到 3.64∶1，而安徽省是 4.06∶1，虽然有所下降，却高于全国民办高中生师比平均水平。

长三角地区民办中职的生师比一直偏高，2010 年全国平均是 29.68∶1，东部地区平均为 27.83∶1，除了上海市和浙江省（分别为 23.42∶1 和 25.29∶1）是低于东部平均水平，江苏省和安徽省都超过了 30∶1，尤其是江苏省高达 38.95∶1；而到了 2019 年，江苏省下降幅度最大，下降到了 24.17∶1，安徽省也下降了近 5 个点，只有上海市，民办中职在校生人数缩减了近一半，由于各种原因专任教师减员超过三分之二，导致生师比不降反升，高达 43.13∶1。

2. 教师学历水平持续提升①

上海市民办幼儿园专任教师中具有大专及以上学历的人员占比全国最高,2018年,上海市达到97.5%,江苏省和浙江省也都超过90%。安徽省是87%左右,也达到当年东部平均水平。而幼儿园专任教师中学前教育专业毕业生的比例,根据统计,浙江省最高,超过80%,江苏省、上海市和安徽省是70%～80%。

长三角地区民办中小学专任教师学历持续保持高位。上海市、江苏省和浙江省民办小学专任教师具有大专及以上学历的人员都已超过99%,安徽省也由2011年75.76%提升到了2019年近98%。民办初高中具有本科以上学历的专任教师,上海市的比例超过99%,江苏省、浙江省超过97%,安徽省虽然起点比较低,但增长很快,已达到85%左右。大学本科及以上学历已成为长三角地区民办中小学专任教师的准入标准之一。

民办中职学校专任教师中,上海市具有本科以上学历的教师的比例在2016年后基本达到100%,浙江省和江苏省紧随其后,本科以上学历教师的比例持续上升,到2019年均已超过93%,安徽省也达到了90%以上,远超全国和东部地区的平均水平。民办中职学校专任教师中具有研究生学位的教师的比例相对上升比较平缓,上海市依然是长三角地区的翘楚,虽然因为中职学校的缩减和拆并,10年期间有所起落,目前已达20%,浙江省和江苏省比较接近东部地区的平均水平,江苏省为8.02%,浙江省为6.8%,安徽省则低于全国平均水平,只有3.55%。

民办普通高校专任教师中具有研究生学位的教师的比例在10年期间上升趋势明显,遥遥领先的是浙江省和江苏省,由2010年的60.8%和56.7%上升到了2019年的80.55%和78.1%,增幅都在20个百分点左右,上海市和安徽省在2015年前都没有达到东部地区的平均水平,上海市甚至一度还低于全国平均水平,但从2015年开始经历了快速发展,到2019年均超过了70%,其中上海市还略高于安徽省。民办普通高校专任教师中具有博士学位的教师比例相对增长较慢,但江苏省和浙江省均远超东部地区平均水平,到2019年分别为19.07%和18.12%,增长8个百分点左右。上海市和安徽省在2013年前比例相当,均徘徊在5%左右,且低于全国平均水平,2014年开始增幅明显,上海市开始超过安徽省,到2019年达到10.16%,虽然低于东部地区平均水平,但已超过全国平均水平。目前长三角地区民办学校专任教师中具有博士学位的教师的比例低于全国平均水平的只有安徽省,为8.09%。

3. 民办中职学校和普通高校中的双师型教师比例有所提高

长三角地区中安徽省的民办中职学校规模最大,其次是浙江省、江苏省,上海市民办中职学校仅有5所,招生规模逐年下降,目前仅有在校生1 200余人。从图5所示可以看到,长三角地区民办中职学校的双师型教师比例除了浙江省一直稳步上升外,安徽省、江苏省和上海市都在连续上扬后于2016年或2017年出现下降。根据《中等职业学校设置标准》,安徽省民办中职学校的双师教师占比在2011年就达到了30%的标准线,2016年

---

① 此部分没有民办归口数据,本文借用《全国教育事业发展简明统计分析(2010—2018)》中官方统计的各省全口径数据来反映若干阶段师资整体发展情况。

达到了 46.92％。浙江省民办中职学校双师型教师占比 2016 年增幅超过 15 个百分点，超过了 30％的标准线，2019 年更是达到了 41.32％。根据江苏省和上海市的公民办一体的中职双师比例统计，江苏省民办中职学校双师型教师占比也早已达标，上海市则在 20％～30％的区间内。由于上海市民办中职学校大幅减少，导致现有的双师型教师远低于全国平均水平，徘徊在 6％左右。

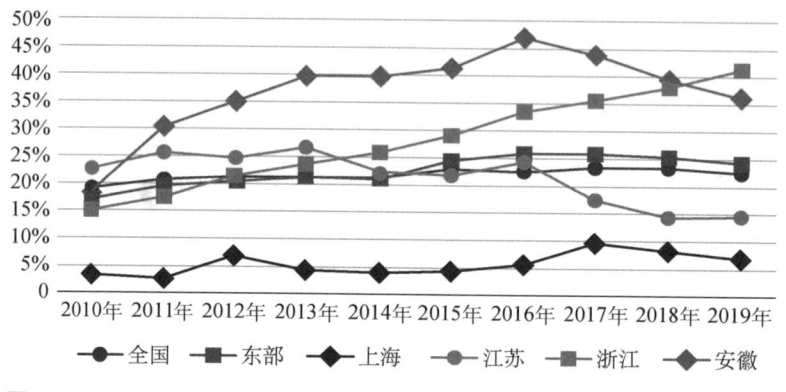

**图 5　2010—2019 年长三角地区民办中职双师型教师占专任教师比例变化**

长三角地区民办高校数量最多的是江苏省，但江苏省高校中双师型教师比例却偏低，不但低于安徽省，也远低于东部地区平均水平。普通高校双师型教师占专任教师比例变化如图 6 所示，虽然 2010—2019 年长三角地区民办高校的双师型教师的占比持续增长，到 2019 年为 17.92％，但与东部地区平均水平（24.43％）还差约 6 个百分点。上海市民办高校数量不足江苏省民办高校的三分之一，但基础较好，双师型教师的比例远高于全国和东部地区的水平，基本都超过了 20％。浙江省民办高校双师型教师占比增长势头最猛，到 2019 年已经反超上海市民办高校，达到 26.8％。安徽省民办高校双师型教师占比增长较平稳，目前占比为 18.18％。总体而言，长三角地区民办高校双师型教师占比比民办中职学校双师型教师占比增长更为稳定、快速。

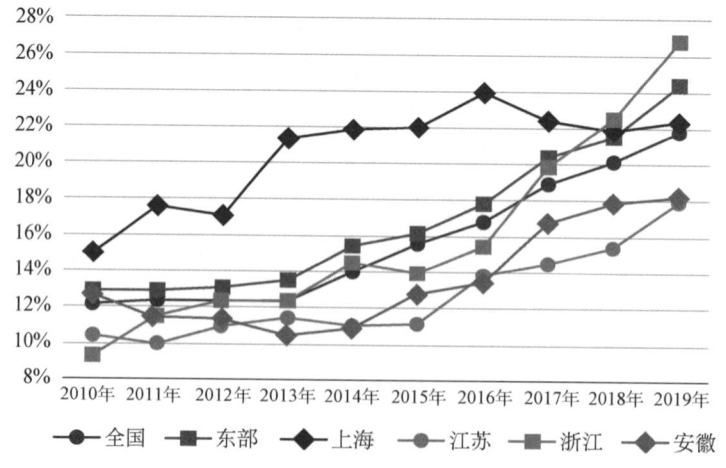

**图 6　2010—2019 年长三角地区普通高校双师型教师占专任教师比例变化**

### （三）教师队伍培养、权益保障体系日益完善

长三角地区作为民办教育的兴盛之地，"重师、重教"深入人心。进入 21 世纪后，民办学校在内涵发展和品牌建设上着力颇多，在义务教育阶段，上海市和江浙两省的民办学校甚至已经成为当地"优质教育资源"的代名词。安徽省的民办教育这几年发展也很快，已经从"规模发展"进入了"规范发展"阶段。在这些年的发展过程中，长三角地区的学校和政府都清晰地认识到拥有一支结构合理、素质优良、较为稳定的教师队伍是民办教育改革与发展的保障与动力。长三角地区各级政府在民办师资队伍建设上，充分发挥了地方优势，努力提升民办教师的权益保障。

1. 把民办教师纳入地方师资队伍建设整体规划

长三角地区作为民办教育发达地区，在重视民办教师队伍建设的理念和实践上都先行了一步，其中安徽省、浙江省和上海市先后颁布了区域师资专项建设规划①，并在规划中明确其所适用的是"各级各类学校教师"，在教师培训、管理机制和待遇保障中对各级各类民办学校师资队伍建设提出了明确的目标和要求。

2. 落实并健全民办教师权益保障的各项举措

目前在各地促进民办教育健康发展的各项政策中，虽然不乏"民办学校教师与公办学校教师具有同等的法律地位""民办学校教师在资格认定、职称评聘、培养培训、课题立项、评优表彰等方面享有与公办学校教师同等的权利"等表述，但真正落实这些理念还有一定的难度。长三角地区各地保障民办教师权益的政策举措有点有面，有创新有特色。上海市对民办学校教师实行职业年金制度，并在民办高校中推行"民智计划"与"强师工程"，明确提出"非营利性民办学校教师可享受当地公办学校同等的人才引进政策"，"引导鼓励民办学校建立教师收入与办学效益动态调整机制，合理提高人员经费在学校支出中的比例"。② 浙江省在近几年努力落实民办教师的"五险一金"待遇，在教师职称评审中去除了民办教师必须有农村学校或薄弱学校任教经历的要求。温州市 2011 年以后成为全国综合改革改试点城市，在民办教育体制机制改革中更是屡有创举。如该市明确："符合浙人社〔2015〕153 号文件规定的具有中级及以上教师专业技术职务的工作人员，可在属地参加机关事业单位养老保险并同步建立职业年金。民办学校教师在不同养老保险制度间转移养老保险关系，其缴费年限可按规定累计计算。""民办学校教师参加各类业务竞赛、职务评审、评先评优等，指标计划实行单列，确保评比结果中，民办学校教师能占有合理的比例。""民办学校按规定程序引进的高层次优秀人才，在住房安置补助、子女就学、研究经费等方面，享受与当地人才管理办法所规定的同等优惠政策。""建立优秀举办者、校长、教师奖励机制。每年在全市评选民办学校优秀举办者和优秀校长各 10 名，由温州市财政奖励每名优秀举办者、优秀校长 1 万元；每年在全市评选民办学校优秀教师 50 名，由温州市财

---

① 《安徽省人民政府关于加强教师队伍建设的意见》（皖政〔2013〕67 号）、《浙江省民办学校教师队伍建设实施办法》（浙教人〔2018〕32 号）、《上海市人民政府关于全面深化新时代教师队伍建设改革的实施意见》（沪委发〔2018〕18 号）。
② 《上海市人民政府关于促进民办教育健康发展的实施意见》（沪府发〔2017〕94 号）。

政奖励每名优秀教师 5 000 元……"。嘉兴市在 2015 年出台了《浙江省嘉兴市人民政府关于深化教育改革促进民办教育健康发展的实施意见》，提出："创新教师人事服务管理模式。公办民办教师双向交流制度。""在师资交流服务机构，探索设立特聘教师专项事业编制，由机构编制部门在教职工事业编制总量内划定一定数量的特聘教师专项事业编制，并实行实名制动态管理。特聘教师专项事业编制用于民办学校聘用的管理层领军人才及核心骨干教师，主要为：民办学校从市外引进的地市级以上优秀教师，经教育主管部门批准从公办学校流动到民办学校长期支教的业务骨干，以及与知名高校合作办学的民办学校从合作高校引进的优秀毕业生。"

**专栏1**

### 温州建立民办学校教师保障新机制

一是各县（市、区）参照公办学校教师绩效工资标准，制定并落实了民办学校教师工资指导线。二是建立政府支持的民办学校教师社会保障新制度。所有符合规定要求的民办学校教师，均按公办学校教师标准参加事业单位社会保险，享受与公办学校教师同等的退休费、住房公积金、困难救助等待遇，各项社会保险费的单位应缴部分，由民办学校承担，当地财政通过购买服务的方式对非营利性民办学校提供资金支持。三是落实民办学校教师平等待遇，民办学校教师在表彰奖励、职称评聘、评优评先、人才政策、困难救助等方面，与公办学校教师享有同等待遇。四是加强专业培训，把民办学校校长、教师的业务培训纳入统一规划和管理，在培训经费、参加人次等方面，给予相同保障，委派公办学校教师民办学校支教，全市共派遣 664 位公办学校骨干教师到首批推进学校支教。五是建立公办、民办学校教师流动机制。计划通过 3 年努力，使公办、民办学校教师在实施健全的资格管理制度、社会保障制度基础上实现由身份管理向岗位管理转变的自由流通。

——温州市民办教育综合改革情况（2014）

与上海市和浙江省相比，江苏省和安徽省的举措显得颇为谨慎，但在民办教育发展比较快的地区，当地政府的举措则更具实效性，如江苏省苏州市同样鼓励公民办教师的相互交流，交流期间其原有公办教师的身份、档案关系、工资和社会保险等均保持不变。安徽省则重点保障教师"五险一金"和补充养老金转移缴费年限的连续有效性，该省六安市通过建立民办学校教师资源库，把民办学校教师统一纳入教育主管部门和人社部门备案管理，把民办学校教师薪级工资、绩效工资、养老、医疗、公积金等纳入相关部门统一管理，并享受公办学校的政策与待遇。

3. 政策引导和规范管理并进，教师培养和培训更具实效

在长三角地区各地有关民办师资队伍建设的各项政策规定中，教师专业发展制度保障相对更为健全、更具可操作性。

上海市推动民办师资队伍建设的举措具有覆盖面广的特点,而且更多采用项目方式实施,如在民办高校推行"强师工程",在中小学则推行优质校长培训与校本课程核心团队培养等工作,并依托市、区各类示范性培训项目加强民办学校骨干教师队伍的建设。2018年起,上海市教委和上海民办教育基金会制定并实施民办教育人才培养专项计划——"民智计划",以培养一批民办教育专业研究人员和民办学校管理专业人员。

**专栏2**

## 上海"民智计划"

为贯彻落实《国务院关于鼓励社会力量兴办教育 促进民办教育健康发展的若干意见》《上海市人民政府关于促进民办教育健康发展的实施意见》的文件精神,着力培养和造就一批"民办教育十"的复合型优秀中青年骨干人才,建立特色鲜明、机制创新、引领发展的专业化民办教育智库,特设立上海市民办教育人才培养专项计划,简称"民智计划"。

"民智计划"由上海市教育委员会发起、指导,上海市民办教育发展基金会出资。"民智计划"面向各领域、各行业长期从事或关注上海市民办教育事业的优秀个人,涵盖民办学校的举办者、教师、管理人员,公办学校或者其他行业、领域的实务与科研从业人员,行政部门管理人员等。以"聚焦实务、引领实践"为立项原则,以应用型项目为主,聚焦民办教育事业发展中的重点、难点问题和前瞻性、引领性问题,成果直接指导民办教育实践。每年评选10人,每人资助项目经费人民币20万元,项目完成期限为24个月。

申报人应具备以下基本条件:(一)热爱祖国,遵纪守法,恪守职业道德;(二)在申请当年为45周岁及以下;(三)具有硕士及以上学位或具有中级及以上专业技术职务;(四)从事专业领域工作5年以上,具有良好的研究能力及实务工作经验;(五)具有创新思维,勇于开拓,能够把握行业发展需求,将理论与实践相结合,进行项目攻关;(六)具有良好的沟通协调能力和组织管理能力,能有效组织并领导项目的开展实施。

……凡"民智计划"入选申报人均纳入上海市民办教育专业人才库,教育部对相关入选项目予以关注支持。上海市民办教育发展服务中心将长期跟踪申报人发展情况,通过搭建人才交流互动平台、共享民办教育项目资源,建立长效扶持机制。

浙江省在《浙江省民办学校教师队伍建设实施办法》中明确规定:"民办中等职业学校、普通中小学和幼儿园要参照当地同类公办学校标准,足额提取教师培训经费,保障学校教师达到专业发展培训要求。切实落实教师自主培训选择权,建立教师培训学分制度①,分层分

---

① 浙江省2017年出台了《中小学教师专业发展培训学分制管理办法(试行)》,规定中小学教师专业发展培训每5年为一个周期,周期内累计取得的培训学分不得少于360学分。教师可自主安排学习进度,但每年取得的培训学分不得少于24学分。(新教师与新校/园长另计),学分均采用信息化平台统一登记管理。

类开展专业培训,不断提高教师的业务能力和水平。"在浙江省教师培训学分制管理办法中,并未区分公办民办学校,自 2017 年该管理办法颁发以来,浙江省绝大多数地区的民办学校教师都已纳入了培训系统。温州市的综改方案更是明确"民办学校要按照当年生均公用经费的 10% 和教职工工资总额的 3% 足额提取培训经费,用于本校教师培训"。嘉兴市也要求当地民办学校把当年生均公用经费的 10% 用于教师专业发展。

安徽省和江苏省分别在 2017 年、2018 年颁发了《关于鼓励社会力量兴办教育促进民办教育健康发展的实施意见》(以下简称《意见》),两省都提出"每年在学费收入中安排一定比例的资金用于教师队伍建设"。江苏省还明确规定了"5%"的比例,但因为江苏省各地民办学校发展不平衡,很多地、市在《意见》实施过程中却"模糊"了用于教师队伍建设的具体资金比例。安徽省在强化教师培训培养上,则明确提出了与公办民办教师"同步建设、同步培训"的要求。

4. 努力建构合理的人才引进、流动和服务机制

人才引进、流动和服务是民办师资队伍建设的重点之一,也是长三角地区民办师资政策聚焦的一个重点,但三省一市的制度设计依然有所区别。长三角地区民办师资流动与服务机制建设中的政策规定如表 2 所示。

表 2　长三角各地区在民办师资流动与服务机制建设中的政策规定

| 地区 | 政策法规 | 人才引进与流动、服务机制 |
|---|---|---|
| 上海市 | 《上海市人民政府关于促进民办教育健康发展的实施意见》 | 积极培育民办教育行业组织,支持上海市民办教育协会、上海市民办教育发展服务中心等开展工作,支持行业组织在行业自律、交流合作、协同创新、履行社会责任等方面发挥桥梁和纽带作用。探索建立民办学校第三方质量认证制度和质量监控制度,培育更多的社会机构参与民办学校办学过程和办学质量评估 |
| 浙江省 | 《浙江省民办学校教师队伍建设实施办法》(浙教人〔2018〕32 号) | 1. 鼓励教师在公办学校和民办学校间相互有序流动<br>2. 鼓励支持公办学校在编教师流动到民办学校工作,流动教师应与公办学校依法解除或终止事业单位聘用合同,所在公办学校应协助做好人事劳动关系接转等手续,并按规定报同级教育和人力社保部门备案。除聘用合同另有约定以外,不得限制教师流动。原公办学校在编教师流动到民办学校任教后,可按有关规定选择继续参加事业单位养老保险或参加企业职工基本养老保险<br>3. 民办学校中经同级教育部门和人力社保部门备案的原公办学校在编教师,今后若需重新流动到公办学校的,按照工作需要、编制和岗位空缺、专业对口、能否适应等原则,经同级教育部门和人力社保部门同意后直接考核聘用,相关信息应予公开<br>4. 加强公办学校在编教师到民办中小学任职任教管理,对于符合区域规划、弥补教育资源短缺、促进区域均衡发展的薄弱民办中小学校,当地政府可通过挂职、支教等形式,派遣一定数量的公办学校在编教师予以支持,派遣数量不得超过该民办中小学校教师总数的 20%。同一名公办学校在编教师在民办中小学校累计任职、任教时间不超过 6 年 |

| 地区 | 政策法规 | 人才引进与流动、服务机制 |
|------|---------|------------------------|
| 浙江省<br>（温州市） | 《浙江省温州市民办学校教师队伍建设办法》 | 1. 市、县两级教育行政部门要建立健全人才交流服务机构，具体负责民办学校教师人事代理工作。人事代理业务经费由同级财政专项拨款，实行免费服务<br>2. 符合任职资格并已应聘到各级各类民办学校任教的教师，均要参加人事代理。参加人事代理是民办学校教师参加职称评审、社会保险、评优评先的前提<br>3. 公办学校教师经组织委派到登记为非营利性的民办学校支教，其原有的公办教师身份、档案关系、工资和社会保险等均保持不变，支教期满，回原单位任教。委派到营利性民办学校支教，其原有的公办教师身份、档案关系和社会保险保持不变，工资由民办学校负责，支教期满，回原单位任教<br>4. 对于符合区域规划、弥补教育资源短缺、促进区域均衡发展的民办中小学校，当地政府可通过挂职、支教等形式，派遣一定数量的公办学校在编教师予以支持，派遣数量不得超过该民办中小学校教师总数的 20％。同一名公办学校在编教师在民办中小学校累计任职、任教时间不超过 6 年 |
| 浙江省<br>（嘉兴市） | 《浙江省嘉兴市人民政府关于深化教育改革促进民办教育健康发展的实施意见》（嘉政发〔2015〕25 号） | 在师资交流服务机构，探索设立特聘教师专项事业编制，由机构编制部门在教职工事业编制总量内划定一定数量的特聘教师专项事业编制，并实行实名制动态管理。特聘教师专项事业编用于民办学校聘用的管理层领军人才及核心骨干教师，主要为：民办学校从市外引进的地市级以上优秀教师，经教育主管部门批准从公办学校流动到民办学校长期支教的业务骨干，以及与知名高校合作办学的民办学校从合作高校引进的优秀毕业生 |
| 江苏省<br>（苏州市） | 《江苏省苏州市关于加快全市民办教育发展意见》 | 鼓励公办教师到民办学校交流，交流期间其原有的公办教师身份、档案关系、工资和社会保险等均保持不变，交流期满回原单位任教。民办学校外聘优秀教育人才或校外专家，享受当地人才管理办法所规定的同等优惠政策 |
| 安徽省<br>（六安市） | 《安徽六安市关于落实鼓励民办教育实施意见加强民办学校教师队伍建设的建议》 | 建立公办与民办教师的有序流动机制，保持教师的管理权限不变，鼓励与支持教师有富余的公办学校教师到民办学校"支教"或者"上挂"。但教师流动必须征得公办学校的同意，不得以支教名义造成公办学校的优秀教师或优质教育资源的流失，且必须遵守两个基本原则，一是所在公办学校教师有富余，二是相关民办学校相关学科教师匮乏 |

　　如表 2 所示，除了上海市和浙江省有统一的关于民办教师流动的相关规定，江苏省和安徽省尚没有省级层面的相关政策规定与制度设计，而更多地由民办教育发展较快的地市自行作出相关规定。

## 二、长三角地区民办师资队伍建设目前存在的问题和障碍

　　2018 年长三角教育一体化发展掀开了序幕，这是在长三角一体化的国家战略背景下

区域教育高质量发展的客观要求和重要机遇。尤其在民办教育领域，政策和资源显得尤为重要。作为民办教育"痛点"的师资队伍建设，虽然在过去的 10 年里有了很大的发展与提升，但从区域一体化层面看，依然存在着一些机制性和结构性的共性问题。

## （一）民办师资队伍建设的"痼疾"依然存在

苏、浙、沪处于长三角地区的东部，既是历史上的"重师、重教"之地，也是改革开放以来民办教育的发源处，无论从规模还是发展层级上都明显要优于中西部地区。安徽省这几年的民办教育，尤其是义务教育阶段和学前教育阶段的民办教育发展很快，但在学校的内涵发展上与苏、浙、沪相比仍有一定距离。就长三角地区民办教育发展的整体状况而言，困扰民办师资队伍建设的难点和痛点依然存在，具体表现为以下三方面。

1. 民办教师队伍结构性断层没有得到有效缓解

在长三角地区调研中我们发现不同学段民办教师的学历和职称有了很大发展，但仍存在结构性问题的困扰。例如，在职称上，因为历史原因，长三角地区很多地市都实行过公办教师挂职民办学校任教或政府为扶持民办学校给予一定比例的公办挂编教师，这部分教师因为有"公办"的身份，要么在转入学校时就是中高级教师职称，要么作为教学骨干能顺利参与教师职称评定，但这部分教师人数很少，且随着近年来政府对"公参民"的治理正在逐渐流失。而绝大多数从社会招聘的大学生在民办学校任教通常难以获得正常的职称晋升机会，不利于他们在民办学校安心任教。上海市 2016 年对民办中小学教师做过一次全面调研，发现具有高级职称教师比例从 2013 年的 15.61% 下降至 2016 年的 11.33%，呈逐年下降趋势。同时，未评职称教师比例逐年上升，从 2013 年的 14.64% 发展到 2016 年的 19.63%，呈逐年上升态势。可见，民办学校教师的职称断层不仅存在，而且还有不断扩大的趋势。

教师队伍年龄结构不合理、中青年骨干教师比较匮乏的问题也比较突出。如果把 35 岁及以下视为青年、36 岁至 55 岁视为中年、55 岁以上视为老年，我们综合上海市和浙江省对义务教育阶段民办教师的相关调研结果发现，目前在民办中小学青年教师占了半数以上，而且学段越低青年教师比例越高，中年教师仅占 25% 左右，60 岁以上的老年教师比例较高。教师队伍整体呈现年轻化趋势，中年教师的断层现象会越来越严重。

此外，民办教师队伍的专业结构也不够合理。目前民办幼儿园教师中有较多非学前教育专业背景的师资，随着学前普惠教育的推进，民办幼儿园希望在公办幼儿园中找到学前教育专业的师资将愈加困难。民办高校教师多是从本科院校的专职教师中聘用的兼职教师，再就是聘用高校退休教师，由这两部分师资构成的教师队伍虽然有助于提高民办高校教师的学历层次和职称层级，但依然与公办院校无法比肩，而具有双师型资格的教师则更难寻觅。

2. 骨干教师流失现象依然严重，向公办学校流动的趋向明显

多年来居高不下的教师流失率对民办学校构成了另一大困扰，而对这个困扰目前民办学校苦于无法破解。一方面，随着近年国家对公办教育投入不断加大，教师待遇也有了

大幅提高,在长三角地区民办教师待遇超过公办教师的时代已经一去不复返了,而且公办教师在退休后享有稳定优渥的养老待遇。民办学校虽然在这几年不断提高了教师薪资,还为教师开设了"职业年金",但与公办教师的薪资待遇相比依然有不小的差距,使得很多民办教师缺乏职业归属感,许多高校毕业生把民办学校作为教师职业的一个中转站,只要有机会就会"跳槽",即便在上海,民办中小学教师的年流失率也在20%。据10个省市对公民办教师的调研数据显示,绝大多数有流动经历的教师(91.2%)是从民办学校流动至公办学校的。被调研的民办学校过去三年累计流向公办学校的教师人数占现有教师人数的20.02%,最高的甚至达到50%。① 随着民办教育分类管理的实施,因为政策落地过程中的不确定性,让很多民办幼儿园、民办学校面临抉择困难,稳定骨干教师的难度也随之加剧。

3. 教师培训和职称评审的壁垒有所突破,但范围有待扩大

民办学校师资培训经费多由民办学校自掏腰包,公共财政几乎没有支持。在办学经费过度依赖学费的情况下,要依靠学校自身的经济能力为教师提供培训机会,对此很多民办学校明显缺乏积极性,以至于影响了教师的专业发展。民办教育新法新政关于"各级教育行政部门要将民办学校教师纳入教师队伍建设整体规划,与公办学校教师同步建设、同步培训"的规定落实明显滞后,长三角地区民办学校教师参加国内外访学的机会、教科研立项数量远远低于同类公办学校,甚至没有参加"国培""省培"计划项目的资格。近几年,上海市、浙江省部分打破了相关限制,开始尝试把民办教师培训纳入区域整个教师培训计划中,或者向民办学校提供专项资金用于教师培训,这些举措有助于提升民办教师的职业归属感和专业能力。目前还有部分地方尝试通过改革职称评审办法打破公办教师与民办教师的双轨制,使更多的民办教师能获得正常晋升职称的机会,但这一改革目前还只是在小范围试行,尚未全面推进。教师培训和职称评审事关民办教师队伍的稳定和发展提高,现有的改革尝试唯有形成可行的制度并予以普遍实施方能产生攻坚破局的效应。

## (二) 区域的协调和共建功能未能发挥

区域教育一体化是一个全新的命题。从2018年长三角地区一体化战略正式确立以来,各地开展比较多的是不同层面的互访和论坛交流,真正协调和共建机制尚未形成。因此,从区域教育一体化层面看,长三角地区的民办师资队伍建设尚有诸多有待开发的空间。

1. 区域民办教师队伍现状和区域民办教育事业发展需求不相适应

民办教育是长三角地区教育一体化中的重要组成部分,区域经济文化的快速发展对民办教育在坚持公益性办学、创新人才培养模式、提升人才培养质量上提出了新的要求。但目前区域民办教师队伍的现状远不能满足区域民办教育事业发展的需求,尤其是新法

---

① 李廷洲,陆莎,钱冬明. 我国公办、民办中小学教师流动的主要特征、趋势与政策分析[J]. 教育发展研究,2020(12):74-79.

新政出台以后，"规范发展"的主题更为突出，这一方面是因为民办教育分类管理政策正在逐级落地，另一方面则是民办教育发展原来关注的改善学校办学条件、增加学生规模、提升学校品牌等问题，掩盖了教师队伍建设的重要性和紧迫性，尤其是教师队伍结构性问题的持续存在，势必会影响民办教育的高质量发展，影响区域教育一体化目标的达成。

### 2. 区域师资的流动和培养机制尚未形成一体化

优质师资是提高教育质量的关键要素。师资作为一种资源禀赋，在更大空间内的交流会产生更大的价值，师资的流动会促进教育新理念和知识经验的共享，优化人力资源配置，促进人尽其才，给长三角教育发展增添动能。一体化的师资培养，客观要求三省一市教育部门对教师培养加强统筹规划，形成师资培养的共享机制，充分发挥师资培养优质资源的作用，服务长三角地区各级各类学校（包括民办学校）发展的需要。

## 三、未来长三角地区民办师资队伍建设的建议和举措

### （一）做好顶层设计，建立健全区域协调机制

长三角地区一体化发展为三省一市的民办教育带来了新的机遇与挑战，跳出三省一市的行政界域，加快三省一市政府合作步伐，以体制机制建设破除发展与合作的难题，是未来长三角民办教育一体化发展的必然趋势。

三省一市不同的行政区划，由于所服务的对象不同，现有的规章制度和利益维护的差别，不可避免存在许多不一致的地方，要实现三省一市一体化协同发展，从顶层设计层面健全区域行政协调机制尤为重要。长三角地区教育一体化的重要目标，是实现教育资源的供给和需求的平衡，这一目标的达成必然伴随成本的支付和利益的获取，这就需要各省（市）政府间相互磋商，通过制度一体化设计，保障教育要素的合理流动。要通过调研，制定长三角地区民办教师三年或五年发展规划，对长三角地区民办师资队伍建设提出具体发展目标和实践途径；在教师权益保障政策设计及实施上相互借鉴抑或对部分政策进行差异化设计；支持教师在区域内有序流动；开展各级各类民办学校教学、教师培训的合作交流及教育科研项目的合作研究。

### （二）构建可操作的民办教师薪酬待遇、社会保障、专业发展、职称聘任等一体化的保障体系

《中华人民共和国民办教育促进法》中关于教师的条款一共有七条，但这些条款都较为原则且停留在应然层面。例如，"民办学校的教师、受教育者与公办学校的教师、受教育者具有同等的法律地位""民办学校应当对教师进行思想品德教育和业务培训""民办学校教职工在业务培训、职务聘任、教龄和工龄计算、表彰奖励、社会活动等方面依法享有与公办学校教职工同等权利"……这些法律条款显然缺乏具体的可操作性，在实施中需要政府结合地方实际情况，制订具体可操作的规定，否则难以真正贯彻落实。

1. 建立公办与民办中小学教师统一管理平台，全面实行教育行政部门人事代理制度

通过教育行政部门下设的人事代理机构，为民办中小学教师办理人事关系及人事档案的接转、管理，为见习期满的教师办理转正定级的申报手续、教师资格认定申报手续，办理养老保险等。民办教师达到法定退休年龄时，由社会养老保险机构核发养老金，未纳入社会养老保险统筹的津贴，由民办中小学予以保障。将民办中小学的教师培养培训、考核评价、专业发展与同级同类公办学校教师共同纳入统一管理体系。保障民办中小学教职员工在政策知情和信息获取方面与公办学校教职员工享有同等权益。

2. 在完善学校、个人、政府合理分担的民办学校教师社会保障机制上积极施策

首先，合理降低民办学校"五险一金"基本缴费占工资总额的比例，探索阶段性下调学校和教职工的社保缴费率和住房公积金缴存比例，监督民办学校依法足额为教职工缴纳"五险一金"，维护民办学校教师的基本权益。从公益性角度出发，探索适当缩小民办学校教师退休养老待遇与公办学校教师退休养老待遇的差距。其次，鼓励民办学校加大教师权益保障力度，通过制度设计，对满足任教年限、考核合格、职称达标、学历达标等相应条件的教师予以办理企业年金、购买商业保险、购买商业医疗保险、提高公积金缴纳额度等举措，提高民办学校教师的保障待遇。

3. 建立合理的民办学校师资条件评估评审标准

在民办高校和专业设置、教学项目及科研项目评审、教学质量评估等方面，要充分考虑民办学校体制机制的特殊性和发展现状，实事求是地对师资条件标准给予区别对待，不能搞无差别的"一刀切"。要建立适合民办学校师资队伍的评判标准，促进民办学校的改革和可持续发展，并采取积极措施鼓励公办学校帮扶民办学校教师队伍建设。

## （三）发挥教育研究机构与行业组织的重要作用，搭建长三角地区民办教师数字化信息平台

三省一市的民办教育协会和民办教育专业研究机构应该在长三角民办教育一体化的发展过程中发挥重要作用，建议合作构建长三角民办教师数字化信息平台，通过该平台开展长三角地区教师的招募、评聘、培训、信息交流和教学资源共享。平台集管理、服务、研究功能于一体，将有力促进区域民办教师的专业发展，推动区域民办教育的改革发展。

# 长三角地区民办学校育人模式创新

　　长三角地区人文底蕴深厚，基础教育发达，人才聚集，是我国最具创新意识和创新活力的区域之一，而生于斯、长于斯的民办中小学在改革创新之风的影响下，大胆探索办学特色建设，锐意创新进取，逐渐形成了具有区域特色、开放多元、优质灵活的人才培养模式，推动了全国基础教育教学的改革。

## 一、探索：多方合力推动民办学校特色建设

　　《国家中长期教育改革和发展规划纲要（2010—2020 年）》明确提出"支持民办学校创新体制机制和育人模式，提高质量，办出特色，办好一批高水平民办学校"，这是国家层面对民办学校发展的宏观构想和路径设计，为民办学校指明了改革和发展的方向，得到了长三角地区政府和民办学校的积极响应。

### （一）政府大力推动

　　在长三角地区，民办学校经过十余年的发展，到 2010 年时已度过了艰难的生存时期，在数量上也形成了一定的规模，如何引导民办学校从公办教育的有益补充走向教育事业发展的重要增长点成为促进教育改革的重要力量，是政府这一阶段管理教育面临的一项重要任务。对此，长三角地区三省一市政府积极贯彻落实《国家中长期教育改革和发展规划纲要（2010—2020 年）》精神，并制订相应的政策，大力鼓励和推动民办教育发展走内涵发展之路，积极探索民办学校人才培养模式。

　　上海市 2010 年 3 月发布的《上海市中长期教育改革和发展规划纲要（2010—2020年）》提出，要启动和实施 10 项教育综合改革重点试验项目，"促进民办教育规范特色发展试验"便是其中之一，这表明政府对民办学校改革发展的定位是为社会提供选择性和多元性的特色教育。《浙江省中长期教育改革和发展规划纲要（2010—2020 年）》也明确提出，要制定和落实支持民办教育发展的政策措施，引导和支持民办学校科学定位，办出特色，向高质量民办学校方向发展。《江苏省中长期教育改革和发展规划纲要（2010—2020年）》指出，要大力支持民办教育，支持民办学校创新体制机制和育人模式，促进民办学校加强内涵建设，培育一批高质量有特色的民办学校。支持民办中小学高标准高质量办学，办出特色。《安徽省中长期教育改革和发展规划纲要（2010—2020 年）》则明确呼应国家

教育发展和发展中长期规划,将创新人才培养模式具体化,为遵循教育规律和人才成长规律,深化教育教学改革,创新教育教学方法,探索多种培养方式。注重学思结合,倡导启发式、探究式、讨论式、参与式教学,帮助学生学会学习。注重知行统一,坚持教育教学与生产劳动、社会实践相结合。注重因材施教,关注学生不同特点和个性差异,发展每一个学生的优势潜能。

从以上三省一市的中长期教育改革和发展规划纲要可以看出,在2010—2020年期间,各地都积极按照国家的要求,切实推进民办学校内涵发展,创新人才培养模式,而且将民办学校特色创建作为实现人才培养模式创新的重要抓手,鼓励和支持民办学校特色办学的热情。

政府不仅在政策上给予了大力鼓励,还采取了相关的配套措施予以支持。例如,上海市为鼓励民办中小学特色建设,还在专项资金和专家指导两个方面给予了持续的扶持。2012年8月,上海市教委发布了《关于开展上海市民办中小学特色学校(项目)创建工作的通知》,颁布了《上海市民办中小学特色学校(项目)创建实施方案(试行)》及《上海市教育委员会关于开展上海市民办优质幼儿园创建工作的通知》,规定"将民办中小学特色学校(项目)、民办优质幼儿园创建工作纳入本市中长期教育规划纲要市级专项经费支持范围,给予经费资助,经区县审核推荐、上海市教委复核确定为创建学校(项目)。完成创建后,给予每个特色学校创建校市级创建资助资金30万~40万元,每个特色项目创建校市级创建资助资金20万元,每个优质幼儿园市级创建资助资金20万元,区县根据办学规模和层次给予相应配套资助,经绩效评估合格后再由市、区县教育行政部门给予相应的支持"。2012年12月,上海市教委发布《关于开展民办中小学特色学校(项目)创建校、民办优质幼儿园创建园校(园)长培训的通知》,正式启动上海市民办中小学特色学校(项目)创建校长、民办优质幼儿园创建园长培训计划。这一系列政策文件的发布,表明上海市民办中小学特色学校、民办优质幼儿园创建工作已强劲启动,政府将其纳入中长期教育规划纲要市级专项支持项目,足见其起点之高,扶持力度之大,它为上海市民办中小学的特色发展营造了良好的政策环境。

在专家指导方面,由上海市教委委托华东师范大学教育部校长培训中心,在全市范围内聘请知名的、具有丰富的理论和实践经验的专家学者,采取定点定期的形式,帮助民办学校梳理特色建设思路、完善目标规划、优化实施措施等,为民办学校特色建设把脉,提供智力支撑。不仅如此,华东师范大学还策划了丰富多样的进修与培训活动,组织民办学校校长赴海外教育先进国家或地区进行考察学习,开阔视野,交流经验。另外,还聘请国内外的著名教育专家为民办学校校长和教师开展培训。

## (二) 协会高度重视

长三角三省一市的民办教育协会非常重视民办学校育人模式的创新,并积极与政府鼓励民办学校特色建设相呼应。上海市民办教育协会较早参与到民办中小学特色建设的创建工作中来,并努力搭建平台,通过课题形式引领和助推上海市民办中小学特色建设工作。2010 年,中国民办教育协会中小学专业委员会牵头进行民办学校的办学特色研究,上海市民办中小学协会(上海市民办教育协会中小学专业委员会前身)积极响应,鼓励 15 所学校申报课题并立项,成为民办学校办学特色研究实验校。2012 年,上海市民办教育协会成立后,李宣海会长非常重视民办特色学校建设,他说:"在多重竞争压力下,民办学校该走何种道路才能生存下来,并求得发展? 我以为,'以质量求生存,以特色求发展',特色学校创建是必然方向……未来几年,政策导向依然坚持扶优扶强扶特扶需,政府应会加大扶持力度创建特色学校。在这种情况下,考验学校举办者和办学者智慧的,就是思考如何从学校自身出发,策马扬鞭,积极作为,逐步建成特色学校、品牌学校。"[1]

2014 年 5 月 29 日,为了促进民办中小学转型升级,推动民办中小学高质量发展,浙江省民办教育协会中小学教育分会在杭州绿城育华学校举行了"高质量、有特色"主题年会。浙江省教育厅副厅长韩平、浙江省民办教育协会会长华长慧等领导出席会议并讲话,来自全省 80 余位代表参加了会议。浙江省教育厅韩平副厅长在讲话中希望各级各类民办学校一定要充分认识当前民办教育的良好生态环境,进一步转变观念,大力加强学校的内涵建设。他要求民办学校要用先进的教育理念来指导工作、积极推进课程改革和课堂改革、加强学校管理和现代学校制度建设,真正办出一批"高质量、有特色、国际化"的一流学校,以满足老百姓多样化的教育需求。华长慧会长在讲话中要求民办学校的举办者和管理者要充分思考"应当发展什么样的民办教育才能顺应当前的需求"的问题,努力做好民办学校的转型升级工作,继续推进民办教育的生态环境优化,培养一批懂教育的专家队伍。

## (三) 学校积极行动

民办学校作为育人模式探索创新的主体,充分利用民办学校的体制和机制优势,积极响应政府的号召和协会的倡导,在教育理念、培养目标,特别是课程和教学等方面大胆探索,逐渐走出了一条不同于公办学校的特色发展之路。

长三角地区处于我国东部沿海开放地带,经济发达,人民富裕,家长对子女的教育需求呈现出多元化的趋势,单一的应试人才培养模式已经过时,越来越多的家长开始认识到孩子综合素质培养的重要性,希望孩子快乐健康成长。这表明长三角作为我国经济发达地区,家长的教育观正逐步进入一个新的转型期,差异化教育需求既是对民办学校育人模式的挑战,同时也是民办学校转型发展的历史机遇。长三角地区的民办学校敏锐地抓住了这一历史机遇期,面向世界、面向未来、面向现代化办教育。例如,上海市民办学校率先探索中西教育理念和育人模式的融合、浙江省在创新人才培养方面大胆探索、江苏省在课堂教学改革方面不断创新、安徽省在教育激励机制方面积极实践等。

学校的主动探索,不仅适应了不同家长对民办学校育人模式的多元需求,赢得了市场的信任,更重要的是积累了宝贵的实践经验,并在不断的尝试和纠错中逐步形成自己的办学特色。

---

① 刘荣飞.迎接民办教育新春天——访上海民办教育协会会长李宣海[J].民办教育新观察,2013(7).

## 二、成果：特色育人模式初步形成

2010—2020年是长三角地区民办教育发展的黄金十年，民办学校已度过最艰难的初创期和生存期，在办学规模和数量上得到了较大的发展，因此，他们潜心学校内涵发展，在育人模式的探索上收获了丰富的成果，特色育人的模式初步形成。

### （一）先进理念引领

长三角地区是我国教育发达的地区之一，也是我国教育对外开放的重要窗口，同时，长三角地区的民办学校还是我国较早打开窗户向世界先进教育学习的区域之一。上海市作为我国改革开放的桥头堡，历来重视学习国外的先进理念和发展模式，在学习西方先进教育理念和办学经验的基础上，上海市民办学校视野开阔，不仅国际教育走在了长三角地区的前列，而且结合自身的办学实践，提出了许多先进的教育教学理念。例如，上海平和学校就提出了"平而不庸，和而不同"的办学理念，并在中西方教育结合方面进行了积极有益的探索（见专栏1）。

**专栏1**

### 平而不庸，和而不同
#### ——上海平和学校的教学理念

上海平和学校是金桥集团全资举办的一所民办双语学校。平和学校尊重学生生命成长规律，尊重教育自身规律，以学生的健康成长和全面发展为本，全面实施素质教育。在办学理念上，主张"平而不庸，和而不同"，力争实现三个结合："中西方教育优势结合""中西方文化精华结合""人文精神与科学精神结合"。学校注重教育过程中学生的经验和实践，强化创新意识和创新能力的培养，同时坚持中国基础教育与西方教育优势的结合、中西方文化精髓的结合、科学精神与人文情怀的结合，培养众多以中华传统文化为根基的、成功的学习者和合格的世界公民。在加强英语教学的基础上，部分学科实施双语教学，如小学低年级的数学、美术、体育等学科实施一定比例的双语教学，四年级以上至初中的综合理科采用牛津英文版教材进行双语教学。

平和学校依照"国家课程第一"原则，融合国家课程、国际课程和社会课程，建设了实施具有"平和教育"特征的课程体系。为了让学生在思考、实践和创造活动中健康成长与全面发展，平和学校形成了不以分数为唯一目标的多元化评价机制，亦已形成了具有平和学校特色的融合课程和兴趣类、拓展类选修课程。

平和学校致力于建立学生对中国传统文化、跨文化的理解力，增强学生跨学科的高阶思维和社会情感的学习，并融合真实场景、设计思维、生涯规划，落地实施了培养博雅君子、包容伙伴、思辨笃行领袖的教学计划。

在平和学校20多年的办学过程中，平和学校始终致力于培养扎根于中华传统文化、具有国际竞争力的终身学习者。在日常的教育教学活动中，学校创设一切可能，积极开发各方资源和平台，让学生在思考、实践和创造活动中健康成长与发展。

我国基础教育目前正处于迈向教育现代化的伟大征程中，如何面向世界、如何面向未来，如何培养我国现代化需要的人才，是整个教育界都在认真思考的重大问题。长三角地区的民办学校处于我国对外开放的前沿地带，率先展开了自己的探索。上海平和学校基于对时代发展和我国教育现代化的理解，提出了自己的办学理念，并立足中国特色和上海实际，遵循教育规律，提出了三个结合的教育理念，即"中西方教育优势结合""中西方文化精华结合""人文精神与科学精神结合"，力图在教学实践中较好地解决中西教育的关系，做到以我为主、优势互补、为我所用的目的。

## （二）特色课程育人

特色课程是育人模式的实践内容和实施载体。长三角地区民办学校从自己办学的定位和教育理念出发，精心选择项目内容，精心设计课程形式，认真组织课程实施，经过十余年的建设，长三角地区的民办学校已经涌现了一批凸显学校特色的课程，并在人才培养上发挥了重要的作用。而处于龙头地位的上海市，在特色课程建设方面，也展开了自己的探索。例如，上海民办立达中学在特色课程方面就进行了许多有益的探索，以实现其立己达人的教育目标（见专栏2）。

**专栏2**

### "四立"课程，立己达人
—— 上海民办立达中学特色课程探索

上海民办立达中学经过多年摸索就确立了以"立达教育"作为办学特色创建主题，学校经过多方讨论和多轮修改，最终制定了《传承与发展中的立达教育》特色创建方案，对"立达教育"的历史渊源进行了仔细梳理，明确提出当前学校致力于创建的"立达教育"是立达中学在传承"立己达人"办学传统的基础上，根据21世纪社会经济发展对人才培养的新需求、初中生发展特点和民办学校办学特点提出的一种人才培养模式。学校努力在充分关注选择民办学校教育模式的家长和学生对高质量教育和个性化教育的内在需求的基础上，引导学校管理者和教师传承"立己达人"的办学理想，通过终身学习和专业发展实现专业成长和自我价值（"立己"），通过扎实创新的教育教学帮助学生发展和成长（"达人"），使每一位立达学生通过四年"立达教育"能够"立德""立智""立能""立身"，掌握21世纪必备的品德、学识、能力和素养，全面发展，学有特长，从而为高中及今后的可持续发展打下坚实基础，将来成为既能使自己在社会上安身立命，又能与他人互帮互助、服务社会的"立己达人"之才。

特色创建方案从学生发展角度,阐释了实施"立达教育"的四个重点领域(见图1)。需要指出的是,"立德""立智""立能""立身"这四个领域之间是彼此交融,互相渗透的,其中"立德"作为核心基础,起着奠基性的作用。特色创建方案还明确了"以'立达教育'为特色主题,以全体教师为创建主体,以课程教学为实施载体,以学生发展为最终目标"的特色创建思路,制定了特色创建的总体目标和具体工作目标,从"四立课程"体系构建和教育教学方式改进等方面规划了特色创建的内容和举措。规划为学校有条不紊地开展特色创建工作打下了基础。

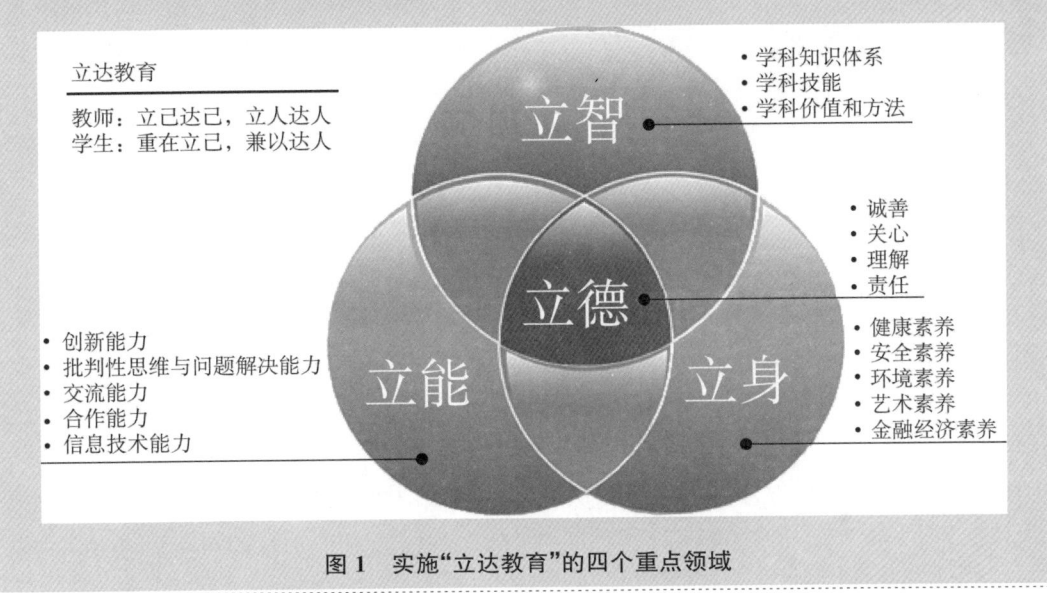

**图1　实施"立达教育"的四个重点领域**

"四立课程"的开发构建与已有的"基础型—拓展型—探究型"三维课程框架下的课程紧密融合,遵循"夯实基础型课程—发展丰富拓展型课程—研究实践探究型课程"的课程开发思路,并渗透在基础型课程、拓展型课程和探究型课程三维课程中。学校还通过必修课和选修课的合理设计和安排,使每位学生都能获得丰富多元的"四立课程"学习机会,既确保了他们在四个领域的全面发展,也允许他们根据自身基础和兴趣需求,按需选择课程,开展个性化学习。

## (三) 课堂教学转型

课堂是教育理念与教学实践交汇的地方,是人才培养的主阵地,也是人才培养最重要的环节。但无疑,课堂教学改革又是最艰难的环节,是教育改革的深水区,因为衡量一个学校的教育理念是不是只停留在口头上,是不是说一套、做一套,学生的主体地位有没有得到落实,课堂教学是不是有效,就体现在教师的教学行为上,也就是体现在课堂中。从整体上来说,长三角民办学校基本上遵循了先课程、后课堂的改革思路,课程建设成效明显,课堂改革虽然仍在探索的路上,但也有一些学校大胆改革,在课堂教学转型方面积累了有益的经验,并成为学校特色之一(见专栏3)。

# 让学生成为课堂的主人
## ——江苏睢宁县菁华学校课堂教学改革纪实

在人们都还在用入学率、高均分评价一所学校的喧嚣声中,睢宁县菁华学校作为一所民办学校却从应试教育的泥淖中挺身而出,勇敢地掀起了一场着眼于学生终身发展的课堂革命,经过几年的不懈努力,成功地构建了以明标自学——合作助学——师教点拨——检测查学"三学一教"四步教学法为支撑的课堂教学文化,探索出了一条通过课堂教学改革回归教育本质、让学生成为课堂主人的道路。

一、"三学一教"四步教学法模式结构及解读

（一）"三学一教"四步教学法的基本结构

课堂教学分为明标自学——合作助学——师教点拨——检测查学四个基本环节。

（二）各环节的功能定位

明标自学:使学生明确本课时学习目标;明确自主学习的内容和任务;增强自主学习的意识,掌握自主达成目标的方法。本环节核心是"自学",自学任务确定的逻辑起点是学生已有的知识和能力。

合作助学:使学生运用合作学习的形式完成自学不能解决的疑难问题,养成合作学习的习惯,掌握合作学习的方法。本环节的核心是"助学",助学策略的设定是基于学习任务难度的加深以及学生间知识和智力水平的不平衡性,借合作学习以期优势互补,成果分享。

师教点拨:教师对学生学习的"困惑"进行点拨释疑;引导学生完成知识建构;促成学生知识的内化和能力的发展。本环节的核心是"师教",其基本原则是"以学定教",对讲解的内容做理的解析和思维路径与方法的点拨。

检测查学:巩固、迁移学生所学知识,检测学习目标达成情况。其基本要求是学生独立完成训练作业,确保检测结果的真实性。

新课改主张"自主、合作、探究",其核心是学生的主体性。"三学一教"四步教学法,融会贯通了这一理念,突出了学生的主体地位,旨在构建"在自主中思考,在互动中求知,在交流中生智,在开放中收获"的良好课堂文化生态。

（三）各环节的操作办法

明标自学:①新课导入;②板书课题;③出示学习目标;④交代自主学习内容,明确自主学习时间;⑤出示学法指导,提供学习支架;⑥检查自主学习效果。

合作助学:①教师提供需要合作讨论的内容及问题;②从助学和互补等方面提出合作要求;③组织合作学习;④汇报合作收获。

师教点拨:①根据生成问题,以学定教,顺学而导;②根据学习目标,做必要的拓展;③引导学生梳理总结。

> 检测查学：①督促学生独立完成课堂作业；②批改部分已完成的作业；③发现存在的问题，指导学生订正作业。

　　菁华学校这种课堂教学模式，指明了教学转型的方向和路径，较好地体现了新课程改革的理念，改变了传统的教师主讲的课堂教学模式，将课堂还给了学生，凸显了学生的主体地位，有利于发挥学生的主体能动性，也有利于学生创造性思维的培养。更具体地说，该教学模式以学生自学为起点，围绕学生提出的问题展开，并通过学生互助合作的形式，来解决自学不能解决的问题。同时，也培养了学生的团队合作精神，并具有德育的意义。但这种教学也不是不要教师的指导，而是在适当的时机、在学生需要的时候才介入学生的学习活动，较好地体现了"不愤不启、不悱不发"的精神，也科学地处理了学生主体作用和教师的指导作用。

## 三、经验：发挥民办学校比较优势

　　民办学校创立时间短，与公办学校比，在办学条件、师资队伍、文化积淀等方面都存在着先天不足，如果照搬公办学校的做法，亦步亦趋，民办学校是无法与公办学校展开竞争的，更不用说超过公办学校，成为优质的教育资源。因此，民办学校必须充分发挥自己的体制机制优势，充分运用自己的办学自主权，充分调动教师和学生的主观能动性，运用自己的比较优势，走差异化发展道路，在学习和探索中不断进步和发展，逐渐形成自己的办学特色和教育模式，成为受老百姓欢迎的好学校。

### （一）富于激励的用人机制

　　民办学校的民办体制决定了它能紧贴市场，采取比公办学校更加灵活的用人机制。例如，在工资待遇、岗位聘任、工作期限等方面都比公办学校更加灵活，许多民办学校不拘泥于教师的年龄、职称，甚至学历，只要家长喜欢、学生优秀，就可享受高待遇和高职位。这种以能力为取向的用人机制深受年轻有为的中青年教师欢迎。而更重要的是，民办学校还拥有一批热爱教育、经验丰富的优秀校长，他们以身作则，为年轻教师树立了良好的榜样（见专栏4）。

**专栏4**

### 以精神凝聚人、激励人、发展人
#### ——安徽寿春中学的精神传承

　　安徽寿春中学校长吕道奎是一个享誉合肥教育界的"老教育"，他从教40余年，长期担任合肥名校四十五中的校长，有着独到的教学思想和丰富的办学经验，堪称教学管理的专家，曾被评为"全国优秀教育工作者""全国中学百佳明星校长"。

吕校长心系教育，志存高远，勤于思索，有浓厚的教育情怀。他始终以敏锐的目光观察教育发展的动态，随时掌握最前沿的教学信息，提出了一系列治校治教的切合实际的理念；他不尚空谈、注重实干，因为"豪言无法带来胜利，行动才能证明一切"；他勇于探索，勤于实践，敢于摒弃以往教育中存在的种种弊端，踏踏实实地按照教育规律办学；他以身作则，埋头苦干。虽年近七旬，身体状况也不尽理想，且老伴患有严重疾病，但他总是早七点前到校，晚七点以后才离校，每天工作在 12 小时以上。他治学严谨，作风扎实。经常深入课堂听课，找老师们谈心，把工作做深做细……要办好学校，还要有一支优秀的师资队伍，在吕校长的模范带头下，寿春中学聚集起了一帮能干活、会干事的教育教学管理者，聚集起了一批敬业精神强、教学水平一流的教师。有像"全国优秀德育工作者"焦瑞瑜和吕道维这样的教坛常青树；也有像"省级教坛新星"孙叶青、叶义银这样的教学中坚力量，还有像陈光辉、胡世霞等数十名县区级"教坛新星"和教学骨干。寿春中学的教师平均年龄不到 30 岁，他们虽然都很年轻，但都是百里挑一的好老师。就拿 2008 年招收的 25 名教师来说，他们是从报名应考的数千名教师中挑选出来的。如此过硬的师资队伍自然是寿春中学的一笔最宝贵的财富。

我们知道，作为民办中学，学校有一定的风险；作为民办中学的教师，自然更有风险。但优秀的教师为什么都往寿春中学跑？又为什么寿春中学的教师队伍能相对地稳定？那是学校采取以人为本，进行人性化管理的结果。

"用事业凝聚人，用感情温暖人，用待遇吸引人"是学校一贯坚持的方针；"竞争上岗，优胜劣汰，多劳多得，优质优等，拔尖重奖"是学校公开的用人机制；"尊重知识，尊重人才，尊重高智商劳动"是学校始终倡导的用人风气。

正是这样，寿春中学的教师不仅待遇高，而且处处受到尊重，因而人人心情舒畅。例如，学校明确规定，教师新婚大喜，每人发 1 000 元；教师生病，领导亲自上门探望、慰问；教师考研、考公务员、考公办学校的，只要提前给学校通报的，学校一律不干预。

一个好校长就是一所好学校。在民办中小学有许多像吕校长这样的热爱教育、奉献终身的老教育工作者，他们有理想、有情怀、有经验、有能力，深受师生和家长的爱戴，在学校真正起到了凝聚作用和引领作用，再加上有力度的激励制度，这就使民办学校拥有了稳定的教师队伍。

## （二）紧贴需求的探索机制

特色育人模式是民办学校的核心竞争力。经过多年的发展，民办学校"以学生为中心"的育人模式已得到了社会和家长的认可。民办学校之所以能受到市场的欢迎，就在于他们能贴近市场，理解家长学生的需求，把握了新时代教育发展的脉搏。同时，根据老百姓需求的变化，及时调整自己的课程安排，增加多元课程的供给，从而较好地满足了社会的多样化需求(见专栏 5)。

## 优质教育惠及更多流动儿童
### ——无锡市惠山区华锐实验学校"普惠·优质"办学实践

华锐实验学校有流动儿童学生近3 000人,来自全国近30个省份的农村,这些流动儿童的父母都在钱桥地区就业,虽然大部分家长从事的是低端的服务业或制造业,但由于解决孩子就学问题,他们都安心工作,为钱桥地区经济繁荣和发展提供稳定的劳动力。

华锐实验学校不仅解决了钱桥地区流动儿童的就学问题,更重要的是让这些来自全国各地农村的孩子,享受到与当地孩子一样的优质教育。华锐实验学校管理团队在办学过程中认识到:新市民子女学校并不必然代表低端的教育,它同样可以为农民工随迁子女提供优质的教育服务。为此,华锐实验学校提出"让每个孩子都享受到优质教育"的办学宗旨,整合一切社会优质教育资源,满足学生群体的共性需求和学生个体的特性需求,以真诚、贴心的教育服务,让每个孩子享受到适合自己成长的优质教育,为他们成功走向未来提供公平的教育机会!

2017年1月,经无锡市文化局、民政局批准,由中国蓝印花布印染技艺传承人陆瑞兴先生创办的无锡市民间蓝印花布博物馆,正式落户华锐实验学校。为了把中华优秀传统文化全方位融入到校园思想道德教育、文化知识教育、艺术美学教育和社会实践教育各环节,华锐实验学校成立了中华优秀传统文化教育中心,该教育中心由无锡市民间蓝印花布博物馆、美术馆、民俗馆、百年老字号陆义茂染坊、影视演播中心、3D打印创新中心6个场馆组成,致力于让华锐校园成为汇聚美好事物的中心,做好中华优秀传统文化的传承与创新工作。

经过华锐全体师生近7年的共同努力,华锐实验学校先后成为华东师范大学体育与健康研究生实习基地、华东师范大学国家级重大课题实验学校、南京师范大学数字化教育评价研究中心基地学校、扬子晚报无锡小记者基地学校、无锡市陶行知研究会实验学校、无锡市依法治校示范学校和全国新教育实验学校等。2017年6月,华锐实验学校又被国家卫生和计划生育委员会和教育部联合评选为首批"全国流动人口健康促进示范学校"。

长三角是我国经济最发达的地区之一,因此由外地前来务工的流动人员较多,他们随迁子女的教育也就成为长三角地区城市面临的一个大问题。在一般人印象中,流动儿童或随迁子女学校都是薄弱学校,教育教学质量都不如公办学校或其他民办学校,但是无锡华锐实验学校却用亮眼的成绩告诉我们,在长三角地区也有优质的随迁子女学校,他们以学生为中心,公平地对待每一个孩子,使他们能平等地受到良好的教育,充分体现了社会主义教育制度的优越性。

## （三）敢于争先的创新动力

民办学校不仅是教育改革和发展新的增长点，而且还是重要的教育创新动力。为了在激烈的市场竞争中赢得一席之地，民办学校敢于打破传统的人才培养模式，以培养适应新时代要求的人才为目标，大胆地进行教育教学创新，追求教育的高质量和学生的个性化发展，以"优质教育"和"优质服务"来促进我国基础教育人才培养模式的发展（见专栏6）。

**专栏6**

### 以创新解题 跨越式发展再提速
#### ——浙江慈溪慈吉小学的探索

创办于2000年的浙江慈溪慈吉小学以"优质教育发展人，优质服务关怀人"为办学理念，以创建"与国际接轨的高标准现代化学校，特色鲜明多样的示范性窗口学校；充满着博爱精神的家园，洋溢着人文气息的乐园"为办学目标，不断提升"慈吉"品牌的含金量，在为学生减负、实施素质教育、促进全面发展方面探索出一条新路。

为进一步理清工作思路，慈吉小学从顶层设计开始逐步逐项进行排查，确立了双轨式大语文教育、分层式数学教育和阶梯式英语教育的创新思路。

（1）双轨式大语文教育。课内打基础，课外求拓展。开展国学教育、海量阅读实验，让孩子们大量阅读，开阔视野，提高人文素养。注重写字教学，硬笔书法进课堂。在浙江省第八届"睿达杯"小学生语文能力竞赛中，学校共有121名学生获奖，其中获浙江省一等奖19人。2019学年有1 286篇学生习作在公开刊物上发表。

（2）分层式数学教育。课堂教学30分钟打基础，10分钟求拓展，兴趣活动进行培优，因材施教，分层推进，扬长促潜，形成数学教学特色。在第22届全国"华罗庚金杯"少年数学邀请赛中，学校共有54名学生获奖，其中省一等奖6人，省二等奖16人，省三等奖32人。在第15届小学"希望杯"全国数学邀请赛中，学校共有56名学生获奖，其中省一等奖3人，省二等奖13人，省三等奖40人。

（3）阶梯式英语教育。采用低段牛津、高段PEP的阶梯式英语教育模式。在2018年CCTV中央电视台"希望之星"英语口语风采大赛慈溪赛区比赛中，学校共有198名学生获奖，占全市获奖人数的85%。在第八届"睿达杯"英语竞赛中，学校共有70人获奖，获奖人数居全省首位。

目前，我国教育正进入一个高质量发展的新时期，浙江慈溪慈吉小学从创立之日起就决心创办优质教育，为此，他们加强顶层设计，创新实践环节，并在实践中取得优异的成绩，享受了创新带来的丰硕成果。像慈吉小学这样的优质民办学校在长三角地区还有不少，它们已经成为当地优质教育资源的重要组成部分，更重要的是，它们通过自己的创新发展,给基础教育改革和发展带来了新的动力和活力,使我国基础教育呈现出公办教育、民办教育既有竞争又有合作、相互借鉴、共同发展的新局面。

## 四、策略:合作应对未来的挑战

在民办学校快速发展的过程中,难免也会出现一些问题;因为奔跑太快,难免也会短暂迷失方向。在民办学校规模扩张中,部分民办学校采取考试选拔的方式、面试家长的方式,千方百计挑选优秀生源,造成了不好的社会影响;有少数民办学校大量引进国外课程,使用全套原版教材,忽略了中国文化的传承和教育。这些现象的存在,说明了有极少数民办学校重视了利,而忽略了义,这不利于民办学校的可持续发展。

2019年6月,《中共中央 国务院关于深化教育教学改革全面提高义务教育质量的意见》明确要求,要"坚持立德树人,着力培养担当民族复兴大任的时代新人",在实施途径上要求德智体美劳五育并举。另外,还对课堂主阵地、课程教材建设、招生考试制度和质量评价监测体系等关键领域改革提出指导性意见。这些要求实际上为长三角地区民办学校未来人才培养模式的改革和创新指明了方向。

### (一)加强教学经验交流

2020年长三角地区义务教育阶段学校招生开始全面实施公民同招,这对区域内的民办学校育人模式是一个新的挑战,因为原来民办学校的生源较好,学生之间的差异较小,家庭经济条件也比较优越。公民同招后,教育目标的设定、课程的设置、课堂教学方法和学生的评价以及班主任工作都要发生相应的变化,因而整体的育人模式要进行适当调整。特别是班主任工作,今后将面临更大的挑战与考验,由于生源差异增大,工作难度加大,班主任工作的复杂程度也就增大。而早在2012年首届长三角地区中小学班主任基本功大赛就在上海举行(见专栏7)。

**专栏7**

#### 首届长三角地区中小学班主任基本功大赛在上海举行

2012年11月8~10日,"拨动学生心弦的艺术"——首届长三角地区中小学班主任基本功大赛昨天起在上海举行。来自上海、江苏、浙江和安徽三省市的60名优秀中小学班主任齐聚上海,同台竞技,以赛会友。

本次大赛分笔试和面试两个环节。笔试既考查班主任对应知应会的相关知识掌握程度,又关注班主任设计主题班队会活动方案的能力;面试环节由班主任日常工作情景模拟题解答和回答专家提问构成。经评委组综合评分,大赛共评选出小学组、初中组、高中组一等奖各4名、二等奖各6名、三等奖各10名。

本次班主任基本功大赛是长三角地区关于班主任队伍建设工作的首度合作交流，旨在探索新形势下班主任队伍建设的新途径、新方法，实现长三角地区的资源共享、优势互补，不断提高广大班主任建班育人能力。大赛不仅对各省市中小学班主任的基本功进行考察和评比，还专门安排了上海市班主任工作研究实训基地主持人陈镇虎，上海市班主任带头人工作室主持人周菁、黄虹老师的专题讲座，与其他省市同行互动交流班主任工作的实践经验与反思感悟。

至2019年此项大赛已进行了八届，形式上也做到了理论与实践相结合，从论文评选单项比赛和笔试、面试评选综合比赛，参加人员包括公、民办中小学班主任，长三角各地的部分优秀民办中小学班主任积极参与其中，通过大赛分享成功的经验。同时，由上海市教委、江苏省教育厅、浙江省教育厅和安徽省教育厅联合主办，上海市民办高校教师专业发展中心、民办教育协同发展服务中心和上海市民办教育协会高专委联合承办的第一届长三角民办高校教师教学技能大赛2019年11月在上海顺利举行。

基于此，建议长三角民办中小学教育联盟也举办民办中小学教学大赛，展现民办中小学教师的课堂教学风采。同时，通过比赛来加强三省一市民办中小学教师在教育理念、教学行为和教学成果等方面的交流与学习。

## （二）加强课程共建共享

随着国家对教材和课程规范要求的提高，学校对课程质量的要求也随之提高，政府将建立对课程的审议评估和质量监测制度，校本课程原则上不编写教材。严禁用地方课程、校本课程取代国家课程，严禁使用未经审定的教材。义务教育学校不得引进境外课程、使用境外教材等。这些要求对公办、民办中小学原来的一些不规范做法提出了新要求，同时，也意味着民办学校的课程建设必须转型，民办学校特色课程的打造也面临一些新的挑战和机遇，民办中小学将从原来的国际课程教材的引进者、购买者和消费者，逐渐向中国特色课程的参与者、建设者转变，要对国际课程的原版教材的使用进行本土转化，融入中国文化元素、融入中国教育的价值观，塑造"中国芯"。

长三角地区有许多优秀的民办学校在引进和学习国际课程方面已经积累了许多经验，应在校本课程等方面加强交流与合作，开展课程的共建共享。建议成立长三角民办教育课程建设联盟，改变原来各校单打独斗、各自为战的做法，明确课程共建的主要方向和重点领域，展开分工与合作，如在政府的统一协调下开发高质量的课程和教材。

# 长三角地区独立学院转设挑战与路径

　　独立学院是高等教育大众化和投资主体多元化背景下我国办学体制改革的产物,在发展之初不仅肩负着探索特色办学之路的重任,而且迎合了民众日益多元化的"差异性"教育需求,为我国高等教育发展作出了重要贡献。但随着时间的推移,独立学院在办学过程中暴露出诸多问题。尽管中央政府及时给予宏观政策指导与制度供给支持,但社会经济转型以及人才需求结构的变化却进一步放大了独立学院运作模式的弊端,使独立学院体制机制矛盾越发突出,推动独立学院转设刻不容缓、势在必行。作为我国独立学院发展的"试验田"和"排头兵",长三角地区独立学院的转设现状、瓶颈和路径无疑具有重要的参考价值,相关问题在理论层面和政策层面的破解对于推动独立学院尽快转设具有特殊的意义。

## 一、长三角地区独立学院的转设现状

　　1999 年教育部《面向 21 世纪教育振兴计划》出台后,中国迈开步伐跨入高等教育大众化时代。在此之前,由江苏、浙江等经济发达地区率先试办探索的一种新型高校——独立学院悄然兴起。由于兼具"品牌"和"资本"优势,独立学院的招生工作进展顺利,引发各地许多高校效仿,从而在全国掀起了一股兴办独立学院的热潮。

### (一) 转设背景

#### 1. 历史回眸:独立学院作出的重要贡献

　　作为一种新型办学模式,独立学院形成于我国高等教育发展的瓶颈时期。彼时,我国高层次人才需求强劲,本科教育供求矛盾日趋尖锐,高等教育财政经费紧张,资源供给严重不足。2005—2007 年,大多数发达国家已达到 70% 以上的高等教育毛入学率,而我国仍停留在 20% 左右,显得较为落后。[①] 在此情势之下,独立学院的兴起客观上对我国突破高等教育的发展瓶颈起到了助推的作用。

　　(1) 扩大高等教育资源供给。20 世纪末期,伴随着改革开放不断深化及市场经济的持续发展,我国职业市场对就业人员的文凭要求越来越高,技术革新及市场竞争对人才的

---

① 杨德广.独立学院是中国特色的新型民办高校[J].高等教育研究,2009,30(03):56-60.

需求更加紧迫,劳动人口为了提高自己在职业市场的竞争力,接受高等教育的愿望变得越发强烈。但由于当时高等教育资源供给不足,民办高等教育才刚刚起步,人民群众对高等教育日益强烈的需求与高等教育资源供给不足的矛盾突出。独立学院的兴起恰好有助于缓解这一矛盾。特别是一些跨区域兴办的独立学院,帮助部分地区实现了高等教育的从无到有,调整了省域高等教育资源布局结构,为促进高等教育大众化做出重要贡献。

(2)缓解高等教育财政压力。1999—2007年,我国财政性教育经费占GDP比例一直处于低位,徘徊在2.79%～3.32%,明显低于大部分发达国家的5%,远落后于26个发达国家的6%。[①] 由于公办高校依赖政府财政扶持,高等教育财政经费紧张问题日益凸显,这是世界各国普遍面临的一大难题,日本学者金子元久称这一现象为"高等教育的危机"。但是,由于独立学院具有公办和民办的双重属性,其不需要政府投入过多资金,在社会力量的支持下,学校的办学条件和经费得到了保障,同时也能确保不弱于公办高校的办学质量,大大缓解了高等教育的财政压力。

(3)激发高等教育系统活力。独立学院作为21世纪我国高等教育的一项重要制度创新,推动了我国高等教育办学体制、治理体制、教学科研体制、人事分配体制和招生体制的改革,加速我国高等教育内部的有序竞争,激发了高等教育系统的生机与活力。在实践过程中,各地独立学院在创新发展上勇于开拓,大胆探索,不断突破公办、民办传统高等教育体制的局限,释放出巨大的潜能和优势,一些独立学院体制改革的成功经验,为全国高校创新发展提供了有益的借鉴。

2. 规范管理:独立学院转设的内在逻辑

独立学院兴起的背后是规范管理落后于探索实践的"治理之痛"。至2003年,全国独立学院已多达360余所,独立学院在疯狂生长的同时逐渐"偏轨",暴露出诸多问题。

(1)独立学院设立未经审批,办学条件难以保障。1986年《普通高等学校设置暂行规定》规定高等学校的设立审批事权在国家教育委员会,但部分独立学院的设立仅取得省级主管部门或省政府同意,据相关调研表明,在全国318所独立学院中,有八成是未经国家教育行政部门审批违规设立的。[②] 这种"先设立后补证"的办学实体成为民办高等教育领域规范管理的难题。根据教育部审查,2004—2005年,全国范围的独立学院租赁办学的有6所,学校固定资产不达标的有38所,学校资产未过户的有189所。由于违规设立的独立学院"生米已经煮成熟饭",国家只能予以追认,这也导致有相当一部分独立学院办学条件未达到普通本科高校设置的要求,资产权属混乱,教学质量堪忧。

(2)独立学院法人属性不明,学校产权不清晰。独立学院采用混合所有制模式办学,其办学主体大致分为5种类型:一是公办高校加民营资本;二是公办高校加地方政府(或异地政府);三是公办高校加外资;四是公办高校加国有企业;五是公办高校加国有资本加

---

① 王胜今,赵俊芳.我国高等教育大众化十年盘点与省思[J].高等教育研究,2009(4).
② 林修凤.独立学院产权不清的原因分析及对策[J].中国高教研究,2008(09):43-47.

民营资本。[①] 办学主体多元导致学校产权割裂,独立学院的资产属于国家还是投资者并不明晰,相关法规也未对此作出规定,结果是独立学院在办学过程中纠纷不断,部分举办者完成注册和审批后抽走资金,甚至有个别举办者不能履行承诺的责任,出问题后"携款潜逃"等,给教育主管部门和学校的治理带来难题。

(3)独立学院内部治理失范,管理方抽血严重。独立学院长期依附于母体高校,在人事管理、机构设置、绩效管理等方面无法摆脱母体高校的掣肘。在部分国有民办型独立学院,董事会成员由母体高校党委书记、校长以及重要职能部门负责人担任,重大事项的决策需公办高校党委研究同意,独立学院行政系统职能难以发挥,院长难以自主开展工作。此外,独立学院依赖于学费收入,筹资渠道不畅,每年还须向母体高校缴纳大量管理费,许多独立学院尚未探索出一条成熟的应用型人才培养道路,双师型队伍建设滞后,产教融合开展不够深入,后续发展乏力,难以支撑良性发展,仅能勉强维持运转。

3. 自主办学:独立学院转设的基本动力

2004年教育部《关于规范并加强普通高校以新的机制和模式试办独立学院管理的若干意见》(以下简称《若干意见》)提出了独立学院"民""独""优"的三大特点和原则,其中"独"要求独立学院在办学和管理上必须和校本部独立,要有独立的法人资格、独立的校园和基本办学设施、独立进行财务核算、独立颁发学历证书、独立进行招生、独立承担民事责任。《若干意见》颁布后,独立学院在招生、文凭发放、教学组织与管理等方面逐步独立,但在法人地位、校园、财务等方面,有些学校迄今也还没有独立。据一项调查显示,2004年全国经教育部认可的独立学院有249所(另有100多所被取消),其中仍有近30%不具备独立法人资格,有40所左右仍没有独立的校园,另有40所左右还未实现财务独立。[②]

从独立学院的办学模式来看,全国有相当一部分独立学院是以"校中校"的模式举办的,这类高校尤其无法摆脱与母体高校的依附关系,其办学独立性难以保障。根据2003年8号文规定,独立学院由公办高校作为"申请者"与企事业单位、社会团体或个人等"合作者"共同举办,试办独立学院所需经费及其他相关支出,均由合作方承担或以民办机制筹措解决。但"校中校"模式的独立学院是公办高校在没有"合作者"参与的情况下自行通过各种渠道(与校办企业或学校基金会等独立法人合作举办)和方式筹集资源(包括利用学校已有的土地和设施,或向银行贷款建设等)举办的,主要为了弥补公办高校办学经费不足而采取的一种筹资办学的形式。这类独立学院在教学、管理、财务、招生等方面都受到母体高校的干预和控制,不仅办学理念和学科专业设置深受母体高校影响,而且每年须从学费收入中抽取较高比例的分成上缴母体高校,严重影响独立学院自身发展。因此,推动独立学院转设已成为独立学院落实自主办学、走向高水平创新之路的基本动力。

---

① 阙明坤.独立学院混合所有制办学模式研究[J].高等教育研究,2017,38(03):65-71.
② 刘凤泰.从专项检查看独立学院的生成与发展[J].中国高等教育,2005(17):6-8.

**4. 中央政策：独立学院转设的重要推力**

独立学院作为一种新型的高等教育办学形式，其生成和发展既具有典型的自发特征，同时也内含人为设计的属性，可以说，教育部关于独立学院的政策规定是决定这一新生事物发展趋势的重要力量。在独立学院转设问题上，教育部政策起到了决定性的作用，2006 年最早要求独立学院"转设"的文件是《教育部关于"十一五"期间普通高等学校设置工作的意见》（以下简称《意见》）。该《意见》明确规定："独立学院视需要和条件按普通高等学校设置程序可以逐步转设为独立建制的民办普通高等学校。"2008 年 3 月 5 日，教育部发展规划司、政策研究与法制建设司联合下发了全国独立学院工作会议参阅材料《关于〈独立学院设置与管理办法〉的工作说明》，该文件最后一部分明确指出："积极做好现有独立学院的规范和办学许可证的发放工作。考虑到独立学院的复杂性和实际情况，教育部对已设独立学院给予了五年的过渡期，并明确了相关政策。"2017 年《教育部关于"十三五"时期高等学校设置工作的意见》提出："对布局合理、条件具备、办学行为规范的独立学院，鼓励按照普通高等学校设置程序，申请转设为独立设置的本科学校。"2018 年《教育部办公厅关于做好 2018 年度高等学校设置工作的通知》要求继续深化独立学院改革，强调："坚持把独立学院转设摆在高校设置工作的首要位置，各地要逐一梳理、系统分析本地区每所独立学院的办学实际情况，坚持分类施策，制定独立学院转设的时间表和路线图，积极推动独立学院能转快转、能转尽转。"随着《关于做好 2019 年度本科学校设置工作的通知》等文件出台，教育部加快推进独立学院"能转快转、能转尽转"的决策部署。2020 年 5 月教育部《关于加快推进独立学院转设工作的实施方案》的出台实施，特别是"2020 年末各独立学院需全部制定转设工作方案，同时推动一批独立学院实现转设"的要求被严格执行后，各地纷纷加快独立学院转设进程，推动一批独立学院或转设、或停招、或撤销建制，在中央政策引导下，独立学院转设工作稳步推进、有序进行。

## （二）发展概况

长三角地区独立学院最早兴发于江浙一带。1998 年 12 月，江苏省政府批准成立了苏州大学文正学院，是长三角地区设立的第一所具有独立学院特征的民办二级学院。1999 年 4 月，合并后的宁波大学在原宁波师范学院 230 多亩土地及教学设施的基础上创办宁波大学科学技术学院。[①] 两所学院在组织形式的设计上都具有"独立法人、独立校区、独立核算"的特征，构成了长三角地区独立学院生成与发展的雏形。从数量上来看，我国独立学院在 2004 年前后井喷式增长，2009 年达到峰值 318 所。在转设前，长三角地区共设置独立学院 64 所，约占当年全国独立学院总数的 20.7%。其中，上海市有独立学院 5 所，江苏省有独立学院 26 所，浙江省有独立学院 22 所，安徽省有独立学院 11 所（见图 1）。

---

① 王富伟.独立学院的制度化困境——多重逻辑下的政策变迁[J].北京大学教育评论,2012,10(02):79-96,189-190.

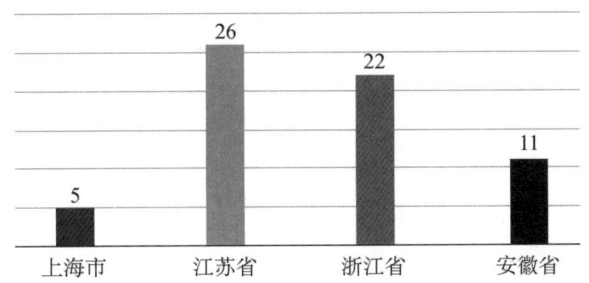

图 1　长三角地区独立学院设置总数(所)

受教育部关于独立学院管理与转设工作推进的影响,一些社会投资方选择退出,一批独立学院进行转设,独立学院数量呈现逐年下降的趋势。截至2020年10月29日,长三角地区独立学院共计50所(见表1),约占全国245所独立学院的20.41%。其中,上海市有独立学院2所,占长三角地区独立学院数的4%;江苏省有独立学院22所,占44%;浙江省有独立学院19所,占38%;安徽省有独立学院7所,占14%。总体而言,长三角地区独立学院规模差异明显,江苏省、浙江省独立学院规模较大,相对较多地集中在南京、杭州等市;安徽省、上海市独立学院规模较小,几近消失。

表 1　长三角地区独立学院存续一览表

| 上海市(2所) | | | 7 | 南京工业大学<br>浦江学院 | 南京市 |
|---|---|---|---|---|---|
| 1 | 上海外国语大学<br>贤达经济人文学院 | 上海市 | 8 | 南京师范大学<br>中北学院 | 镇江市 |
| 2 | 上海师范大学<br>天华学院 | 上海市 | 9 | 南京医科大学<br>康达学院 | 连云港市 |
| 江苏省(22所) | | | 10 | 南京信息工程大学<br>滨江学院 | 无锡市 |
| 1 | 东南大学<br>成贤学院 | 南京市 | 11 | 苏州大学<br>文正学院 | 苏州市 |
| 2 | 中国矿业大学<br>徐海学院 | 徐州市 | 12 | 苏州大学<br>应用技术学院 | 苏州市 |
| 3 | 南京理工大学<br>紫金学院 | 南京市 | 13 | 苏州科技大学<br>天平学院 | 苏州市 |
| 4 | 南京航空航天大学<br>金城学院 | 南京市 | 14 | 江苏大学<br>京江学院 | 镇江市 |
| 5 | 南京理工大学<br>泰州科技学院 | 泰州市 | 15 | 扬州大学<br>广陵学院 | 扬州市 |
| 6 | 南京师范大学<br>泰州学院 | 泰州市 | 16 | 江苏师范大学<br>科文学院 | 徐州市 |

| 17 | 南京邮电大学<br>通达学院 | 扬州市 | 11 | 湖州师范学院<br>求真学院 | 湖州市 |
|---|---|---|---|---|---|
| 18 | 南京财经大学<br>红山学院 | 镇江市 | 12 | 绍兴文理学院<br>元培学院 | 绍兴市 |
| 19 | 江苏科技大学<br>苏州理工学院 | 苏州市 | 13 | 温州大学<br>瓯江学院 | 温州市 |
| 20 | 常州大学<br>怀德学院 | 泰州市 | 14 | 浙江工商大学<br>杭州商学院 | 杭州市 |
| 21 | 南通大学<br>杏林学院 | 南通市 | 15 | 嘉兴学院<br>南湖学院 | 嘉兴市 |
| 22 | 南京审计大学<br>金审学院 | 南京市 | 16 | 中国计量大学<br>现代科技学院 | 杭州市 |
| 浙江省（19 所） | | | 17 | 浙江财经大学<br>东方学院 | 嘉兴市 |
| 1 | 浙江工业大学<br>之江学院 | 杭州市 | 18 | 同济大学<br>浙江学院 | 嘉兴市 |
| 2 | 浙江师范大学<br>行知学院 | 金华市 | 19 | 上海财经大学<br>浙江学院 | 金华市 |
| 3 | 宁波大学<br>科学技术学院 | 宁波市 | 安徽省（7 所） | | |
| 4 | 杭州电子科技大学<br>信息工程学院 | 杭州市 | 1 | 安徽大学<br>江淮学院 | 合肥市 |
| 5 | 浙江理工大学<br>科技与艺术学院 | 杭州市 | 2 | 安徽建筑大学<br>城市建设学院 | 合肥市 |
| 6 | 浙江海洋大学<br>东海科学技术学院 | 舟山市 | 3 | 安徽农业大学<br>经济技术学院 | 合肥市 |
| 7 | 浙江农林大学<br>暨阳学院 | 绍兴市 | 4 | 安徽师范大学<br>皖江学院 | 芜湖市 |
| 8 | 温州医科大学<br>仁济学院 | 温州市 | 5 | 安徽医科大学<br>临床医学院 | 合肥市 |
| 9 | 浙江中医药大学<br>滨江学院 | 杭州市 | 6 | 阜阳师范大学<br>信息工程学院 | 阜阳市 |
| 10 | 杭州师范大学<br>钱江学院 | 杭州市 | 7 | 淮北师范大学<br>信息学院 | 淮北市 |

## （三）转设进展

2008 年教育部颁布的"26 号令"对独立学院给出五年过渡期，拉开了独立学院转设序幕。自2008年起,陆续有独立学院选择转设,截至2020年10月29日,全国共有89所独立学院成功转设,另有42所独立学院处于转设公示期,即将完成转设。其中,长三角地区独立学院转设10所,占全国已转设独立学院总数的11.24%。上海市独立学院转设1所,江苏省独立学院转设2所,浙江省独立学院转设3所,安徽省独立学院转设4所,各占长三角地区独立学院转设总数的10%、20%、30%、40%(见图2)。

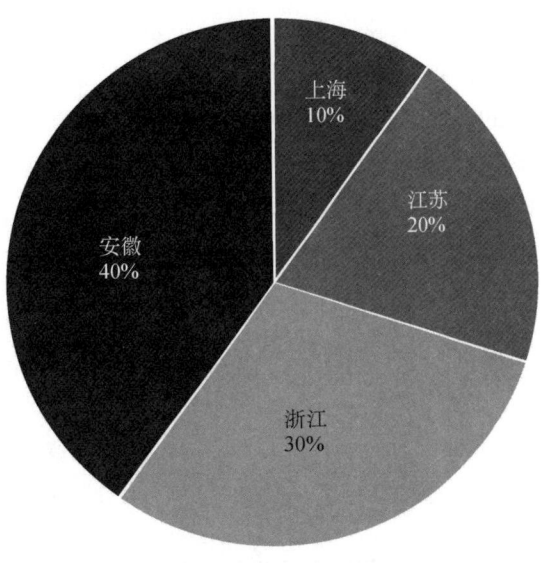

图2 长三角地区独立学院转设比例

1. 转设比例相对偏少,转设进度缓慢

统计数据表明,长三角地区独立学院转设数量只占全国独立学院转设数的一成,转设比例相对偏少,转设进度缓慢(见表2)。特别是江苏省、浙江省,虽然独立学院数量较多,但转设成功的独立学院只占总数的9%、15%;占全国独立学院转设数的2.24%、3.37%。综合分析看来,江浙两省是我国独立学院的发源地,两省的独立学院经历了长期发展,已经形成较为成熟的运作模式,已经构建起稳定的、盘根错节的利益关系,且多数独立学院实际管理者与母体高校之间合作办学较为顺畅,[①]再加之各独立学院的校情差异较大,导致政府难以统筹推进独立学院转设工作。总的来说,推动江苏省、浙江省独立学院转设是长三角地区独立学院转设工作的重点和难点,一定程度上影响着长三角地区高等教育的布局和生态。

表2 长三角地区独立学院转设情况一览表

| 年份 | 原名 | 现名 |
| --- | --- | --- |
| 2011 | 江南大学太湖学院 | 无锡太湖学院 |
| 2013 | 复旦大学上海视觉艺术学院 | 上海视觉艺术学院 |
| 2016 | 安徽工程大学机电学院 | 安徽信息工程学院 |
| 2016 | 温州大学城市学院 | 温州商学院 |
| 2018 | 河海大学文天学院 | 皖江工学院 |
| 2019 | 安徽工业大学工商学院 | 马鞍山学院 |
| 2020 | 安徽财经大学商学院 | 蚌埠工商学院 |
| 2020 | 中国传媒大学南广学院 | 南京传媒学院 |
| 2020 | 浙江大学宁波理工学院 | 浙大宁波理工学院 |
| 2020 | 浙江大学城市学院 | 浙大城市学院 |

---

① 阙明坤,陈春梅,黄朝峰.我国独立学院三大区域发展模式及政策规制[J].教育发展研究,2018,38(23):38-45,50.

2. 多所独立学院处于转设公示期

值得关注的是，为贯彻落实教育部办公厅《关于加快推进独立学院转设工作的实施方案的通知》等文件精神，长三角地区各省市加快推进独立学院转设工作，已就一部分拟转设独立学院进行了公示，公示期结束也就意味着独立学院顺利转设（见表3）。

表3　长三角地区独立学院转设公示名单

| 年份 | 原名 | 现名 |
| --- | --- | --- |
| 2020 | 嘉兴学院南湖学院 | 南湖学院 |
| 2020 | 温州大学瓯江学院 | 温州理工学院 |
| 2020 | 湖州师范学院求真学院 | 湖州学院 |
| 2020 | 南京信息工程大学滨江学院 | 无锡学院 |
| 2020 | 安徽建筑大学城市建设学院 | 合肥城市学院 |
| 2020 | 安徽农业大学经济技术学院 | 合肥经济学院 |

3. 转设为民办高校的比例大于公办高校

目前看来，长三角地区独立学院转设为普通民办本科高校的比例大于转设为普通公办本科高校，比例为10∶6（包括拟转设的独立学院）。从区域分布来看，浙江省多数独立学院转设为公办高校，比例高达83.3％，而其他省市独立学院多数转设为民办高校。以时间段来看，早期的长三角地区独立学院大多选择转设为民办高校，而2020年后转设的独立学院大多转设为公办高校。此外，长三角地区有部分独立学院被撤销建制，如复旦大学太平洋金融学院、同济大学同科学院、南京大学金陵学院、南京中医药大学翰林学院，其中一些属于违规办学被取缔，另一些则回归母体高校，通过合并转变为校区。

## （四）各地政策情况

1. 上海市

2003年4月，教育部发布《关于规范并加强普通高校以新的机制和模式试办独立学院管理的若干意见》，根据教育部要求，上海市于2004年发布《上海市教育委员会关于本市普通高等学校试办独立学院申报设置有关事项的通知》，对上海高校申报设置独立学院各项要求及程序作出说明。2013年3月，《上海市高等教育工作要点》中明确提出"探索建立高等学校退出机制，推动独立学院转设及终止办学事宜"。2015年《上海高等教育布局结构与发展规划（2015—2030年）》强调以人才培养需求为导向调整优化高校布局结构，并对高校合并作出规定，但未涉及独立学院。同样，在上海市一些重要的教育政策文件中，如2010年《上海市中长期教育改革和发展规划纲要（2010—2020年）》、2017年《上海市高等教育改革和发展"十三五"规划》、2019年《上海教育现代化2035》以及《2020年上海市教育委员会工作要点》，均未涉及独立学院转设工作。

2. 江苏省

作为长三角地区最早掀起兴办独立学院热潮的地区之一，江苏省独立学院发展及转设情况一直备受关注。2010 年《江苏省中长期教育改革和发展规划纲要（2010—2020年）》提出，支持独立学院建设，完善独立学院管理运行机制。2016 年《江苏"十三五"教育发展规划》提出，优化区域布局结构，将存量本科资源配置优先向苏中、苏北倾斜，引导独立学院迁址苏北、苏中中心城市办学；提升民办高校发展水平，推进独立学院规范科学发展，支持有条件的独立学院转设为民办普通高等学校。2017 年江苏省教育厅会同江苏省财政厅等六个部门共同发布《关于加快推进独立学院规范发展的意见》（以下简称《意见》），就进一步加强规范管理，促进规范办学，保障独立学院持续健康发展作出了明确规定：以规范办学为重点，以改革创新为动力，以服务经济社会发展为导向，坚持分类引导、分类管理、分类扶持，积极鼓励独立学院结合自身实际采取多种形式办学，增强办学活力，实现规范发展、转型发展、创新发展。同时，该《意见》明确了独立学院的四个发展路径：转设为独立设置的民办本科高校、完善条件后继续以独立学院形式存在、探索混合所有制办学体制、终止办学等。2017 年 9 月，江苏省教育厅发布《江苏省独立学院专业综合评估实施方案（试行）》《江苏省独立学院专业综合评估指标体系（试行）》，对全省相关学校开展独立学院专业综合评估工作。

3. 浙江省

2010 年《浙江省中长期教育改革和发展规划纲要（2010—2020 年）》提出，深化办学体制改革，完成各类"国有民办"学校和独立学院规范设置，并强调支持鼓励民办教育规范发展。2015 年《浙江省人民政府关于推动我省高等教育新一轮提升发展的若干意见》提出，优化高等教育结构，引导一批普通本科院校、独立学院向应用型本科院校转型。2016 年《浙江省关于支持独立学院发展的若干意见》明确提出，启动独立学院规范设置验收工作，对通过验收后的独立学院给予多方面的政策支持。上述文件并未涉及独立学院"转设"问题，但浙江省对于独立学院发展仍持开放态度，给予了独立学院自主选择的权利。2017 年《浙江省发展和改革委员会 浙江省教育厅关于印发浙江省教育事业发展"十三五"规划的通知》从规范发展的角度出发，提出"大力促进社会力量办学，明晰母体高校和独立学院之间的产权关系和治理关系，推进独立学院不断发展提高"。2018 年浙江省教育厅发布的《2017 年工作总结和 2018 年工作要点》，对独立学院党建问题和规范设置问题予以了关注。2020 年《浙江省教育厅 2019 年工作总结和 2020 年工作思路》将独立学院转设问题提上了议事日程。2020 年 8 月，《浙江省教育厅等六部门关于推进全省独立学院转设工作的指导意见》颁布，该文件强调"能转尽转，能转快转，因校施策"，要求加快创造条件，尽早完成转设，为地方独立学院转设路径提供了依据。

4. 安徽省

为贯彻落实《中共中央 国务院关于推进价格机制改革的若干意见》，2016 年安徽省物价局、安徽省教育厅、安徽省人力资源和社会保障厅联合发布《关于推进放开民办教育收费试点工作有关事项的通知》，进一步推进安徽省民办教育收费市场化改革，同时规定"独立学院已转设为独立设置民办普通本科高校的纳入放开民办教育收费试点范围，公办普通高校与国家机构以外的社会组织或者个人合作举办的，赋予一定收费自主权"，而"暂时未达到规定的独立学院，仍按原规定执行收费政策"，在一定程度上加快了安徽省独立学院转设进程。2017年《安徽省教育厅转发教育部关于"十三五"期间高等学校设置工作意见的通知》强调"大力推进独立学院转设"，提出"根据安徽工程大学机电学院的成功转设经验，加快全省独立学院转设进展"。同年，《安徽省人民政府关于印发一流学科专业与高水平大学建设五年行动计划的通知》提出，"推进高校分类发展，鼓励独立学院转设为独立设置的定位为应用技术类型的高校"，为独立学院转设后的办学定位指明方向。2020年3月《安徽省教育厅关于印发安徽省普通高职（专科）层次升入本科教育培养工作实施方案的通知》提出："结合加快独立学院转设工作，鼓励支持本科独立学院与有条件的市政府启动联合办学。"同年5月，《中共安徽省委教育工委 安徽省教育厅关于印发2020年工作要点的通知》提出，"加强独立学院转设为独立设置民办高校的事前指导和事中事后监管"，并建立以民办教育处为首的六个相关处室联动的协同保障机制，有效推动全省独立学院转设工作。

## 二、长三角地区独立学院的转设瓶颈

近年来，长三角地区独立学院转设步伐加快、路径多元、产权逐渐清晰、办学趋于规范，但是在转设的过程中还存在办学条件不够达标、利益冲突比较严重、新法新政矛盾叠加、转设政策保障不力等问题。

### （一）办学条件不够达标

为了规范独立学院发展中的混乱现象，2006年教育部在《关于"十一五"期间高等学校设置工作的意见》中特别指出："独立学院视需要和条件按普通高等学校设置程序可以逐步转设为独立建制的民办普通高等学校。"同年，教育部颁布了《普通本科学校设置暂行规定》（以下简称《暂行规定》），为独立学院转设为民办高校提供了重要的参照标准。《暂行规定》对独立学院转设提出了以下几点要求：①全日制在校生人数5 000人以上；②必须拥有1个以上学科门类作为主要学科；③生师比、专任教师数、兼职教师数、学历结构等必须符合相关规定；④教学水平评估和科研经费投入必须符合相关规定；⑤普通本科学校生均占地面积应达60平方米以上，独立学院建校初期占地面积应达500亩以上。

上述关于办学条件的限定是制约长三角地区独立学院转设的重要因素。长三角地区独立学院以"国有资本模式"为主导，部分省份的多数独立学院具有"国有民办"性质，公办高校不仅投入了无形资产，而且还投入了土地、校舍、实验设备等，由于长期与母体高校处于依附关系，这类独立学院办学条件难以达到普通高等学校的设置标准。① 在师资队伍

---

① 阙明坤，陈春梅，黄朝峰.我国独立学院三大区域发展模式及政策规制[J].教育发展研究，2018，38（23）：38-45，50.

层面,长三角地区独立学院普遍存在专任教师总量不足、生师比高、教师结构欠合理等问题,许多独立学院自有师资不足,只得从母体高校聘请大量在编教师担任兼职教师。在浙江省的 19 所独立学院中,由公办高校自己举办的超过 2/3;江苏现有的 22 所独立学院中,由母体高校教育发展基金会举办的超过半数,大部分独立学院使用的土地和校舍为参与举办的普通高校所有,属于国有资产,不能作为独立学院转设的申请条件。

## (二) 利益冲突比较严重

独立学院转设涉及的行为主体包括申请方、合作方、主管方和主办方。

申请方主要指国有公办本科高校,也就是母体高校。2008 年《独立学院设置与管理办法》明确规定:"参与举办独立学院的普通高等学校须具有较高的教学水平和管理水平,较好的办学条件,一般应具有博士学位授予权。"在独立学院的办学过程中,申请方主要利用学校名称、知识产权、管理资源、教育教学资源等参与办学,并向独立学院收取一定比例的管理费作为"合理回报",可见,申请方具有一定经济利益诉求。

合作方主要指企事业单位、社会团体或个人,也就是投资方。《独立学院设置与管理办法》规定:"参与举办独立学院的社会组织,应当具有法人资格。注册资金不低于 5 000 万元,总资产不少于 3 亿元,净资产不少于 1.2 亿元,资产负债率低于 60%。参与举办独立学院的个人,应当具有政治权利和完全民事行为能力。个人总资产不低于 3 亿元,其中货币资金不少于 1.2 亿元。"投资的主要目的在于获取回报,合作方主要通过投入包括教学实施和实验设备在内的有形资产,从学费中获得经济报偿。

主管方主要指政府部门,包括中央政府和地方政府。政府部门在独立学院转设过程中担当着制度供给者的角色,中央政府代表全局利益,其制定政策的出发点是全体人民的整体利益;地方政府代表局部利益,其政策制定和实施的出发点是谋求本地区的最大利益,当然,地方政府在独立学院管理中也可能获得一定的经济利益。

主办方主要指作为转设主体的独立学院,它不仅追求自身社会经济效益,还追求名校效益,特别是其在母体高校的光环笼罩下,在招生、就业以及师资、科研、对外合作上都具有很大优势。[1] 因此,独立学院在转设过程中表现出比较复杂的矛盾心理。

目前,利益冲突是制约长三角地区独立学院转设的关键障碍,独立学院合作方认为失去母体高校这块"金字招牌",其投资回报值可能会降低,不愿意转设为民办;申请方考虑到管理费问题也不愿放弃继续举办独立学院这个可以缓解办学经费紧张局面的机会;地方政府在财政经费紧张情况下不愿意轻易接手;部分独立学院为了实现真正的"民""独""优",想转设但因"分手协议"无法达成而转不了,有的则一直想在"母体庇护"下求生存。[2] 总之,由于受相关各方利益博弈与冲突的掣肘,长三角地区独立学院在转设过程中往往举步维艰。

---

① 原珂.利益相关者视域下独立学院转设策略探究[J].理论探索,2018(05):85-94.
② 原珂,阚明坤,周禹彤.新时期独立学院规范发展困境及其策略[J].高校教育管理,2020,14(01):52-62.

## （三）新法新政矛盾叠加

我国自 2016 年开始实施新一轮民办教育改革,其标志是 2016 年 1 月全国人大常委会审议通过《关于修改〈中华人民共和国民办教育促进法〉的决定》。此次改革涉及全国的校外培训机构、民办职业学校、民办幼儿园、民办中小学和民办高校,牵涉到整个民办教育领域,可谓影响深远,意义重大。为此,国务院相继出台了《国务院关于鼓励社会力量兴办教育促进民办教育健康发展的若干意见》《民办学校分类登记实施细则》《营利性民办学校监督管理实施细则》等政策文件,2018 年司法部就《中华人民共和国民办教育促进法实施条例(修订草案)(送审稿)》向社会公开征求意见,民办教育开启了营利性、非营利性分类管理的新时代。

在分类管理问题上,《国务院关于鼓励社会力量兴办教育促进民办教育健康发展的若干意见》规定:"地方各级人民政府要根据本意见,因地制宜,积极探索,稳步推进,抓紧制定出台符合地方实际的实施意见和配套措施。"截至 2020 年 10 月底,全国 31 个省、直辖市、自治区先后制定印发了地方实施细则,上海市、浙江省、陕西省、江苏省、四川省、北京市和黑龙江省还出台了相关配套文件。其中,长三角地区对民办学校分类管理改革颇为重视,总共出台了 13 项配套文件,这些政策对促进长三角地区民办学校分类管理改革起着重要作用。

但是,新法新政的颁布实施也为长三角地区独立学院转设带来了新的难题,营利性和非营利选择加重了独立学院举办者的负担。现阶段国家呼吁独立学院转设成为民办普通本科高校,如何协调投资方、举办者和母体高校的利益关系是长三角地区独立学院转设面临的首要问题。在分类管理的政策压力下,独立学院在转设的同时必须要做出营利或非营利的选择,这对于接手独立学院的投资方来说是一个不小的考验。实际上,独立学院转设工作本就十分复杂,不仅要准备转设材料清单、论证报告等申报材料,还要处理协商好与其投资方的退出或合作协议。目前,长三角地区大多数独立学院都将精力放在转设工作上,权衡营利性和非营利性的利弊仍需等待分类管理政策的进一步明朗,将转设与分类管理同时推进无疑会影响独立学院转设的进度。在部分省份,独立学院转设必须选择非营利属性,这势必影响以"投资回报"为目的的合作方的转设积极性。

## （四）转设政策保障不力

从长三角地区独立学院转设政策出台的情况来看,各省市地方政府重在呼吁独立学院尽快转设,但普遍缺乏推动独立学院转设的具体措施。相关政策的原则性强、执行力弱,反映了地方政府较多考虑辖区内独立学院的差异性,旨在发挥好独立学院在转设过程中的主观能动性,但却未能尽到作为独立学院转设治理主体的保障义务。在 2020 年 5 月教育部《关于加快推进独立学院转设工作的实施方案》推动下,长三角地区各省市加快独立学院转设的顶层设计,但截至目前,仍有一些地区的制度设计尚在酝酿之中。

从辽宁省督促独立学院加快资产过户,到黑龙江地方立法免除资产过户费用,再到湖北省规定母体高校在独立学院转设时不得以无形资产增值名义向独立学院收取费用等。

实践表明,凡是独立学院转设进展较快的区域,均与政府有力的政策支持密切相关。[①] 长三角地区独立学院校情差异较大,情况复杂,转设工作面临诸多风险,包括学校稳定风险、法律纠纷风险、办学质量风险和舆情风险等,更加需要地方政府的政策保障。具体来说,长三角地区独立学院转设政策保障不力的主要表现在以下四方面。①缺乏补偿奖励政策。政府在财政资金、土地供应、税收优惠、学费收取等方面未能给予差别化扶持,对独立学院无形资产的评估不足,投资方、教师和学生的合法权益未能得到有效保障。②部门协调未落实。部分地区未能构建起各部门有效沟通的体制机制,导致独立学院转设的系统性、整体性、协同性不强,政策推进困难。③政策保障不健全。转设政策对于财务审计、信息公开、年度检查、第三方评估等方面的关注度不高,政策保障不健全。④退出机制不健全。对独立学院退出过程中如何开展清产核资、人员安置、债权债务处置等工作的安排较笼统,政策表述不清晰,导致独立学院投资方心存顾虑、难以放手。

## 三、长三角地区独立学院的转设建议

实现长三角地区高等教育一体化发展的根本途径在于,做好高等教育区域整体发展规划,加快调整三省一市高等教育结构布局。推动长三角地区独立学院转设是促进长三角地区高等教育结构布局优化的着眼点和发力点,需要各地政府尊重差异、相互借鉴、取长补短、共同推进。在此基础上,应加快建立联席会议制度,健全风险防范机制,鼓励基层自主创新,适度修订转设标准,努力将长三角地区打造成独立学院转设及高等教育发展的先导区与示范区。

### (一) 建立联席会议制度

长三角地区包括上海市、江苏省、浙江省、安徽省共 41 个城市,不同地区间教育发展水平存在较大差异,区域高等教育发展不平衡现象较为突出。从整体来看,长三角地区独立学院具有多样性和复杂性的特征,推动长三角地区独立学院转设工作必须有效利用既有的长三角协调合作机制,建立完善的联席会议制度,就独立学院转设工作开展全方位交流合作。

1. 建立跨区域联席会议制度

经过 20 余年的探索和实践,长三角地区政府协商机制取得重大进展,目前已经形成了以长三角地区主要领导座谈会为决策层,以长三角地区合作与发展联席会议为协调层,以联席会议办公室、重点合作专题组、城市经济合作组为执行层的"三级运作"机制。[②] 这种多层次的跨区域政府协商机制有助于协调解决区域合作中的重大问题与日常事务,实现方向把控与具体实施的结合。在独立学院转设问题上,可以借鉴并利用长三角地区"三

---

① 原珂,阙明坤,周禹彤.新时期独立学院规范发展困境及其策略[J].高校教育管理,2020,14(01):52-62.

② 张学良,林永然,孟美侠.长三角地区一体化发展机制演进:经验总结与发展趋向[J].安徽大学学报(哲学社会科学版),2019,43(01):138-147.

225

级运作"模式,定期轮流召开由各省(市)教育主管部门牵头的跨区域联席会议,通过设置各类具有灵活性的合作组和专题组,搭建小范围的合作平台,重点解决区域独立学院转设的突出问题。

2. 建立跨部门联席会议制度

部门协同是推进独立学院转设的有效途径。独立学院转设工作涉及国土、财政、税务、建设等10多个部门,教育主管部门所能发挥的作用相对有限,必须充分发挥地方政府优势,创新地方政府支持独立学院发展的体制机制,建立政府统筹协调、各部门联动的工作体制,围绕独立学院转设工作有必要建立常态化的联席会议制度,各部门就转设工作进行交流沟通,发现问题,提供建议;同时,要借助联席会议督促责任落实,由此打破条块分割,形成改革合力。

## （二）健全风险防范机制

独立学院转设作为一项重大的强制性制度变迁,改变了既有利益格局,存在转设风险。其中,外部法律环境、政策环境、市场环境的变化等共同构成了转设的外部风险;内在的体制机制、管理模式、产权、财务模式的转变等共同构成了转设的内部风险。内外部风险预防和管理需要多方协同,需要健全基于利益相关者共同作用、不同主体相互协调、共同完成任务、达成使命的风险防范机制。

1. 政府要提供政策保障

中央和地方层面的政策变迁对长三角地区教育布局、入学率、原有政策产生影响,政策中存在的抵牾、模糊等问题可能造成举办高校与投资方"分手"的法律纠纷、营利非营利分类选择等风险。据此,中央和地方政府须加快构建政策保障体系,要科学制定政策、分类指导,最大限度地利用公开听证、公众参与、专家顾问咨询等制度,努力协调各方利益,最大限度消除歧见,提高独立学院转设的政策质量。在推进长三角地区独立学院转设的进程中,各省(市)政府应该深入调研,了解独立学院转设过程中的实际困难、投资方的实际需求。要根据独立学院转设进程的实际,在调研的基础上科学确定转设时间表。对于各利益主体间诸如无形资产及其增值部分因初始设立时没有明确细则难以达成一致意见的,政府可引入第三方机构进行评估,并利用财政扶持政策予以保障。

2. 学校要提供组织保障

为了实现独立学院转设目标,需要母体高校、投资方和独立学院齐心协力、协同发力。作为办学主体的独立学院要设置专门的转设工作领导小组,处理转设过程中遇到的各种问题,预防转设可能导致的舆情风险和办学危机。要根据独立学院的资产结构,构建起完善的法人治理结构。要制定好学院章程,董事会、院长和党委会合理分工,健全各项制度,区分各自职责。董事会成员除了学院代表、母体院校和地方政府的代表以外,还应该有地方企业界、产业界等代表。要明确董事会的工作机制,使董事会正常运行,更好地担当学院转设决策的大任。

## (三) 鼓励基层自主创新

长三角地区独立学院转设具有明显的"中间扩散特征",即地方政府作为"第一行动集团",通过贯彻落实中央战略部署的实施方案、细化具体法律政策、加强法制建设、建立以评估和资源配置为杠杆的推进机制等措施,直接组织推进长三角地区独立学院转设工作。在推进转设的过程中,地方政府站在了"改革一线",是制度变迁的关键行为者,地方政府具体的制度创新直接关系转设的成效。要切实发挥地方政府的领导核心作用,鼓励基层因地制宜、自主创新,为加快长三角地区独立学院转设进程提供典型方案。

### 1. 鼓励联姻转设

国家提出独立学院整合高职院校资源合并转设这条路径,对推动于长三角地区独立学院转设而言具有重要的参考价值。当前,高职院校与独立学院的合并转设尚无成熟经验借鉴,各地政府应当积极探索,试行以下合并路径:①独立学院吸收合并高职院校模式;②共同控制管理模式;③共同委托行使举办者控制权;④合作院校重组为同一举办者。① 要在此基础上总结地方的成功经验,供长三角地区独立学院借鉴参考。

### 2. 鼓励迁址办学

各地应通过剥离规范、迁建规范和投资主体规范,分类推进规范设置工作。要支持校园占地面积不达标、在本地拓展办学空间有困难的独立学院,充分发挥地方政府举办高等教育的积极性,"迁址办学"以拓宽办学空间。

此外,各省(市)应对资产过户减免税费,行政服务性收费减免等方面进行突破创新,探索公办高校对口扶持独立学院机制,为长三角地区独立学院转设创造有利条件。

## (四) 适度修订转设标准

长三角地区至今尚有众多独立学院未完成转设,其主要原因在于转设的条件不够成熟、不具备"断奶"、单飞的实力。2020年5月,教育部办公厅《关于加快推进独立学院转设工作的实施方案》明确,独立学院要达到《普通本科高校设置暂行规定》等文件规定的设置标准,学校各项办学条件指标,均须具备相关证明材料。也就是说,规定要求校园土地面积必须在500亩以上,师资以及设备等办学指标必须按照普通本科条件配置。若按照这个要求,大部分长三角独立学院很难达到转设要求,特别对南京、杭州、上海等一线城市而言,其中土地价格是最大的掣肘因素。浙江财经大学东方学院党委书记曾表示:"在杭州这个寸土寸金的地方,要获得学校所需的土地绝非易事。"② 出于上述考虑,《普通本科高校设置暂行规定》提出"不过分强调土地、校舍面积"。因此,推进长三角地区独立学院转设也需要适度修订转设标准,适当放宽土地面积标准③,中央教育行政部门及地方教育主管部门应该根据不同办学规模、不同办学类型与不同区域,动态调整对校园面积的要求。

---

① 阙明坤,余苏.高职与独立学院合并转设之路如何走[N].中国教育报,2020-09-29.
② 陈蓓燕,李平,陶佳.独立学院"出杭城记"[N].浙江教育报,2016-01-18.
③ 吴晋,彭华安.独立学院转设执行的政策困境及其出路[J].教育理论与实践,2016,36(36):3-5.

# 加快推进长三角民办高等教育
# 发展一体化的国际比较

      2019年12月1日，中共中央、国务院印发了《长江三角洲区域一体化发展规划纲要》，标志着《国务院关于进一步推进长江三角洲地区改革开放和经济社会发展的指导意见》（国发〔2008〕30号）的进一步落地落实，也体现出国家进一步提升长江三角洲地区整体实力和国际竞争力的重大决策部署。《长江三角洲区域一体化发展规划纲要》特别提出，要"推动教育合作发展。协同扩大优质教育供给，促进教育均衡发展，率先实现区域教育现代化。研究发布统一的教育现代化指标体系，协同开展监测评估，引导各级各类学校高质量发展。依托城市优质学前教育、中小学资源，鼓励学校跨区域牵手帮扶，深化校长和教师交流合作机制。推动大学大院大所全面合作、协同创新，联手打造具有国际影响的一流大学和一流学科。鼓励沪苏浙一流大学、科研院所到安徽设立分支机构。推动高校联合发展，加强与国际知名高校合作办学，打造浙江大学国际联合学院、昆山杜克大学等一批国际合作教育样板区。共同发展职业教育，搭建职业教育一体化协同发展平台，做大做强上海电子信息、江苏软件、浙江智能制造、安徽国际商务等联合职业教育集团，培养高技能人才"。这些表述，指出了教育一体化在长三角地区发展一体化中的地位和作用，明确了长三角地区教育一体化的内容，为长三角地区教育一体化提供了依据和方向。

      《长江三角洲区域一体化发展规划纲要》指出，规划范围包括上海市、江苏省、浙江省、安徽省全域（面积35.8万平方公里）。以上海市，江苏省南京、无锡、常州、苏州、南通、扬州、镇江、盐城、泰州，浙江省杭州、宁波、温州、湖州、嘉兴、绍兴、金华、舟山、台州，安徽省合肥、芜湖、马鞍山、铜陵、安庆、滁州、池州、宣城27个城市为中心区（面积22.5万平方公里），辐射带动长三角地区高质量发展。要求"到2025年，长三角一体化发展取得实质性进展。跨界区域、城市乡村等区域板块一体化发展达到较高水平，在科创产业、基础设施、生态环境、公共服务等领域基本实现一体化发展，全面建立一体化发展的体制机制"，"到2035年，长三角一体化发展达到较高水平。现代化经济体系基本建成，城乡区域差距明显缩小，公共服务水平趋于均衡，基础设施互联互通全面实现，人民基本生活保障水平大体相当，一体化发展体制机制更加完善，整体达到全国领先水平，成为最具影响力和带动力的强劲活跃增长极"。归纳成一句话，长三角一体化的目标就是实行长三角地区经济和社会高质量的发展。

      围绕长三角地区一体化发展的目标和方向，国内许多行业都在研究。在教育领域对于长三角地区教育一体化发展研究甚多，尤其是高等教育方面，相对来说更为活跃，理论研究也相对集中。主要原因是高校作为办学主体的独立性较大，许多合作学校层面就有需求，并且容易付诸行动，并且高校与经济社会发展更加紧密，学生跨省市招生和就业相对来说相互之间的影响更多一些，研究的空间就更大些。但是，可能是鉴于相关数据相对零散的缘故，作为长三角地区教育的重要组成部分，民办教育一体化的相关研究却非常稀少，而长三角民办高等教育的相关研究则至今尚未见到，这不能不说是一个缺憾。有鉴于此，本文着重就长三角地区民办高等教育一体化进行专门研究。

# 一、长三角地区民办高等教育一体化的必要性和可行性

## （一）区域一体化的概念

区域一体化既是指地理概念上的一体化，又是指历史概念上的一体化。虽然区域一体化的领域指涉可以是多样的，但其核心特征是在每一领域内各种要素的"越界"流动，并且这种流动是一个梯度演进的动态发展过程。因此，可以认为，高等教育区域一体化是通过建立并拓展次区域之间的信息沟通和要素流转渠道，使区域内高等教育组织及相关部门在特定领域逐步实现全面合作，从而生成区域聚合体，形成竞争优势的历史过程。其核心特征是各种办学资源和要素的"越界"流动、优化配置和高效整合，遵循的总体原则是互惠互利、合作共赢，目标归宿是提升区域高等教育综合竞争力。

区域化与全球化被公认为当今世界的两种发展趋势。在公共生活领域，区域化问题首先在政治和经济领域引起人们的重视。约瑟夫·奈指出，区域化是基于区域基础上的国家间建立联系或形成组织的形式。沃尔特则认为，区域化是一个地区性国家集团中构想和实施的一套优惠性政策，其目的在于激励该集团成员之间进行商品和要素交换，因而是"自然的"的经济力量的产物。赫里尔构建了区域化的层次体系，他认为区域化包含五个层面：一是区域内自发社会互动；二是区域认同的出现；三是区域间合作（协议谈判和规则建设）；四是外力（国家）推动的区域一体化，要求减少或扫清生产要素往来的障碍；五是区域聚合体生成，即缔结出一个和谐、牢固的区域单元。

## （二）高等教育一体化利于区域高层次人才培养

长三角地区要深入实现经济一体化，需要区域高等教育一体化作支撑。正如教育部高教司司长吴岩在大湾区高等教育论坛上所提出的："高等教育是大湾区经济硬实力、文化软实力、影响巧实力的关键推动力、主要贡献者和重要策源地。"这句话用在长江三角洲高等教育一体化的议题上同样准确。要推进长江三角洲区域经济一体化，加快区域经济和社会发展，当务之急是努力打造区域世界级的高等教育集群，培养出大批高层次人才。长三角地区的土地和人口仅占全国的 1% 和 5.8%，却创造了全国 1/5 的国内生产总值、财政收入和外贸出口，是中国经济发展速度最快、经济总量规模最大的区域之一。在长三

角快速发展进程中,高等教育发挥着重要作用。然而,从目前的人才资源状况和未来发展的要求来看,人才培养的数量、质量、层次等都难以满足本地区经济一体化后经济快速发展的要求,特别是前沿学科带头人、跨学科的复合型人才以及高级技师、工匠型人才乃至熟练技工等仍很奇缺。要完成这些任务,绝非单个院校、单个地区的院校能够独立担当的。作为人才培养主体,长三角地区所有高校对于完成这一战略性任务既有不可推卸的责任,而且必须紧密协作,共同参与和协作,走联合培养、协调发展之路,才能胜任和完成大业。

### （三）长三角地区高等教育现状呼唤高等教育一体化

一般来说,区域一体化规划首先是经济一体化规划,相对来说,区域教育、高等教育一体化规划是相对迟滞的。而从发展地位和作用来看,教育又必须先行。由于省（市）管理体制相对独立,长三角地区的现有教育市场是相对独立和相互分割的。随着区域经济一体化进程的不断加快,对人才资源的培养、流动、优化的需求日益重要和急迫,对教育合作的呼唤加速。三省一市教育要真正融入经济一体化进程,最需要解决的问题就是打破体制壁垒,冲破行政区划的界线。只有区域高校深入的交流与合作,才可能真正达到高校间资源共享、优势互补、互利共赢、共同发展的目的。

表1　2019年长三角地区高等教育资源部分指标统计情况

| 地区 | 高校数（所） | 部办院校（所） | 本科院校（所） | 高职院校（所） | 高教毛入学率 | 在校生数（本专科）（人） | 研究生数（博士）（人） | 研究生数（硕士）（人） |
|---|---|---|---|---|---|---|---|---|
| 上海 | 64 | 10 | 39 | 25 | 78.0% | 526 585 | 37 780 | 173 708 |
| 江苏 | 167 | 10 | 77 | 90 | 60.2% | 1 874 084 | 33 899 | 206 916 |
| 浙江 | 108 | 1 | 59 | 49 | 61.3% | 1 074 688 | 14 863 | 85 484 |
| 安徽 | 120 | 2 | 46 | 74 | — | 1 241 151 | 9 969 | 64 310 |

注:未统计继续教育在校生数和研究机构硕博在校生数。

长三角地区是我国高等教育最为发达的地区之一（见表1）,区域高等教育体量大,实力强,已经形成了比较完备的人才培养和知识创新体系。区域内拥有459所高等院校,其中有"211工程"的高校23所,占全国的1/5强;高校中拥有国家级重点专业48个,两院院士220人。此外,复旦大学、浙江大学、南京大学和上海交通大学等4所高校被列入"创新世界一流大学"的"985工程"。近几年来相关部门组织的"中国好大学"评选,长三角地区稳占全国"好大学"的20%。高等教育资源雄厚,发展优势明显。截至2019年,每十万人口中接受高等教育的人数,上海市为3 582人,江苏省为3 311人,浙江省为2 509人,安徽省为2 447人。这些都是长三角一体化发展所已有的人才基础。但是对照现有需求和未来发展还很不够,如何加强区域统筹,合理分工,重组结构,进一步发挥高等教育的效率和效益,因应区域经济一体化发展的要求,需要实施区域高等教育一体化战略。长三角高等教育一体化实际上就是长三角一体化发展的题中应有之义和重要组成部分。

## (四) 已有实践为长三角高等教育一体化积累了经验

21世纪以来,我国高等教育得到长足发展,办学规模扩大、办学层次提升、办学质量提高、办学类型多样,为改革开放和社会主义现代化建设提供了有力的人才支撑。各地在办学过程中,积极探索,大胆实践,开展了各式各样的合作和交流,积累了区域一体化办学的基础和经验。

1. 加强区域院校校际师生交流

2006年初,来自浙江大学、复旦大学、东南大学、浙江工业大学、浙江理工大学的24名长三角地区高校交换生,以学校间"互派学生、互免学费、互认学分"的模式到上述5所高校的强项专业进行为期一学期的学习,开展了长三角地区高校合作办学的有益尝试。目前,苏、浙、沪三地各有实施校际选修、互认学分的文教区。当然,目前比较成熟的合作平台尚待建设,以便于更大规模、更大范围实施交流,共享优质、特色资源,培养更多复合型高级人才。

2. 加强区域性课程与学科建设

开发和调整高校的学科与课程,使相关高校形成合力,资源共享、优势互补,发挥优势效应,彰显特色效力,为区域经济发展服务,是区域高等教育一体化的核心内容。尤其是开设部分包括区域历史、地理、经济发展等方面的内容课程,势必有利于学生毕业后参与本区域城市规划、旅游资源开发、历史文物保护、环境保护、经济管理等工作,为培养目前区域紧缺人才提供知识储备。

3. 加强区域高校产学研的合作

目前,沪、浙、苏三地政府和教育职能部门打破因地域管辖、行政管理而形成的壁垒,创造条件,出台灵活务实的政策,给高校更多的自由和空间。各地在科学研究和技术开发方面已经做了许多工作。

4. 建立区域高校图书信息资源的共享

长三角地区高校图书信息已经有一些合作项目,如"上海市高校图书馆文献保障体系""江苏省高校图书馆的JALLS项目""宁波高校园区图文信息服务中心"等,当然目前这种合作和共享还只是初步的、局部的,没有形成体系和规模。

由此可见,长三角地区高校走联合与协作之路,发挥群体优势,主动适应区域社会经济发展实行教育一体化已成必然趋势,而且将成为长三角地区可持续发展的人才之本、科技之基和动力之源。

## (五) 民办高校应该积极参与长三角一体化进程

长三角地区经济相对发达,民间又有崇学办校的传统。改革开放以来,民办高等教育得到快速发展,并且涌现出一批办学信誉高、社会影响好、质量优良的民办院校。早在20世纪90年代初期,就有一批具有教育情怀的老知识分子举办民办院校。浙江树人大学、上海杉达学院、南京三江学院成为全国最早获得教育部(国家教育委员会)批准具有独

立颁发大专文凭的民办院校。21 世纪初，又先后获得批准升格本科，成为国内最早升本的民办院校群体。根据有关方面的统计，截至 2018 年年底，三省一市民办院校发展的相关数据如表 2 所示。

表 2　2018 年长三角地区民办高校发展相关数据 单位：人

| 地区 | 民办高校招生数 | 民办高校招生数占比 | 民办高校在校生数 | 民办高校在校生数占比 |
|---|---|---|---|---|
| 上海 | 32 643 | 24.30% | 110 336 | 21.31% |
| 江苏 | 97 034 | 20.27% | 382 220 | 21.16% |
| 浙江 | 72 182 | 26.93% | 291 251 | 28.57% |
| 安徽 | 53 812 | 17.53% | 195 718 | 17.18% |

注：含独立学院招生数和在校生数。

实施长三角地区民办高等教育一体化，既是民办院校参与长三角地区高等教育一体化进程的应有之责，也是促进民办院校可持续发展的必由之路。如前所述，长三角地区高等教育一体化，是经济一体化的基础和重要组成部分，作为区域高等教育资源的重要组成部分，民办院校参与其中责无旁贷。另一方面，参与一体化进程，服务区域一体化发展，是民办院校影响力、获得办学资源和实现可持续发展的重要路径。因此，在实施长三角高等教育一体化的进程中，民办院校不能也不应该缺席。

## 二、国际区域高等教育一体化的发展经验

区域高等教育一体化，国际上许多地区都有成功经验。从研究的成果来看，主要的有以下几项。

### （一）博洛尼亚进程的成功经验——共同协调机制

1988 年，欧洲博洛尼亚大学成立 900 周年之际，几乎所有当时世界上主要大学的代表云集博洛尼亚，向世界大学之母致敬，庆祝活动变成了一次盛大的国际学术盛会，而欧洲各国的大学领导更是将此盛会看作是一个欧洲高等教育发展形成共识的聚会。在欧洲经济政治经济发展一体化进程推动下，1999 年，共有 29 个欧洲国家在意大利博洛尼亚签署了《博洛尼亚宣言》，提出了欧洲高等教育进行全面改革的计划，这个计划最重要的目标就是到 2010 年要建立欧洲高等教育合作区，整合欧盟的高教资源，打通教育体制。博洛尼亚进程的发起者和参与国家希望，到 2010 年，欧洲博洛尼亚进程签约国中的任何一个国家的大学毕业生的毕业证书和成绩，都将获得其他签约国家的承认，大学毕业生可以毫无障碍地在其他欧洲国家申请学习硕士阶段的课程或者寻找就业机会，实现欧洲高教和科技一体化，建成欧洲高等教育区，为欧洲一体化进程作出贡献。为了更好地推进改革计

划并实现合作目标,欧盟各国基于部长理事会的合作框架,逐步确立了共同行动的组织架构,并形成了多元协调的治理机制。在博洛尼亚进程的成员国之间,学生可以无障碍地流动学习,其学分可以在不同国家互换,优质课程可以在不同学校共享,教育质量也有统一的标准体系,所有的教育资源可以得到高效充分的利用。通过一系列的努力,欧洲博洛尼亚进程取得了明显的成效。

1. 建立了容易理解以及可以比较的学位体系

通过博洛尼亚进程,在欧盟加盟国家的大学之间建立起一个统一的、可以相互比较的学位体系,所有开设的专业都有可比性,便于各个大学之间对每个专业的相互理解和认同。也就是说,各国建立的三级学位体系具有更大的兼容性和可比性

2. 建立了本科和硕士为基础的高等教育体系

欧盟高等教育历史上第一次提出加强硕士学位课程教育。将过去的本科加博士的高等教育模式改为美国式的本、硕连读模式,其目的是要突出专业人才的培养。在欧盟境内大学本科教育逐步走向普及的前提下,面向 21 世纪的政治、经济、社会和文化发展,更需要硕士层面的专业人才。《博洛尼亚宣言》从根本上为欧盟社会未来发展搭起了人才培养的新平台。从而也消除了多年来欧盟的政治家们和教育家们的第二个担忧:科技落后于美国的事实。

3. 建立了欧洲学分转换体系

统一的学分制是欧盟高等教育走向统一和互认的基石。这个学分制彻底改变了传统学分制的理念。传统的学分代表着一个学分相等于多少学时的课(即上课时间),而新的学分制,一个 ECTS 学分意味着 25 个学习小时,其中包括 5 小时的上课时间,12 小时的课外作业和社会实践,7 小时的老师辅导,1 小时的考试。学分转化体系和文凭补充文件地采用与认可,增强了高等教育的透明度和认可度。

4. 促进了师生和学术人员流动

实施博洛尼亚进程以后,进一步促进了人员流动,有利于留学生的招收和输出。欧盟各公立大学的学生和教师都可以到其他欧盟大学学习或任教,这类学习或任教都能得到学生和教师所在大学的认可,从而极大地推动了师生和学术人员在欧盟大学之间的流动与交流。为此,特别建立了埃拉斯莫学生互动项目(ERASMUS)和苏格拉底教师互动项目(SOCRATES)。

5. 保证了欧洲高等教育的质量

确立了与欧洲高等教育框架相联系的国家资格框架,推动了欧洲高等教育的质量标准和保障。统一的欧盟高等教育体系,其最终目的是保障欧盟各大公立大学的教学质量以及所培养的人才具有足够的竞争素质或科研能力,从而能够缩短欧盟与美国之间在科技发展领域的差距。目前的情况是,欧盟 27 个国家的 1 800 多所大学,其教育质量参差不齐,优劣各半。相信通过博洛尼亚进程,可以彻底改变这样的现状。因为统一的欧洲高等教育体系,互认的学分和学位文凭,为高等教育领域引入了竞争机制,学生选择大学的余地和空间更大,流动也更大,可以广泛地进行各大学教育质量的比较,从而选择教育质

量更好的大学进行学习。这样一来，就会促进高等教育质量较低的大学进行改进，提高其教育质量。

6. 促进了欧洲范围内的高等教育合作

《博洛尼亚宣言》也为欧盟范围内各个大学之间的高等教育合作提供了一个广阔的平台，具体表现在合作办学、共同颁发文凭等方面。这种合作主要集中在硕士学位层面上，例如，西班牙一个公立大学可以非常自由地选择欧盟境内的任何一所大学共同创建一个硕士学位课程，学生可以在两地的大学学习，获得两个大学共同颁发的文凭。这种合作为培养复合性和跨国性人才开创了新的教育模式。

当然，由于博洛尼亚进程是在"国与国"之间的高等教育，难免受到一些矛盾和问题的制约。尤其是教育公益性与市场竞争之间的矛盾、学术价值与量化标准之间的矛盾、宏观改革与具体操作之间的矛盾、地区差异与实施进度之间的矛盾、自上而下与大学主体之间的矛盾、机构多样性与一体化要求之间的矛盾以及民族性与大欧洲之间的矛盾，成了博洛尼亚进程的障碍与制约。尽管如此，各国还是克服困难，顾全大局，同舟共济，取得成功。目前参与博洛尼亚进程的国家已经达到50余个，

欧洲博洛尼亚进程的成功经验启示我们：推进长三角地区民办高等教育的区域合作和一体化，必须打破整个高等教育系统中的行政壁垒，突破原有的管理框架，建立共同行动的组织架构，健全完善民办高等教育联动发展、多元协调的治理与合作机制，充分整合并利用长三角地区优质、丰富、多元的高等教育资源，将提高民办高等教育的质量，培养创新型、应用型、复合型人才作为改革的重中之重，进而全面提高本地区民办高等教育的整体质量与办学水平。

## （二）纽约大湾区大学集群成功经验——公私立大学并举

纽约都市圈是世界排名第一的超大城市群，也是美国的经济核心地带，跨越美国10个州，主要以波士顿、纽约、费城、巴尔的摩、华盛顿等5个核心城市组成。纽约大湾区就位于这一超大城市群之中，主要由纽约州、康涅狄格州、新泽西州等州的31个县市联合组成，代表城市为纽约市、纽瓦克市、新泽西市等。有研究表明，纽约大湾区能成为全球第一大湾区部分是受制于工业力量和人口中心，更多是受制于美国高水平公私立大学集群的影响，这种聚集的大学反过来也在周围聚集起以科学为取向的工业、政府与企业。

纽约大湾区的高水平大学集群不仅仅局限在某一区域，而是相关联的区域组成的有机整体。总的来说，主要集中在以下四大集群。

1. 世界顶尖级大学的"常春藤盟校"集群

世界顶尖级大学的"常春藤盟校"集群主要包括以纽约为中心的世界一流大学和对纽约大湾区产生强烈辐射力和影响力的周边世界一流大学。纽约为中心的世界一流大学有哥伦比亚大学、康奈尔大学、纽约大学等，纽约州周边的世界一流大学有普林斯顿大学、耶鲁大学、哈佛大学、麻省理工学院等，其占据美国"常春藤盟校"8所中的5所。这些大学

历史悠久、实力雄厚、底蕴深厚，为纽约大湾区的发展插上了腾飞的"翅膀"。到目前为止，纽约大湾区是世界所有湾区里世界一流大学聚集数量最多的湾区。

2. 纽约大湾区周边的"新常春藤"集群

美国"新常春藤"院校是继"常春藤盟校"后涌现出的又一集群发展的新生力量，"新常春藤"因其办学历史长、学术声誉高得到了全美和全世界高等教育界的普遍肯定。目前，遍布美国全境的"新常春藤"盟校有25所之多，其中位于美国东海岸对纽约湾区产生重要影响的高校就有8所，包括位于纽约州的伦勒斯理工学院、罗彻斯特大学、科尔盖特大学、斯基德摩尔学院，位于马萨诸塞州波士顿及附近的波士顿学院、塔夫茨大学、富兰克林欧林工程学院，位于新泽西州的瑞德大学等。

3. 纽约大湾区及周边"小常春藤"集群

"小常春藤"始于1971年的新英格兰小型学院运动联盟（NESCAC），盟校基本上都是由美国东北部的14所顶尖级的文理学院组成，因其拥有历史久、规模小、顶尖级的本科教育而享誉世界。作为美国东海岸的"小常春藤盟校"主要分布在以纽约湾区为中心周边临近的纽约州、马萨诸塞州、康涅狄格州、宾夕法尼亚州、缅因州和佛蒙特州，有的大学学术声誉并不亚于部分常春藤名校。

4. 纽约大湾区及周边著名私立大学集群

在纽约大湾区及周边，除了一批世界一流私立研究型大学外，还有一大批著名的私立大学，其中在纽约州的就有世界知名私立研究型大学福德汉姆大学、圣约翰大学、莎拉·劳伦斯学院、洛彻斯特理工大学、雪城大学、纽约理工大学、叶什瓦大学、曼哈顿学院、佩斯大学等。

与博洛尼亚进程不同，纽约大湾区高水平大学集群主要是私立大学的集群，因此说明一个道理，不仅仅公立大学有集群的必要和可能，而且私立大学的集群更为重要和急迫。纽约大湾区高水平大学集群发展的成功经验也启示我们：推进长三角地区民办高等教育的区域合作和一体化，必须加强民办院校之间的联系和合作，并根据民办院校的不同定位、不同层次和不同发展目标，积极参与长三角地区经济和社会发展，投身区域经济建设、文化建设和生态文明建设，在服务区域经济社会发展进程中做出自身的贡献，在服务中获得自身的发展资源和发展空间。

## （三）日本大东京地区的成功经验——大学高度集聚

东京不仅是日本的政治、经济与文化中心，也是日本的高等教育中心。这个地区又称日本大东京地区，主要由"一都三县"（东京都、千叶县、埼玉县和神奈川县）组成。据文部科学省2008年的统计数据，东京都23个行政区内拥有的高等教育机构共190所，占日本总数的15.2%，其中，大学134所，设有研究生院的大学就有47所，占日本总数的38.2%。从这些数据可以看出，日本东京地区不仅聚集了日本最优质的高等教育资源，也聚集了日本最优秀的研究型大学。这种优质高等教育资源向政治、经济、文化中心集聚的"极化"态势，形成了一种教育与经济相辅相成、互相促进的良性循环，政治、经济、文化中心吸引着优质高等教育资源的聚集，而优质的高等教育资源对当地经济与社会的发展，也发挥着非常积极的促进与引领作用①。

### 1. 位于东京大湾区的超级国际化大学集群

日本超级国际化大学一共37所，东京湾区占据日本超级国际化大学A类13所中的6所，B类24所中的11所，共占日本超级国际化大学A、B两类37所中的46%左右。东京大湾区现有超级国际化大学A类中的作为日本最高学术殿堂的世界一流综合型大学东京大学、世界著名的理工类大学东京工业大学、素有"企业家摇篮"的世界顶尖大学庆应义塾大学、日本极负盛名的世界一流大学早稻田大学、对仅次于硅谷的世界第二大高科技基地日本筑波科学城具有重要影响的筑波大学和日本世界一流的医学类大学东京医科齿科大学。东京大湾区现有超级国际化大学B类24所中的11所，具体有日本首都圈内著名研究型综合性大学千叶大学，日本顶尖的著名外语类大学东京外国语大学，日本国内历史最悠久、日本最高的艺术家培养学府东京艺术大学，以精英教育与国际化而负有盛名的国际基督教大学，日本科学与科技领域方面顶尖学府芝浦工业大学，以及日本著名私立大学上智大学、东洋大学、法政大学、明治大学、立教大学、创价大学等。

### 2. 位于在东京大湾区的牵引国际化人才大学集群

日本列入超级国际化大学计划中牵引国际化人才大学一共有42所，东京大湾区共占日本牵引国际化大学A、B两类42所中的52%左右。超级国际化大学计划牵引国际化人才大学A类11所，有5所就坐落在东京大湾区。其中有日本首都圈内高水平的综合大学千叶大学、日本国内最顶尖知名女子综合大学御茶水女子大学、日本东京都三鹰市的私立大学国际基督教大学、日本的著名私立综合大学中央大学、世界著名研究型综合大学早稻田大学超级国际化大学计划牵引国际化人才大学B类31所，有17所就坐落在东京大湾区。其中有东京首都圈的著名综合性大学筑波大学、东京大湾区埼玉县的埼玉大学、国内顶尖医科大学东京医科齿科大学、专攻工程技术与自然科学的日本顶尖理工科大学东京工业大学、享誉世界的顶尖研究型国立大学且被誉为"亚洲哈佛"的一桥大学、日本唯一一所海洋研究与教育的东京海洋大学、日本科学与科技领域方面最顶尖的芝浦工业大学以及神田外语大学、亚细亚大学、杏林大学、上智大学、昭和女子大学、东洋大学、法政大学、武藏野美术大学、创价大学、明治大学。

### 3. 其他位于东京大湾区的高水平大学集群

除此之外，东京大湾区还有一部分未列入超级国际化大学计划的高水平大学，其中有专注科学研究、小而精的日本著名研究型公立大学东京农工大学，日本东京都内的著名公立大学东京大学，位于横滨市的研究型国立综合大学横滨国立大学，日本科学与科技领域方面著名的大学东京理科大学，汇集了现代尖端技术学科的公立大学电气通信大学，日本极负盛名的顶级师范类国立大学东京学艺大学，大湾区神奈川县横滨市小规模精英大

---

① 欧小军.世界一流大湾区高水平大学集群发展研究——以纽约、旧金山、东京三大湾区为例[J].四川理工学院学报（社会科学版），2018(03).

学横滨市立大学,日本极负盛名的著名私立综合性大学青山学院大学、学习院大学、专修大学和东海大学,以及日本国内规模最大的著名综合性大学日本大学等。

日本东京地区高等教育集聚的成功经验启示我们:长三角地区的民办高等教育不但要积极引导优质高教资源的集聚,建设创新型、应用型、高水平的民办大学,而且要多措并举整体提高民办高校的办学质量和水平,提升培养能力和服务能力,进而充分发挥民办高校对区域经济社会发展的积极推动作用。

### (四) 加州地区的大学群建设成功经验——政府协调治理

如果说博洛尼亚进程的系统对于长三角地区民办高等教育一体化进程相对比较庞大的话,而纽约大湾区高水平大学集群又显得如此高端的话,那么,美国加利福尼亚州地区(以下简称加州地区)的成功经验则与长三角地区民办高校可能更加贴近些。在 20 世纪50～60 年代,美国加州的高等教育主要包括三类办学系统,即加州大学、州立学院和社区学院。这三类系统内的高等院校之间的关系不但复杂而且紧张,没有统一的教育教学标准,在招生方面更是呈现无序竞争的混乱局面,制约了大学功能和作用的发挥,因此而受到的批评与非议也较多。当时亟待解决的问题首先是要对各类院校的功能进行合理定位,其次是按成绩划定学生的入学标准,最后是解决招生无序竞争的混乱局面。因此,1960 年美国加州对高等教育进行总体规划,明确规定了三类办学系统的功能定位:加州大学只能招收综合成绩排位前 12.5% 的高中毕业生,不但具有硕士学位授予权,而且具有博士学位授予权;州立学院只能招收综合成绩排位前 1/3 的高中毕业生,只有硕士学位授予权,至于博士学位必须与大学联合颁发,并且侧重于应用领域的研究;社区学院可以招收所有的高中毕业生,这类学院基本是从中等教育升格为高等教育的。这一举措不但解决了学生入学标准的问题,而且平息了招生无序混乱的局面,其特点主要有两个方面:一方面是注重调查研究。所有重大的教育决策均由独立的调研机构进行调查研究,提出合理的可行性建议,然后由加州立法机构以法律形式确定下来。专业机构的调查研究为决策提供重要的理论依据与现实基础,最终通过共同协商得到统一的意见或结论,其"合约"的性质非常明显。另一方面是重视内部协调,即通过高等教育系统的内部协调之后制定总体规划,并通过法律形式把不同系统、不同部门的任务与分工确定下来①。

加州地区的成功经验启示我们:要推进区域高等教育的联动发展,就必须高度重视总体协调下的自我治理。实施长三角地区民办高等教育一体化发展战略,不但要充分发挥政府的协调作用,而且要提高民办高校的自我治理能力,并加强协调机构的建设,成立各类以高校为主要成员的协调委员会。

从以上几个世界级区域发展的经验来看,都有几个共同的特征。

(1) 在强劲可持续发展的经济和社会发展背后,都有着一个庞大的有实力的高等教

---

① 欧小军.世界一流大湾区高水平大学集群发展研究——以纽约、旧金山、东京三大湾区为例[J].四川理工学院学报(社会科学版),2018(03).

育群作支撑，为区域经济和社会发展提供源源不断的人才和创新动力。

（2）区域经济和社会协同发展，离不开区域高等教育的集群、合作和协同，高等教育的学科、专业、人才培养和科技创新，必须紧密结合区域经济和社会发展的需求。

（3）就高等教育集群来看，不应拘于国立、公立还是私立。这一特征在纽约大湾区和加州地区表现得更为明显，私立大学在区域经济和社会发展中都有一定的地位和作用。在私立大学较为集中的区域，甚至可以独立"组群"，以充分发挥其作用。

（4）私立大学只有融入和服务区域经济和社会发展，积极参与区域人才培养和科技创新，在服务中做出自身的贡献，才能获得广泛的社会资源，壮大和发展自身。

## 三、长三角地区民办高等教育一体化的主要内容和路径

简单理解，一体化是指把原本相对独立的各个不同的部分或个体结合成一个整体的过程。当下经济学视角的区域一体化发展理论，提出把区域一体化发展概念划分为两种类型，即以政府为主导的制度性区域一体化和以企业为主导的功能性区域一体化。其次，有学者提出了次区域的一体化发展概念，指的是不同国家的某些地区之间的合作或一个国家内部某些地区间的合作关系。次区域一体化发展的主要特点在于：资源互补、地缘相近、基础设施完善，通过资源、产业的优化配置促进区域共同发展，把区域内所有的人力资本、经济资本、土地资源和技术优势等结合起来，通过错位发展、优势互补、统筹协调、降低内耗等，提高区域总体的发展速度与竞争力。根据这个理论，从现实基础和发展需求来看，长三角高等教育一体化发展可能更符合次区域一体化发展的相关。主要是依据毗邻地区高等教育资源的互补性，以市场机制为主导开展跨区域合作。长三角地区高等教育一体化发展作为支撑长三角地区一体化发展不可或缺的一部分，是一个紧跟新时代发展特点和多学科交叉融合的前沿概念，交叉融合的多元释义和长三角地区一体化发展的独有特质构成了这一概念的丰富内涵。

### （一）长三角地区民办高等教育一体化的主要内容

#### 1. 建立长三角地区民办高等教育一体化运作机制

作为长三角地区一体化发展的基础和重要组成部分，长三角教育一体化应该抓住机遇先试先行，制定好长三角地区教育一体化发展规划。长三角地区民办高等教育一体化作为规划的一部分，在长三角地区教育一体化发展规划中应有相应的章节来安排和表述。同时，作为长三角地区教育一体化的重要部分，长三角地区民办高等教育一体化应该建立具有自身特色和要求的相关运作机制，可能情况下甚至可以建立区域民办高校联盟，以便使得一体化运作能沿着明晰的方向和目标顺利健康的运行。借鉴国际经验，区域一体化发展必须得到区域高等教育一体化的有力支撑，而民办高校作为区域高等教育资源的一部分，也应该以服务于区域经济和社会发展为使命。但是如果将民办高校混杂于整个区域高等教育一体化的安排中，则大概率可能被边缘化。因此还是需要做出专门的安排和规划。

## 2. 统筹配置长三角地区高等教育资源

从国际经验来看,区域高等教育的一体化发展,离不开政府的参与和支持。长江三角洲涉及三省一市,各行政区划内部本身具有自身的管理体制。要实行一体化的发展战略,就必须对区域内不同行政区划、不同隶属关系和不同层次类型的高等教育资源进行统筹和协调。要以发挥资源效率和效益最大化为原则,充分发挥市场机制的作用,突破原有的地方行政区划的局限,以国家发展战略与创新发展的眼光重新定位三省一市高等教育发展目标。通过体制机制创新,根据各地民办高校的特色和基础,统筹协调区域民办高校的定位,配合区域高等教育布局结构的完善,整合优化区域内的优质教育资源,使其从省域间民办高校的合作、互补、双赢等层面,上升为区域民办高等教育一体化发展、建设国家民办高等教育发展示范区的国家战略高度。

## 3. 探索高等教育发展模式和标准

市场机制是区域经济和社会一体化发展的主要机制,这是国外区域高等教育一体化发展的重要动力。根据区域一体化发展的价值理念,长三角地区民办高等教育一体化发展就是要充分发挥市场机制,打破传统的发展模式和标准,破除省际围墙、校际围墙、校企围墙等各种人为因素对教育诸要素自由流动的阻碍,打破传统高校对优质教育资源的垄断。通过现代化的信息技术手段和法规机制的建设,在三省一市高等教育发展规划指导下,发挥优势,扬长补短,统筹协调区域民办高等教育的发展。在民办高校学科建设布点、招生数量、师生流动、创业就业以及课程资源、大工程大科研平台共享等方面建立以政府协调、市场为主、高校自主的区域民办高等教育一体化发展模式。同时,可以建立长三角地区民办高等教育一体化的监测与评估体系,率先探索构建新型的高等教育评价标准,为加快推进长三角地区高等教育一体化发展大胆创新、积极探索经验。

## 4. 对接区域产业经济发展的人才培养

人才培养是区域高等教育一体化的重要内容。长三角地区高等教育一体化发展承担着提升区域高等教育整体质量,支撑长三角地区大力推进经济一体化、交通一体化和政策制度一体化的重要使命,其重点在于创新长三角地区高等教育的人才培养模式和机制。长三角地区民办院校是区域高等教育不可或缺的生力军,在高等教育服务区域经济和社会发展的过程中,民办院校可以而且能够起到重要作用。要根据长三角地区产业发展的特点和方向,根据定位和合理分工,明确使命和服务对象。要破除区域内学生、教师流动的地域和时间阻碍,更好地发挥优势,挖掘潜能,扬长避短,服务区域经济发展。通过学生跨地区的实践实习实训,形成区域人才培养与区域产业经济发展布局紧密衔接的格局,将产教深度融合的新型人才培养模式落到实处,实现区域共享民办高校的人才培养成果。

## 5. 发挥优势,扬长避短,参与区域科技创新

现代高等教育是经济和社会发展的发动机。我国已经进入创新型国家行列,大学的地位和作用发挥尤其重要。如何发挥大学在科技创新中的作用,服务区域科学研究、技术开发和产业发展,促进区域产业转型和提升质量,增强企业创新能力和产品升级,需要加

强高校之间的统筹与合作，共享人才和科技优势，优势互补，合理分工，取长补短，带动区域经济和社会发展。

## （二）长三角地区民办高等教育一体化的主要路径

目前，长三角地区民办高校合作势头良好，许多项目已经展开，并取得了一些初步的成效。但是，根据长三角地区一体化战略的要求，仍存在诸多的问题和矛盾。具体包括：①缺乏系统化的顶层设计。目前的长三角地区教育合作正在推进，但是就区域民办高等教育一体化而言，系统性整体性不强，没有形成必要的机制和标志性的平台。相关会议已经决定成立长三角地区民办高校联盟，但是由于牵头单位不落实，目前区域教育合作仍停留在论坛等浅层次的领域，实质性的合作项目开展不力。②区域内体制机制、协调机构、法律法规有待完善。长三角地区三省一市行政界限清楚、一体化的权责也似乎清晰，但是教育合作发展机制的构建明显弱于四地行政壁垒的惯性，而民办高校之间合作发展机制目前尚处于初步构建阶段，单凭现有的会商机制还难以开展实质性的合作，也难以做到科学有效地协调配置资源。③缺乏民办高校的主体参与。目前长三角地区教育合作的推动仍以政府为主导，以国家政策导向为主，而高校和社会整体参与的积极性不高，就民办高校而言更是薄弱，许多民办高校还处于懵懂的模糊状态，参与的愿望和积极性不高。④缺乏广泛的社会力量参与。民办高校发展更多地需要借助于市场力量，但是目前来看市场力量参与明显不足，民办高校之间深层次合作不够，民间资本力量更是少有参与。⑤民办高校一体化发展的生态环境（评价、激励、监督、问责）尚未形成。受地方行政壁垒影响，区域内各级各类教育资源信息较为闭塞，尚未建立实质性的信息资源共享平台，区域内民办高校之间无序恶性竞争和教育资源浪费仍不同程度存在。多层次、多维度、多元参与评价的监管和评估体系尚待建立。

根据以上思考，借鉴国际经验，推进长三角民办高等教育一体化，主要有以下几方面的路径和抓手。

### 1. 建立区域民办高等教育协调机构

如前所述，要实施长三角地区民办高等教育一体化，必须建立一个区域民办高等教育的协调机构。长三角地区民办高等教育发展规划的执行在于实施，在于一系列合作协调机制的运作。根据实际项目与实际问题的需要设立相关机构，可以在一个机构下分设若干机构。例如，在各省民办教育协会协商基础上，成立长三角地区民办高校一体化协作会，统一考虑和协调长三角地区民办高校一体化的相关事宜，并根据需要建立若干专业性机构。针对教学方面的问题，可设立长三角地区民办高校教学联盟，交流和研究民办高校中的教学问题，提升区域民办高校教学质量；针对毕业生就业方面的工作，可设立就业联盟，协同推动长三角地区民办高校毕业生的就业创业；针对教师科研能力与科研水平的提升，则可设立科研联盟，整合力量，优势互补，推动长三角地区民办高校的科研工作。如此等等，使得区域民办高校合作和交流广泛展开，全面推进。此外，还可以围绕某方面的突出问题，建立若干项目组或课题组，以专题研究的方式深入研讨问题；或围绕某些重大问题,以项目合作的方式合理有效地推进联动发展、协调治理、利益共享的合作机制。

### 2. 制定区域民办高校一体化规划

要实施长三角地区一体化,不能随意随机随性,应该科学制定长三角地区民办高校一体化规划。政府和市场共同发力,规划区域高教资源的合理分布和配置,是国际区域高等教育发展的重要经验。制定民办高校一体化规划,更多的需要发挥市场机制,集中民间的智慧和力量。因此,可以考虑在政府指导下,建立民间的长三角地区民办高校一体化规划制定协调小组,牵头协调相关事项,推进规划制定和实施。

教育、产业、科技的协调和发展,是区域经济和社会一体化必须解决的重大问题。要实现长三角地区一体化的目标,就必须在教育、产业、科技、经济、政策之间,构建一种联动发展、协调治理的整体规划机制,并且民办高校必须参与其中。根据《长江三角洲区域一体化发展规划纲要》确定的目标和规定的原则,结合区域民办高校发展的实际,制定好长三角地区民办高等教育的战略规划,并做好顶层设计,通过充分调查与研究,制定区域民办高等教育联动发展、协调治理的规划纲要,在规划纲要中要明确指明长三角地区民办高等教育联动发展、协调治理的发展方向,提出 20～30 年的战略目标,厘清联动发展的战略思路,确定协调治理的重点项目,制定具体的工作方案与步骤,出台相应的配套制度与措施等。要从民办高校的发展出发,在学科建设、专业设置、人才培养模式、校企深度融合、产学研创平台建设等各方面进行整体规划。只有整体规划,分步实施,才能对各种资源进行合理布局与优化配置,增强可持续发展的能力,提高民办高校的综合实力。

### 3. 构建和健全长区域民办高校协同合作机制

长三角地区民办高校之间一直来都有一些合作,今后要在原有的交流合作机制基础上,深化和提升合作的层次,健全运行机制。

(1) 加强"产学研创"协同效应。通过借鉴国外发展经验可知,区域的经济建设与发展必须有与区域经济相适应的高等教育系统,这一点在美国纽约地区和加州地区的大学群建设中体现得最为充分。硅谷奇迹的出现,归根结底是硅谷从 20 世纪 50 年代开始就形成了产学研协同创新机制。硅谷成功的过程就是大学与区域经济协同发展系统形成与进化的过程。因此,要实现长三角地区一体化发展,最关键的就是要构建好"产学研创"协同合作机制。

(2) 加强民办高等教育交流和合作的机制建设。在长三角地区民办高校联席会议的基础上,根据项目与部门的分工完善常设性的联席机构,全面建立并健全长三角地区民办高校协作会机制,定期就区域民办高等教育改革发展中遇到的重大决策、管理体制、联动机制、协调机制等问题,交流经验,优化解决办法。根据以往经验,为保证常设性的联席机构可以正常运转并发挥作用,建议区域各地政府部门要帮助解决部分活动资金,相关机构也可以运用市场机制筹集部分活动经费,保证活动的正常持续开展。

### 4. 推动区域民办高等教育资源共享

要实现区域民办高校一体化,就要打破原有的体制机制壁垒,促进民办高等教育资源在区域内进行优化配置,实现区域民办高等教育资源的开放与共享,特别是优质民办高等教育资源的开放与共享。

（1）硬件资源的共享机制。通过民办高校共建、共享、互联、互通的深度联动，充分提高重点实验室、大型实验设备、重点实习基地、省级精品课程、各类图书文献等各种教育资源的利用率，尽量减少因重复建设、重复培育而造成的人力、物力与资源的浪费。推行长三角地区民办高校一卡通工程，实现区域民办高校师生交流、合作与资源共享，学生通过教育资源共享平台，可以共享优质课程资源、共用优质名师资源，实现跨校跨省选修课程，教师则可以实现跨校跨省讲座授课。

（2）软件资源的共享机制。首先是人才资源共享机制。一个地区最大的软件资源就是人才资源。实施长三角一体化发展战略，首先就需要实施区域人才资源共享机制，在推进长三角地区民办高等教育一体化进程中，必须加快推进民办高校乃至所有高校之间的人才共享战略，最大限度发挥区域人才效率。其次是学科专业发展资源共享机制，包括学科建设、专业建设、实习实践基地建设，要根据长三角地区产业分布，紧密结合区域产业结构、产品结构和产业分工，相互支持，分享资源，开设和办好相关专业，带动区域经济产业发展。最后是就业专业资源共享机制，在区域内打通障碍，加强协调，破除壁垒，为区域民办高校毕业生就业创业营造良好氛围，提供良好环境。

5. 构建区域民办高等教育品牌提升机制

品牌建设是民办高校发展的弱项，也是未来长三角地区民办高等教育一体化成功的关键。建议：①提升民办高校发展目标，根据国家相关政策，结合区域特点，制定相关标准，建设一批民办高校示范校，并培育若干所在全国有影响的高水平民办高校，确立和巩固长三角民办高校发展地位。②组建长三角民办高等教育名校联盟，通过协同发展、示范带动、多校联动，先行实现资源平台共享、精品课程资源共用、重点实验室共建、实习实训基地共设，推行联考招生、学分管理和弹性学制，联盟内实现教师互聘，课程互选，学分互认，就业指导与培训工作互通，从而全面提升办学水平，提高人才培养质量。③设立区域民办高校竞争协作平台，针对民办高校办学特点，开展相关技能竞赛，鼓励民办院校办出特色，提升质量，为区域民办高校师生脱颖而出创设条件，带动区域民办高校整体发展。④不断优化民办高校的学科、专业、办学层次和类型结构，有重点、有计划地扩大高技能、创新型、复合型、应用型人才培养规模，有步骤地建设一批特色鲜明的重点专业。⑤提高区域民办高校国际化水平，建立区域民办高校与国外（境外）高校尤其是私立高校交流合作平台，健全合作交流机制，积极开展区域民办高校与国外（境外）高校之间合作和交流，吸取国外（境外）高校尤其是私立高校的经验和教训，彰显特色提升质量，创建长三角地区民办高校品牌，增强区域民办高等教育的国际竞争力，努力把长三角地区打造成为我国民办高等教育创新改革的高地和示范区。

6. 积极开展区域民办高等教育研究

推进长三角地区民办高等教育一体化，是一个庞大的工程，不可能在短时间内一蹴而就，需要长期的坚持努力和艰苦付出，需要前瞻性、科学性、合理性的安排和指导。同时，由于传统惯性的影响，民办高等教育一体化肯定存在大量的矛盾和问题，需要不断研究、探索和创新。因此,需要有专门的平台和力量,承担研究任务,形成一批成果。长三角地区民办高校有较好的研究氛围和研究力量,中国民办教育研究院、中国民办教育协会研究分会落户长三角,本身就是一个很好的条件。浙江树人大学中国民办高等教育研究院是全国著名的民办高等教育专业研究机构,成果卓著,宁波财经学院、上海建桥学院、安徽新华学院和无锡太湖学院都有一些研究力量和研究成果,具有较好的研究基础。如能建立平台,统筹力量,合理分工,取长补短,突出重点,优化成果,开展相关专题研究,建立便于运作的机制,经常性的研讨区域民办高等教育联动发展与协调治理的政策,将为长三角地区民办高等教育一体化发展,提供有力的理论支撑和实践指导,为长三角地区各省市政府以及教育部提供决策咨询意见或建议。

《长江三角洲区域一体化发展规划纲要》的印发,标志着长三角民办高等教育一体化的时机已经成熟。面对长三角一体化发展战略的历史机遇,在深刻领会国家对整个民办教育改革的战略部署和政策走向的基础上,深化长三角地区民办高等教育发展战略的研究,加强长三角地区民办高等教育改革与发展、联动与协调、交流与合作,积极推进长三角地区民办高等教育一体化,为我国民办高等教育区域合作发展进行理论和实践经验的探索,创造可供参考或复制的典型范例。同时,要结合实际,积极推进长三角地区民办高等教育的综合改革,在民办高校办学体制、学科布局、专业结构、人才培养、产教融合、教师培训、考试招生、国际交流、资源共享、发展政策等方面进行创新性的探索和试验,更加突出改革的系统性、综合性与协同性,构建起长三角民办高等教育综合改革机制,从根本上破除各省市体制机制的障碍,破解民办高等教育发展的难题,为推进长三角民办高等教育的联动发展与协调治理作出贡献。

长三角民办教育发展报告（2010—2020年）

# 长三角地区民办学校现代学校制度探索

　　中共十九届四中全会提出"要坚持和完善社会主义制度，推进国家治理体系和治理能力现代化"。在教育领域，深化教育体制改革，推进制度创新，是完善教育治理体系，推进教育治理能力现代化的必然举措。《国家中长期教育改革和发展规划纲要（2010—2020年）》（以下简称《规划纲要》）提出"要建设现代学校制度"。这也是民办学校改革发展的必然趋势。长三角地区民办教育资源丰富，推进长三角地区民办学校现代学校制度建设有利于长三角地区教育一体化的高质量发展，也有利于长三角地区率先实现教育现代化。

## 一、我国现代学校制度

### （一）现代学校制度含义与分类

#### 1. 学校制度的含义

　　道格拉斯·诺斯认为：制度是一个社会的游戏规则，更规范地说，它们是为决定人们的相互关系而人为设定的一些制约。该定义突出两个特点：①制度由规则组成，个体在规则约束下进行社会活动，处理社会关系；②制度是人为制定和实施的规则。这隐含着制度的动态特征，当制度不适应社会发展时，会有制度变迁。制度存在于政治、经济和社会各方面，教育领域自然也包括学校制度。学校制度，也称学校教育制度，是为指导和约束学校行为而制定的法律、规章等成文的规则体系，以及学校、社区组织等认可了的与学校有关的习惯、道德标准、风俗等未成文的规则体系。

#### 2. 现代学校制度的内涵

　　现代学校制度内涵至今仍有争议，但结合学者研究，至少有三点共识：①现代学校制度是一种适应时代要求所制定的学校规则体系；②现代学校制度是一种以学生发展为核心的制度安排，所有规则体系都应围绕促进学生发展来构建；③现代学校制度是一种协调校内和校外关系的制度安排，是塑造规则体系来呼应各类利益相关者，发挥其在学校发展中的积极作用。

#### 3. 现代学校制度的分类

　　按照制度体系分类，现代学校制度主要包括现代学校产权制度、组织制度和管理制度。产权制度是为确立学校的法人地位及权利和义务,使学校成为独立自主的法人实体。组织制度是学校组织机构的设计和运行制度,是为形成各司其职、协调运转、有效制衡的学校法人治理结构。管理制度包括宏观上国家对学校活动的管理制度和微观上学校自身的管理制度。

## (二) 现代学校制度的核心内容

《规划纲要》中明确提出要建设"依法办学、自主管理、民主监督、社会参与"的现代学校制度。这 16 字是现代学校制度的核心内容。

### 1. 依法办学

2012 年 11 月,教育部印发《全面依法治校实施纲要》。其根本目的是加快形成政府依法管理学校,学校依法办学、自主管理,教师依法执教,社会依法支持和管理学校的新格局,使法治成为政府管理学校和学校内部治理的基本方式。学校的各种办学行为都要以法律为依据,用法治思维和法治方式实施,一切在法律的框架内行事,这也是政府监督管理的基础。

### 2. 自主管理

自主管理就是学校在办学、决策、管理、责任和义务等方面具有明确的自主性。以校长为代表的管理层积极主动地去运营学校,让学校主体的创新动力得到充分激发。学校要健全科学民主的决策机制,实现决策的科学化、民主化和法治化。政府要改变与学校之间的关系,要通过法律法规来调节两者关系。政府的责任是规划布局、合理配置资源、监督学校依法办学。

### 3. 民主监督

学校要遵循民主、公开的程序,广泛征求校内外利益相关方的意见。加强议事协商,完善基层民主制度,切实通过教职工(代表)大会、校务委员会等组织,保障师生的知情权、参与权、表达权和监督权。要依法明确、合理界定学校内部不同事务的决策权,健全决策机构的职权和议事规则,完善校内重大事项集体决策规则,大力推进学校决策的科学化、民主化与法治化。

### 4. 社会参与

学校要加强与所在地区的合作,完善与地区、有关企事业组织合作共建的机制。积极扩大社会参与学校办学与管理的渠道和方式,学习借鉴一切有利于促进学校办学,促进教师进步,促进学生成长的好理论、好观念、好办法、好经验、好做法,善于整合利用一切外部资源服务于学校发展,充分利用好家长资源、社会资源,以积极的心态接受和欢迎社会各种力量有序参与到学校办学活动中。全面建立法人治理机构、家长委员会制度,既是促进家校合作与沟通的重要途径,也是增加学校管理、决策科学性、民主性的有效途径。

## （三）民办学校制度探索的主要特点

### 1. 产权结构多元化

民办学校的办学资金来源有创办者少量投入、学费滚动发展，企业集团或个人投资，政府和企业投资以及社会捐赠等。办学资金来源多样，投资主体多元，产权结构复杂。不同资本相互作用直接影响民办学校内部治理结构设计与运行，也影响学校治理能力和政府监管效能。

### 2. 有政府的参与

无论政府是否直接参与民办学校建设，民办学校都有政府参与学校制度建设。我国民办教育从有益补充到重要组成部分，都离不开政府这双"看得见的手"，这是确保民办教育社会主义方向和教育公益性需要。

### 3. 内部管理体制的灵活性

国家对民办学校有外部管理政策，但对内部管理更多是指导性意见，这给予民办学校开展内部管理制度创新提供了空间。民办学校可根据校情和实际，灵活调整内部管理体制，适应学校发展需要。这是体现民办学校办学自主的重要方面，也是制度探索方面的重要成效。

# 二、长三角地区民办学校现代学校制度探索的进展

本部分从政府政策、理论研究和实践探索三个方面探讨长三角地区民办学校现代学校制度的进展。

## （一）政府政策进展

### 1. 国家政策层面

2016年11月，修正后的《中华人民共和国民办教育促进法》发布，提出对民办学校实施分类管理，解决了困扰民办学校多年的"合理回报"问题，营利性非营利性分类管理正式落地。之后，国务院、相关部委等先后出台《关于鼓励社会力量兴办教育促进民办教育健康发展的若干意见》《关于加强民办学校党的建设工作的意见（试行）》《民办学校分类登记实施细则》《营利性民办学校监督管理实施细则》《关于营利性民办学校名称登记管理有关工作的通知》等。这些法规与政策既是国家层面的顶层设计，又对各地政府提出了要求。可以说，民办教育分类管理的顶层框架基本形成。

### 2. 长三角地方政策层面

2010年，浙江省成为唯一承担国家民办教育综合改革的试点省份。该省以温州市为试点开展了分类管理改革，出台了一系列配套政策。根据试点成效，优化原有政策，通过"试点—改革—推广"的两轮循环，形成可借鉴和推广的民办教育制度改革的新模式，形成了"浙江经验"。上海市、江苏省和安徽省也立足地方实际，出台了民办教育改革政策。

2017—2019 年,上海市、江苏省和安徽省均出台了民办学校分类管理的相关规定(见表1)。这些制度实践及后期深化,将进一步优化各地民办教育环境。

表 1　长三角三省一市民办教育促进政策文件

| 地区 | 政策文件 |
|---|---|
| 上海市 | 民办学校分类许可登记管理办法(2017)<br>促进民办教育健康发展的实施意见(2016) |
| 浙江省 | 鼓励社会力量兴办教育 促进民办教育健康发展的若干意见(2017)<br>现有民办学校变更登记类型实施办法(2018)<br>落实民办学校办学自主权实施办法(2018)<br>民办学校信息公开和信用管理办法(2018)<br>民办学校教师队伍建设实施办法(2018)<br>公共财政扶持民办教育发展的实施办法(2018)<br>民办学校财务管理办法(2018)<br>民办学校财务清算办法(2018) |
| 江苏省 | 鼓励社会力量兴办教育促进民办教育健康发展的实施意见(2018)<br>营利性民办学校监督管理实施细则(2018)<br>推进民办教育收费改革的指导意见(2018)<br>民办高等教育发展专项资金管理暂行办法(2018) |
| 安徽省 | 鼓励社会力量兴办教育促进民办教育健康发展的实施意见(2017)<br>推进放开民办教育收费试点工作有关事项的通知(2018)<br>民办学校分类登记实施办法(2019)<br>加强民办教育监督管理规范民办学校办学行为的若干意见(试行)(2019) |

注:根据长三角三省一市的文件整理所得。

## (二) 理论研究进展

20 世纪 90 年代国内学术界开始了对现代学校制度的理论研究,包括现代学校制度的产生背景、内涵、分类、特征、价值取向、包含的基本关系与制度建设等内容。2014 年以来较有影响的学术研究成果包括:柳国勇等围绕现代大学制度探讨民办高校内部治理结构问题[①];单大圣研究了非营利性民办学校的治理机制问题[②];胡大白探讨了民办高校在现代大学制度建设中的地位和作用[③];曲一帆提出了建立现代学校产权制度的路径[④]。

学者对民办学校现代学校制度研究内容不多,其研究方式多是将现代学校制度应用于民办学校。在已有的研究中,探讨民办高校制度的较多,研究其他类型民办学校的很

---

① 柳国勇,吴连书.基于现代大学制度的民办高校内部治理结构构建研究——以西安翻译学院为例[J].陕西教育,2019(01).

② 单大圣.非营利性民办学校治理机制设计[J].浙江树人大学学报,2017(017).

③ 胡大白.民办高校在我国现代大学制度建设中的地位和作用[J].中国成人教育,2016(012).

④ 曲一帆.建立现代学校产权制度的路径探析[J].河南师范大学学报(哲学社会科学版),2014(4).

少。例如,陈新民等认为,民办高校内部运行机制高效,是强化可持续竞争优势的重要方面[1];王世斌就民办高校内部治理结构的完善和优化提出了建议[2];阚海宝等指出,分类管理背景下民办高校会面临"霍布森选择效应"[3];孙明山等分析了家族式民办高校代际传承问题[4];熊丙奇认为,西湖大学的办学模式和办学制度设计值得关注[5]。

事实上,现代学校制度建设并不区分公办民办学校,其对各类型学校发展都有同样的重大意义。尽管如此,现有的民办学校现代学校制度研究仍然不够全面,甚至存在争议,但至少在四个方面达成了共识:①民办学校制度建设更需要关注市场因素,应保持对市场的开放,须应市场需求强化自身制度建设;②民办学校应有更加多元的资金来源,这有利于不同投资主体的相互制衡和集体决策;③政府理应对民办学校加大支持,包括财政和政策等的支持;④民办学校应倾听多种声音,体现民主管理。

### (三) 实践探索进展

**1. 改革投资体制,助推长三角地区民办教育提质增效**

基于政府政策引领和民办教育发展实际,长三角地区民办学校投资体制有了显著变化,办学主体来源日趋多元。民办高校方面,西湖大学是我国第一所由社会力量举办、国家重点支持的民办高校。该校以基金会运作模式,实施董事会领导下的校长负责制,探索建立董事会和校长依法行使职权、教师治学、民主管理、社会参与的大学治理体系。浙江省台州市书生中学是地方政府和企业合作实践现代学校制度的另一种创新,探索"教育股份制",以政府、知名企业入股投资,吸引了大量其他类型资金,既克服了少数主体投资承担的巨大风险,又利于克服学校内部少数投资人"一股独大",有利于民办学校的集体决策。安徽信息工程学院由知名企业科大讯飞入资转设,被称为安徽独立学院转设的成功范例,截至 2020 年 12 月,安徽以相近方式完成转设的独立学院已有 6 家,转设任务过半,成效较好。强化与国际高校和资本合作,促进国际国内教育理念、教育资源的融通融合,带动了民办学校现代学校制度变革。长三角地区先后成立了上海纽约大学、宁波诺丁汉大学、昆山杜克大学、西交利物浦大学等国际合作样本高校,还建立了其他类型国际学校,以满足教育个性化需求。至 2018 年,上海市、江苏省国际学校数量在全国排名第二、第三位。

**2. 实施平台联动,助力长三角地区民办教育一体化发展**

长三角三省一市政府积极搭建政府平台,推进教育协同。截至 2020 年,三省一市已举办 11 届长三角教育一体化会议,特别在 2017 年后,先后签署了《长三角地区教育更高

① 陈新民,邱昆树,王一涛.强化可持续竞争优势 促进民办高校发展[J].中国社会科学,2020(04).
② 王世斌."双一流"建设背景下民办高校内部治理结构改革的困境、成因与完善路径[J].教育与职业,2018(05).
③ 阚海宝,邓双.分类管理背景下民办高校的"霍布森选择效应"[J].浙江树人大学学报,2020(016).
④ 孙明山,贾朝.我国家族式民办高校代际传承困境的博弈分析[J].浙江树人大学学报,2020(002).
⑤ 熊丙奇.西湖大学的办学模式和办学制度设计值得关注[J].上海教育评估研究,2018(3).

质量一体化发展战略协作框架协议》《长三角教育一体化发展近期工作要点（2019—2020）》。2019 年 11 月，上海市普陀区、江苏省苏州市、浙江省嘉兴市、安徽省芜湖市四地在上海市普陀区举行了长三角地区一体化教育联盟签约仪式，约定在包括现代学校制度建设在内等多方面内容开展深度合作；2018 年 12 月，成立长三角地区民办教育一体化发展联盟，确定了一定时期内在民办学校分类改革协同、民办教育事业报告、第三方质量认证制度、民办教育高峰论坛等方面开展合作。职业教育领域也成效显著。落实职教一体化协同发展平台，推动落实长三角地区智能制造职业教育集团（浙江）、电子信息职业教育集团（上海）、软件职业教育集团（江苏）和国际商务职业教育集团（安徽），实施职教人才的错位培养。伴随各类教育平台搭建和发展，将进一步丰富长三角地区三省一市的教育联通渠道，促进教育要素跨地流动，更好地助力长三角地区民办教育一体化发展。

## 三、长三角地区民办学校现代学校制度建设的挑战

### （一）分类管理制度亟待推进

长三角地区民办学校当前的首要任务是解决营非选择问题，只有确定了营非选择，才能加速现代学校制度的建设进程。目前民办学校营非选择进展依然缓慢，难点较多。政府方面，表现为分类管理政策依然不明确，制度创新依然碎片化，等等。民办学校方面，由于分类发展环境尚不明朗，尚无进一步支持政策的明确信息，加之民办学校内部主体多元化需求，营非选择动力不足。即使至时间节点解决了营非登记，后营非登记时期的政策也需要明确，以便为民办学校实行现代学校制度提供制度创新空间。

### （二）相关主体边界不够清晰

#### 1. 政校边界不够清晰

政府对民办学校管理仍然面临着两难困境。政府管的过紧，切入学校活动越多，则会放大政府"有限"责任，甚至会导致民办学校与公办学校体制趋同以及政府管理的"无限"责任，背离民办教育体制改革初衷，束缚民办学校现代学校制度建设的手脚，弱化民办学校的自主性。政府管得过松，民办学校又可能重回学校企业化、市场狂热化的误区，造成制度实践变形、走样，弱化民办学校的公益属性。因此，政府参与民办学校发展的"度"较难把握。

#### 2. 校社边界不够清晰

在校社关系上，聆听各界声音，自然有利于校本管理、家校共育，也有利于民办学校内部制度建设。同时，社会力量参与民办学校制度建设有利于形成正向的道德、习俗、惯例等非正式规则，有利于校—社的良性互动，改善民办学校发展的外部环境。然而，由于缺乏相应的参照，社会力量参与学校制度建设的"度"也较难把握。

3. 民办学校内部边界不够清晰

长三角地区三省一市都有对民办学校内部管理制度建设的指导意见,涉及民办学校章程、行政主管与党组织领导交叉任职、党建工作、工会、教代会与学代会等。然而现实中少数民办学校由于外部监管不充分,导致学校内部治理结构不健全,制衡机制不完善,实际控制人缺位、失位、越位现象严重,学校内部经营管理不科学,教育教学无遵循、无章法、无路径,不利于民办学校的健康发展。

## 四、长三角地区民办学校现代学校制度建设的方向与建议

### （一）长三角地区民办学校现代学校制度建设的方向

新时代下加强长三角地区民办学校现代学校制度建设,需要进一步加强政府引导,落实营非民办学校分类支持政策,强化政府监管。民办学校要基于分类管理导向,深入推进现代学校制度创新,探索构建有效运行的政—校—社协同机制,优化正式与非正式规则,塑造适应民办学校现代学校制度创新的良性氛围,推进制度变迁,提升制度效率,助力长三角地区率先实现教育现代化。

为此,需要正确处理以下三个方面的矛盾:①正确处理公益与逐利的矛盾。发挥民办教育的市场决定性作用同时,不能忽略教育公益性。②正确处理共性与个性的矛盾。推进长三角教育一体化发展,也不能忽略三省一市教育不平衡的现实特征。现代学校制度建设可以有"上海经验""浙江经验""江苏经验"和"安徽经验"。③办学规律与制度创新矛盾。鼓励民办学校制度创新,但须遵循教育规律,必须摒弃任何忽视教育规律、漠视人才培养的方式。

### （二）长三角地区民办学校现代学校制度建设的建议

1. 进一步完善政府政策

1）实施分类支持政策

长三角地区三省一市政府加快出台民办学校分类改革实施方案。加快完成民办学校分类登记,完善分类过渡措施,细化存量学校分类过渡政策规定,如财务清算、组织方式、税费种类和缴纳标准、补偿奖励额度和取得方式等,全面落实各项优惠政策。视各地经济发展情况,分类支持非营利性和营利性学校。优先扶持非营利性民办学校发展,逐步落实生均经费补助政策,基本保证与公办学校同一标准;对营利性学校给予税收优惠,并辅以政府购买等方式进行支持。优选一批高水平非营利性民办学校,开展现代学校制度试点建设。落实非营利性民办学校与公办学校平等地位,不应人为设置观念和制度歧视。要特别关注义务教育阶段非营利性民办学校的发展,着力探索政府＋社会资本的 PPP 合作办学模式,采取委托管理、特许经营、购买服务等方式,加快基础设施建设,扩大服务供给能力。

2）建设教育资源交易与服务平台

由三省一市政府牵头，建设长三角地区教育公共资源交易与服务平台，搭建政、社、企、校联系，发挥政府协调作用，建设民办学校产权交易市场，畅通产权交易渠道，促进教育资源有序流动，优化民办教育资源配置，优化民办学校投资方式，逐步形成各类资本共同参与学校建设的新格局。探索各类民办学校在师资、管理、课程、教学、科研等内部资源间相互流动机制，加快推进民办内部资源校、区、市和省际流动。推动公办与民办学校相互委托管理和相互购买服务，形成公办与民办学校互通互促、互利共赢的新局面。

3）完善民办学校评估制度

试点推进民办学校现代学校制度治理专项评估。主管部门、民办高校、社会组织、企事业单位和专家联合，开展民办学校自我评估、第三方评估和主管部门评估，规范民办学校办学秩序。对有国有资本参与的民办学校，由管资产到管资本，监管国有资本的流动，多维化评价资本效率，提高国有资本使用效益；对非政府资本参与的民办学校，则应优化现行财务监督制度，将办学收入应用于学校发展。分类登记后，同步完善各类别民办学校财务会计制度和资产管理制度。推行长三角地区民办学校准备金制度，降低财务风险。稳步推行民办学校管理信息化，借助互联网＋等先进手段，落实财务监管和独立审计预警制度。

2. 进一步规范民办学校内部治理

1）丰富投资方式，整合教育资源

继续丰富民办高校办学资金来源，创新投资并购方式，形成多类资本合作办学格局。更新理念思维，将制度与资本、技术、资源等要素同等对待，发挥各要素的积极作用，注重要素优化重组，发挥要素整体优势。

2）完善治理结构，推进基层制度创新

完善章程建设，着力一校一章程，凸显章程特色，发挥章程对学校工作的统领作用。强化民办学校内部管理制度设计，完善主体协调和制衡机制，形成权责统一的治理结构。建设民办学校内部治理平台，引入教育专家、社会贤达、家长代表、教师代表等进入董（理）事会，参与学校治理，共谋学校发展。逐步改变"教育部办学""教育局办学"现象，着力推进"教育家"办学。创新教育形式，鼓励自主学习、私塾、学堂、家长自助的"在家上学"和微型学校等小微教育机构出现，暂时包容其现有制度缺陷。

3）发挥党建引领，落实政治保障

强化民办学校党组织建设，实现党的工作在民办学校全面和有效覆盖。积极探索体现党对学校工作全面领导，形成有利于民办学校科学管理的领导体制。进一步优化民办学校育人环境，强化思想政治工作，用社会主义核心价值观占领学校思想文化阵地。培育真正懂党建、善于抓党建的专业人才。

4）注重国际协同，实现共同发展

充分利用上海自贸区和长三角一体化建设的利好政策，落实上海市、浙江省、江苏省教育机构国际合作窗口作用，辐射安徽省教育国际化建设。坚持放管服改革，优化教育改

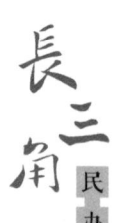

革发展的政策环境,弱化新冠肺炎疫情下中美教育合作不利影响;积极引进欧盟、"一带一路"国家教育资源,深化围绕长三角地区优势产业的国际合作。围绕新一轮科技革命,强化在重点产业、重点领域开展的教育国际合作,鼓励民办学校走出去,开拓"一带一路"国家和地区教育市场,助力长三角地区教育一体化发展。

# 长三角地区民办教育协会组织发展

伴随着改革开放的春风,中国民办教育事业已经发展了 40 多年。近年来,长三角地区民办教育机构办学规模逐步扩大,办学条件日趋完善,办学特色日益彰显,办学层次渐趋多样化,教育质量明显提高,为区域教育事业的发展作出了重要贡献。民办教育领域综合改革不断深化的同时,民办教育中的精英分子致力于构建一个可寄望利益、政策参与、舆论环境建设等诉求的组织。在此背景下,长三角地区三省一市民办教育协会应运而生。

## 一、民办教育协会的概述

### (一) 民办教育协会的界定

关于民办教育协会的概念,目前学术界尚无明确的定义。民办教育协会既属于行业协会的一种,又属于教育中介组织,因此民办教育协会概念的界定必然从理解行业协会和教育中介组织的概念开始。

行业协会是市场经济的产物,在市场经济体制下普遍存在的社会组织,其存在的基本目的在于规范该行业内各个参与者的行为,使得行业的发展更有秩序性,从而促进整个行业整体发展。

教育中介组织在国外被称为私立学校与政府主管部门之间的缓冲组织,主要是为了缓和政府与高校之间的矛盾。换言之,民办教育中介组织是一个有很强专业性、相对独立的中介机构,在政府主管部门与民办教育机构之间起着桥梁和纽带的作用,为民办教育行业的持续发展提供监督、指导等方面的服务。

结合对行业协会和教育中介组织的理解,可以说民办教育协会既具有行业协会的一般属性,但又有别于一般意义上的行业协会,同时还具有教育中介组织的特性。

### (二) 民办教育协会的特点

民办教育协会作为教育行业的特殊中介协会组织,有着特殊的使命和功能,其具有以下四个特点。

(1) 民办教育协会是非营利性的组织。民办教育协会所提供的服务,不是有偿服务,而是公益性服务,它的存在和作为并不是为了获取某种私利,而是为其所代表的群体表达利益诉求，争取相应的整体利益。

（2）民办教育协会是以"自上而下与自下而上"结合的方式产生的。西方的行业协会往往是出于会员的需求，自发自愿组织起来的。而根据我国国情，一方面民间没有足够的力量和充分的自治意识来组建一个覆盖整个行业的组织化的机构；另一方面，政府在面对新的发展情势下，需要转变职能，寻找有合理资质的组织来承接其转让的职能，所以，我国的民办教育协会以"自下而上与自上而下"相结合的方式应运而生。民办教育机构为了维护自身利益以及促进民办教育健康发展而产生的建立自我管理组织的需要，为民办教育协会的成立打下了坚实的民意基础。根据这种需要和意愿，政府结合自身的职能转变，因势利导地给予了积极的支持、推动，所以民办教育协会是这两股力量共同作用的产物。

（3）民办教育协会是具有独立性的、专业性组织。尽管协会的成立离不开政府的推动和民办教育机构的支持，但是它并不是依附于任何一方而存在的。因为只有独立，才能让人们信服其具有客观性和代表性。同时，独立性是指它的作用不仅仅局限于桥梁纽带、媒介等，而是具有自己独立的地位，是代表整个行业利益的实体组织，具有自己的奋斗目标和治理机制。同时，协会的独立性还源于自身的专业性，它有自己的专业团队，能够运用专业知识履行组织的职能。

（4）民办教育协会的核心功能是行业自律监督、服务和代表。民办教育协会的功能运行主要可分为两方面，一方面是对内的，另一方面是对外的。对内主要是为协会的会员提供各种各样的服务，包括信息、技术、平台等方面，同时，民办教育协会依据协会章程、行约进行自我管理、自我约束、自我监督。对外主要是发挥监督和代表作用，监督是指民办教育协会作为独立的、专业性的、公正的实体，可以有效监督国家行政机关的相关工作和协会会员单位的办学行为。代表功能指的是民办教育协会是一个组织化的利益实体，它代表民办教育机构的整体利益，有责任向政府部门表达民办教育机构的利益诉求。

## 二、长三角地区民办教育协会发展现状

### （一）设立概况

长三角地区的民办教育协会历史积淀已久。1994 年，浙江省率先成立民办中小学协会，在此基础上，2006 年经浙江省教育厅同意、浙江省民政厅批准将其更名为浙江省民办教育协会，属浙江省省级社会法人单位。随后，江苏省、上海市、安徽省相继成立独立的民办教育协会，积极为促进区域民办教育事业健康、协调、可持续发展贡献力量。

此外，长三角地区民办教育协会除江苏省民办教育协会、浙江省民办教育协会、上海市民办教育协会、安徽省民办教育协会外，部分省又下设市级民办教育协会，如江苏省设立有南京市民办教育协会、盐城市民办教育协会、苏州市民办教育协会，安徽省设立有亳州市民办教育协会。因此，长三角地区民办教育协会进入了繁荣兴旺的发展时期。

## （二）组织框架

### 1. 内设机构

从三省一市民办教育协会的设立情况来看（见表1），各协会根据办学层次均成立了分支机构，如浙江省民办教育协会设有高等教育、高教助学与培训、中等职业教育、中小学教育、学前教育五个分会；上海市民办教育协会设有民办高等教育、民办中小学教育、民办学前教育、民办培训教育四个专业委员会；安徽省民办教育协会设有高等教育、中小学、学前教育三个专业委员会，服务范围覆盖了整个民办教育行业。

表1　长三角地区民办教育协会设立情况

| 地区协会 | 设立时间 | 主管部门 | 分支机构 | 专业服务机构 |
|---|---|---|---|---|
| 江苏工商联民办教育协会 | 2002年 | 待定 | 待定 | 待定 |
| 浙江省民办教育协会 | 1994年 | 登记管理机关为浙江省民政厅 | 5个：高等教育分会；高教助学与培训分会；中等职业教育分会；中小学教育分会；学前教育分会 | 科研与法律事务研究部；《浙江民办教育》编辑部；浙江省民办教育政策咨询研究院 |
| 上海市民办教育协会 | 2012年 | 登记管理机关是上海市社团管理局；行业主管部门是上海市教育委员会 | 4个：学前教育专业委员会；中小学教育专业委员会；高等教育专业委员会；培训教育专业委员会 | 上海市民办教育研究院 |
| 安徽省民办教育协会 | 2015年 | 登记管理机关为安徽省民政厅 | 3个：高等教育专业委员会；中小学专业委员会；学前教育专业委员会 | 待定 |

各专业委员会（或分会）在协会支持下，结合自身特点与发展实际，组织开展多种形式的主题学习和研讨活动。为更好地服务会员单位，有的省市民办教育协会还创新工作机制，在常设办事机构的基础上设立专业服务机构，如浙江省民办教育协会设立了科研与法律事务研究部、《浙江民办教育》编辑部，同时在浙江树人大学支持下，成立了浙江省民办教育政策咨询研究院。上海民办教育协会建立了民办教育研究院，安徽省民办教育研究院也在积极筹建中。

### 2. 人员结构

长三角地区民办教育协会均将会员大会作为协会最高权力机构，有权制定与修改省市民办教育协会的章程、理事的选举及罢免、财务报表及工作报告的审议、收费标准的确定等问题，要求2/3以上会员参与才能召开，1/2到会会员同意才能通过表决事项，各省市协会每届3～5年不等。

各省市协会的理事会作为会员大会的执行机构，理事会选举产生会长、副会长、秘书长等职务,筹备会员大会的召开,吸收新的会员及除名不合格会员,聘用各部门主要负责人等。研究发现,为了便于协会工作的开展,各协会的会长、副会长、秘书长必须有较高的政治素养,一般均由在教育行业内有较大影响力的学校领导或退休政府官员担任。

## （三）协会功能

各省市协会自成立以来,坚持以"服务、自律、规范、维权、献策、发展"为工作宗旨,依法依章公益办会,积极搭建政府、社会、民办学校三者间有效沟通的桥梁,为推进民办教育的创新和发展作出了贡献。

### 1. 加强新政宣传,参与政府相关政策的起草

作为民办教育工作者的发声渠道,民办教育协会一直致力于服务民办教育群体的利益诉求,搭建政府与学校沟通的桥梁。浙江省作为全国唯一的国家民办教育综合改革试点省,从 2010 年开始,浙江省民办教育协会积极协助政府了解基层民办教育工作者的呼声,反映民办教育工作者的诉求,参与试点方案研制工作。安徽省民办教育协会积极组织专家参与《民办学校分类登记管理实施细则》的修订,协助部分民办学校召开《中华人民共和国民办教育促进法实施条例》修订座谈会。上海市民办教育协会根据政府需求购买服务,针对民办教育改革发展的热点难点问题,组织专家学者开展调查研究,聚焦并形成若干课题,为政府部门决策和民办学校发展提供了有效咨询。

### 2. 服务会员需求,推进民办教育内涵发展

长三角地区各民办教育协会以"促进民办教育发展、服务广大民办学校"为宗旨,助推民办学校提升质量、规范发展。①加强师资培训。上海市民办教育协会积极配合教育主管部门推进民办高校的"强师工程"和"强校工程",以及民办中小学、幼儿园的"特色校"和"优质园"创建活动。安徽省民办教育协会积极开展有需求、多层次、求实效的师资培训和教学竞赛活动。浙江省民办教育协会和各分会先后举办以提高教育质量核心为主题的专家讲座 20 余次,通过多种形式的师资培训提高民办教育教师队伍整体素质和能力。②搭建交流平台。各民办教育协会一方面鼓励支持各专业委员会积极开展各类研讨交流活动,另一方面集中力量主办或承办大型研讨交流活动。在三省一市民办教育协会的共同努力与教育行政部门的支持下,开展了"长三角地区高水平、有特色民办高校建设研讨会""长三角地区民办中小学特色建设研讨会""中国民办培训教育行业发展高峰论坛"等活动,上海市民办教育协会主办了十一届"海峡两岸民办（私立）高校校长论坛"。③选树典型。为打造民办教育品牌、凸显民办教育作用的新局面,表彰先进、引导民办教育的新发展,各省民办教育协会坚持年年开展评先评优活动。浙江省民办教育协会累计评选表彰先进单位 37 个,评选表彰优秀个人 500 多人次,安徽省民办教育协会 2019 年度表彰先进个人 100 多人次。

### 3. 聚焦热点难点,深入开展民办教育研究

三省一市民办教育协会承接并开展多项民办教育研究,用研究成果指导区域民办教育的改革与发展。

近期的民办教育研究有以下三方面的特点。①更加注重民办教育改革发展的热点难点。如上海市民办教育协会开展的民办学校分类管理配套制度及过渡措施研究、校外培训机构教学材料管理办法的研究,学前教育专业委员会与相关机构一起研究编撰了《托育机构工作制度指引》。②更加注重调查研究。研究项目大多通过问卷、线上调查、座谈会等形式,调查分析行业组织实施情况和院校对行业组织的需求,全面收集相关数据与资料。③更加注重成果转化。上海民办教育研究院通过鼓励并资助研究院人员出版著作、发表论文的方式,促进研究成果的转化。

## (四) 协会成员

各协会积极开展会员发展工作,积极吸纳经教育部门批准,具有资质的民办大中小学、民办幼儿园、民办非学历培训教育机构、从事民办教育研究的专业机构作为会员单位。目前,上海市民办教育协会已有会员 700 余名,理事单位 200 余个;浙江省民办教育协会现有会员 500 余名;安徽省民办教育协会现有会员近 500 名。目前长三角地区民办教育协会成员覆盖了区域内各级各类民办学校。

## (五) 资金状况

依据长三角地区各省市民办教育协会章程,民办教育协会经费均来源于会费、捐赠、政府资助、在核准的业务范围内开展活动或服务的收入、利息及其他合法收入,规定会费必须用于开展业务,而不能进行任何形式的分配。其中,协会的资产管理必须执行国家规定的财务管理制度,接受会员代表大会和财政部门的监督。资产来源属于国家拨款或者社会捐赠、资助的,必须接受审计机关的监督,并将有关情况以适当方式向社会公布。

## (六) 发展成就

1. 长三角民办教育一体化发展联盟成立

2018 年 10 月 27 日下午,由上海市、江苏省、浙江省和安徽省三省一市民办教育行业组织共同发起的长三角民办教育一体化发展联盟在上海宣告成立。该联盟本着更好服务政府、更好服务学校的原则,旨在充分发挥三省一市民办教育协会在行业自律、交流合作、协同创新、履行社会责任等方面的桥梁和纽带作用,全面推动民办教育新法新政的落地实施,引导和促进民办学校坚持公益性办学、创新人才培养模式、提升人才培养质量,不断提高长三角地区民办教育整体办学水平和对区域经济社会发展的贡献力。

2. 长三角民办教育发展协作框架协议签署

2018 年 11 月,苏、浙、沪、皖签署长三角民办教育发展协作框架协议,构建长三角民办教育发展协作机制,打造长三角民办教育共生圈,为打造长三角世界级城市群提供优质民办教育资源和制度探索。同时,三省一市将深入推进会商交流,建设决策层、协调层和执行层"三级运作"的协作机制,在民办教育协同发展中心成立长三角民办教育协同发展秘书处。积极推动长三角民办教育协作发展列入长三角教育更高质量一体化发展战略协作框架协议内，通过搭建智库平台、培育联盟组织、建设核心项目、打造品牌论坛、加强协作研究、建成评价机制，推动区域民办教育联动发展的制度逐步完善、领域逐步拓展、合作逐步稳固、项目逐步见效、优势逐步显现。

## 三、长三角地区民办教育协会发展的问题

### （一）定位不清晰

长三角民办教育协会定位不清晰主要表现在两个方面：①政府希望民办教育协会作为行业管理的辅助工具，并通过转移部分政府职能使自己对行业管理的权力得到合法延伸；②大多数民办教育协会非常愿意与政府挂钩并行使政府让渡的某些权力，去组织和管理其会员，成为政府的助手，却忽略其自身专业能力建设，缺乏成为民办教育治理主体的定位认识。这可能与民办教育协会的会长、副会长及秘书长等领导成员多由教育战线在职或退休的领导兼任或担任有关。

### （二）专业能力建设不足

首先，现代法人治理结构和运行机制不健全。虽然长三角地区民办教育协会设立了会员大会、理事会、常务理事会、秘书处等组织机构，但协会内部缺乏完善的决策、监督、执行等机制，使得协会章程的作用不明显，缺少执行力。其次，协会缺乏规范的自律机制，没有明确、完整的自律工作制度，工作缺乏制度保证。再次，协会缺少职业化的人才队伍，人才结构不合理现象突出，难以为协会履行自律职能提供人才支撑。最后，协会财力有限，难以开展调研、专业管理培训、专业标准制定等活动，无法满足会员对高质量服务的需要。

### （三）承担的政府职能含金量低

由于缺少法律依据，政府对民办教育协会的授权主要依据政府意志而定，如有的部门对民办教育协会的建设发展比较重视，赋予的权力就多一些，反之就少一些。政府给民办教育协会的权力，主要是从分派工作的角度，或是由于自身缺少必要的人力、物力，而不是从加强民办教育协会职能建设出发，因此，往往把一些"含金量低"的事务性工作交给民办教育协会。

### （四）缺乏专门的法律规范

民办教育协会自律没有明确的法律依据，自律职能也无法准确界定。目前我国行业协会的组织和管理缺乏专门法律，行政规章主要是国务院1998年颁布的《社会团体登记管理条例》。该条例把行业协会与其他社团组织混同管理，忽略了行业协会的特点和作用，同时至今未启动有关行业协会专门立法的进程，不利于行业协会的发展。2007年颁发的《国务院办公厅关于加快推进行业协会商会改革和发展的若干意见》，对于加强行业

自律提出了"行政执法与行业自律相结合,是完善市场监管体制的重要内容"等概括性的表述,但未作出具体规定。此外,一些具体的规定分散在各部委颁布的政策文件和地方性法规文件中,缺乏统一、系统的法规。

### (五) 经费及人员相对缺乏

民办教育协会存在着行政化、老龄化、贫困化的现象。行政化即行业协会负责人多由党政机关领导干部兼任,致使协会不能实现真正意义上的独立自主;老龄化指协会工作人员年龄结构普遍老化,缺乏朝气,知识更新速度跟不上行业发展的需要;贫困化指协会缺乏资金来源,少量会费无法维持协会正常运转,活动越少,越得不到政府和社会的认同,得不到社会资助。资金匮乏使得协会无力向会员单位提供较好的服务,使协会无法正常发挥作用。

## 四、长三角地区民办教育协会组织发展的改进建议

### (一) 明确自身职能定位

民办教育协会对政府转移的事项要根据自身的职能定位和能力情况做"有选择"地承接,防止事无巨细一概包揽,或者依托自身优势对民办教育的管理形成新的垄断。

### (二) 加强规章制度建设

民办教育协会要建立健全法人治理结构,完善内部管理制度、信息公开制度和民主监督制度;要具有独立的财务管理、财务核算和资产管理制度等;要配备专职合格的秘书长和专职工作人员,制定和完善各机构的工作职责;要坚持正确的办会方向,实现工作规范化和制度化,形成民主选举、民主决策、民主管理、民主监督、独立自主、规范有序的运行机制。

### (三) 加强专业能力建设

首先,民办教育协会要加强人才队伍建设,设置准入门槛,招聘到能胜任工作的专业人才。同时加大职业培训力度,促进协会工作人员专业能力的提升。

其次,协会要对组织所拥有的知识与信息进行有效的管理,促进知识共享及集体智慧的发挥,提高组织的专业和创新能力,进而构建组织的核心竞争力。

### (四) 完善服务平台建设

民办教育协会要通过创办会刊、建立行业网站或专业站点,为会员企业提供信息服务;定期组织企业与科研院校、金融机构等开展技术、融资、法律、人力资源、信息等对接服务活动,助推企业转型发展;定期举办职业技能培训、职业资格认证等活动,提升行业人员

的整体素质；加强不同行业之间的交流与合作，促进会员企业建立互利共赢的长期战略合作关系。

## （五）推动行业诚信建设

民办教育协会要制订完善自律的管理制度，制定质量规范、服务标准和职业道德准则等行规行约；要积极开展"行业诚信建设示范"等文明创建活动，提升行业形象和诚信经营水平；要组织开展行业信用评价工作，逐步建立行业信用体系；要协调社会组织之间的关系，维护公平竞争的市场环境。

# 典型案例

# 长三角地区民办学校加强党建典型案例

## 抓党建 树榜样 促提升

（温州市心桥学前教育集团新桥第一幼儿园）

温州心桥学前教育集团下属的瓯海区新桥第一幼儿园创办于 1997 年 7 月，由温州市长运集团徐炳兴等 3 人合股投资创办。现有 9 个班级，285 名幼儿，51 名教职员工。2004 年被评为浙江省示范性幼儿园，2005 年 4 月转评为浙江省一级幼儿园。新桥一幼党支部现有党员 15 人，入党积极分子 3 人。随着幼儿园的不断发展，党员队伍也逐步壮大，党建工作也取得了一定的成效，下面就谈谈我们幼儿园党建工作的几点体会。

### 一、率先建立党支部，成为温州民办教育的典范

2004 年，党中央提出加强基层党组织的建设，特别是要求民非企业要成立党支部。我们新桥第一幼儿园，作为温州市民办教育的代表，民办幼儿园的排头兵，积极贯彻落实上级党组织的有关精神，立马行动，为建立党支部做好一切准备工作。徐炳兴董事长非常重视并支持幼儿园的党建工作，亲自签署意见，准予园长杨笑菁公假一周，用公费搭乘飞机赴湖北武汉办理党组织关系的迁移手续，让保安郑庆株休两天假去永嘉办理迁转党组织关系，而集团总裁陈蓉蓉老师从原单位鹿城区教育局转出了党组织关系，新桥一幼党支部由此诞生了，也成为温州幼教系统第一个民非企业党支部。这不仅是心桥教育集团政治生活中的一件喜事，也是心桥教育集团建设发展中一件大事。此外，他们及时关注年轻教师的政治思想和工作表现，并且发展积极分子，就实行一对一的帮助、谈心、交流思想，增强了年轻人对党的认识与感情，又通过党章学习，增强党性教育，以提高政治思想觉悟，引领她们更加积极上进，在思想上、行动上向党组织靠拢。几年来，我们的党支部从三人发展到二十多人。2017 年我们新桥一幼党支部作为温州市民办学校党建示范窗口单位，迎来了温州市两新组织部的督导，进一步推进党建工作的开展。

## 二、夯实党建基础,凝聚党员的核心力量

建设坚强有力的党支部是搞好幼儿园党建工作的关键。为此,我园着力从"五个落实"来加强党组织建设。

（1）班子建设落实。制定党员学习计划,组织开展学习活动,查找存在的问题,认真整改,促进工作,坚定贯彻党的路线方针政策,学习优秀党员的先进事迹,严格执行有关规定,积极推荐年轻有为的教师充实到幼儿园班子队伍当中。

（2）思想建设落实。认真学习党的十九届五中全会精神,学习党章的有关规定,从思想、工作到生活等方面开展思想帮教、专业引领、生活帮扶活动。经过实践的锻炼,这些年轻党员先后成为优秀党员,先进工作者,市、区教坛新秀。他们处处带头,开展7171便民服务、扶贫活动,清理塘河、清扫马路和社区道路,为清洁工送清凉,去儿童福利院和社区孤老院送温暖,并进入社区为老人普及教育孙辈的知识,等等。年轻党员同志都各个争做创建文明城市的带头人,文明行为从我做起,保护环境卫生和绿化、环保从自己做起,现代城市建设从小事做起。他们带头为四川地震赈灾,为苍南受台风影响的孤儿送粮油,为住院的败血症儿童献爱心,为幼儿园保育员阿姨老公不幸遇难捐款慰问,为因爆炸毁容而屡遭拒绝的四岁小孩贝贝打开爱心之门,免费让他入园学习,并号召集团下属园区全体师生为贝贝筹备整容费用,党员同志带头捐献,等等。深入开展学习型党组织创建活动,用科学发展观理论体系武装党员和教师。开展"争做文明使者,创建文明校园"等活动,提高了全体党员的认识水平和思想觉悟,逐步建设了一支高素质的幼儿园教师队伍。

（3）组织建设落实。坚持开展"三会一课"学习教育制度,把"三会一课"工作结合到幼儿园的一日实际工作中,本着"一切为了孩子、为了孩子的一切"的办园宗旨开展了系列活动。在方法上创新,提高"三会一课"的趣味性,开展理论与实际相结合的"岗位大练兵"活动。在内容上创新,除了按照区教育局党委的要求按时开展"主题党日活动"、上党课外,还进行了"知识竞赛"、向先进代表学习先进事迹、利用废物环创、义务劳动、安全大演练等活动。

通过开展丰富多彩的活动,大力提高了党员的综合素质,促使了党员在工作中主动参与、积极奉献,发挥了先锋模范作用,促进了幼儿园党建工作的开展。创新"三会一课"形式,使组织生活更有活力,进一步推动幼儿园党建工作再上一个新台阶。

（4）制度建设落实。幼儿园制定了党建工作长效机制并认真执行,做到了园长总抓,党员教师配合,积极探索推进基层党建工作的有效载体和办法,通过开会、上党课学习、做读书笔记、交流心得体会等活动,加强党建工作。

（5）党员活动室建设落实。不定期地对党员活动阵地进行更新,有醒目的门牌、有宽敞的房间、有整洁的环境、有电化教学设备（电视机、碟机及电教碟片）、有党旗党徽、有档案资料（与党建工作有关的图书和报纸杂志）。让党员活动室成为全园党员同志武装思想、坚定信念、组织活动的坚强阵地。让党员活动室成为交流沟通的平台,党支部以党员

活动室为平台,在广大党员和群众中广泛开展了"相识相知"活动。经常在活动室内举行联欢和各类互帮互助活动,组织党员群众与单位进行座谈、联谊,在活动中认识,在互助中相知,逐渐形成一种和谐、温馨的人际关系。

## 三、立足本职岗位,发挥党员先锋模范作用

党员是党的肌体细胞,是党的行为主体,党的先进性要通过党员先锋模范作用来体现。我们新桥一幼党支部的全体党员同志,个个政治素质过硬,工作热情高涨,始终以一名共产党员的标准严格要求自己,不论自己身居何职,在何岗位工作,都能立足本职工作,充分发挥党员的先锋模范作用,在平凡的工作岗位上做出不平凡的业绩。

### (一) 勇挑重担,吃苦耐劳,以积极快乐的心态去工作

2004—2014 年,这 10 年我们集团不断扩大,从原先的三所园区发展到七所园区,而新桥一幼作为集团龙头幼儿园,为集团培养和输送人才是义不容辞的。老党员陈蓉蓉作为一名书记更是以身示范,带领年轻教师干在实处,留下了许多先进的事迹。如 2009—2014 年我们集团连续扩建了好几所新园区(妇联实验幼儿园、龙湾新桥幼儿园、绿洲心桥幼儿园),陈蓉蓉以丰富的经验稳定教师队伍,建立新的领导班子,创设新环境,以较快的速度创办新幼儿园。心桥集团的每一处都有她辛勤的汗水、教育智慧和满满的爱!她脚踏实地,无私奉献,左手是爱,右手是责任,高高举起心桥精神的旗帜,这种精神将在心桥集团发展历史上留下浓重的笔墨。又如党员夏海洁,她作为心桥集团第一个自己培养的年轻园长,心中装着心桥,两年内连调两所新园区,面对困难她敢于担当,她是新桥的一块砖,哪里需要哪里搬,不负众望,知难而上,她用自己的实际行动解读了什么是责任,什么是感恩,什么是心桥精神。

### (二) 爱岗敬业,努力工作,忠于党的教育事业

作为一名党员,在本职岗位上发挥党员的先锋模范作用,就要奉献的比别人多一点。我们讲奉献,是指为了党的事业和集体利益,不计报酬,不在乎金钱、地位和荣誉,发自内心地去为社会和他人做一些事情。2006 年 12 月 27 日是党员陈秀娟的婚礼日,她婚前一周去了趟杭州参加奥尔夫音乐培训,回来的第二天晚上又要参加集团举行的年终晚会并表演节目。婚后第四天,她还没来得及好好享受一下甜蜜的二人世界,正月初三又提着包跟同事带着 17 位小朋友赶往北京去参加第一届世界华人艺术节舞蹈大赛活动。她深知当个人与集体利益发生冲突的时候,必须舍小我成大我。顾全大局是每个党员应尽党的义务和责任。20 年来,她始终如一,不忘初心,倾情坚守,成为心桥最忠诚的儿女;她见证了心桥成长的每一步,心桥也目睹了她用满腔的工作热情和丰富的教育智慧谱写了一曲曲绚丽的篇章。

### （三）服从安排，顾全大局，始终把工作放在首位

周罗琴同志深知党员的先锋性要体现在服从组织调配上，当开发区幼儿园需要老教师时，她二话没说，从市中心调到新城区，路途远了三分之二，但她默默无闻地帮助创建新幼儿园。在大班毕业时，她脚肿得厉害，不能走路上班，走上走下不方便，但她深知，大班孩子要毕业了不能耽搁，于是每天被老公背着上三楼上课，而且拐着脚，主持了大班毕业晚会。

回望行走历程，我们的党员同志以服从为天职，经历过了幼儿园的开创期工作，排除万难，抓队伍、抓班子、抓建制、抓规范，努力奠定基础，为幼儿园的后续发展开路。就这样，党员同志像一颗螺丝钉，哪里需要钉哪里，忙忙碌碌地在心桥大家庭里干啊干，岁月留痕，留下了我们的爱，留下了我们的忠诚与汗水！

由于我们重视党建工作，党支部的战斗堡垒作用和党员的先锋模范作用得到充分发挥，幼儿园重大活动中都活跃着党员的身影，各类比赛与考核中党员的成绩令人瞩目。例如，新桥一幼党支部多次被评为先进党组织；党员陈蓉蓉有幸成为瓯海区第七届党代会代表，其个人也多次被评为瓯海区优秀共产党员；党员陈秀娟、夏海洁、周罗勤曾多次被评为优秀共产党员；还有许多的党员在自己的专业领域获得了许多的荣誉；等等。

总之，我们做了一些工作，但在工作中还存在不尽人意的地方，我们将以这次支部经验交流会为契机，始终保持支部的斗志，以崭新的姿态迎接困难与挑战，更好地发挥党员先锋模范作用，为心桥学前教育集团的发展作出更大的贡献。

# 创建"平和党建"品牌，引领学校规范发展

（上海平和双语学校）

## 一、学校工作概述

上海市民办平和学校党总支成立于 2013 年 11 月，隶属金桥集团党委，是浦东新区区级及新区国资系统的党建示范点。2018 年 10 月申报"平和党建"品牌建设这一项目之时，已有党员 103 名，根据教育教学及行政管理条线设有 6 个党支部。学校党总支有委员5 名，其中党总支书记和党总支副书记各一人。学校党总支的机构设置、职责分工、工作任务纳入学校管理体制、管理制度和工作规范，使党组织成为学校法人治理结构的有机组成部分。学校党总支会议研究讨论是董事会、管理层决策重大经营管理事项的前置程序。

学校党总支在金桥集团党委的领导下，始终坚持正确的办学方向。在民办学校中加强和改善党对教育工作的领导，坚持社会主义办学方向。特别在创新教育发展思路、探索中西融合理念、培育全球视野学生的目标上，牢牢把握党对学校意识形态工作的主导权，加强和改进学校思想政治工作，加强校园文化建设，取得了较为显著的成绩。

第一，党建引领，创新教师队伍建设。结合教育教学实际，学校党总支从激发教师队伍中的党员先锋模范作用入手，通过"听、观、学、研、帮"五个环节，创新教师队伍建设。

第二，党建指导，创新学生素质教育。平和学校创办以来，通过不断实践逐步形成了"传承中华优秀文化，融汇世界教育精华，培育具有全球视野的中国学生"的教育目标。学校党总支以抓好创新课程设置、提升社会参与感为切入点，通过加强基层党建工作，主动跨前一步，使教书育人始终坚持正确的社会导向。

第三，党建示范，创新特色活动品牌。平和学校党总支充分利用自身资源优势，通过"环保公益、帮困助学、社区活动"为核心特色，加强联动效应，带动学校全体师生广泛参与，弘扬正能量。

为更有效地探索民办学校党建工作，学校党总支以"三个一"项目，即一个微信公众号、一个党员活动室、一个大讲堂，作为持续推进党建工作的有效推手，塑造"平和党建"品牌形象，凝聚平和党员正能量，展现民办学校党建新风尚。本次项目由平和学校党总支牵头，经由学校党总支会议、校长办公会议审议通过，学校校务办负责项目督办，学校资源配置中心负责项目外包、供应商资质审核、合同流转、施工验收等环节，学校财务室负责资金审核，确保项目计划中的各项活动稳步有序开展。

## 二、主要举措

平和学校根据党的十九届四中全会指示，全面贯彻落实党"从严治国、依法治国"的法治精神，深入学习贯彻习近平总书记关于教育的重要论述，贯彻落实教育部《全面推进依法治校实施纲要》和《依法治教实施纲要（2016—2020 年）》提出的坚持依法治教、依法治校，不断提高学校治理能力和法治化水平，逐步建立依法管理、民主监督、社会参与的现代学校制度。在此过程中，平和学校对法人治理结构及治理能力进行了以下探索。

### （一）修订学校章程，推进现代学校制度建设

依据有关文件精神，按照教育局及民政局要求并结合学校具体情况，平和学校不断完善学校章程，积极推进现代学校制度建设。具体表现为：以问题为导向，结合学校在审计、专项工作检查以及干部群众反映的突出问题查找廉政风险点，列出问题清单，认真梳理、对照反思，聚焦薄弱环节，改进工作流程，加强风险把控，压实压细具体任务，形成了上下联动、合力出击的工作格局。针对学校设施、设备采购、领用方面的薄弱环节，成立采购工作领导小组，纪检书记在采购小组中切实发挥纪检监督职责；修订与学校工程建设管理相关的制度性文件，如《平和学校工程项目管理办法》等；采购上明确双协议要求，在签订合同时，必须与工程单位签订《廉洁协议书》。利用学校 OA 办公系统进行流程监管，切实加强内控风险管理。按照"三重一大"议事决策要求，进一步规范议事决策程序，做好会议记录及梳理存档工作；进一步规范党员发展程序，加强做好党员教育管理；就业务招待申请单填写规范性及员工公务车费报销两个问题，制定相关制度，形成长效机制。

## （二）加强党组织建设，发挥战斗堡垒作用

平和学校党总支在金桥集团党委的领导下，根据董事会下达的学校年度目标责任书要求，围绕学校教育教学中心工作，以创建"和谐校园"为目标，开展行之有效的党建、精神文明工作，发挥党组织战斗堡垒作用，发挥党员先锋模范作用，为学校的发展与建设保驾护航。

学校党总支的职责包括：①宣传和贯彻执行党的路线、方针、政策，充分发挥党组织的战斗堡垒作用，坚定正确的政治方向，团结教职员工，保证教育教学、行政管理各项工作任务的顺利完成；②认真落实集团党委的工作部署和决定，结合本支部情况制定工作计划，认真组织实施；③加强对党员的教育和监督，安排好组织生活，不断改进内容和形式，提高质量，认真开展批评和自我批评；④加强对入党积极分子的培养和教育，建立培养考察制度，按照党章规定和发展党员程序，做好发展党员工作；⑤参与讨论与决定学校教育教学、行政管理工作中的重要事项；⑥指导工会、团总支工作；⑦完成集团党委交办的其他工作。

截至目前，学校党总支现有党员126名，下设7个党支部，硕士及以上学历者近40%；在中层管理队伍、学科教研组长、班主任中党员占比超过40%；高素质的党员队伍正是学校发展的核心力量。学校始终坚持以党建为核心引领，在党组织带领下，党员形成了强大凝聚力、创新力和战斗力，为学校新一轮发展目标不断奋斗。

平和学校严格贯彻中央"八项规定"精神和"三重一大"制度，在重大决策、重要干部任免、重大项目安排和大额度资金使用问题上，落实学校党总支决策前置程序，每周召开学校党总支会议、校长办公会议，严格落实《平和学校议事决策制度》。严格按照规定办事，按规定使用"三公"经费，有效加强学校的科学管理、民主管理。学校党总支会议作为董事会决策重大问题的前置程序，对讨论决定重要党建事项、重要人事管理事项、大额度资金运作事项及其他必须经学校党总支会议讨论决策的"三重一大"重要事项，具有决策监督意义。

## （三）完善董事会，健全决策机制

平和学校设董事会成员5人。董事每届任期3年，董事会设董事长1名。董事会成员选用标准需要具备以下条件：坚持党的路线、方针、政策；有完全民事行为能力；在学校业务领域内有较大影响和较高声誉；诚实守信、乐于奉献、尽心尽责。董事会是平和学校的决策机构，并行使以下职权：①修订、修改章程；②选举、罢免董事长、副董事长；③聘任或解聘平和学校行政负责人及其提名的行政副职、财务负责人；④审议听取行政负责人的工作报告，并对其工作进行检查；⑤决定重大的业务活动计划；⑥审定年度财务预算、决算方案；⑦决定增加开办资金的方案；⑧决定学校的变更、分立、合并、终止及清算等事项；⑨决定内部机构的设置；⑩决定内部管理制度；⑪依法核定从业人员的工资报酬、福利待遇；⑫决定其他重大事项。

平和学校党总支会议、校长办公会议作为董事会决策重大问题的前置程序,凡属重大教育教学管理事项须经过两个会议研究讨论后,再由董事会决定。学校党总支会议、校长办公会议基本的程序包括:事项的提出、事项集体决策、事项决策后的执行及结果报告。

## (四) 施行校长负责制,强化执行机制

平和学校实行董事会领导下的校长负责制,校长行使下列职权:①主持学校的日常工作,组织实施董事会的决议;②组织实施学校年度业务活动计划;③拟定学校年度财务预算、决算方案;④拟定学校内部机构设置的方案,协调内部机构开展活动;⑤拟定内部管理制度;⑥提请聘任或解聘行政副职、财务负责人,由董事会决定;⑦决定各内设机构主要负责人的聘免和专职工作人员的聘用或辞退;⑧章程和董事会授予的其他职权。校长通过召集并主持校长办公会议行使职权,讨论决定无须由学校党总支审议决策的,具有教学性、教育性、事务性特征的"三重一大"重要事项。

## (五) 完善监事会,健全监督机制

平和学校监事会旨在维护学校教职工和学生的合法权益。学校监事会成员为3人,设监事长1名。监事任期为三年,与董事任期相同,期满可以连任。监事在举办者、本单位从业人员或有关单位推荐的人选中产生或更换。平和学校董事及其近亲属、行政负责人及财会人员不担任监事。

监事会的权利和义务包括:①列席董事会会议;②检查学校财务和会计资料;③监督董事会、行政负责人遵守法律、法规、规章和章程的情况;④发现问题时,有权对董事会、行政负责人提出质询和建议,并向登记管理机关和相关职能部门反映情况;⑤法律、行政法规、部门规章及章程赋予监事的其他职权。监事会会议实行一人一票制。监事会会议需经全体监事过半数表决通过,方为有效。

## (六) 发挥多元主体作用 构建多元治理体系

### 1. 教职工代表大会

学校教职工代表大会(以下简称教代会)是学校实行民主管理的基本形式,是教职工实行民主管理的权力机构,是学校行政领导与教职工进行协商对话的重要渠道,也是党组织、行政与教职工联系的桥梁和纽带。学校在治理过程中,逐步建立起了较为健全的教代会制度和其他民主管理制度,制定《教代会章程》以保障教职工的主人翁地位和权利,发挥教职工在学校建设中的积极性和创造性。

教职工代表由组织推荐或五名以上会员联合提名,按不低于110%名额差额选举产生。凡为学校工会会员均可当选为代表。教代会代表应由教师、行政后勤人员、领导干部等各方面代表组成,其中教师代表应不低于60%,党员代表不高于70%,女性代表不低于30%。教代会代表可按教学、行政后勤成立代表组,可推选组长、副组长。教职工代表人

选须满足以下条件：①坚持四项基本原则，思想作风正派；②有文化、懂管理，有一定的组织、表达能力和代表性；③关心学校建设，有主人翁责任感，能坚持原则，奉公守法，敢于同不良倾向和违法乱纪现象作斗争；④联系群众、办事公道，能热心为群众服务，并如实反映教职工群众的意见和要求。

根据《教代会章程》规定，教职工代表拥有以下权利：①在教代会上有选举权、提案权和表决权；②有权参加对学校有关部门和个人执行教代会决议和提案落实情况的检查，有权对学校行政领导干部的工作进行评价和监督；③因参加教代会和民主管理所占用的工作时间按正常出勤待遇，非工作时间可酌情给予一定的补贴；④因行使正当民主管理而遭受打击报复时，有权向上级有关部门申诉控告；⑤有权建议表彰、奖励在学校工作中的有功人员和惩罚有过失的人员。

2. 家长委员会

根据《中华人民共和国义务教育法》《社会力量办学条例》《上海市民办学校管理办法》和《全面推进依法治校实施纲要》等有关法律、法规，学校制定了《上海市民办平和学校家校委员会章程》，通过设立平和学校家校委员会，以营造学校、社会、家庭共同参与的开放的教育环境，促进平和学校的学生健康成长与全面发展。家长委员会（以下简称家委会）的宗旨是：按照国家教育方针、学校办学宗旨，研究、制定全面开展学生综合素质教育的计划和措施，拓展学校、社会、家庭对学生进行素质教育的资源和途径，建立学校和学生家长良好的合作伙伴关系，通过家校合作互补，形成教育合力，使学校教育与家庭教育达到统筹协调和有效整合，实现培养 21 世纪优秀人才的目标。

平和学校家委会的成员要求包括：①抚养教育本校学生的家长或监护人（不分地域与国籍）；②了解我国的教育方针，教育思想先进，有一定的家庭教育经验；③认同学校的办学理念，热心于教育及公共事业；④为人正派，处事公正；⑤有一定的业余时间，能关心、参与学校的有关活动。

学校设立校级学部与年级三级家长委员会，校级家委会由每个学部推荐 1～2 名家长，学校的校长代表、教导处代表 9～13 人组成；学部家委会由 7～9 人组成，由各年级家长代表、学部主任、年级组长组成；年级家委会由每班推荐一位家长代表，年级组长或班主任代表 5～9 人组成。

平和学校家委会主要行使以下职能：①家委会每年举行 2～3 次会议，由主席（主任）负责召集并主持会议，明确会议议题，讨论决定的事项形成会议纪要。"家委会"会议应对学校学部、年级学期工作计划提出意见和建议，研讨有关学校对学生的奖惩条例，学校提出的有关学生管理的规章制度、条例等建议，代表家长向学校提交合理化建议和意见等。②家委会成员可组织家长联谊或交流活动，帮助和参与本校学生的重大节日活动和社会实践活动，有计划、有组织地视察学校的教育教学工作。③家委会可设立接待日，听取学生家长的反映。

同时，为保障家委会能更好地参与到学校管理和监督的过程中，章程中列明了需提交校级家委会会议讨论内容：①报告学校本学期工作总结及下学期工作计划；②报告学校本学期教育教学工作情况及下学期教育教学工作打算;③报告学校本学期行政工作情况及下学期行政工作计划;④报告学校本学期接受捐赠项目及捐赠款项使用情况;⑤家委会委员就学校发展提出建议与意见。

3.社区

社区是学校重要的资源,对学校实施素质教育、促进教育改革提升教育水平都有很大贡献;同时,学校是教育的主阵地,拥有充足而又重要的公共资源,所以理应成为和谐社会建设的先行者和承载者。"现代教育是大教育",以"创建和谐校园,共建和谐社区"活动为载体,利用双方共享的丰富资源,积极开展学校社区的共建活动,促进学校和社区的共同发展。

平和学校为了深化实施素质教育、充分发挥学校在和谐社区建设中的示范辐射作用,开展了形式多样的学校社区共建活动:带领学生走进养老院,关注孤寡老人,与老人们进行互动交流;带领学生参观消防局,为学生普及消防知识,"零距离"地感受体验消防生活,加强师生们对消防安全的了解和重视;组织师生家长参与社区活动,在"金桥中外家庭闹元宵"活动中,学生们奉献了精彩纷呈的才艺演出;组织学生们参加义卖活动,助力社区扶贫项目更加有效的开展;鼓励老师们在社区马拉松中发挥所长,展现出属于"平和人"不一样的风采。

# 三、经验与成效

平和学校在本次申报项目中,充分发挥党组织的核心作用,在校长班子支持下,在相关职能部门配合下,紧紧围绕创建"平和党建"品牌,牢固树立党建品牌引领旗帜,先后开展"三个一"项目扩大平和党建品牌影响力,获得了较为优异的成效。

"平和党建"微信公众号自2018年10月创建以来,推进党务工作智能化、党建活动痕迹化、党员教育数据化,设有支部建设、党员风采、思政专栏、主题教育、党建快讯等栏目,结合党建热点积极传播学校党建新动态,传播"平和党建"优秀经验做法,突出亮点,总结经验,引领示范。截至目前已累计发布推文80余篇,文章内容受到了国资党委、区教育局党工委、集团党委的一致好评,相关公众号也对平和经验进行了转载。设立并持续扩大"平和党建"微信公众号及其影响力,对于平和学校发挥微信公众号的党建渠道作用构筑移动网络党建品牌,提高党建和宣传思想工作的针对性和时效性,拓宽党员教职工的交流互通渠道,打造学校党建工作多媒体展示平台,实现新时代党建和宣传思想工作的创新性发展具有重要意义。

为了更好地开展各支部日常"三会一课"与"不忘初心、牢记使命"主题教育活动、深化"两学一做"、贯彻落实习近平新时代中国特色社会主义思想、习近平关于教育工作的重要论述,学校党总支牵头打造了党员活动室2.0升级版,2019年4月正式投入使用,成为学校党团工作、学生社团活动的新阵地。党员活动室以"四个标准化"为原则,以"抓好党建建设、促进学校发展"为目标,严格按照"完善功能、一室多用"以及"有场所、有标志、有制度、有书报、有设施、有党旗"的"六有"标准要求设计党员活动室，功能齐全、设施完备。在日常党建活动中，党员们可以在这里交流分享最近的学习心得体会，结合使用"学习强国"平台，打造线上线下闭环式党员学习共同体。学校党建活动室里开展的形式多样的活动，使这个不大的空间载体成为平和党建的精神堡垒。

平和学校党总支认识到党建指引办学方向的重要性，并且强调学习型党组织建设。学校党总支多次组织召开思政、德育教师座谈会，听取教师们的真知灼见，并以"平和思政大讲堂"的方式，多角度展示平和思政课程成果、教师风采。2019年5月，平和学校作为东道主承办了由上海市民办中小学协会主办的党建工作研讨会，五位来自不同学部的思政、德育工作教师向与会的一百三十多家上海市民办中小学代表交流平和学校落实立德树人根本任务的经验与做法，从"让有意义的内容有意思，让有深度的理论有温度"的角度出发，让思政教育落在实处。本次研讨会获得社会各界的一致好评，平和经验被多家主流媒体报道。

在集团党委的坚强领导下，学校党总支认真探索民办学校党建工作的出发点、着力点，将党建工作渗入到日常教学生活中的方方面面，将国企的红色基因与平和学校"平而不庸，和而不同"的校园文化有机交融，切实把学校党建工作与将"平和教育"打造为世界一流民族教育品牌、把旗下学校建设成为国际一流水准中国学校的目标紧密结合、相互促进，为平和学校平稳高速发展握紧方向盘、把好航向标。"平和党建"品牌于2019年荣获"浦东新区基层党建示范点"称号，这正是对学校党建工作与党建品牌建设的充分支持与认可。

# 不忘初心　忠于教育

（安徽寿县兴华中学）

## 一、不忘初心，牢记使命

2017年11月2日《人民日报》刊登了一篇名为《不忘初心方得始终》的文章，文章中写道"一个民族、一个国家，必须知道自己是谁，是从哪里来的，要到哪里去，想明白了、想对了，就要坚定不移朝着目标前进"。短短四十六个汉字就指出"初心"二字的分量，正如那个经典的哲学问题，一个人要明白自己是谁，从哪里来，要到哪里去。初心对于中国共产党来说是一座灯塔，它始终矗立在人民的土地之上，是每一个共产党员的回家引路人。对于每一个民办学校来说，初心同等重要。"科教兴国"战略是江泽民同志提出的伟大战略，标志着科学技术影响力加大了。少年强则中国强，而少年如何强？毋庸置疑，教育成为培养少年的重要土壤。公办教育与民办教育是教育的不同分支，二者相互协助可以帮助少年全面发展。综上所述，民办教育也不可忘记自己的初心，需要加大党的建设，只有不忘初心，方能拥抱出新。

## 二、加强党建，忠于教育

2020 年 10 月 27 日，安徽先锋网报道了一篇关于安徽寿县民办学校——兴华中学党建工作的新闻——《寿县教体系统"四个着力"强化民办学校党建工作》。这篇文章给了民办学校党建工作一些重要启示，它清晰深刻地阐述了加强党建工作的具体举措。民办教育历史源远流长，从春秋战国时期孔子兴办私学开始，直到现在依然蓬勃发展。民办教育能够薪火相传、生生不息得益于它始终牢记自己的使命，没有在几千年历史演义中忘记初心。寿县兴华中学从以下四个层面对民办学校的党建工作进行了详细论述，对民办教育党的建设有着重要借鉴意义，对此具体分析如下。

### （一）着力强化党建引领，保证社会主义办学方向

"近年来，寿县兴华中学、兴华小学党组织多次获评省市县先进基层党组织"，新闻报道中短短的一句话高度认可了寿县兴华中学的党建工作。他们的努力没有付诸东流，获得了社会认可。作为民办教育中的一员，他们的党建工作经验值得我们其他民办教育主体学习。寿县兴华中学是隶属于兴华教育集团的一所寄宿制初级中学，初级中学教育对象是国家义务教育阶段的学生。从心理学角度来看，初中生正处于青春期关键时期，因而教育工作者更需要耐心和专业技能，帮助他们建设一个健康的心灵状态和强健的肉体。综上所述，民办教育需要不断加强党建工作，跟着社会主义方向创造一个良好的学习环境，为每一位少年提供健康、积极、富有活力的教育场所。从教师自身做起，尤其需要党员教师带头发挥自身力量，发扬社会主义精神，积极弘扬党员精神。民办教育教学工作首先必须高举社会主义大旗，只要明确前进方向才能站稳脚跟开创新局面。

### （二）着力强化组织建设，加强党对民办学校领导

寿县民办学校党建工作全部落实是在 2019 年 6 月，并且他们把党建工作纳入了民办学校办学年检考核项目之内。这种考核内容和考察方式大大增强了民办学校党建的力度，让民办教育永远跟着党的脚步走，保证民办教育组织建设。整个县城民办教育都重视党建工作，按部就班把党建活动落实在每一处，这样有利于民办教育不忘初心，带着责任感完成教学育人的使命，为每一位求学之人提供最优质的教学服务。

### （三）着力推进"两个覆盖"，夯实民办学校基础

新闻中数据显示，截至 2020 年 10 月，寿县教体系统内的民办学校有 74 个，共有党员 182 名。何为"两个覆盖"？推动党组织覆盖和确保党的工作全覆盖。根据以上指示，寿县教体系统发起全面党组织建设，先后创立了 36 个社会党组织部（单独组建了 27 个党支部，联合组建了 9 个党支部），其中联合组建的党支部覆盖了寿县 38 所学校。从以上覆盖数据显示，寿县民办学校党组织覆盖率达到 87.8%。这是一个令人高兴的数字，同时它也

是一个具有进步空间的数字。夯实民办学校基础不仅需要迈出第一步——推动党组织覆盖，更需要严格走好第二步——确保党的工作全覆盖。寿县兴华中学将党建工作纳入学校办学章程之内，定期开展"三会一课"活动、落实主题党日和民主评议党员等党建工作。

### （四）着力落实"双培养"，增强社会组织活力

寿县兴华中学着力通过"双培养"大力培养优秀骨干老师，通过这种方式不断壮大党员队伍，为民办学校教育注入新鲜血液，鲜活民办学校的党组织活力。寿县教体系统今年以来先后已经有 12 名教师向各自的党组织递交了入党申请书，由此可见，教师思想觉悟逐渐提高，他们渴望成为党员为学校教育发展贡献出自己的力量。通过寿县兴华中学党建工作案例来看，民办教育党的建设工作同样需要大力培养具有潜力和党员意识的优秀教师，严格执行教师入党程序，开展老党员带新党员活动，逐渐扩大党组织队伍，为民办学校党建工作添砖加瓦。

# 强化党支部引领作用，促进学校创新发展

（安徽砀山铁路中学）

伴随着中国教育改革的春潮，为向梨都百姓提供更优质的教育，1997 年 8 月，经当地教育主管部门批准，砀山铁路中学在原砀山铁路职工子弟小学的基础上，开始举办初中教育。作为民办性质的砀山铁路中学，为保证学校发展行稳致远，能始终坚持正确的办学方向，坚定不移贯彻党的教育方针，扎实落实立德树人的根本育人任务，学校领导形成共识：要办好学校，发展好学校，必须成立并建设坚强有力的党组织，必须强化党的领导和依法办学。在此共识下，学校创办之初，在上级党组织的支持领导下，即申请成立了砀山铁路中学党支部。

作为民办学校的基层党支部，如何把党支部建设得更科学规范？如何使党支部战斗堡垒和党员先锋模范作用发挥得更好？如何做好党建工作并为学校发展保驾护航？我们的基本做法主要如下。

## 一、提高政治站位，把握大局方向

中共十九大提出："党政军民学，东西南北中，党是领导一切的。"砀山铁路中学党支部多次召开支部大会，不断强化本校党员的政治意识、大局意识、核心意识、看齐意识。本校党员通过加强政治学习，更加坚定了"四个自信"，全体党员做到了学而有思，学以致用，掌控大局，把握方向，保持定力，做到了"两个维护"。党员的示范带头作用，使广大教职工增强了"永远听党话，永远跟党走"的自觉性。党支部建在基层，具有团结群众、服务群众的重大责任，具有桥梁纽带作用。党支部积极宣传党的方针、路线、政策，建设先进的学校文

化,维护群众合法权益,使党支部真正成为教职工的"贴心人""娘家人",让党支部成为凝聚团结教职工的"正气场",成为学校发展"定盘星"。

## 二、不断创新党建工作的载体设计和活动形式

学校党支部不断探索社会组织党支部作用发挥的新方式。①探索成立党群服务驿站,把建设服务驿站同学校文化建设结合起来,同学校核心价值观结合起来,把党员活动室建设成为和谐的文化、信息化驿站,使驿站成为教师员工共同发展、共同进步的精神家园。②让党员定岗定责,发挥作用。党支部科学划分党员责任区,创新活动载体,在党员中开展"三亮""三树"活动,使党员敢于亮身份,亮岗位,亮业绩。努力树立爱党爱国、爱校爱生的榜样;树立爱岗敬业、乐于奉献的楷模;树立教书育人、立德树人的典型,使每个党员定责认岗,定级评星。③不断创新"党建+"工作方式。"党建+业务":以党建促中心工作,党建的一切工作都围绕教育教学常规工作开展;"党建+人文":使党建为教学中心工作服务,使党支部成为教职工的"娘家人""知心人",不断凝聚正能量,增强正气场;"党建+管理":以党建促管理,赋予党支部学校管理职能,使其工作有任务,活动有载体,结果有考评,效果有奖惩,充分发挥每个党员先锋模范作用;"党建+质量":抓党建促教学质量,把党建工作同教育教学有机结合,紧密融合,把党员职工平时的练兵比武等评比活动纳入党支部管理,促使质量不断提升;"党建+安全":以党建促安全,坚持安全第一思想,使每个党员身上有安全的担子,把安全"导师制"落实到党建具体工作中。

## 三、坚持创新发展,让党支部成为学校发展的"主心骨"

学校要发展,创新是关键,学校在改革发展中的创新举措都离不开党支部的积极引领及决策的主导作用。2016年11月7日第十二届全国人民代表大会常务委员会第二十四次会议决定对《中华人民共和国民办教育促进法》(以下简称《民办教育促进法》)进行修改。由于《民办教育促进法》的修改,非营利民办学校的举办者不得取得办学收益,学校的办学结余全部用于办学。国家政策发生了重大变化,我们的办学体制再一次跟随改变。2017年教职工股份依法依规有条件退出。根据《民办教育促进法》的规定,不退者也没有办学收益,不能分红。教职工股份退出后,学校变成了无办学主体的学校,在这种情况下,党支部一班人精心谋划,认真思考学校以后怎么发展得更好。2018年学校党支部决定:为未来决策,为长远规划,必须吸引大集团注入大资金来推动学校的大发展,砀山铁路中学同宿州博睿教育集团进行了合作办学,按照有关程序,依法依规明晰产权,理清各自权利义务,开创了合作办学新模式。学校迎难而上,顺势而为,新征土地175亩,拟投资4.5亿元建设新校区近12万平方米,一期建设已基本竣工,二期即将开始,明年一所崭新的学校将拔地而起,为实现铁中办"皖北名校,百年老校"打下了坚实的基础。

砀山铁路中学不仅在办学体制上不断创新，与时俱进，而且在教育教学过程中，也不断创新，大胆改革。在学校党支部的带领下，作为民办学校，我们坚持"以质量求生存，以特色求发展"的永恒主题。我们学校怀着"对每位学生都负责，让每位孩子有前程"的教育情怀，实事求是，及时研判生源状况，根据学生自身条件及需求坚持错位发展。学校党支部意识到：不能跟在别人后面被动办教育，要创新改革，另辟蹊径，本着"人无我有，人有我优，人优我精"的思想，办成满足老百姓多样化、个性化需求的特色学校。

多年来，砀山铁路中学党支部始终不忘教育初心，勇于担当教育使命，积极履行教育职责，学校一直坚持"党建强学校兴，抓党建促发展"的思想，全面贯彻党的教育方针，把为党育人、为国育才作为教育的根本任务，深入教育改革，遵循教育规律，尊重学生成长规律，努力创办德智体美劳全面育人的基础教育，学校办学成绩和质量得到上级主管部门和社会各界的广泛认可。学校曾先后获得"安徽省优秀民办学校""宿州市规范办学先进单位""宿州市特色学校""第三届宿州市文明校园"等多项荣誉称号；学校党支部也分别在2015年度、2016年度获县级优秀"双比双争"社会组织党组织荣誉称号，2017年度获县级非公有制企业和社会组织"五星级服务型党组织"荣誉称号，2018年度获市级"双比双争"先进社会组织党组织荣誉称号，2019年度获砀山县先进党组织荣誉称号，2018年阚敏（校长）书记获宿州市"优秀党务工作者"荣誉称号。今后，砀山铁路中学党支部将在上级党组织的领导下，进一步深入贯彻党的十九大精神，牢固树立立德树人目标不动摇，再接再厉，乘势而上，迎难而进，引领学校发展再上新台阶。

# 不忘初心扬帆竞

## ——以新时代的党建引领江苏华杰教育集团的高质量发展

### （江苏华杰教育集团）

江苏华杰教育集团办学已经十八年，集团拥有赣榆华杰东方幼儿园、连云港市华杰港逸幼儿园、赣榆华杰双语学校、南京师范大学连云港华杰实验学校、徐州华杰实验学校、连云港华杰高级中学、格局商学连云港分院，初步形成"两园四校一院"的格局。目前教职工一千五百余人，学生一万五千余名。七个校区占地一千余亩，总投资近二十亿元。华杰教育集团自2003年办学以来，始终坚持党的领导，充分发挥战斗堡垒的政治核心作用，牢记使命，不忘初心，把"办社会需要、家长满意、健康发展和师生幸福的学校"为目标。各校区特色质量并进，赢得了社会的广泛认可。连云港华杰实验学校和双语学校均被连云港市教育局评为"市课改领航学校"。集团被江苏省民办专业委员会评为"江苏省民办教育集团化发展示范集团"。赣榆华杰双语学校被《中国教师报》评为"教育教学管理全国十大榜样学校"。各校党支部均被各区上级党委评为先进党支部。

十八年来，集团各校区党支部都在所属的教育工委、教育局的领导下，做了积极的特色党建工作。赣榆华杰双语学校党支部是华杰教育集团成立最早的支部，2020年3月前隶属于青口镇党委,3月以后隶属于区教育工委下属的民办教育行业党委管理。连云港华杰实验学校、华杰高级中学党支部隶属于开发区社会事业局党委,徐州华杰实验学校隶属于徐州市泉山区教育党委。为了加强党建对各校区的引领,随着集团各校区党建工作日益强大,2020年12月成立江苏华杰教育集团党委,隶属于连云港市经济开发区两新工委。下辖四个支部:赣榆华杰双语学校党支部、连云港华杰实验学校党支部、连云港华杰高级中学党支部、徐州华杰实验学校党支部。经第一次党代会选举产生柏萍同志为江苏华杰教育集团第一届党委书记。

## 一、以党建学习提升政治素养

集团各校区党支部进一步增强党员政治理论素养,要求学习有计划、有记录、有总结、有心得体会。努力促进每名共产党员"党性更纯,能力更强,作风更实",全面提升党员队伍的先进性和纯洁性。2019年9月,在连云港市赣榆区青口镇"不忘初心,牢记使命"电视直播知识竞赛,赣榆华杰双语学校陈浩同志所在组合队获得一等奖的好成绩。通过强化党风党纪学习,促进师德师风建设和党风廉政责任制的全面落实,集团各校区党支部围绕"建一流班子,带一流队伍,创一流业绩"的发展目标,通过建制度、强机制、强监管,层层签订党风廉政建设责任书。同时,召开了专题"党风廉政"工作会,组织党员干部利用固定学习时间学习正反两方面典型事例,进一步增强党员干部廉洁自律的自觉性,有力地促进了集团各校区党风廉政建设和师德师风建设工作的深入开展。

近年来,各支部组织党员、教师学习了习总书记的系列讲话,学习了党章修正案,学习了十九大的报告以及其他规定学习的内容。通过学习,把党员、教职工的思想统一到国家发展、教育发展的大局上,促进他们端正思想,爱岗敬业,奉献教育,促进了学校工作的全面向好。

## 二、以党建制度规范学校管理

华杰教育集团各党支部书记都做学校的管理工作,有着丰富的管理经验,对学校的指导不仅是党建,更重要的是学校的管理。首先是进一步完善了各项规章制度,用先进的思想引领校区发展,使学校的各项工作更符合时代发展的要求;其次是理顺了各部门的职责权限分工,进一步促进各部门之间的密切配合;最后是严肃各项规章制度的落实,根据制度,每日检查,每周总结,做到有章可依,有章必依,违章必究。

近几个学年来,集团各校党支部及根据党建各项文件精神及时安排固定学习和主题党日活动。制定了《华杰教育集团各校区党支部党员管理综合考核办法(试行)》,明确了各支部严格参加各项活动的纪律要求。以加强学校党的基层组织建设,落实党员队伍规范化管理,促进广大党员爱岗敬业、廉洁从教,充分发挥党员先锋模范作用。为进一步规范"学习强国"的学习力度和提高积极性,根据上级党委要求,制定了《江苏华杰教育集团各党支部"学习强国"平台学习制度》,全面推进理论学习常态化、制度化,使政治学习成为一种习惯和时尚。

## 三、以党建活动促进队伍建设

江苏华杰教育集团党委在各校党支部开展"我向党旗进一步"教育活动,充分发挥党员同志的先锋模范作用,组织支部成员、党员同志对青年教师进行示范指导、结对帮扶,帮助青年教师从思想上和业务上迅速成长,积极打造优质师资队伍。

在此过程中,各党支部从四个方面加强师德建设:①学校全体工作人员都要明确师德规范与要求,要勤学习、严遵守;②确立校园之内人人都是教师的大教师观,一言一行都要做学生的榜样;③加强师德学习,定期提供有教育意义的案例供教师学习,提高师德修养;④加强对师德的监督,设立校长信箱、举报电话等,对有违师德的人和事及时了解、及时处理,坚决制止任何违反师德的现象发生。

## 四、以党建管理做实有效德育

学校的党建工作既要突出对党员群众的思想教育,更要结合学校的工作实际,全面落实立德树人根本任务。各校区党建工作与学校德育工作紧密结合起来,党支部指导德育处突出抓好学生良好思想品德养成,把爱党、爱祖国、爱社会主义教育贯穿教育教学之中,努力使之在学生心中生根发芽,为培养德智体美全面发展的社会主义建设者和接班人奠定基础。

首先是抓牢德育常规。学校结合"八礼四仪"对学生的各方面行为都制定了比较详细的行为规范,让学生知晓行为规范。其次是加强学生自治。成立自治会,每天安排专人对全体学生的日常行为进行检查评比。最后是开展丰富的德育活动。每周升旗仪式,培养学生爱国情感;学生入队仪式,增强学生少先队员的自豪感;开学典礼、毕业典礼,让学生放飞梦想;春游、秋游活动,培养学生爱家乡的情感;清明、端午、冬至等活动,增强学生对中华传统文化的认同感;文艺演出,展示学生才华,增强学生自信。

## 五、以党建引领提升教育品质

教学工作是学校的中心工作,党建工作也要促进学校教学质量的提高。在教学工作方面,党支部成员定期与教务处、教研组联合进行教学检查,抓实教学监控;党员同志经常进行党员示范课,与非党员老师一起研究课堂教学,研究教材教法;党员、干部与成绩落后的学生结对子,做他们的成长导师,从思想、习惯、方法、家庭等方面关心他们,促进他们尽快提升成绩。

由于扎实的党建引领和务实拼搏、团结创新的学校管理,集团各校区的教育教学质量在各区都处于一流名校地位。各校区均获得当地教育主管部门的教学质量奖。未来江苏华杰教育集团的发展，将更加注重党建的引领，切实促进党建工作的扎实开展，集团将继续深入贯彻落实党中央的要求，协调党建工作，落实标准化、规范化建设要求。我们坚信，只要不忘初心，牢记使命，有党的坚强领导，有和谐共进的教育团队，江苏华杰教育集团一定会为社会作出更大的贡献。

# 以党建引领育人的有效实践

（浙江育英职业技术学院）

学院党委基于"立德树人"的根本任务，围绕全时空全方位培养"全面发展的具有优势品质与技能的高素质职业人"的育人目标，坚持党建工作与育人工作有机结合，通过营造党建工作氛围和充分发挥以实践为主要育人载体的作用，发挥党建育人的引领作用，提升育人水平。

## 一、传承红色基因，厚植党建育人土壤

2003年，时任浙江省委书记的习近平在全党开展共产党员保持先进性教育时视察学院，对学院作出"三个不错"的评价，其中之一是"党建氛围不错"。学院党委牢记习总书记的"嘱托"，以此为激励，结合习近平新时代中国特色社会主义思想的学习，持续开展习总书记视察学院时的指示精神的学习，将其作为"红色基因"来传承，使之成为激励师生不断发展的动能。①将参观校史馆作为新生入学教育的内容，让新生了解学院历史，特别是习总书记视察学院时发表的重要讲话，激励学生进步、发展；②将习近平、张德江、赵洪祝等历任浙江省委书记来学院视察的资料编辑成册，使之发挥"永远的激励"作用；③以2020年5月28日《中国青年报》刊发的"习近平总书记来到学生社团活动中心——习近平与大学生朋友们（八）"作为学习、讨论的契机，重温当年习近平同志任浙江省委书记时视察学院、与师生亲切交流的场景，激励全院师生面向未来发展"再出发"，《中国青年报》报道了我院15名师生的学习心得和体会；④《习近平与大学生朋友们》出版发行后，学院党委组织赠书仪式，并请当年得到习总书记当面鼓励的学生回到学院，当场朗读书中的记述，起到很好的效果。同时，学院党委与行政联合印发学习通知，对学习作出系统安排，推进全员全覆盖的深入学习。

## 二、参与重大活动，强化使命担当意识

坚持以学生参与重大活动作为涵养崇高精神、培养为党和国家勇敢担当使命意识的有效载体，发挥专业优势，积极组织学生服务党和国家重大活动。学院服务了历届世界互

联网大会·乌镇峰会；2016年，2 300余名师生服务G20杭州峰会，分别在西湖国宾馆等9个场馆，地铁1号、2号、4号线54个站点和绕城高速19个公安检查站以及汽车西站等共计86个站点，依托3个临时党总支和12个临时党支部的网格化管理和中流砥柱作用，圆满完成所承担的礼宾和安检任务；此后，又成功服务了联合国世界地理信息大会，受到省政府的表彰；在2018年第14届FINA世界游泳锦标赛服务中，所有的升旗和颁奖礼仪都由学院的志愿者担当，得到中外嘉宾高度赞誉。

## 三、坚持无偿献血，培养师生大爱情怀

将无偿献血作为弘扬"奉献、进取、友爱、互助"精神，培养和增强服务社会、奉献社会的责任感以及大学生党建和思想政治工作的载体，每学期开展无偿献血活动，从2001年起，每年组织两次，近50%的师生参与，千人献血率为230‰，是发达国家的5倍，至2019年累计献血4 566 780毫升。学院荣获"全国无偿献血促进奖单位奖"，2019年入选国家卫生健康委员会等部门专门编纂出版的《爱满人间红动中国——全国无偿献血群英谱》并被评为"全国无偿献血先进典型集体代表"。浙江《今日早报》曾联合浙江省血液中心推出2015"感动你温暖我——十大优秀'热血英雄'评选活动"，学院被百姓推选为"热血绿巨人（团体）"，并报道："这是一所民办高职院校，却始终把无偿献血作为弘扬人道主义和无私奉献精神的重要育人载体……让学校真正成为一个教书育人的场所。"

## 四、搭建有效平台，发挥党员先进性作用

自2015年起，持续开展"党员走在前"活动，围绕学院发展、教师成长、学生自我教育，对不同群体党员提出不同要求，引导党员发挥先进性作用。党员专任教师六个走在前：①在转变观念中走在前；②在产教深度融合中走在前；③在专业建设项目化上走在前；④在为社会服务中走在前；⑤在关爱服务学生上走在前；⑥在课堂创新活动上走在前。其他党员教师四个走在前：①在转变观念中走在前；②在岗位技能上走在前；③在精细化服务上走在前；④在满意度上走在前。学生党员和入党积极分子学生五个走在前：①在学风建设上走在前；②在为学院争取荣誉上走在前；③在优良班集体建设上走在前；④在文明寝室建设中走在前；⑤在青年志愿者服务上走在前。"走在前"的内容随着上级党委要求和学院工作重点变化而调整，使之成为党员持续发挥先锋模范作用的有效载体和平台，将党的工作与学院工作直接融合为一体。

## 五、推进党建共建，实现党建与育人融合

为传承学院红色基因，促进人才培养和专业建设，扩大学院影响力，每个分院党总支选取1～2家基础较好、影响较大的合作企业开展党建共建，进一步探索校企合作新模式，

充分发挥校企双方优势,开展更深层次合作。同时,充分利用钱塘新区党建共建各项活动载体,申报并建设4个共建项目,深度参与政、企、校、区共建活动,提升学院党建水平和产教融合平台建设,密切与钱塘新区及各高校的合作,实现学院党的工作与教育工作有机融合。经管分院与社区共建党建品牌,产生广泛影响力,"在社区大舞台展现党建工作活力"项目入选首批全省高校党建特色品牌。

# 充分发挥民办高校体制机制优势
# 以高质量党建工作推动学校高质量发展

(安徽新华学院)

安徽新华学院由新华集团于2000年投资兴办,2005年升格为普通本科高校,同年成立校党委,是我省第一所成立党委的民办高校。我校始终坚持社会主义办学方向,坚持和加强党的全面领导,坚持依法依规依章办学,全面贯彻党的教育方针,落实立德树人根本任务。党的十九大以来,学校坚持以习近平新时代中国特色社会主义思想为指导,全面推进党的思想建设、组织建设、作风建设、纪律建设,不断提高学校党建质量,为培养社会主义建设者和接班人提供坚强的政治保证。

## 一、运行科学高效的治理体系,党的全面引领有抓手

### (一)激发学校办学活力的体制机制

(1)董事会、党委会、校务会"三会一体"的决策机制。《安徽新华学院章程》,规定了董事会、党委会、校务会"三会一体"的决策机制,在发展规划、专业设置、制度制定等重大问题上,坚持"三会一体"集体讨论,民主决策。

(2)不定期沟通协调机制。在学校的高级人才引进、党委换届等重大问题上,集团公司、董事会高层和党委主要负责人坚持事先沟通,把协调工作做在决策之前。

(3)重大活动共同参与机制。党委主持的涉及学校发展大政方针的中心组学习,传达贯彻中央、省重要会议精神时,董事会、行政班子成员一同参加,一同讨论。

### (二)营造良好政治生态的用人机制

落实校党委与董事会"交叉任职,双向进入",充分发挥了校党委在依法治校、民主管理、人事任免等重大事项上的监督作用。在各二级学院落实"一岗双责,党政同责",将党建工作与日常事务紧密结合,有力保证党对学校工作的全面领导。

目前校党委设有办公室、组织部、宣传部、统战部、学工部、保卫部和教师工作部,优化职责分工,有效地提高了各个机构的协调能力与效率。

## 二、坚持党对意识形态工作领导权，校园风险防控有实效

### （一）加强安全风险防控

制定《中共安徽新华学院委员会意识形态工作责任制实施细则》，成立意识形态工作领导小组。校党委定期组织召开相关工作会议，及时协调化解矛盾问题。构建风险防控责任制，层层签订《安全稳定包保责任书》，严防政治流言的传播和不良思潮的渗透。学校每半年开展一次意识形态自查，日常工作中进行定期和不定期排查，真正实现"思想不乱、事件不出、风潮不起"。

### （二）加强阵地建设监管

出台《关于学术报告（讲座）实行"一会一报"制度的通知》《安徽新华学院新媒体平台管理暂行办法》《安徽新华学院网络新闻发布管理规定（修订版）》，阵地建设得到有效监管。建立每日舆情监测制度，及时了解掌握广大师生的思想动态，为学校决策提供参考。

## 三、着力构建"三全育人"格局，人才培养质量有保证

### （一）完善"三全育人"的工作体系

学校制定《安徽新华学院"三全育人"行动计划》，完善院系三级党组织育人责任体系、依法治校及管理育人制度体系、管理考核评价体系；打造教师（辅导员）队伍，管理队伍，服务队伍；筑牢课堂教学阵地、网络宣传阵地、校园文化阵地；搭建实践教育平台、科技创新平台、关怀帮扶平台；重点打造育人工作体系构建工程、师德师风、工作作风涵育学风建设工程、课程思政建设工程、校园文化建设工程、创新创业教育2.0工程、关怀帮扶工程。

### （二）构筑立体协同的育人模式

成立马克思主义学院，统一管理全校思想政治理论课教学。在课堂教学中，融入爱国情怀，开展《中国故事》微视频比赛等实践活动，推进红色基因进课堂。制定《安徽新华学院课程思政实施方案》，确保所有课程"同向同行、协同育人"。已打造"安徽红色人文"系列课程、《国学》等德育系列课程，建设了《政治经济学》等一批富含思政元素、广受学生欢迎的课程，形成了《安徽新华学院课程思政优秀案例集》。目前学校立项获批安徽省课程思政建设先行高校、安徽省课程思政建设示范中心；2名教师获省课程思政教学名师称号，拥有2个省课程思政教学团队，3门思政课程被评为省示范课堂。我校财会与金融学院获批安徽省"三全育人"立项建设单位，信息工程学院获批安徽省"三全育人"培育单位。

## 四、加快党建业务双轮驱动，铸魂育人有特色

### (一) 创新"党建＋"载体，发挥党员先锋模范作用

(1) 党建＋教学、党建＋科研、党建＋管理。充分发挥优秀党员教师先锋模范作用，鼓励优秀党员教师传授经验，带动学校教学科研和管理水平的提升。

(2) 党建＋团建。坚持把党建工作与团建工作同步谋划、同步开展、同步考评，通过带思想、带组织、带队伍、带工作，逐步形成了"党建带团建，党团携手共发展"的良好工作格局。

### (二) 做好工作深度融合，积极打造基层党建特色

学校基层党组织积极将"三会一课"、党员活动日与院系特色、专业特点相结合，逐渐形成了基层党建的活动亮点。

马克思主义学院直属党支部与安徽省中共党史研究院、安徽省新四军历史研究会、安徽革命烈士陈列馆等红色文化研究机构充分合作，积极开拓红色文化资源，推进红色基因进课堂。开展"建国七十周年主题微视频""四史"教育主题演讲、红色经典诵读等"红色传承"系列活动，打造好传承红色基因的重要阵地。

财会与金融学院党总支已成功举办了3届"红色剧场"主题会演，由大学生入党积极分子自导自演，演绎了"红船精神""长征精神"以及钱学森等优秀共产党员的家书等革命故事，在话剧中致敬革命前辈，弘扬民族精神。

近三年来我校发展党员 2 245 人，特别是在新冠肺炎疫情期间广大师生党员干部主动担当，积极为抗击疫情捐款 13 余万元，在线"同上一堂战'疫'思政大课"，发挥云端榜样力量，涌现出一批为家乡抗疫作出奉献的师生，得到主流媒体好评。发展学生党员 2 204 人，学生奖项荣誉不断增加，获省级及以上赛事奖项 600 余项。我校毕业生就业率常年保持在 95％以上，用人单位普遍反映我校毕业生综合素质高，专业能力强，发展潜力大。学校被评为教育部首届"全国高校毕业生就业典型经验高校"50 强，连续三年被评为"安徽省普通高校毕业生就业工作标兵单位"，人才培养质量呈现不断提升的良好态势。

# 党建工作探索

### (上海昂立教育集团)

## 一、昂立教育集团党建工作概述

上海昂立教育集团党委最早成立于 2001 年。集团目前在册党员人数为 183 人，员工占比 3.6％；其中集团核心高管层党员人数 12 人，占比 33.3％。设书记 1 名，副书记 1 名，

组织委员1名，宣传委员1名，纪检委员1名，其他委员2名。

昂立教育集团重视基层党组织建设和组织覆盖率，根据集团业务运营特点设立和组建党支部。目前共下设有8个党支部，规模业务单元单独设立支部，其他设立联合支部；外地分公司2个联管党支部（不隶属于上海总部）。

组织建设和制度建设是党建工作开展的基本保障。组织建设方面，集团党委一直重视组织建设的覆盖率。集团业务发展迅速，新业务板块和新校区拓展一直持续增加，党建内容纳入新公司章程已经作为一项制度明确下来。新板块设立完毕，即刻会安排相应党支部对接党建工作。党组织接转也流程化进入新员工入职环节和员工离职流程中。基层组织生活制度化、规范化、常态化，组织生活形式多样化。多次被上海交通大学系统评为先进基层党组织。

## 二、创新抓党建，务实促发展

企业党建要落到实处，才有持续不断的生命力，才能真正落实政治引领和推动企业发展。

### （一）坚持政治学习，保证正确的政治方向

这一点也是对党员的基本要求，同时也是对企业各级干部的要求。党建工作中的政治类学习，主要包括宣传党的理论和路线方针政策，宣传执行党中央和上级党组织的决议，及时组织党员干部学习党和国家最新的重要会议精神和阶段性专题学习任务。具体到教育培训机构，还涉及党的教育方针的宣贯和执行，不断强化"依法办学、规范办学、诚信办学"的办学理念。

"三会一课"制度是要不折不扣地做到，各个支部落实和执行到位。根据集团"党员分散、工作繁忙"和信息时代的特点，从制度上要求各个支部在企业微信平台上建立支部党员交流群，除了"三会一课"和主题党日活动的"规定动作"之外，平时的学习和分享大都通过群平台完成。集团党委每月编辑一期党员学习文件——《支部学习参考》，汇编上个月与党建有关的新闻和学习材料，发送给各个支部分享给全体党员。还通过在集团每月一期的内刊《今日昂立》上开辟"凝聚"专栏，向全体员工展示每月党建工作进展。通过多平台多渠道多组织形式的方式，开展学习活动。为每个支部配发了《支部工作记录手册》，从工作计划到"三会一课"再到各类工作汇总，都有明确的表格设计，也是要求每个支部做好日常的会议和活动记录，并且定期检查。

### （二）务实抓党建，推动企业发展

昂立教育集团党建工作的务实落地主要通过以下三个方面。

（1）激发党员的先进模范作用和发挥基层党组织的战斗堡垒作用，是企业党建工作的有效抓手。通过"亮身份、树典型"的方式，将党建工作落地。昂立教育集团各级党组织

长期推动和开展"佩戴党徽、亮出身份"活动,要求党员在工作岗位和日常活动中佩戴党徽,让党员员工主动亮明身份,用行动增强党性观念,同时接受群众监督,更好地发挥模范带头作用。每年评选"优秀共产党员",树立优秀党员标杆,以实际行动影响和感召广大员工,传播正能量。评选并设立"党员先进示范岗",不仅带动员工发挥先锋模范作用,激发党员"创先争优"的热情,而且向社会向学员也树立了良好的精神文明形象。通过这项工作的长期开展,使党员在无形中感受到群众的监督压力,不断提高自律意识、责任意识、服务意识和党员的荣誉感,树立党员的良好形象,时刻以共产党员的标准严格要求自己,保持积极昂扬的工作作风,有效促进党员的职业进步,很多党员都逐步成长为企业持续发展的主力精英。

(2)通过党建工作,凝聚人才、培养人才、锻炼人才。党要团结人民群众,通过党建工作来凝聚人才是最恰当也最有效的手段。不仅仅包括凝聚党员,还包括员工特别是优秀的骨干员工。十九大报告中也强调党要管人才。昂立教育集团党建一直倡导的口号是"把骨干员工凝聚在党组织周围,把党员培养成骨干员工"。党委书记亲自参与管理集团经理校长级以上的培训与人才发展工作,从组织架构上为"党管人才"做了保障。下属各个支部的书记和委员基本都是相应部门的主要管理干部担任,也是优中评优,多方推荐与选拔后才提名参加选举。在落实"把党员培养成骨干"时,通过项目制、专项工作、课题攻关、临时工作组等方式,优先给到党员员工以锻炼的机会。通过这些工作思路和制度方法,"党建促发展"得到了有效落地。

(3)党建内容融进师资培训和员工培训课程里,贯彻党的教育方针。昂立员工培训特别是师资培训的课程体系里,都融合了有关党和国家的教育方针、民办教育的社会责任、教师道德修养和"爱的教育"等内容,不断强化"立德树人"的教育理念。昂立教育集团的企业价值观是"坚毅、关爱、卓越、共成长",在价值观宣贯中,也结合中国共产党的发展历程做类比,坚毅的品格、爱的情怀、对卓越品质的追求、对共同发展共成长(共同富裕)的努力奋斗,可以完美结合。通过这些党建内容的融合,不断提高昂立员工的精神品质和优秀的企业形象,"党建促发展"得到了有效落地。

### (三)多元组织生活,引领企业文化建设

十九大指出,文化是一个国家、一个民族的灵魂。文化兴则国运兴,文化强则民族强。企业作为社会最具活力的细胞之一,优秀的企业文化是中国特色社会主义文化的重要组成部分。而优秀的企业文化对企业员工又有着强大的凝聚力、感召力、引导力和约束力,能增强职工对企业的信任感、自豪感和荣誉感。通过企业文化建设,将社会主义核心价值观在企业发展中落地生根,在每一个企业员工心中开花结果,是企业党建工作责无旁贷的任务。以党建为抓手,关键在于组织生活创新,基层党组织要积极探索务实有效、员工喜欢并方便积极参与的文化活动内容和形式。

(1)建立文化活动传播载体。昂立教育内部月刊《今日昂立》上开设党建专栏"凝聚",报道支部生活,加强了党员凝聚力的同时,也促使各支部互相交流借鉴,共同成长。

集团官网开辟党群活动专题页面,用于展示基层党组织生活和各类文化活动,形成一套推广和传播机制。

（2）建设昂立橙色部落,广泛开展各类社团活动。党建工作的开展具有政治上的引导性、文化上的包容性和意识形态上的主导性,它能够把正确的、正能量的价值观渗透到企业文化的各个方面。昂立员工年轻有活力有个性,需要表现自我。我们以党支部为组织保障,从2016年起开始大力推进昂立橙色部落建设。"橙色"是昂立的企业色。我们把"昂立橙色部落"当作一个子品牌来运作。目前已经建设成熟的部落有19个。每个部落都是一个社团或者一个兴趣团体。每个部落都设有会长和副会长,有专门企业微信平台和自己的部落管理制度及日常活动计划,如橙色部落——爱跑族聚集了一大批热爱跑步的员工。他们会不定期组织线上或线下跑步活动,每年固定5月和11月组织全集团范围的10千米自由联赛,常年组队参加如上海马拉松等社会竞跑活动。最有意思的一次是组队参加上海滴水湖24小时接力赛,6位队员24小时接力跑出了275千米的好成绩,这类活动对新时代昂立精神的打造和传播起到了强有力的推动作用。党建如何引领?我们把各党支部对口支持对接到各个橙色部落,点对点成立党员对接小组,并达到全覆盖,一方面保证了企业内文化社团健康的、可持续的发展,另一方面也让党员"为人民服务"的宗旨和心愿得到落地实施。

（3）基层党组织牵头举办集团大型品牌活动,扩大组织影响力。集团全年有四大品牌活动:4月份全员毅行、9月份教师节嘉年华系列活动、11月份运动会、年底集团新年盛典。这四大活动会从各个支部抽调人手组建活动组委会具体推动工作开展。活动中各个支部充分发挥战斗堡垒作用,确保活动有效有序开展。"昂立周年庆毅行"是一个典型活动,每年4月底举行。昂立教育1984年成立,毅行活动每一年增加一千米,用一天的时间在郊区事先规划好的路线徒步行走。这是一次轰轰烈烈的超大型团建活动。在这一天,各个基层支部都会成立自己的先锋队、志愿队,打出自己的旗帜。这一活动目前已经走向了全国。

（4）创新组织生活,红色之旅与企业文化完美结合。上海是红色教育景点最集中最丰富的城市。中国共产党从这里诞生,早期革命的领导者大都在这里生活过、战斗过,在这里领导全国运动。昂立拥有徒步毅行的"坚毅"文化基因。于是,命名为"Citywalk红色之旅"的党建特色项目应运而生。集团党委牵头组织,昂立橙色部落——悦活户外俱乐部具体落实,把上海知名的红色景点串起了四条红色路线,每条路线累计步行距离为12～15千米。徒步这些路线成为各个党支部的规定动作。该组织生活形式有现场教学、有分享感悟、有团队建设、有放松自我,深受广大党员喜爱。

以党建促企业文化建设,并在发展中不断改革、创新,使企业文化内化于员工内心,让企业核心价值观和企业精神成为每一个员工的自觉行动,使员工自觉把个人职业规划和实现个人价值融入企业发展、企业愿景中来,成为凝聚共识和信仰的思想引领。

### （四）践行教育公益,承担社会责任

昂立教育集团的经营理念中一直强调教育的公益性。这也跟我党的教育方针、我党

的根本任务精神相一致。这么多年的办学过程中,从早几年的单纯向偏远落后地区捐赠到曾经连续三年到西藏来古小学支教,再到最近几年一直持续开展的"交大—昂立乡村教师培训"公益项目和昂立橙色部落公益社,昂立教育集团一直坚持参与社会公益事业。乡村教师培训项目中,我们每年暑期会组织来自偏远地区的中小学教师 120 人左右,集中在上海交通大学,进行为期 14 天的培训,传递最新的教育理念和教育方式,进行经验和智慧对接。昂立承担包括往返差旅的全部费用。2017 年集团组织了各党支部骨干干部,组成了四个考察小组,奔赴贵州、四川、甘肃、重庆等中西部地区,与当地有关教育部门深度沟通交流,深入了解当地教育资源、教师教研力量等现状,为更好地推动教育公平化储备决策信息。我们的橙色部落公益社两年来已经为新疆四川等地 24 个学校累计捐赠书籍 11 000 多册。

# 长三角地区民办学校特色培育典型案例

## "一个中心,三个专注",幼教专业化发展之路

### (苏州尔家幼教集团)

苏州尔家幼教集团是专门从事学前教育、研究及相关领域产品开发的专业集团。集团秉持"一个中心,三个专注"的办学理念,致力于践行"幼儿健康成长之家,家长向往放心之家"的办学宗旨,形成了"以幼儿为中心,专注于课程建设、专注于专业团队建设、专注于标准化管理"的办学体系,获得家长、同行以及社会的一致认可。集团目前担任中国民办教育协会学前教育专业委员会副理事长单位、江苏省学前教育学会理事单位、苏州市民办教育协会副会长兼学前教育专委会会长单位,2018年获"加中教育影响力奖",2020年获"亚太学前教育影响力50强"称号。

集团自2002年创办第一所幼儿园——蒙台梭利幼儿学校以来,先后创办了万枫、阳山、国际公馆、金色、新狮、未来城、长江、新港、新鹿、云锦城、名城石莲(与广电总台合办)、加拿大多伦多First Academy幼儿园等13所幼儿园。目前,集团在园幼儿4 000余名、教职工600多人。2015年,尔家旗下苏州柿子树教育科技有限公司,建立起一个集标准化管理、智能化教学推广为一体的网络平台——柿子树App线上平台,目前免费对社会、幼儿园、家庭开放。

十几年来,尔家幼教集团将"一个中心,三个专注"贯穿于集团建设成长中。

## 一、以幼儿为中心

尔家幼教集团始终秉承"以幼儿为中心"的现代教育观念和立场,从幼儿的天性、需要、发展规律出发,对幼儿活动过程中的行为和交往的情境进行研究,理解幼儿行为的意义,多视角观察幼儿活动的动机和需要,在此基础上进行环境创设、教师培养和课程设计。

基于皮亚杰、维果斯基、加德纳等人的幼儿教育理念和多年教学实践,尔家幼教集团致力于为幼儿提供用来动手操作的丰富游戏材料和先进课程理念下的环境创设,并与幼儿一起行动,进行课程设计和拓展探究,并以此导向进行教师培训,倡导幼儿教学基本立

场的回归与教育内在本质的高扬,真正以儿童立场、科学态度和专业精神,进行集团教育教学。

例如:尔家未来城幼儿园,以吃得好、学得好、玩得好为特色。在吃得好方面,注重食材的安全与新鲜,把好食材关,把好烹饪关、把好幼儿的就餐关。园所拥有自己的西餐烘焙坊,聘请五星级酒店的厨师为幼儿制作点心。每个家长都可以线上看到幼儿园的厨房,实时了解幼儿的餐饮情况。在玩得好方面,未来城幼儿园将13 000平方的校园打造成幼儿的乐园,在户外,每个角落里都设计有迷宫区、美工区、音乐区、角色区、梅花桩区等区域。户外操场上,设置了全省最长的综合性大型玩具,幼儿可进行走、跑、钻、爬、平衡、跨越、垂吊等综合运动,发展各项基本动作、促进幼儿体能,实现全面健康成长;在室内,幼儿园打造了"未来职业幼儿体验馆",警察局、面包店、医院、酒店、银行、超市、邮局等场景"真实"呈现,幼儿通过游戏,扮演,体验角色,感知、了解社会。同时,幼儿园把80米长的三条走廊也打造成了幼儿玩耍的天地。有乐高积木等材料组成的建构专用长廊;有丰富绘本和点读、观看等多种阅读载体的阅读专用长廊,有进行剪纸、泥塑等艺术创作的艺术专用长廊。在学得好方面,未来城幼儿园使用国际先进的北美创造性课程,创造性课程有丰富的区域、大量丰富的材料,幼儿在课程主题的引导下,在游戏材料的操作中,充分调动各种感官,获得创造性的能力和思维方式,培养孩子成为具有创造潜力的、自信的学习者。

## 二、专注于课程建设

高品质的课程能促进幼儿认知、语言、社会与人格各方面的发展,是幼儿园品质的核心体现。尔家幼教集团多年来致力于高品质课程的发展,根据园所特色开设了蒙台梭利课程(以下简称蒙氏课程)、北美创造性课程和尔家First Academy英语特色课程。

1. 蒙氏课程

蒙氏教育的核心是以儿童为中心,体现一把钥匙开一把锁的个性化教育,是把握儿童敏感期、尊重儿童的成长步调、注重品格和智慧的培养、教学成果呈爆发式的教育课程体系。尔家幼教集团实施蒙氏教学的园所,按照蒙台梭利博士对"有准备的环境"提出的标准和要求进行有规律、有秩序的创设,幼儿在宽松、愉快的环境中发展独立、专注、秩序、协调等能力,通过亲自动手操作、体验、让幼儿快乐中自然的学会生活,学会学习,学会创造,学会社交。

2. 创造性课程

创造性课程是尔家幼教集团的另一大特色课程。北美创造性课程诞生于美国,课程适应于高速发展、复杂多元的智能时代。创造性课程"螺旋式"的课程体系,通过不断深入的调查和研究,引发幼儿更高层次的思考,培养幼儿创造性的品质和思维方式。目前,美国有上万所幼儿园使用创造性课程,为幼儿未来的成功做准备。

创造性课程具有理论基础扎实、可操作性强、将创造融入一切活动之中等特点。为了引进国际先进的创造性课程,尔家幼教集团收购了加拿大多伦多First Academy幼儿园,引进了原汁原味的北美创造性课程,引进了原汁原味的北美教师,引进了原汁原味的北美教学方式。目前尔家所属各幼儿园均开设了北美创造性课程班级,班级环境创设同步加拿大 First Academy 幼儿园,按照 11 个学习区的要求的进行区域的规划与布置,满足幼儿九大学习与发展领域的全面、平衡发展,让孩子不出国门便能享受到加拿大最好的幼儿教育。

尔家幼教集团结合国内实际,对创造性课进行了反复研究与创新,实现了创造性课程在尔家的成功落地实施。

3. 尔家 First Academy 英语专利课程

First Academy 英语课程以流传百年的经典童话故事为基础,利用丰富的课程辅助材料和点读笔,根据 3～6 岁三个年龄段特点,设计成三年循序渐进的英语学习课程,让幼儿既感兴趣,又容易学会。课程倡导"在故事中轻松、快乐、自然习得英语"的教学理念,让幼儿在掌握基本语言社交技能的同时,培养幼儿阅读与理解故事的能力,会用已学内容进行英文情景对话和简单的童话剧表演,使幼儿在语言敏感期,感受到标准口音的熏陶,为幼儿学习第二语言打下扎实的基础。2019 年尔家旗下柿子树 App 开通尔家 First Academy 英语在线课程,聘用专业北美外教线上授课,每天有近万名幼儿在线收看,让孩子不出门尽享原汁原味的英语情景教学。

## 三、专注于专业团队建设

1. 聘请一流的专家团队

尔家幼教集团整合优质资源,聘请哈佛大学郝和平教授、资深蒙台梭利教育专家周秀钦女士、中国台湾蒙台梭利协会秘书长张源生教授、南京师范大学刘晶波教授、南京师范大学虞永平教授、上海华东师范大学张明红教授、东北师范大学姚伟教授、加拿大 Laurie Kocher 教授等一流的专家作为集团顾问,对集团园所进行教师培训和业务指导。

2. 组建专业的管理团队

集团邀请众多资深的教育专家加盟,组建了一支拥有丰富幼儿教育管理经验的管理团队。形成了安全保健部、材料部、技术部、研发部、宣传部、人事部、财务部、基建部、办公室等"八部一办",形成了完整的总部管理团队。

3. 培养资深的园长团队

尔家幼教集团园长均为本科以上学历,从事幼儿教育工作 10 年以上,拥有丰富的教学经验和管理经验。更有高靖靖园长拥有 32 年、郭静雅园长拥有 30 年的幼教工龄。她们在工作中勤勤恳恳、脚踏实地抓管理,讲究实效求发展,注重创新争先进,各幼儿园在她们的带领下工作有条不紊、办园水平稳步提升。

4. 打造优秀的教师团队

为了确保优质的教师后备,尔家幼教集团与北京师范大学、南京师范大学等知名院校合作,每年招聘优秀硕士、本科毕业生 20 名以上,保证集团教师队伍的优质化和持续化发展;与加拿大道格拉斯学院和圣力嘉学院合作,每年聘任 12 名以上拥有北美教师资格证的外籍教师,使得集团外语教学团队更专业化、规范化、国际化。在教师培养方面,通过构建完备的培训体系,并与薪资体系相结合,打造了一支起点高、专业精、成长快、德才兼备的教师队伍。通过国内外培训,为教师提供广阔的视野,邀请国内外知名专家走入幼儿园,为教师开展有针对、有专题的培训指导,组织教师到北京、上海、南京、台湾等地区的优质园所进行培训学习;组织教师到加拿大、新加坡、韩国等国家外出学习。通过针对性培训,促进教师专业技能成长,全面提高教师的教学业务水平。通过重点专项培训,让集团每位教职工热爱教育,对孩子们永保热爱之心、助力之情、成就之意。十几年的发展历程中,尔家幼教集团培养了一大批优秀教师,更有一批研究生学历的优秀人才,将学识与实践相结合,为集团的教学理论研究增砖添瓦;还有一批拥有十年以上丰富幼教经验的一线教师,他们将"教"与"研"紧密结合,为尔家幼教集团的教育教学做出突出的贡献。

## 四、专注于幼儿园标准化管理

集团根据幼儿身心发展规律,借鉴国内外成功的连锁模式和经验,经过多年摸索和经验积累,于 2007 年制定完成了《尔家幼教集团管理工作手册》。经过不断的修订完善,管理手册从教育教学、安全卫生、行政管理 3 大块、16 个方面制定了一套完整的标准,使每个岗位人员都明确工作流程、工作标准与工作要求。标准化管理强化了食品安全、保育安全、防疫安全;强化了对教育教学、卫生保健、家长工作、后勤保障、人员流动等动态监管;强化了突发事件的应急管理,避免意外伤害。标准化管理提升了办园水平和质量,为集团的规模化发展奠定了基础。

行者精进,研思笃学。尔家幼教集团在十几年的发展中找到规范办园的共性,幼儿发展的个性以及集团发展的可持续性,坚持办好人民满意的幼儿园,为社会提供优质的学前教育服务而不懈努力。

# 努力构筑现代民办教育新高地

## (上海新纪元教育集团)

上海新纪元教育集团以习近平总书记强调的扎根中国、融通中外、立足时代、面向未来的指示精神为指针,以"构建现代学校制度、创办优质民办教育"为使命,集团倾情于基础教育事业,现有 16 所高品质基础教育学校(幼儿园),包括 2 所省级重点高中和 2 所省级示范性学校,分布于上海、浙江、四川、重庆、山东、云南等地,涵盖从幼儿园到高中完备的基础教育体系。集团下属各校占地总面积 153 万平方米,建筑总面积 80.8 万平方米,在校学生 3.66 万余名,教职员工 3 000 余名,旗下每所学校都是当地家长首选的优质教育品牌资源。22 年来,集团已为国内外知名高校输送大批优秀学生,获得家长与社会的广泛认可,成功入围由国务院新闻办公室主办的《中国品牌影响力提升计划》,被国家环保部门评为"中国十佳绿色责任企业",旗下学校被评为中国民办百强学校,党和国家领导人张德江、刘云山、汪洋等先后视察新纪元学校,新华社、中央电视台、人民日报等新闻媒体数次报道新纪元教育集团的办学成就与社会公益事业。

## 一、以目标为引领,致力塑造现代民办教育办学机制和价值标杆

### （一）以目标导向的管理模式

"最美校园、最强师资、最优教育、最好服务"是上海新纪元教育集团的发展愿景;"构建现代学校制度、创办优质民办教育"是集团使命;"全省领先、全国一流、世界影响"是集团确立的办学目标,立德树人是集团的根本任务。这些方面既是集团美好追求,又是集团的目标价值。集团持续不断地以共同的愿景、崇高的使命、高尚的目标和一致的价值观去统御、去管理,在形而上的层面统一全体员工的思想。

对于一个拥有几万名师生的教育集团来说,集团的管理层始终铭记,治大国如烹小鲜,以目标管理为导向,对学校充分授权,让学校自主经营、自主管理、自主发展,充分调动校长办学的积极性、创造性,充分激发一线员工的工作热情。经过长期坚持,这种目标导向充分授权的工作机制激发出来的敬业爱岗、创优争先已经成为全体员工的自觉行为,并内化为一种文化,有效保障集团的可持续发展。最早创办的平阳新纪元学校、瑞安新纪元实验学校、中山外国语学校和四川广元外国语学校相继获得省级示范学校的称号,各个学校都获得地市级教育主管部门的多次表彰。

### （二）以核心素养为内涵的育人目标

2016年9月13日上午,中国学生发展核心素养研究成果发布,分为文化基础、自主发展、社会参与三大方面,综合表现为人文底蕴、科学精神、学会学习、健康生活、责任担当、实践创新等六大素养。

值得一提的是,潍坊(上海)新纪元学校早在2014年年底就提出了八大核心素养概念,学校以邓小平的"教育要面向世界,面向现代化,面向未来"为指导,根据世界多极化、经济全球化、文化多样化、社会信息化的时代潮流,从育人目标的价值取向和人的发展终极需求出发,审时度势地提出培养学生的"诚信品德、规则意识、理性思维、创新能力、国际视野、领袖气质、终身学习、信息素养"八大核心素养,为育人目标规划了逻辑起点和价值导向。

核心素养的涵养与培育必须从个体自我控制与自我规范做起,配合八大核心素养,学校提出"学习自觉、行为自律、生活自理、个性自主"的主体性德育教育目标。

和潍坊(上海)新纪元学校一样,瑞安新纪元实验学校"让学生站在学校的正中央",申明学生的成长是学校存在的全部意义,教育必须指向人的核心素养,让学生追求完整的生活、完整的人生。

对核心素养的价值响应和不懈追求,极大提升集团的竞争力和影响力。近几年集团各学校学生不断活跃在全国甚至世界的舞台上,在无人机、航模、机器人、车模、模拟联合国等比赛中多次获得全国大赛冠军。同时,集团各校学生在当地的高考、中考中屡获佳绩。

## (三) 以最美校园为内容的建设目标

用"如诗如画""市井中的桃花源"来形容上海新纪元教育集团的每一所学校都不为过。

上海新纪元双语学校,坐落在美丽的崇明岛。一溪清流环绕英伦风貌的校舍,学校建筑也以绿色生态为依归,返璞归真的"快乐农庄"、乡村情调的"小木屋"点缀在现代建筑群中,师生下课漫步其中,置身嘉木绿卉之间,心旷神怡,悠然心会,演绎出"采菊东篱下""守拙归田园"的意境。

潍坊(上海)新纪元学校办学与国际接轨,以国际高端学校为标杆。学校在建筑设计上,借鉴英国伊顿公学建筑模式,蓝天白云下,三到五层的校舍,青瓦红墙相映衬,回廊结构与 U 字造型相呼应,前幢与后栋相错落,拱门与方窗相搭配,藻井上方的玻璃方塔与黛色棱锥房顶相照应,加以宽阔长廊欧式桌椅摆放其间、羊皮纸书籍式样的"破茧化蝶"校园雕塑和高高的塔式钟楼准点的雄浑悠扬的钟声回荡,使人仿如置身欧陆。

四川广元外国语学校依山临水,山光接水色,鸟鸣伴书声,学校绿化覆盖率达 33.3%,春有新篁,夏有香樟,秋有丹桂,冬有松苍,空中绿化带将楼宇拥抱在碧绿之中,四季常绿、鸟语花香伴随师生学习生活。

在新纪元的校园里,每一株花草种植,每一处景观设置,每一片色彩运用,每一块空间布局,每一面墙壁设计,都是师生思维与智慧的碰撞,都呈现师生匠心独运的精彩,真正做到好学校自己会说话。

## (四) 以助力西部教育发展为主旨的人文目标

上海新纪元教育集团深信"根基的深度决定眼界的高度"。这个根基就是办学价值观、就是集团文化底蕴、就是深入骨髓对现实的人文关照和悲悯情怀、就是对教育一往情深的爱。

纳雍,是贵州西部高原上的一个偏远山区县,海拔 1 500 多米,教育条件和资源都非常落后。2007 年,上海新纪元教育集团与纳雍县签订了"320"教育帮扶协议,即在 2007—2009 年,集团每年帮助纳雍县 20 名家庭困难的初中生免费到新纪元学校就读,每年为纳雍免费培训 20 名教师,每年捐赠 20 万元助学。

2007—2019 年,新纪元为此总共投入近 2 600 余万元,12 年间共帮助纳雍县 488 名家庭困难学生在新纪元学校免费完成高中学业,已有 9 届 369 名学生毕业并全都考取本科,而且 98.1% 就读于重点大学,多位学生还是当地的高考状元,四位同学被清华、北大录取。

西部贫困地区的教育发展,仅有"320"教育帮扶协议是不够的,如何用新纪元的智慧火炬,燃爆成提升西部贫困地区教育的满天星。集团经过深思熟虑后决定:①选派集团最出色的干部到纳雍教育局挂职副局长,专门负责教干和教师的培训;②捐赠100万元与中华慈善总会联合开发《慈善读本》,赠送西部1 000余所学校,惠及100多万名中小学生;③集团创建中华慈善教育网站,方便更多机构和人员参与慈善教育事业;④依靠新纪元的专业技术力量,对西部进行教育管理咨询、教师专业培训、教育质量检测评估。集团陆续举办了民族地区教育局局长教育管理研讨班、全国民族地区校长研讨班、第十二期全国边境县党政领导经济管理研讨班。2010—2014年,新纪元承办了贵州省纳雍县、织金县、贵定县三个县的校长、中层干部和教师的基础培训和提升培训,同时承担了织金、贵定两县的教育质量检测评估工作。

这就是我们上海新纪元教育集团的人文情怀,也是我们应有的责任担当与使命追求。

## 二、以培训为手段,不断丰盈干部教师专业素养和教育情怀

### （一）以"四个三"为内容的全员培训

上海新纪元教育发展研究院,云集一批国内外资深教育专家,他们分层次不间断地对集团的高管、校长、中层干部、班主任、学科带头人、新入职人员培训,传递最前沿的教育教学管理与改革信息,努力提升全员的管理水平与专业素养,引领学校走内涵发展之路。

集团推出"四个三"培训体系对全体员工进行培训,即三项基础:专业标准、培训课程和培训讲师;三维课程:通识性课程(思想观念、职业素养)、岗位能力课程(岗位能力、基础理论)和岗位实操课程(岗位职责、实际操作);三维评价:标准性评价、相对性评价和发展性评价;三级网络:集团层面、学校层面和学部层面及教师个体的教研训的三位一体培训。

通过培训进一步彰显集团凝聚效应和优势影响,逐步形成一个强大阵容的管理团队和教师团队。现在集团各位校长均是教育管理专家;集团拥有30多名特级教师、500多名省市级名师。每6名教师中就有1名省市级名师;一半以上的教师获得各级教育主管部门表彰;集团各学校常年聘请外籍优秀教师。

### （二）以岗位实操为内容的管理干部培训

为了进一步规范学校各岗位工作流程,使岗位管理人员尽快熟悉业务,满足集团业务发展需要,集团成立岗位实操研发项目组,项目组以学校管理岗位的专业标准为基础,以集团学校的实践和经验为素材,以思维导图为主要工具,组织研发了校长、教务处主任、学生处主任、后勤部主任、科研部主任、生活管理部主任、人力资源部主任、校办主任和班主任等九个岗位的岗位管理实操。岗位实操规范了做好每个岗位的工作职责,每个职责在一个学年里要做的重要事件,每个重要事件要达到的预期目标及执行条件、关键要素、工作流程、使用表格和文本案例等。

对管理干部、教师的培训,形式多样,时间灵活,针对性强,有集中培训、网络培训、跟岗培训等。

新纪元学校校长每年两次述职,述职要脱稿、讲问题、就问题提出解决思路和措施,述职后有专家点评。这样一种述职形式实际上是为校长搭建一个内部交流平台,有利于开拓他们的思路,思考学校问题,总结工作得失,从而实现快速成长。

新纪元学校的不少管理干部,经过集团持之以恒的业务培训,管理能力不断增强,成为当地的名校长和专家型校长。

## (三)教师生涯规划成长培训

上海新纪元各学校都把提升教师专业发展作为第一要务,全力打造生涯规划的绿色通道,根据教师专业水平依次分为五个层级:教坛新秀、骨干教师、学科带头人、首席教师、特级教师。学校由校长负责、特级教师牵头,带领全体教师抓培训、提素质,打造优质教师团队:①学科层面组织新老教师结对帮扶的"青蓝工程",结对组合考核捆绑;②学校层面持续开展特级教师领航课、首席教师示范课、学科带头人样板课、骨干教师优质课、教坛新秀达标课活动,以高质量的课堂教学示范行动推动教师的专业成长;③集团层面学校间的交流学习活动;④国际层面的交流与游学活动,集团每年都选派优秀教师赴英国雷丁大学进行为期一个月的访问游学。四个层面的学习观摩交流,开拓教师视野,提升教师专业素养。

在集团催人奋进的学习氛围中,教师业务能力不断增强,各个层级的教师不断向高阶进步,多位老师相继被评为特级教师。

## (四)专家讲座及学术培训

上海新纪元教育集团每年暑期都要在上海总部进行骨干教师集中培训,积极引进和利用外脑实施培训与管理,邀请国内知名专家对他们进行培训。

同时,每年在潍坊(上海)新纪元学校举办高端教育培训。2015年5月承办由全国班主任成长研究会、山东省班主任专业发展联盟主办的"2015学校德育创新与班主任工作高峰论坛";2016年6月举办"创新教育与批判性思维STEAM课程学术报告会";2017年5月举办山东省第三届创新教育节;2017年8月举办"第二届全国基础教育批判性思维教育研讨会暨第二期全国基础教育批判性思维培训班";2018年8月举办中国未来教育论坛暨美国提高学校管理效能的21种方法研修班。

努力打造学校的学术高地,营造浓郁的校园学术研究氛围,以先进教育理念引领教师,以前沿学术氛围凝聚教师。

上海新纪元教育集团对教师的期待是,教师专业要精深,其他知识要广博,要充满激情和梦想,有教育情怀。

教师面对千差万别时刻充满各种变化的孩子,怎样在实践中不断生成教育智慧,如何让自己变得生动有趣,这是教师职业挑战之所在,更是教师职业魅力之所在。新纪元要做有梦想、有魅力的教育，就要成就有梦想、有魅力的教师，而有梦想、有魅力的教师才能创造出师生互动激情洋溢的教育情境，才能实现孩子们最美丽的梦想。

## 三、以创新教育为办学遵循，积极探索未来教育模式

### （一）建立全新教育观

上海新纪元教育集团以"构建现代学校制度、创办优质民办教育"为使命，秉承"尊重差异、提供选择、开发潜能、多元发展"的办学理念，致力培养学生"诚信品德、规则意识、理性思维、创新能力、国际视野、领袖气质、终身学习、信息素养"的核心素养。这些既是新纪元的教育信仰，也是新纪元教育价值观。

上海新纪元教育集团从学生、未来需求和教育本质三个维度在探索、在思考。

（1）聚焦学生，聚焦于学生的优势智能开发，聚焦于学生最大高度的发展上，鼓励和推动学生做最好的自己。集团以差异化教育为引领，尊重差异、珍惜差异。关注学生学业水平、智能倾向、学习适应性、性格特长、兴趣爱好和家庭环境，全面实施差异化教育教学，教师对学生的研究从表象感知提升到理性数据分析和心理倾向方面研究，增强了教育管理和教学管理针对性与实效性。

（2）未来社会发展对人才的需求，以批判性思维的视角，审视既往教育的得失，研判未来社会发展对人才的期盼，提出以创新教育为办学遵循，在课程建设上引进西方青少年领导力、批判性思维、SETAM 课程等，鼓励学生自主学习、合作学习和探究学习，习得批判性思维、创新意识和动手操作技能。

（3）对教育本质的思考，教育应促进人的发展和人性的解放，根本是教人求真，学校要培养读书的种子，养成终身学习习惯。

### （二）引入先进的 STEAM 课程

办学 22 年来，上海新纪元教育集团对教育的认知与理解在办学实践中不断升华：教育是唤醒，唤醒学生的主体意识；教育是发现，引导学生发现知识架构和解决问题的路径；教育是艺术，艺术的生命在于创新；教育是创新，是涵养学生创新意识、激发学生创新实践能力的生成活动。

对教育的深刻认识使他们逐步惯悟到，创新是教育的责任，教育者必须有强烈的创新教育意识和创新教育作为。为此，集团以课程建设为抓手，引进 STEAM 等西方先进课程。

STEAM 课程是以科学（science）、技术（technology）、工程（engineering）、艺术（arts）、数学（mathematics）的内容为基础，针对现实生活中或课程学习中的实际问题，通过小组合作学习，跨学科整合学习材料，设计出解决问题的方案，并利用各学科知识来论证和解决实际问题。一个 STEAM 课题，可能涉及物理实验、生物技术和数学运算等知识，对学

生整合知识能力、设计能力和问题解决能力提出考验也提供机会。学校的口号是"像科学家一样思考、像艺术家一样设计、像工程师一样做事、像发明家一样创造"。

STEAM课程的实施，为学校更广泛地开展创新教育奠定坚实的基础，为学生开辟了科技创新、技术创新的新天地。潍坊（上海）新纪元学校学生刘哲宁热爱科技创新，多次获得国家级无人机比赛大奖，还三次获得无人机设计方面的发明专利。同时，集团的平阳新纪元学校、瑞安新纪元学校、广元外国语学校、平阳新纪元学校水头校区等一大批学生分别在国家级科技创新大赛中获奖，新纪元的校园内奔走着车模和机器人、天空中飞翔着航模与无人机，学生制作的火箭腾空而起，3D打印作品成为学生敬献老师的礼品，学生创新意识明显增强，创新创造像种子一样深深地植入学生心田。

### （三）推动批判性思维进课堂

批判性思维是合理的、反思性的思维，是一种辩证的评价性思维，核心是对信息有目的地处理，通过处理过程及处理结果来促使人们进行理性判断。

集团大部分学校把批判性思维作为初高中学生的必修课，通过批判性思维教学，力求带给学生一个全新的思考世界，注重学生思维方向的引导，为未来的审辨思考做准备。

课堂是教学的主阵地，把批判性思维精神和批判性思维技能渗透到学科教学中去，这是实施批判性思维教育的重要途径和方法。

集团提出"三四五特色课堂范式"，其中，三就是课堂体现三元素：差异化、信息化和批判性思维；四是形成知识结构、能力结构、智力结构和情商结构的四维目标；五是"学、导、议、练、悟"的教学五环节。

批判性思维能力培养与各门具体学科教学相结合，也就是把批判性思维教学和学科知识教学结合起来，通过国标课程的教学把批判性思维知识与技能培养融入语文、数学、物理等具体学科教学中，不但优化了国标学科的教学效果，还使批判性思维意识和能力在实际运用中得到提高。

批判性思维课程很好地提升学生对思维和论证的拓展能力，有效提升学生的质疑精神和创新品质，学生在分析和讨论的氛围里，在一节批判性思维课堂上，提出合适的论题、有新意的推断、有依据的反驳，挖掘自己的思维潜能，对讨论的主题形成建设性的表达。

几年的实践表明，批判性思维课程学习，帮助师生突破思维的局限，是开展创新教育、提升学生思辨能力的有效工具。

### （四）借鉴道尔顿精英教育模式

道尔顿学校于1920年在美国马萨诸塞州创建，其新颖且严格的教学体制受到一致公认。

道尔顿的教育宗旨是提供自由、放量、高质量的教育。学校遵循的基本理念是自主与合作，提倡多元化，充分考虑和满足学生个性化的兴趣、能力和需要。学校鼓励每个学生发展独立思考能力、创造能力和好奇心，承担对自己、对学校以及社会其他群体的责任。

为更好地探索未来教育的路径，更好地培养精英人才，上海新纪元教育集团创新办学思路，参考道尔顿学校的成功经验，以开发优异孩子内在潜能为目标，在部分学校创建道尔顿精英教育实验班。

道尔顿精英教育实验班以个体学习为主，每个学生自己决定学习进度，自主选择线上或线下学习方式，个体学习与小组研讨结合，探究性学习与师生互动并举，把每个学生的潜能充分挖掘出来，把每个学生的个性充分张扬出来，让每个学生真正把学习变成自己的事情，使学校成为学生自觉学习、愉快成长的地方，努力培养出有创造潜力、执着敬业、面向未来的卓越人才。

道尔顿精英教育的本质是解构传统班级教学组织形式，并重构新的学习生态和组织方式，利用网络信息技术优势，增强学生自主性，释放个体的无限潜能，为学生创造性学习、研究性学习和终身学习打下基础。

学校在道尔顿精英教育实验班基础上，开辟未来教室——教室面积 80 平方米；教室地面铺设地毯（避免干扰）；课桌能放电脑、放书籍、有足够写作业的空间；椅子可以转动和移动；教室区域分布为前部学习讨论区，后部休息、活动、辅导、阅读多功能区；教室黑板有可供多组学生展示的区间。

未来教育什么模样，仁者见仁，智者见智。但探索未来教育，上海新纪元教育集团从确立创新教育观念起，引进创新教育 STEAM 等现代课程，改进思维方式，学习批判性思维，提高思维品质，推进批判性思维进课堂，再到道尔顿精英教育实验班模式创建和未来教室的开辟，尝试走出一条"创新观念—创新课程—创新思维方式—创新教学模式—创新教室"的路子。

对教育事业的挚爱，上海新纪元教育集团一如既往；对未来教育的探索，上海新纪元教育集团永不止息。

# 护理院校如何办出特色和品牌

（上海思博职业技术学院）

上海思博职业技术学院卫生技术与护理学院经过 15 年的发展，在办学规模、教育质量、管理水平、科研水平、办学效益和人才培养质量等内涵建设方面取得了骄人成绩，连续3 届毕业生毕业半年后工作匹配度（95.6％）、半年离职率（9.6％）、母校满意度（92.3％）等主要指标优于与全国高职、本科院校各专业均值。本文从建立富有特色的基于国际护士执业标准的护理人才培养模式；加强校企（医院）之间的紧密合作；引进海外师资人才，加强信息化和国际化要素；创新强化学院的社会服务功能，努力争取并积极开展各项课题和项目几个方面阐述了其发展建设的特点和历程。本案例主要研究成果已于 2018 年荣获上海市级教学成果奖一等奖。

# 一、建立富有特色的基于国际护士执业标准的护理人才培养模式

办学 15 年来,学院逐渐形成了以培养学生"专业核心素养、信息素养、人文素养为主,融合职业资格考证要素,探索护理专业国际化教育途径为一体"的高职护理人才培养模式。

## (一) 把国际职业资格标准融入护理人才培养方案

引入护理专业国际标准,缩短中国的高职护理专业的人才培养与国际标准之间存在的差距与问题,提高高职护理专业人才培养质量,适应上海国际化大都市的发展需求。基于 ISPN 考点项目,引入国际执业护士标准体系,全面评价学生知识、能力与态度。基于学院广泛与美国、澳大利亚等知名学府间广泛的国际合作,成立中美循证护理中心和中美护理质控与患者安全中心,为专业人才培养引入了全新的国际护理理念。调整优化的人才培养模式既为中国护理教育实践,又为实现护士教育国际化、护士流动国际化、护士岗位竞争国际化提供了思路。

以中欧调优项目、ISPN 项目契机,改变国内专业人才培养与国际护理专业标准脱节的短板;实行核心课程双语教学、引进原版英文教材,由外教和具备全英教学能力教师授课。在国内首次开展护理专业调优研究,将国际标准与本土护理教育进行优化融合,围绕国家护理教育标准和参照国际标准,逐步调整优化中国护理专业人才培养体系。

近年来,学院通过举办 10 次以上的国际性、全国性、省市级研讨会,不断拓宽高职教育国际化领域,增强办学活力,提高学院的国内外影响力和知名度。同时,通过国内外护理院校的考察和开展国际化护理合作项目,将欧盟护士职业资格标准、美国护士职业资格标准、澳大利亚护士职业资格标准嵌入专业人才培养标准,引进外籍教师制并配备中方的助教,试点做好国际班的教学改革,开设国际护士执业水平专业英语、雅思英语课程,为海外及国内涉外医疗机构输送具备国际化医疗知识与全球视野、英语水平优秀的高级护理人才。

## (二) 注重全面育人:先学会做人,后学会做事

院领导经常深入学生,了解学生的思想动态,树立良好的学风。建院 15 年来,院级层面的学生社团活动举行过近 300 场左右,院领导每次都参加并作生动幽默的点评,极大地鼓舞了学生的参与热情。学院通过组织学生社团活动、职业环境布置、校园环境展示、院报建设等,提升学生的职业人文素质,有针对性地培养学生与未来职业相适应的职业素质和岗位能力,激发学生对未来所从事职业的热爱和开拓创新的精神。将学生会、团总支、社团联合会作为主要阵地,从职业技能、生活技能、语言技能、文艺技能、艺术技能 5 个方面全面挖掘学生潜能,树立学生的自信心,使社团文化在学生中更加普及,鼓励学生勇于表现、敢于表现、乐于表现,在实践中提高自身的综合素质与能力。学院目前有 22 个社团,定期开展各项活动。

通过邀请海内外著名临床专家素质报告与实践技能指导近百人次,组织开展美国、德

国访学、夏令营活动,开展上海市红十字会、国际马球马术巡回赛、上海科技馆、关爱自闭症患者、上海国际半程马拉松急救志愿者、上海环法自行车赛等志愿服务工作,开展外省市暑期社会实践,少数民族学生和贫困生上海社会实践活动等,在实践中加强医学生人文素质教育、感恩教育。

### (三) 适应地方产业结构调整升级需求,建立多元化的人才培养途径

为了适应上海产业结构的调整升级需求和老龄化社会的需求,依托办学的优势,新增护理(涉外方向)、护理(母婴方向)两个专业方向,招生势态良好。2018 年新增护理(老年护理)专业方向和老年服务与管理专业。此外,学院引进复旦自考专升本助学项目、与上海中医药大学护理专业合作构建的高职—本科一体化培养模式,打通了高职和本科技能型人才的培养对接。此外,学院新增 7 家校企深度合作订单培养单位,同美国俄亥俄州立大学护理学院联合建立中美循证护理研究中心,同上海市护理质控中心和美国俄亥俄州立大学医学中心联合建立中美护理质控与患者安全研究中心,与美国俄亥俄州立大学医学中心和护理学院、美国加州大学洛杉矶分校护理学院、澳大利亚老年护理中心等签订国际教育交流合作备忘录。

### (四) 强化核心素养、人文素养、信息素养的培养和英语教学

在课程体系建设中,强化"核心素养、人文素养、信息素养"的培养,结合双证融通和国际化护理教育理念,在国内高职院校内首次开设护理信息学课程、循证护理课程、多元文化与护理课程。改变传统英语教学的模式和内容,引进国际护士执业水平专业英语课程。在妇产科护理、国际人文素质教育、护理药理课程中实施部分双语教学。在人才培养方案中,实施学分制的教学改革。对专业基础课与专业核心课,均在开展同类院校调研比较,进行了教学内容与课时的调整。同时增加专业选修课模块,以便学生可以根据自己的意愿选择。

### (五) 实现教育教学手段的多元化

在教育教学过程中,通过课程网站、微信、微课、慕课等平台的推广,实现了教育教学手段的多元化,通过临床技能综合实训的开设提升职业技能素养,专业核心课程处处渗透职业理念,专业基础课程注重学生综合能力培养,整个教育教学活动始终贯彻"培养职业技能素质和综合人文素质并重的高等护理人才"的育人理念。

## 二、加强校企之间的紧密合作

### (一) 建立校企护理人才培养联盟理事会

学院进一步巩固和发展与上海市三级甲等医院和二级医院的长期合作关系,依托全国卫生信息技术培训与认证中心、上海护理学会、上海市浦东新区卫生健康委员会、浦东

卫生发展研究院,联合各校外教学实习基地,建立信息化护理人才培养联盟理事会,制定《联盟理事会合作协议》《院校实习管理制度》《专任教师顶岗实践管理办法》等制度,明确各自的职责和义务。建立人才"共育"、结果"共赢"制度,形成人才共育、过程共管、成果共享和责任共担的长效体制。

## (二) 开发校企合作系列教材、课题

为适应新的人才培养模式和课程体系的改革,学院积极与各院校合作配套相关教材的改革与开发,探索开发贴近临床一线的课题项目。2012—2016年,由我校与临床医院合作编写的护理专业系列创新教材40余本,已由高等教育出版社、人民卫生出版社和复旦大学出版社等出版发行。其中,创新型课程与教材《护理信息学》《多元文化与护理》和《循证护理》为国内高职院校中首创。如今,学院已逐步建立校企合作开发教学资源的长效机制,合作教材的开发工作已推向制度化、常规化。此外,我院基础护理教研室与上海交通大学附属第六人民医院合作完成了基础护理校内学生实训8项操作;临床护理教研室和5所上海市三级甲等医院护理部共同开展校企合作课题研究"临床专科护理操作教学录像的实践与研究",完成9部临床护理专科护理操作教学录像摄制工作。

## (三) 建立校企双向教学视频系统

我院与上海交通大学附属第六人民医院、上海中医药大学附属中西医结合医院建设国内首次使用的校企双向视频教学系统,并投入运行。通过建立校企双向视频教学系统,可以充分利用信息化手段,加强校企之间的联系和教学资源的共享。这是国内双向视频信息化资源平台首次应用于医护院校和临床医院之间的教学实训工作,是教学改革的一大创新,对护理专业学生和临床护士的进一步掌握知识技能起到质的飞跃。

## (四) 为医院和企业单位提供个性化培训

建设期间,学院积极探索增强社会服务能力、实现跨区域优质教育资源共享的有效路径并扎实推进,取得了突破性的进展。学院先后与上海市第六人民医院共同召开"校企合作,共同育人"实践教学研讨会;借信息化实训综合大楼的急救护理实训室,开展单人徒手心肺复苏的教学竞赛,让医院第一线的护理骨干们了解当前国内最新的信息化临床护理实训新设施设备。为上海市浦东医院开展护理人员礼仪培训,与上海市浦东新区卫生发展研究院、上海市浦东新区医疗管理中心、上海市浦东新区卫生信息中心合作举办3期浦东新区卫生信息技术骨干培训班。

## (五) 建立校企深度合作订单培养

学院与瑞金医院、上海市第十人民医院、中西医结合医院、上海市第六人民医院签订校企深度合作协议,双方建立产学研合作基地,施行护理专业人才定向培养,互为师资队伍的培养提供支持和帮助,同时,双方在国际化合作和交流项目中提供资源和帮助,实现

双方护理人才合作培养、师资共建、资源共享。共同促进护理教育事业共同发展。每学期安排2～3次的教学医院双向教学视频教学活动,组织学生积极参与医院的志愿者活动,建立校企合作多元化的途径。组织召开学院与医院之间的人才培养模式优化研讨会等。

### 三、积极引进海外师资人才,加强信息化和国际化要素

#### (一) 创造条件积极引进海外高层次人才

通过各种渠道接触和引进海外人才,建立一人一事一议制度。要充分尊重本人意愿和习惯,并提供工作与生活条件的方便。现拥有美籍、法籍和菲律宾籍国家外国专家局科教文卫类专家3名、海归人才5名、海外培训进修背景人员30余名。学院专门成立了国际合作交流办公室,开展了一系列卓有成效的教育教学改革实践。如全面承担国际班试点项目、成立教师ESC英语俱乐部、学生英语俱乐部、每周开展教师医学术语英语培训。同时,为我院国际护理人文素质、多元文化与护理和循证护理等创新人文素质课程的开设与教学工作起到了积极的指导作用,通过中西方文化的交融为我院国际合作交流、"双语型"教学团队构建,以及学院的国际化发展战略起到了积极的推动作用。

#### (二) 创新护理实训基地建设,充分体现信息化和国际化要素

在原有信息化护理实训基地基础上,近年来我院中央财政支持的国家级重点实训中心——急救护理实训中心配套工程正式竣工投入使用。医院仿真环境设计与改造和基本医护设施配备(一期工程)、扩建课堂示教网络化联播系统(一期工程)亦已竣工完成,学院全面完善实训基地信息化功能,引进数字化模拟医院教学系统、虚拟仿真教学系统等一系列具有高规格、贴近时代发展的国际化信息化虚拟仿真教学系统,建成了"云计算"实验实训室以及基于无线扫描技术的健康护理信息系统。制定了《全国数字医学教育与应用考核标准》,为全国同类高职院校实训基地建设树立了标杆。2017年起开展新一轮护理实训基地建设的内涵:以尊重和爱护人的生命为主题,以"人的生命发展"为主线,更注重人文关怀、专科方向、国际要素、信息技术。建立全程临床能力培养的实践教学体系,与实训基地建设全面配套,改变传统实践教学中所存在的弊端。3年内,实训基地接待海内外社会各界贵宾来访、参观、交流、学习1 000余人次,学生实验、试训使用率100%,实现课程网站100%对应建设。

### 四、创新强化学院的社会服务功能,努力争取并积极开展各项课题和项目

#### (一) 通过积极努力争取到教育部中欧调优联合研究护理专业项目

中欧联合调优研究项目的开展是衔接我国护理教育办学理念、课程体系、教学方法、

评价体系等与国际医学教育标准的重要突破。该研究项目由中国政府和欧盟委员会于2012年在中欧高等教育人文对话机制下启动。旨在加强中欧高等教育体系的兼容性,推动结果导向的教育,克服人员流动的障碍,建立双方认可的质量标准,开发相互认证的工具。

我院作为第二期中国政府与欧盟专业调整优化研究项目三大专业中护理专业项目负责人单位,聚集了国内一批优质院校和医院领军人物共同研究,从而极大地帮助我们利用欧盟优化教学过程的经验和方法以及教学测评手段,开发各个参与大学相互认可的人才培养模式与质量标准,促进中国大学之间、中欧大学之间的学生、学者往来,吸引欧洲学生来华留学,提高我院的国际化水平,为我院未来的专业发展提供新的启发和更广阔的路径选择。

### (二) 积极创造条件,正式授牌成为 ISPN 考试考点

我院通过开展 ISPN 项目,进一步探索护理专业学术研究、人才发展和院校建设等方面国内及国际交流途径,进一步推进国际化护理人才培养战略。于2013年起试点开展国际班教育,截至目前,国际班已试点 2 届,2013 级学生两年的大学英语四级通过率达到90％左右。优秀学生代表曾在上海市国际护理技能大赛中先后荣获一等奖和三等奖的佳绩。此项目成果已经激励到全体护理专业学生的学习热情和主观能动性,极大地推动了护理教学整体水平的提高。

### (三) 争取到上海市教委的双证融通试点专业建设项目

通过本项目的建设,使护理专业学生在学完规定课程的同时,除取得本专业毕业证书外,还可以取得至少一项职业资格证书(全国护士执业资格证书和全国医疗卫生信息技术证书)。护理专业学生在完成职业资格对应的课程之后,参加全国统一的相关技能考试,以获得对应等级的职业资格(技能)证书。其中课程教学内容与职业资格证书的获取两者紧密结合相互融通,充分体现高职教育双证融通的内涵。

### (四) 力争承担上海市高职教育质量提升决策咨询服务平台建设项目

为了使培养的护理专业的学生能够更好地适应用人单位的需求,我院申报并立项《上海市医疗卫生系统对高职护理专业人才需求现状分析与预测机制研究》,通过各种渠道对上海市医疗卫生系统的发展状况、人力资源现状以及高级技能人才需求情况进行调研,并借鉴美国城市护理人才需求预测机制的先进方法,构建护理行业人才需求的预测机制。通过本项目的实施可为高职护理专业的教育改革和制定高职教育展规划提供参考和借鉴。

### (五) 牵头正式成立上海民办高校护理专业协作组"八校联盟"和上海市高职高专医药健康类专业教指委医药类分专委

2014 年 4 月 25 日,为进一步促进上海民办高校护理专业建设,上海 8 所民办高校护理专业协作组在上海市民办教育协会正式成立,我院沈小平院长当选为首届协作组委员

会主任。学院全面联络上海市护理专业 8 所民办院校，开展教学研讨、培训、交流、互访等相关工作，做好兄弟院校间的联系、组织、协调，进一步加强护理专业领域校际的合作交流，优势互补。

### （六）积极承办首次上海市民办高校承办"强师工程"项目

2013 年学院先后承办上海市高职高专重点专业负责人培训和上海市"强师工程"骨干教师培训。作为"强师工程"项目首家民办高校承办单位，此次项目历时 6 个月，共选拔来自全市 5 所民办高校 22 名护理骨干教师参加培训。学院从 2013 年 10 月中旬起全面做好培训计划制定、授课专家安排、培训跟踪考核及会务安排等相关培训工作，聘请来自美国加州大学洛杉矶分校护理学院和医学中心、俄亥俄州立大学医学中心等机构的 5 名外籍专家，上海 10 多所三甲医院护理部主任以及本市不同行业、不同领域、各具风格和特点的高水平专家和教授组建多元化、高水平的培训团队，以满足参训教师多样化的教学需求，保证高水平、高质量的教学效果。

### （七）广泛开展国内护理院校交流访学、培训观摩

为加强高校间的沟通，培养高素质护理应用型人才，提高护理专业学生沟通交流能力及训练途径，2014 年，学院承担大同卫校国家中职示范校建设师资培训高级研修班培训工作。2014 年至今，连续 3 年接受来自浙江衢州职业技术学院医学院护理专业的学生来到我院开展访学交流活动，并签订《学生交流访学协议书》建立了长期合作机制。我院在基于浙江衢州职业技术学院交流访学活动开展后所收到的良好成效，积极申报的"探索区域教育协作新机制试验（长三角教育协作发展）"项目已正式立项。通过项目开展，合作院校将进行学生交流、教师联合培训、学术交流会议等，对彼此的办学理念和教育质量都将有进一步的深入了解。经过跨省交流访学的模式，双方互访学习，寻求改革教学方法，提高科研能力，进一步促进两校间的友好关系，最终实现长三角地区学校共同携手，共同提高教育质量，共享优质教育资源，树立良好品牌形象，为长三角地区的护理教育人才发展提供强有力的支撑。

### （八）努力创新，成立国内首个高等护理职业教育课程联盟

2016 年 4 月 29 日上午，由上海思博职业技术学院和超星集团联合主办的国内首个高等护理职业教育课程联盟（以下简称联盟）成立大会，在浦东思博校园隆重举行。来自上海、重庆、浙江、江苏、陕西、四川、湖北、湖南、山东、黑龙江等 10 个省市 20 余所护理院校的 300 余名代表出席了大会。此后每年召开联盟会议，至今已举办过四次研讨会，旨在通过行业联盟机制，汇集成员优势、建设优质课程、遴选优秀教师、促进资源共建共享、推动课程教学改革、完善智慧教育体系，实现优质资源共享、优势互补、互惠互利、相互促进、整体提升。

## 五、人才培养成果得到社会认可

### （一）积极鼓励学生取得多项职业资格证书

学院鼓励学生在完成相关专业课程取得毕业证书外，积极学习相关职业技能并取得多张证书，除了全国护士执业资格考证外，还有许多学生参加了国家育婴师中级和高级考证、计算机网络技术人员（三级）证书、医学信息技术应用（中级）证书、速录应用技术等级证书，学生职业资格双证书取得率达到99％以上。其中，全国护士执业资格考证率每年达到96％以上，国家育婴师中级通过率均到95％以上、高级达到85％以上。

### （二）社会认可的标准：就业水平超过全国其他高职院校平均水平

据麦可思数据公司《上海思博职业技术学院社会需求与培养质量年度报告》中的数据，本校护理专业连续三届毕业生毕业半年后工作匹配度（95.6％）、半年离职率（9.6％）、母校满意度（92.3％）等主要指标远超于与全国高职院校。

## "三学·四环"课堂教学模式探索

### （合肥皖智中学）

为适应全面推进普通高中新课程改革和高考综合改革、全面提高普通高中教育质量的新形势，在深入领会全国教育大会精神，学习《深化新时代教育评价改革总体方案》《关于新时代推进普通高中育人方式改革的指导意见》等顶层设计的基础上，我们积极探索民办学校育人模式的发展创新。发展创新的落点在课堂，为此，我们提出"三学·四环"的课堂教学模式。

提出这一模式的基本指导思想是"坚持深化教育改革创新""在增强综合素质上下功夫"，适应时代发展要求的普通高中课程体系，适应学生全面而有个性发展的教育教学改革，促进教育观念的更新，推进人才培养模式的变革。基本依据是新版课程标准，凝练各学科核心素养，发挥各学科的育人优势，形成育人合力，强化过程评价，改进结果评价，引导学生从"解题"到"解决问题"，从"做题"到"做人做事"，突破关键能力，彰显素质教育。目标的基本设定是深化课堂改革，优化教学管理，基于民办学校师资和生源的现实状况，实现师生共同发展。

## 一、探索内容

### （一）以"三学"作为教学的原则理念，全程融入，重在务虚

所谓"三学"，即"助学、让学、互学"。"助学"是原则立场，体现"教师全程关注"，教育的目的是学，而不是教，教的根本意义在于帮助，从课案的体系规划开始，就体现全程关注，全程帮助，通过教案、导纲、学案、练案，分解落实学科核心素养，知识问题化，问题前置化，给予思维支撑、方向引领、学法指导、资源铺垫。"让学"是核心理念，落实"学生全程参与"，学的关键是主体的参与、能动，课堂要给时间、给空间，让思考、让讨论、让提问、让展示。留足自读静思、圈点批注的时间以及小组交流、碰撞、激思的空间。落实独立思考、逻辑推理、信息加工、语言表达等关键能力的培养。"互学"是价值取向，实现"师生共同成长"，既包含生与生的互学，也包含师与生、生与师的互学，讨论交流，演示反馈，评价整合，优化提炼等，是课堂活动的主要形态，关键是有要把"互学"作为价值取向的自觉自为。

### （二）以"四环"作为课堂的流程环节，全面落地，重在务实

所谓"四环"，即"引—思—评—结"，"引"，是导入新课、提示目标、预设问题；"思"，是体会思考、讨论交流、发现问题；"评"，是自由展示、点名提问、解决问题；"结"，是收束归结、迁移应用、拓展延伸。"引—思—评—结"四个环节的执行难点在于其中的"思"与"评"，落实有效的"思"与"评"，首先在于对"思""评"内涵要素的理解。"思"的过程包含体会思考、讨论交流、发现问题，形式上可以是多样的，安静思考、独立诵读、圈点批注，提出个人见解、伙伴交流探讨，整理并让结果视觉化。"评"的过程是建立在讨论、展示的基础上，点评、讲解、拓展、关注、追问、鼓励，由此把握主导课堂走向，保持课堂思维活跃度、专注度，目的是解决问题，生成结果。其次是灵活处理，并非一定是先思后评的线性的僵化流程，可以是交替的、滚动的，由思而评、由评而思，讲评的过程无法割裂思考的伴随。从总体上把握两者之间相辅相成的关系，即"思"是"评"的前提，"评"是"思"的结果，就可以因势利导相机而行。

作为课堂教学模式，创新所在是提出"三学"的概念作为理念原则、方向引领，为教师的教育教学理论学习提供基本标示，也为"四环"的实施在基本方法保障的前提下留有教师个性化的发挥空间。

## 二、举措

### （一）拟定体系框架

组织全校各学科骨干，集思广益，对"三学·四环"的总体框架进行细化量化，拟定体系，包括 12 个基本内涵、36 个核心要素、24 个执行要点和 12 个评价指标。最终形成《"三

学•四环"课堂教学模式评价表》，从 12 个课堂观察点予以检查、评价、督促，即导入是否恰当新颖、目标是否明确可行、问题是否真实具体、教师是否存在干扰、学生是否全员参与、教师是否发现问题、发言是否有点有面、教师是否点名关注、讲解是否融合生成、总结是否学生在先、应用结果是否达标、预留指示是否明晰。

### (二) 具体实施优化

在拟定体系框架后，组织全员学习培训，深入学习领会，骨干示范引领，讨论提高完善，全面实施推进。同时，反思探究进一步优化的关键点："三学•四环"课堂模式执行效果的制约因素有两个，其一是导与思的质，主要在于问题预设的质量，即如何兼容课程思想、教材目标、文本特质、学生实际、考试体系等要素，涉及深度备课，对教师的备课要求很高。其二是收与放的度，主要在讨论、评价环节，课堂生成的应对，即课堂机智问题，既要把握、主导课堂走向，防止散漫无序甚至无效的自由交流，又要防止跌回到教师一言堂、学生一味听的单向灌输的旧窠臼，即所谓一放就乱一收就死的痼疾。这两个因素说明教学既是科学也是艺术的道理，前者属于教学的科学性，后者反映的是教学的艺术性。另外，如何聚焦个体的追问，即关注个体的问题也将是课堂实践中长期存在亟待解决的问题。

# 民办教育发展建设探索

（苏胜教育）

民办教育是社会主义教育事业的组成部分，在聚集社会教育资源、助力学习型社会建设和满足公众多样化教育需求方面发挥了重要作用。民办学校要坚持教育公益属性，立足长远科学定位，不断加强内涵建设，实现民办教育的持续健康发展。苏胜教育是苏州本土的教育品牌，目前形成了自己的独特性以及一定规模的民办教育体系。

## 一、以党建为引领，落实立德树人

民办教育学校应当站在党的基本路线的高度上，将党建及思政教育放置在十分重要的地位上，从思想上养成党建及思政教育协同育人的观念，切实提升党建和思政教育之间的融合性。苏胜教育开展了很多活动，以"名师"为核心，发挥教师知识传授、能力培养和价值引领作用，使教师成为先进思想文化的传播者、党执政的坚定支持者、学生健康成长的指导者，负责学生思政教育队伍建设工作，定期开展学习课堂，构建德智体美劳全面发展的教育体系，引导学校强化意识形态工作，将师德师风和思想政治工作融入教育教学的各环节，筑牢学生理想信念根基。

## 二、以创新为基点,加强学校和教师专业化水平

引领学校在制度、体系、运行机制、教育教学工作、教师培养、家校合作、教育科研等方面提升评估标准,发挥三结合教育的多元功能,推进教育质量的提高,努力探索新时代教育发展规律、学校办学规律、学生发展规律,按规律办教育。苏胜教育开展一系列技能比拼、教学会议,鼓励教师研究教学、研究学生,形成独特教学风格,创设干净整洁的班级环境,建设健康向上的班风学风,有特色的班级活动等。在课堂上鼓励学生开展自主学习、合作学习、研究性学习,养成良好的学习习惯,培养积极学习心理和创造性思维品质。

## 三、以"提高综合素质"为核心,做好育人工作

苏胜教育以"一心教学,全心育人"为校训,以"为学生提供最有效的成长教育"为宗旨,已成为苏州教育培训与教学创新的中坚力量。运用科学现代的教育理念,注重实效性,帮助学生塑造良好的学习习惯,坚持服务学子、回馈社会的办学原则,积极投身社会活动,帮助家长学子提升自身教育理念与方法。面临今年的江苏新高考改革,考生、家长、学校都感到了前所未有的挑战,苏胜教育为满足考生、家长对高校的实际需求,使广大考生能够全面、直接地了解各高等院校的招生政策、专业优势和办学特色等,开展了线下讲座活动,与考生面对面沟通,让学生放心,让家长认可。以学科课程为中心,丰富的校外活动和公益讲座为两翼,积极营建有利于人才成长的良好环境,定期召开家长会,反馈学子情况、规划学习和分享学习技巧等。

## 四、以民主管理为基础,推进学校治理体系

教育管理的科学化、民主化、法治化是现代教育管理的基本特征。根据我国社会与教育发展需求,民主教育要秉持科学、民主、协作、开放的理念。现代民主教育治理体系既要适应经济社会科学的发展规律,又要遵循民主教育发展及其治理规律。①更新科学教育理念,优化学校治理体系,以制度管理塑造人,对于执行制度过程中出现的问题,始终是一抓到底,决不动摇,真正做到"有令必行""有禁必止";②立足教育教学日常,致力教师专业发展,强化自律意识,推动更高质量办学,做好总结,开阔眼界,不断刷新知识的储备量,推动教学、教研水平的提高;③完善学校课程体系,开展别具一格、创新的课程,培养学生自主力、独立思考的能力,助力学生健康成长,从而全面推进学校治理现代化。

教育是一扇窗,推开它满是阳光和鲜花,在沐浴阳光、拥抱鲜花的教育旅程中,给未来一个期许,以云的胸襟求索,以风的执念探寻,执着于理想,纯粹于当下,提升治理能力,做好育人模式,建设幸福园所,关注每一个孩子的成长。未来,苏胜教育将继续乘风破浪,披荆斩棘,筑梦前行!

# 长三角地区民办学校育人模式
# 创新典型案例

## 构建以社区为基础的家校共育体系

（无锡市惠山区华锐实验学校）

如何构架以社区为基础的家校共育体系？这是我们当前"大德育"建设的一个重要方向，也是从社会层面探索"立德树人、全程育人"的重要抓手。

作为一所专门招收城市流动儿童的民办学校，无锡市惠山区华锐实验学校从2012年创建伊始，致力于为流动儿童打造"普惠·优质"教育模式，并针对流动儿童的特殊性，构建出如下以社区为基础的家校共育体系。

## 一、与社区共建"第三课堂"

流动儿童的健康成长，需要完备"三大课堂"。"第一课堂"在教室，教师按照国家课程标准授课，保证大部分学生能取得基础学业成绩；"第二课堂"在校园，学校组织丰富多彩校内活动，为学生提供锻炼综合能力的平台；"第三课堂"在社区，由基层街道妇联、团委牵头组织的各方教育力量参与进来，能够尽早培养学生参与社会协作的能力。特别是学校与社区共建的"第三课堂"，让社区成为流动儿童情感归属的家园，这对流动儿童尽早融入社会具有重要价值。

华锐实验学校为了培养学生的社会归属感，与当地无锡市惠山区钱桥街道苏庙社区共建第三课堂——阳光驿站·蒲公英课堂，每天下午四点学生放学之后，安排优秀教师在苏庙社区活动中心参加志愿服务工作，为在该社区内居住的300多名流动儿童进行集中免费的学业辅导，解决这些流动儿童放学之后无人照看等社会问题。另外，社区组织各行各业的志愿者向学生们讲述自己的职业工作，让流动儿童了解无锡的风土人情，尽早融入无锡，成为合格的无锡新市民。

## 二、进社区开展"学生表彰"

流动儿童的健康成长，需要学校、家庭和社区相互配合，形成正向激励的良好氛围。流动儿童一般散居在城乡接合部的社区里，社区的文化氛围对身处其中的流动儿童有着潜移默化的影响。对于专门招收流动儿童的学校来说，如果每学期末对各方面表现优秀的学生，除了在学校内进行集中表彰之外，还能进入社区邀请住在社区内的流动儿童家长一起参加，见证自己孩子的成长历程，那么不仅能鼓舞受表彰学生再接再厉，而且在社区中树立流动儿童家庭教育榜样，弘扬社会主义正能量。

从2017年开始，华锐实验学校根据同住一个社区的流动儿童人数，与周边社区共同开展优秀学生表彰进社区、进家庭活动。每学期末，华锐校长带着优秀学生的奖状，由社区干部带领走进优秀学生家中，向暂住在该社区内的流动儿童家长报喜；同时与社区一起组织优秀流动儿童及其家长集体表彰活动，邀请街道领导、当地居民代表和社会各界人士一起参加；另外在社区公告栏里，张贴这些优秀学生的学习故事及其家长对孩子的关爱故事，向社区传递正能量，激励流动儿童养成良好品德和行为习惯，也让社区内其他流动儿童家长有了学习模仿的对象。

## 三、携社区共研"亲子关系"

要做好学生的教育工作，学校一定要借助高校的专家力量，与社区一起合作开展与孩子成长有关的课题研究。以课题研究为抓手，深入理解流动儿童身处的家庭和社区因素，尽量规避对孩子成长不利因素，找到有效教育孩子的最大公约数。

2016年，华锐实验学校承担了华东师范大学体育与健康学院院长汪晓赞教授主持的国家社科基金（教育学）重点项目子课题研究任务，即学校、家庭和社区多元联动对亲子关系影响的实验研究。华锐实验学校邀请周边苏庙社区、晴山社区一起参与改善辖区内流动人口家庭亲子关系，在社区或学校内组织流动人口家庭亲子运动会等活动，让流动儿童与其父母有更多相互交流的机会，也让更多的流动儿童家长认识到陪伴孩子成长的重要性。

## 四、同社区联办"父母学院"

做好流动儿童教育工作，需要提升家长教育孩子的见识与能力。流动儿童聚集的学校要与周边社区一起合作，成立公益性质的父母学院，为流动儿童家长设计一系列家庭教育课程，邀请教育界知名专家，每月开设线下和线上教育公益讲座，向社区民众传播科学教育理念，提升社区内流动儿童家长的教育水平和文化素养。

为了提升学生家长自身的人文素养和教育孩子的能力，华锐实验学校所在的华锐教育集团组建了华锐父母学院,邀请江南大学特聘教授周元等专家,每月举行一场线下或线上家庭教育讲座,解决流动儿童教育的相关问题;另外,华锐父母学院邀请部分懂教育的家长,担任华锐父母学院的兼职研究员,让他们不定期向其他家长分享自己教育孩子经验;还根据流动人口家庭的特殊性,围绕安全意识、健康饮食、运动健身、生活自理、情绪引导、待人接物、学习习惯、社会体验、亲子沟通和以身示范10个主题,征集家长教育子女的相关案例,编制流动儿童家庭教育指导手册,有效改善了流动儿童家庭教育落后现状。

## 五、让社区督行"教养公约"

为了让流动儿童养成良好的行为习惯,华锐实验学校围绕培养具有"中国心、国际范"的智学者,组织学生、教师和家长三方共同协商签订"教养公约",从"安全、卫生、学习、礼仪、品格"5个方面确定学生行为准则,从"职业操守、师生交往、家校沟通、终身学习"4个方面确定教师行为准则,从"以身作则、亲子之道、家校配合、自我提升"4个方面确定家长行为准则,力求形成一种"自觉履行、互相监督、相互支持"的契约文化。

每学期的新生家长会,华锐实验学校组织学生、教师、家长三方参加"教养公约"签字活动。在组织同学、家长们学习了解公约内容,明确各自应尽义务后,先后由学生、教师、家长互相见证,在公约上签名。在家长会后,由家长带回公约以时刻提醒学生行为规范,并帮助家长辅导孩子养成良好的行为习惯;同时,让社区工作人员一起参与监督执行,学校与社区共同评选出遵守"教养公约"的模范家庭,在学校和社区的公共场合处张贴出来,进一步放大榜样的影响力。

经过一段时间规范训练之后,华锐实验学校学生行为与入学之前相比有更大的变化,学生们在校园里见到来访的客人老师,会主动打招呼;每天早晚坐校车时,下车时走过司机伯伯身边时都要向他说声再见;孩子回家之后,积极帮父母做一些力所能及的家务,让家长喜在心里。2017年6月,华锐实验学校以过硬的教育质量和良好的办学口碑,获得了由国家卫生计生委和教育部联合评选的"全国流动人口健康促进示范学校"荣誉称号。

华锐实验学校通过以上5个方面构建起以社区为基础的家校共育体系,确保流动儿童都能享受到与城市儿童同等的优质教育资源,能够尽快融入社会,成长为对社会发展有贡献的人,将来有能力反哺社会。

## "五化互融"创新校企深度融合

### (合肥腾飞学校)

职业教育在专业建设、人才培养方面,离不开企业的参与。校企深度融合,在促进学校专业建设,提高师资队伍水平,更新学校办学理念,改革传统教学方法与模式,提高学生的技能水平方面发挥着重要的作用,同时也为企业培养了所需求的技能人才,实现企业、学校、学生三者之间的共赢。

# 一、主要举措

## (一) 成立校企合作办公室,制定相关制度

2016 年学校成立了校企合作办公室,办公室由一把手校长挂帅,开展校企合作相关事宜。校企合作办公室广泛考察、洽谈目标企业。先后制定了《校企合作管理办法》《校企合作联络机制》《校企合作经费管理制度》等制度文件,为校企合作保驾护航。

## (二) "引企入校"促进专业共建

### 1. 校企一体化

至 2020 年年末,学校共引进安徽名淘网络科技有限公司、安徽永红幼教集团、上海厚载智能科技有限公司等企业,开展电子商务、学前教育、工业机器人应用三个专业的校企共建。针对校企共建专业,学校与企业共同制定人才培养方案;引进企业技术人员进驻学校,直接参与专业强化课程的教学;学校派遣相关专业课老师赴企业学习企业技术、企业管理和企业文化,并用于日常教学之中;引进企业整体经营和管理模式,加强对学生技能、学习行为的考核等。

### 2. 教材项目化

校企共同修订教学计划,依照够用、能用、贴切企业实际的宗旨,突出人文素养,重点设计了课程体系。按照企业生产的特点,共同开发教学资源,尤其是项目化、活页式教材。经过校企双方的共同努力,电商专业推出了《电商运营》《电商美工》《跨境电商》三本专业强化课程的校本教材;学前教育专业推出了《幼儿园活动与实践手册》实习强化校本教材;工业机器人应用专业推出了《机器人操作指南》校本活页教材。项目化教材的运用,大大提升了教学效果。

### 3. 管理企业化

校企共建实训基地(又称校内职场),实训基地由企业实行企业化管理模式,同时开展市场化运作。学校和企业共建校内职场,由企业提供基地的相关管理人员和专业技术人才,开展专业教学,承接业务。基地共建一方面给学校提供了技能教学能手,另一方面让学生在企业生产环境中也得到了锻炼,实现了"做中学",引导学生"做中思",了解相关专业的真正内涵所在。

### 4. 理实一体化

学校开展订单培养,实现教学、实训、生产一体化。自 2017 年电子商务部分班级冠名为"名淘电商班";学前教育部分班级冠名为"永红园长班";工业机器人应用班级冠名为"厚载机器人班"。在常规教育教学中,各合作企业不断增加专业新知识、新技术、新工艺

等相关教学内容;在实训中引入企业生产案例,让学生熟悉企业工作流程与要求,实现专业培训和岗位能力培训无缝对接。每个学期,校企双方都会共同操作学生顶岗见习活动,主要在实战中巩固学生所学的专业知识,培养学生的职业素养。学生严格按照企业要求和考核开展业务。

5.服务社会化

教学模式的改革,提高了质量,学校部分专业积极服务社会开展培训业务。例如,电商专业承接了安徽大娃网络科技有限公司的 124 人岗前培训,工业机器人专业承接美菱集团部分员工现代学徒制培训,产生了一定的社会效益。

## 二、成果与成效

"引企入校"的校企合作模式,大大提高了学校专业的建设水平。促进了信息技术类实训室、加工制造汽修实训室的建设,影像与影视、出版与发行实训基地 2019 年被确定为安徽省省级示范实训基地。机械加工汽修实训基地被安徽省人社厅确定为高技能人才培训基地。学生参加技能大赛成果丰硕,电商专业学生获得国家级竞赛二等奖一次,省级技能大赛一等奖一人次,相关专业学生在市级技能大赛中名列前茅。至 2020 年 12 月,学校电子商务在校生达 453 人,学前教育在校生达 968 人,工作机器人在校生 78 人(新开设),促进了专业繁荣,在校生达到 3 302 人,2020 年相关专业毕业生对口就业率达92.6%,半年期稳定率达 78.3%。

学校将继续走"引企入校"的道路,构建校企统一领导机制,加强沟通。向管理要效益,让孵化基地的企业管理在教学、生产中发挥更大作用,产生更大的经济效益。形成校企"共赢"的局面。加大教师培养力度,选派教师长期赴企业学习提升,成立名师工作坊,以名师团队的力量,开展教科研活动,并形成教科研成果,运用到企业生产实践中,最终让校企双方在校企合作中实现"双赢"。

## 培养"被需要"的应用型人才

### (上海杉达学院)

为社会发展输送优质人才,为学生成长提供丰沃土壤,是高校责无旁贷的使命。作为一所有社会责任感的民办高校,上海杉达学院在与行业的一次次对话、合作中找到了答案——培养"被需要"的应用型人才。在国家推进地方普通本科高校向应用技术型高校转型发展的大背景下,杉达找准定位,与公办高校错位发展,走出自己的特色办学道路——校社联携、教科合作、校企结合,始终以服务地方经济社会发展和产业技术创新为己任,促进产业链、创新链与教育链、人才链的有机衔接,为学生的全面发展打好坚实基础。

## 一、急企业之所求

杉达自 1992 年创办以来,始终坚持非营利性办学原则与应用型办学定位,深入开展教育实践与教学改革,服务地方经济发展,培养企业急需的应用型人才。

作为国内通信行业的龙头企业,华为在很多人眼里的形象往往是"高不可攀"的。但事实上,近年来随着 ICT 行业在技术与规模上的迅猛发展,华为对人才的物色与培养一直没有停过。2016 年 10 月,华为的一位高管在上海出差间隙来到杉达校园走了一圈,校企双方团队进行了初步的沟通交流。相似的人才理念、相近的民办属性和相同的强烈社会责任感让双方在人才培养上很快达成了合作意向。

"这次合作让我们看到了华为'速度'。华为的工作效率甚至还倒逼着我们必须快速跟进和适应企业的发展速度。"陈瑛回忆,双方刚刚敲定合作不久,接下来两个月华为就开始商谈课程共建,有时还会在半夜发消息过来沟通事宜。华为提供的课程资源以现场操作的技术视频为主。为了消化这些课程资源,杉达组建了三个教研团队来吃透华为提供的这些新技术,形成了包括 11 门网络通信技术课、10 门大数据课在内的适合杉达学生学习的新课程资源。到了 2017 年 2 月,这批课程就早早与杉达师生见面。这一年寒假,杉达信息科学与技术学院 5 位教师被送往杭州参加华为的免费师资培训活动。这一年里,4 名教师获得华为职业资格证书;学生陈俊杰、董浩堂分获 ICT 技能大赛上海赛区第二、第三名。

值得一提的是,信息科学与技术学院要求,选修相关专业方向的学生毕业时应参加华为职业认证资格体系的考核。学生要通过初级 HCNA 网络工程师认证,优秀学生可以挑战中级 HCNP 网络资深工程师认证。目前,杉达已有学生获得最高级别 HCIE 互联网专家认证。

随着校企双方合作的深入,杉达—华为 ICT 学院成立。"杉达和华为的人才培养理念、未来畅想和发展路线是相通的,通过合作已经取得了可喜的成绩,"华为上海企业业务总经理郝国强在揭牌仪式上说,"此次与杉达的合作对华为在上海的发展有着里程碑的意义,希望通过双方在未来的合作能为上海、全国,乃至全球培养出更多更好的人才,为这个行业的发展提供技术输出。"

与社会上靠"突击式特定技能训练"的培训班不同的是,杉达的校企合作是通过"嵌入式的教学模式、融入式的教学设计、渗透式的素质培养",培养"能学"——具有较强的自学能力;"能干"——动手能力强,上手快;"能留"——执行能力强,留得住;"能进"——能跟踪技术的进步,具有发展后劲的毕业生,从而探索新建本科院校应用技术型人才培养模式。

## 二、应社会之所需

民办高校不只是为企业培育人才,也是为社会、为国家的发展培育人才。学校专业建设,也要对接社会需求、服务国家战略。教育学专业是杉达回应社会需要、服务国家战略的典型之一。近年来随着生育政策的放开，学校、幼儿园迎来了一波波入学、入园的高峰，社会需要更多的教师。为此，杉达在早教方向的基础上，开设了小学教育方向和幼儿教育方向，为小学、幼儿园输送社会急需的人才。

有学校反映，不少985、211高校新毕业的师范生上岗，其研究能力固然很强，但在实践上仍然有距离。为此，杉达调整教育学专业的课程安排，幼教方向的大一新生在第一学期就被带到幼儿园里见习，近距离感受"只有热爱孩子才能读好专业"。为了满足幼师对吹拉弹唱等才艺技能的学习需求，杉达在校园里盖了大琴房供学生学习。每天1小时的钢琴练习让幼教方向学生毕业上岗后就能为孩子们弹奏。小学教育方向的学生则与日本学校合作，双方互派学生进行教育交流学习活动。此外，为了有效提高学生的语言表达能力，杉达还请播音主持专业教师来点评学生的朗读大赛录像，针对问题进行跨专业教学。

杉达的对外汉语专业，传播汉文化，回应的是国家战略。随着我国"一带一路"倡议进程的加快，来到国内工作的外籍人士越来越多，在国外服务华商企业的外国人也越来越多，汉语学习需求水涨船高。据了解，南亚地区会说汉语的工人比不会汉语的工人平均收入要高出一倍。为了培养好对外汉语的人才，杉达一方面与汉语培训机构合作，鼓励学生去见、实习，另一方面请国际部的外国留学生与对外汉语专业的学生组成"语伴"合作学习，中外学生一对一辅导。近期，杉达又开拓了海外实习基地，派出多名学生去往东南亚学校学习实践。

同样是社会民生的重要需求之一，医护人才的培养也是杉达近年来的重点工作。向社会输送高学历、高水平的医护人才，无异于是对生命负责。作为2010年新设立的二级学院，杉达国际医学技术学院设置了护理、康复治疗、卫生教育等专业，为医疗系统培养具有发展潜力、教育与科研应用能力的医护人才。在硬件上，杉达修建了护理实训中心，包括外科护理、内科护理、重症护理、老人护理、母婴护理等实训室。在软件上，学院的课程设置不止有专业知识和技能，还涵盖了人文社科内容，以此奠定学生健康的身心发展基础，拓展科研能力。此外，杉达还与华山医院、瑞金医院、仁济医院、中山医院等三甲医院签合作协议，校医合作。学校提供教师、教学，医院提供场地和有经验的医务人员。在上海市红十字会、上海市教育委员会主办的2018年上海市高校红十字应急救护比赛决赛上，杉达学生代表队拿下了一等奖。

### 三、谋学生之发展

以培养应用型人才为目标的高等教育，不只是满足企业的用人需求、填补社会的人才缺口，考虑最多的仍然是学生自身的发展需要。

对未来职业有准确清晰的认知，是学生产生强烈发展动力的前提。杉达与许多行业顶级的企业合作，让学生在大一就能走出课堂，亲眼看一看自己未来的行业岗位，在心中留下奋斗的目标。以酒店管理专业为例，"前店后院，知行合一"这种教学模式让在校学生与行业一线贴得更近，将来踏上专业道路也能走得更顺更远。酒店管理专业还主动与国际、国内一线酒店集团合作,学生大一就能在酒店见习考察,与酒店经理面聊。大三学生可参加酒店行业资深从业者的讲座。学生不只对专业基础业务有了解,也需要面向更高端平台的进阶技能。他们可以选择成为一位服务大师,也可以成为管理精英。如果是服务大师,学生就需要对奢侈品保养、高尔夫球服务、烫熨报纸等方面有所涉猎。为了进一步提升酒店服务专业的内涵,学校把荷兰高级管家学院的教师请了过来,对酒店管理(高级管家方向)学生进行封闭式、全天候、全英文授课训练。学生收获的除了每人一套订制的管家西服,还有英语水平的提升、专业技能的国际化。

考证内容进课堂。各类职业资格相关证书向来是学生离开校门后走向就业市场的"底气"。过去,学生考证书从购买教材到学习刷题、报名都需要学生自己解决。如今,杉达把各专业学生需要考证的知识内容都放在了课堂上。此举不仅提高了考证和课堂学习的效率,也体现了学校对学生就业的重视。

增强学生综合素养。出于学生更长远的发展考虑,学校要求不同专业学生文理互跨,增强综合素养。学校要求,文科专业学生在挑选修课时必须挑选至少一门理工科课程。同样,理工科专业学生也要选择一门文科课程作为选修。杉达除了在文理分科上有跨越,在中外合作项目上跨得更远。早在2002年,杉达就与美国瑞德大学进行合作,互派交流生。通过中外合作"2.5+1.5+1"项目(2年半杉达本科学习、1年半赴美本科学习和1年赴美硕士学习)拿到硕士学位的学生已经有268名。2015年开始,杉达与瑞德大学真正实现了"学分互认""学费互免""教师互派"。胜祥商学院院长作为杉达国际交流最频繁的学院之一,目前有来自美国、芬兰、荷兰、保加利亚、波兰、德国等11个国家和地区的25个海外合作伙伴,通过夏令营、长短期学生互换、双学位项目、留学生教育等不同形式加强教育国际化建设,为学生了解国际文化和国际经济发展提供机会和空间。

教师教科研是促进学生发展的强大保障。作为一所民办高校,过去杉达在申请省部级研究课题方面难度较大。而在最近两年里一些重大课题和决策咨询课题都落户杉达,杉达的3个教学改革项目还获得了上海市教学成果(高等教育)二等奖。这背后最重要的原因之一,就是杉达对教科研的重视程度与日俱增。8个重点学科、13个校级研究中心、6个科创团队等教科研发展平台的建立,给予教师尤其是青年教师更广阔的发展空间。学校科技处处长李广告诉记者,学校通过搭建发展平台、探索激励机制,形成以青年骨干教师为主体、师生协同参与的高水平民办应用技术大学教科研体制已初具雏形,将会快速提升学校培养高素质、创新型的应用型人才培养水平。

## "卓越建桥"引领发展,提高应用型人才培养质量

（上海建桥学院）

上海建桥学院以"感恩,回报,爱心,责任"为校训,以"为学生建成才之桥,为教师建立业之桥,为社会建育人之桥"为办学使命,致力于培养从事生产、建设、管理、服务第一线,

具有良好职业素养、理论基础、专业能力,同时又具备创新精神和国际视野的高素质应用技术型人才。2014 年以来,学校制定实施旨在强化在校生就业竞争力的"卓越建桥计划",从专业建设、师资建设、学生服务、质量管理等方面入手,不断改革创新,持续提升应用型本科人才培养质量。

## 一、调整专业布局,服务行业发展

为使专业结构适应产业发展布局,确保人才培养质量符合行业与社会需求,学校开展新一轮专业结构调整和建设,组建 7 个专业群,力求融入临港、服务上海、辐射周边,形成办学特色。扎根临港对接创新基地,对接临港打造全球智能制造技术和服务输出基地战略,规划建设以智能机器人制造为主的先进制造专业群。立足前沿需求辐射长三角,响应上海建设"设计之都"、发展文化创意产业战略,建设华东地区首家以本科学历教育为主的珠宝学院,设置宝石及材料工艺、珠宝首饰设计两大专业,为行业培养设计、制作、营销、管理、鉴定等复合型人才。专业建设紧追行业发展趋势,响应国家"一带一路"倡议,商学院教研团队启动"我国零售业对接'一带一路'市场的全球本土化战略研究",成功申报教育部人文社会科学一般项目,带动工商管理、国际经贸、电子商务等专业发展建设。

## 二、推进师资建设,优化教育教学资源

学校从师资队伍建设和校企合作两方面优化应用型本科教学资源。一方面,成立上海民办高校中第一家教师教学发展中心,面向全校教师开展业务能力培训,并鼓励教师自组专业成长社群,推进专业与课程建设研讨交流,推动教师能力稳步提升。同时,成立校企合作办公室,推动企业人员进校授课,参与专业建设。为响应"互联网+""区块链"、人工智能兴起等信息产业发展趋势,信息技术学院与中兴通讯等业内龙头企业合作,以移动开发和智能应用为主要方向,共同规划制定课程体系,结合课堂实验、课外科研与专业竞赛,对接课程教学、企业实习与创新创业,持续推进"中国制造 2025"创新基地建设与对口专业建设,培养具备多层次、多模式能力的"复合型卓越工程师"式人才。

## 三、构建合力育人机制,强化学生服务

学校建立辅导员、专业导师、学生助理联动合作的"三位一体"育人机制。辅导员将学生思政工作落实到心理健康教育与引导、学风建设与学业指导、职业规划与就业指导、党团工作、素质拓展、班级建设等多个方面,助力学生成长成才。专业导师在专业学习、职业发展等方面为学生提供帮助和指导;同时德育为先,将"三礼十无"行为规范教育、社会主义核心价值观教育寓于第一、第二课堂。各二级学院以每班 1 名的比例向新生班级选派

2～4年级学生担任辅导员助理，负责维持教学纪律、组织晚自修学习、开展主题班会、选拔培养新生干部、解决各类生活问题等，帮助新生适应校园环境。"卓越建桥计划"实施过程中，"三位一体"育人工作逐渐贯穿大学生培养全过程，形成了面向在校生的本科四年的全程关怀与支持机制。

## 四、以成果为导向，完善质量保障体系建设

建桥以企业要求、建桥校训、雷锋精神、社会主义核心价值观作为学生"8项核心素养"，即表达沟通、自主学习、专业能力、尽责抗压、协同创新、信息应用、服务关爱、国际视野。各专业根据人才培养目标，结合上述八项核心素养，形成各自的"毕业要求"，下设若干指标点，各专业教师据此预期学习成果，进行"预期学习成果（教学目标）→教学实施→学习评价→成果达成度测评→反思改进"的逆向教学设计，使得人才培养精准度、达成度迈上新台阶。为落实德育和双创教育目标，学校还在各专业都统一设置了7个"思政"指标点，3个"创新教育"指标点，使得立德树人目标循迹进入专业课程体系。同时，学校借鉴国际上质量管理先进经验，成立质量管理办公室，引入ISO9001体系，制定学校质量方针、质量目标，出台质量管理体系文件800多个，建设内审员队伍，建立内审、外审、风险管控、管理评审、满意度监测多维联动机制，将质量监控从教育教学延伸到学校运营各条块。2018年4月，学校获得质量管理体系ISO9001证书，建桥进入了以提升质量实现内涵发展的新阶段。

## 五、学生满意，企业欢迎，学校建设不断迈上新台阶

学生综合能力逐步提升，受到用人单位欢迎。近四届毕业生的基本工作能力满足度为81%、85%、83%和85%，均达到或超过北上广非211本科平均水平。2017—2018年，应届本科毕业生毕业率为95.79%，就业率为98.98%，签约率为93.40%，学校"毕业即就业，上岗即上手，发展可持续"的育人目标得到体现。聘用过本校应届毕业生的用人单位均表示满意，其中有半数以上（53%）非常满意。来本校招聘过的用人单位中，94%愿意继续招聘本校毕业生。同时，学校应用型本科建设成果不断迈上新台阶。"卓越建桥计划"实施以来，学校获批教育部产教融合创新基地2个，教育部产学合作协同育人项目7项，上海市应用型本科试点专业4个，上海市精品课程5门、重点课程38门，上海市重点教改项目9个，上海市级教学成果奖6项（一等奖3项，二等奖3项），上海市中本贯通专业1个，上海市优秀教材5本，上海市优质在线课程2门，上海市示范性全英语课程1门。学校获批应用型本科人才培养相关的市级以上科研项目95项，发表相关论文23篇，科研成果获奖4项，入选2018年广州日报应用大学"民办高校TOP100"排行榜前十名。2018年6月，《"卓越建桥"引领改革发展 全面提高应用型本科人才培养质量》获评2017年上海市教学成果一等奖。

学校将继续深入贯彻"教学为本,本科为本"理念,持续聚焦本科人才培养的社会需求适应度、培养目标达成度、办学条件保障度、质量保障体系有效度、学生和用人单位满意度这"五个度"的提升,不断深化和推进学校的各项改革和建设,推动学校的内涵式发展,为把学校建设成为国内一流的民办高校而努力奋斗。

# 以行业学院为载体,系统推进应用型示范院校建设

## (浙江树人大学)

浙江树人大学自 2015 年成为省首批应用型试点示范建设院校以来,坚定高级应用型人才培养定位,坚持以应用型学科建设为龙头,以应用型专业建设为重点,以行业学院建设为载体,探索并实践系统推进应用型示范院校建设的创新路径取得显著成效:学校成为教育部"1+X"证书制度试点院校,入选省级产教融合示范基地 2 个、省级国际科技合作基地 1 个,2019 年被认定为浙江省课堂教学创新校。2020 年,学校牵头组建了浙江省产教融合"五个一批"工程——浙江省家政服务业产教融合联盟。

## 一、聚焦产业,打造以行业学院为载体的应用型人才培养平台

自 2016 年以来,学校对接浙江省八大万亿产业和四大传统经典产业,先后成立了华为 ICT 学院、绍兴黄酒学院等 12 个行业学院,每年直接受益学生 4 000 余名。积极整合各方力量,构建与政府、行业协会、企事业单位及国外高校共建行业学院的"四轮驱动"模式,并形成了"六维协同"的应用型建设机制。通过共同构建治理结构、共同制定培养方案、共同组建教学团队、共同实施教学管理、共同打造产学研基地、共同开展项目研发,使行业学院成为学校实践教学、业师来源、学生就业、教师实践能力提升、产学研合作、继续教育培训等"六合一"基地,极大地提高了人才培养的质量。

## 二、聚焦专业,学科专业一体化建设形成应用型特色

学校以新医科、新工科、新文科为引领,聚焦建设医工信、环境健康、现代服务业三个学科群,构建了省一流学科——校重点学科——本科专业学科(群)一体化建设发展体系,确立"适应市场、优化结构、提升内涵、强化特色"的专业建设思路。对接"健康中国"战略,成功获批临床医学专业;依托郑树森、李兰娟院士和白俄罗斯谢尔盖院士的优势资源,打造由临床医学、老年服务与管理、护理学、公共事业管理等专业构成的"医养护管"一体化学科专业群。以行业(产业)需求倒推培养要求与培养体系,深化应用型人才培养模式改革。对 35 个本科专业开展了应用型改造,获省"十三五"优势专业建设项目 1 个、新兴特色专业建设项目 3 个,7 个专业被评为省一流专业。

### 三、聚焦课程，将应用型人才培养落细落实

以行业学院为依托，以"五大金课"建设为抓手，实施《课程改革与课堂创新三年行动计划》，强化人才培养体系和课程体系的应用性设计，着力在课程结构、课程内容、课程实施三个方面加强课程的应用性改造，构建"机制、师资、资源"三融合的实践教学平台，实施"实践综合能力与岗位需求对接、实践课程内容与职业标准对接、实践教学过程与技术开发过程对接、实践孵化项目与产业市场对接"的实践教学体系，建立"多元化、多维度、多途径、全过程"的实践教学评价与质量保障机制。每年投入 2 000 多万建设智慧教室，全力推进"互联网＋教学"。持续开展"优秀课堂"创建，以课堂革命促进学习革命。入选国家级一流本科课程 1 门，获批省级各类金课 26 门；建设省"十三五"新形态教材 5 部，在第五届全国高校数学微课程教学设计竞赛中荣获一等奖。

### 四、聚焦人才，建设高水平"双师型"师资队伍

以教育部国别区域研究中心、省一流学科、行业学院"三平台"加大人才引进力度；实施"直签""直聘"等制度，完善高层次人才引育体系和不同类别人才的"年薪制"。大力引进院士、"国千"专家、"国家杰青"、国家级教学名师、外籍专家以及省特级专家，聘用一批博士生导师和"151 人才工程"第一层次人才等担任学术团队带头人和二级学院领导。构建更为完善的师资培养体系，支持青年教师读博及进入博士后培养，选派教师赴国外访学。深入实施"千人业师""百业培师"计划，聘请业师协同教学。坚持"不求所有，但求所用"方针，着力建设一支规模合理、质量较高的外聘教师队伍。同时，学校还通过多种机制，与浙江工业大学、浙江中医药大学等院校联合培养硕士研究生。

### 五、聚焦社会服务，助力地方经济社会发展

积极与企业联合开展课题研究、技术攻关。绍兴黄酒学院联合会稽山酒业进行"黄酒行业绿色设计平台建设"，在"米浆水综合回收利用"关键技术上取得突破，为浙江省"五水共治"作出了特殊贡献。与华为公司、国遥集团、白俄罗斯国立大学合作，在"高分辨率遥感影像分类研究与应用"等关键技术上取得突破；工业应用智能技术中心围绕工业机器人等 AI＋智能制造，与上百家企业展开产学研合作研发。获省科技进步二等奖 2 项、三等奖 1 项，入选浙江省省级产教融合示范基地 1 项，入选教育部"工程科技人才培养研究项目""国家级新工科研究与实践项目"各 1 个、教育部"企业支持的产学合作协同育人项目"62 项。

### 六、聚焦"双创"，应用型人才成果丰硕

积极探索"四年不间断"、全过程"双创"人才培养模式，打造校内孵化启动、校外基地

联动、行业学院拉动、学生组织推动的"四位一体"的双创实践平台。近年来,学生在省级及以上竞赛中获奖 1 300 余项,其中大学生结构设计国赛一等奖、"互联网+"国赛银奖等国家级奖项 15 项,省甲一等奖 139 项。2015—2018 届学生中,毕业生创业率保持全省前十位。涌现了产值超亿元的大学生(校友)创业企业 26 家,产值超千万元的大学生(校友)创业企业 28 家。AKOKO 杭州原品餐饮管理有限公司创始人柯云霞校友入选福布斯、胡润百富"2018 中国 30 位×30 岁创业领袖",江西一奇果业创始人王一爽校友获评第三届浙江省大学生创业典型人物。

2004 年,时任浙江省委书记的习近平同志来校视察,希望树人大学"为全省的科教兴省做出更大的贡献,为基本建成现代化做出更大的贡献"。十几年来,我们奋力书写答卷,得到了《光明日报》《中国教育报》《中国社会科学报》等媒体的广泛关注。我们将继续遵循习总书记的嘱托,努力打造成为民办名校和社会力量办高水平大学的重要窗口。

# 深度优化"三全育人",构建教育教学一体化育人新机制
## (无锡南洋职业技术学院)

无锡南洋职业技术学院自 2015 年以来,创建了教育教学一体化育人机制。学院党委认为"三全育人"是统领学院一体化协同育人的核心机理,教育教学一体化育人是"三全育人"在学院的育人表现形式、实践途径和工作平台。学院的教育教学一体化机制,由院领导、党员干部、任课教师、行政人员、思政人员、辅导员、后勤服务人员等参与,践行内容从专业知识教学到职业素养教育、从早课到晚课、从课内到课外、从校园活动和技能竞赛到企业实训和社会活动等环节组成,并凝练出"民办教育二元思维"理念、"动车管理"机制、"一院一品"活动方案、"N+思政"项目化模式、学生"自律管理"和"绩效考核"清单制等一批民办办学治理成果,使学院治理和管理上了新台阶,办学发展面貌焕然一新。

## 一、主要举措

### (一) 以党建为引领,围绕一体化育人中的重大问题抓整改

学院构建了完善而高效的党在一体化育人中的运行体系。学院党委隶属于中共无锡市教育工委,每五年按期召开党代会。学院党委坚持党和国家的教育方针政策在学院的贯彻执行,把落实立德树人根本任务作为办学发展的着力点和落脚点,把握办学实践中的工作方向,找准重点、焦点、难点和热点的突破口,解决影响和制约办学发展的瓶颈问题。学院重大决策需经党委会讨论通过,学院发展规划需经党代会讨论,学院重大人事任免需经党政联席会议讨论通过,学院党委会定期或不定期听取各职能部门人才培养、学生管理、美育教育、劳动教育、绩效分配政策等方面的专题汇报,在学院起着引领发展、保驾护

长三角地区民办学校育人模式创新典型案例

321

航、政治监督的重要作用,党组织处于政治核心地位。

### (二) 以"主责合议决策制"为纽带,统筹设计一体化育人方案

学院"主责合议决策制"在校理事会领导、校长负责制的框架内,校务会组成人员以制度对办学活动进行计划、组织、指挥、协调、控制和管理,使学校的人力、物力、财力、信息等资源效益最大化,实现省、快、多、好的目标,取得利益最大化的投入产出效率。"主责合议决策制"对校理事会和校长负责制负责,受校理事会领导及校长负责制的指导、授权和监督。所谓主责,即责任领导有权有责,权责对等。责任领导既是责任的主体,也是工作的主体,承担主责,当好主角,把主责主角抓实抓牢。所谓合议,即班子成员提出自己的观点、看法、建议和意见,大家讨论、商议,最后形成议案、议决。"主责合议决策制"的特征为:班子成员平等参与、共同商议、共同决策,构建形成了上下贯通、层层压紧、环环相扣的工作责任体系。

### (三) 以"动车管理模式"为抓手,确保人才培养高质量发展

学院实行二级学院绩效考核管理,把办学主动权下放到各二级学院,开启了"动车管理模式"。即学院把办学文化、制度、战略、效益等多要素与各二级学院相耦合,制定目标管理与考核制度,办学规模、人才培养质量、学生管理水平、行政管理成效与教职员业绩挂钩,事权与财权相挂钩,发挥二级学院办学的积极性,提高办学水平与办学效益。"动车管理模式"的运行以党建为引领,以学院战略愿景的目标引导为方向、以大部制组织规范运行的制度协同为依托、以"南洋"文化的价值观认同为导向、以教职工的规范化绩效管理为抓手,实施多要素动力驱动的治理管理模式。

### (四) 以绩效考核为评价标准,激活全员全方位工作效率

学院充分考虑民办高职办学文化的特点,形成了一套科学合理的评价考核制度。学院坚持先进的教育评价思想,尊重人才成长规律,对教师的教学状态、教学质量、教书育人、科研业绩等,由专家、领导、同行、督导、学生进行综合化、过程化的全方位考核,并把考核结果运用到先进评选、职称晋升、薪酬提升等多方面。坚持效率优先、兼顾公平的原则,适当引入第三方评价,与政府、行业、企业、协会等通力合作,做到分层、分类评价,激发每一位教师的使命感、责任感,实现学院发展与个人发展的高度统一。

## 二、经验和启示

### (一) 坚持善治,实现治理高效化

学院坚持理事会领导下的校长负责制,完善院"主责合议决策制"议事规则,严格执行民主集中制,增强院党委政治领导力,带领广大教职工获得江苏省文明校园(2016—

2018 年度)、江苏省平安校园建设示范高校(2020 年)等荣誉称号。围绕办学发展目标,学院领导班子将继续领衔整改职业素养教育和教育教学一体化育人重点项目,推进主题教育制度化长效化,引导师生树牢"四个意识"、坚定"四个自信"、坚决做到"两个维护",落实管党治党、办学治校主体责任,构建"高质量、一体化育人"体系。

## (二)坚持自治,实现治理民主化

学院党委坚持加强党建带群团建设,推行群团建设与党建同规划、同部署,鼓励支持师生为学校改革发展建言献策,形成学院理事会领导下校长负责制的自主管理、自我约束的体制机制。学院将继续发挥师生主人翁精神,积极建设师生共建共治共享的校园治理共同体。优化民主管理体制机制,加强教代会、学生会建设,建立校领导联系基层、联系学生制度,全面推进信息公开,畅通师生参与民主管理和监督的渠道。

## (三)坚持共治,实现治理多元化

学院坚持教育教学一体化机制的不断改革和完善,现已形成了由院领导、党员干部、任课教师、行政人员、思政人员、辅导员、后勤服务人员等共参共治的新格局,学院办学发展的基础性制度框架基本确立,学院的治理管理实现了质性变革、系统性重塑、整体性重构。为推动学院一体化内涵建设、高质量发展,学院将继续深化教育教学一体化育人的制度建设,使学院各方面制度更加成熟更加定型奠定了坚实基础,治理的全面深化取得显著成就。

学院下一步打算在"专业办学""产教融合""合作交流""社会服务"与"理论创新"等方面进一步改革创新,坚持遵循民办高职"二元思维"的理念,在扎实提升办学水平的同时,结合学院实际,充分挖掘办学的优势和潜力,创新工作思路,拓展工作方法,以更高站位、更大格局、更宽视野谋划好办学发展的各项工作。

# 多元协同聚焦青年成人成才

(合肥科技职业学院)

合肥科技职业学院深入学习贯彻习近平总书记关于教育的重要论述,紧紧围绕立德树人的根本任务,认真研究教育对象,切实开展务实教育,着力构建"三全育人"教育体系,不断提升人才培养的针对性和有效性,努力开创职业教育新局面。

## 一、立德树人,全面开展青年成人教育

学院高度重视学生"成人教育",学生在健康成长的基础上,懂得为人的基本礼仪,能有社会公德,遵守法律法规,着力将学生培养成德技双馨、品格健全的大学生。

### （一）追梦感恩，明确人生方向

学院充分利用主辅课堂相结合的方式开展感恩教育。将主课堂的感恩思想理论教学和实践教学活动有机集合起来。重点开展"致父母一封信""暑期社会实践——帮助父母劳动"等活动。从课堂动员到课后跟踪再到追踪评价，形成思政课感恩教育方案，设定分值纳入《合肥科技职业学院思政课学习与实践手册》进行考核，纳入学生德育教育素质评价指标体系。同时注重第二课堂的活动支撑，构建系统化的感恩教育体系，重点开展"感恩主题晚会""感恩主题征文""感恩主题演讲""感恩主题朗诵"等活动，形成良好的育人氛围。

### （二）三礼教育，培养学生知书达理

三礼教育旨在培养和提升学生的综合素养，促进学生成人成才。①将三礼教育渗透到教育教学的全过程。依据《合肥科技职业学院专业人才培养方案》的框架和思路，创造性地将育人活动和育人课程自然渗透、无缝对接到人才培养方案体系，实施"5＋3＋20"方案，即在5个学期内开设3门礼仪课程载以20项实践活动。据此在三年的人才培养过程中实现教育目标，注重三礼教育课程（活动）要素的系统设计，明确了考核标准和认定体系。②认真落实三礼教育校本课程，相应课程植入人才培养方案。以课堂为支点，将课堂礼仪设置在平时分的考核体系中，标明评分标准。以社团为平台，加强管理，推动三礼教育实效。充分发挥礼仪社的作用，将礼仪社作为三礼教育的重要平台，切实配合开展三礼教育实践活动，达到三礼教育的教育目的。

### （三）课程思政，着力加强思想道德修养

大力推进课程思政建设，加强课程思政的探索与研究，以教科研为引领，着手课程思政教学试点。积极推进4项课程思政省级质量工程项目建设，首批重点支持8门专业课课程思政建设，提高课堂教学和实践教学的亲和力、吸引力、针对性、有效性。所有课堂要把立德树人放在首位，充分发挥广大教师课堂育人的主体作用。开展课程思政三分钟教学，大力推动以课程思政为目标的课堂教学改革，梳理各专业、各课程所蕴含的思想政治教育元素和所承载的思想政治教育功能。

## 二、社团联动，重点聚焦青年素质提升

合肥科技职业学院发挥团委对学院社团组织的统筹指挥作用、学生"展现个性、发挥特长、发掘兴趣"的引导功能，弘扬校园文化内涵、提高学生综合素质。

### （一）以社团活动为主场，树立素质教育新体系创新

学院依托专业背景开设专业技能类社团，同时为了丰富校园文化积极开展文化类社

团,现在学院社团总数为 49 个,文化艺术类社团 33 个,技能类社团 16 个,社员总数 2 962 人,社团常规活动全年共完成 600 多次。一串串数据的背后是学院、系部共青团工作多元协同、聚焦素质教育的真实写照。

### (二) 以技能社团为抓手,实现素质教育新突破

以"挑战杯""互联网+"等创新创业技能竞赛为依托,着力激发学生的"双创"兴趣、提升创新能力、提高创业意愿。近两年来,学生先后在"昆山花桥杯""苏滁杯"等大赛中斩获创新创业奖项十余项。

### (三) 以评优评先为依托,实现素质教育新实效

构建以评优评先为依托的新模式,实现素质教育新时效。2019 年,以"社团展风采,礼赞新中国"为主题的合肥科技职业学院社团文化节暨明星社团、优秀社团展评活动顺利开展,全院共有 49 个社团参加此次评选活动。经过社团联合会的精心组织和细心评选,"国球社""轮滑社""礼仪社"荣获"明星社团"称号,"读书社"和"播音主持协会"荣获"最受欢迎社团"称号。学院不忘初心、砥砺奋进,积极参与、组织开展多元丰富的学生社团活动,继续秉持着"发掘学生潜能,发展学生个性;发挥学生特长,发现学生价值"的理念,为同学们搭建发挥特长、展现自我的舞台。

## 三、专业联动,着力提升青年知识技能

学生的成才教育和培养,在教学领域,应该从专业知识的学习、技术技能的训练、个性化成长和拓展等方面着手。

### (一) 项目驱动,推动课堂教学改革

项目驱动,推动内涵建设。制定并严格执行《合肥科技职业学院教学质量工程项目及经费管理暂行办法》,通过项目驱动,引领教学改革,加强内涵建设,使课堂教学符合职业教育的特点,符合学院学生的特点,也符合职业岗位能力培养的需要,广泛使用现代信息技术手段,打造精课,努力实现课堂教学的"信息化、互动式和展示性",拓宽课堂教学的时空边界,努力让学生学有所成。

### (二) 实践教学,培养学生实际动手的技术技能

学院落实国家职业教育方针政策,严格按照科学论证的培养方案落实教育教学活动。切实保障实践教学的课时、条件和质量,加强实践教学基地和条件建设,确保每个专业不少于 2 个校内实训室和 5 个校外实训基地,保证在校生的实践工位数达到 0.5 个/生。同时以校级和省级职业技能竞赛为抓手,以赛促教、以赛促训、以赛促学、以赛促改,大一新生入学,要广泛了解学生的兴趣特长和专业发展方向,充分研究学生潜能和职业倾向,淡

化理论内容,强化实践教学,积极探索以赛代考的考核模式,以技能比赛代替死记硬背的纸笔考试,推动对照本宣科填鸭式教学和死记硬背考核方式的变革,推动学生"学技术、练技能"的良好职业教育学风。

### （三）校企深度,构建学徒制培养模式

制定并落实《合肥科技职业学院校企合作实施意见》,加强与企业的深度合作,促进教育链、人才链与产业链、创新链有机衔接的产教融合,探索"引企入校"的改革,与行业企业建立产教联盟,共同开发专业标准、课程标准和人才质量标准,建立职业教育模式标准;积极与企业开展现代学徒制培养和订单培养,在技术性、实践性较强的专业探索"3 天＋2 天"的教学组织形式。

### （四）因材施教,推进学生的个性化成长

①开设选修课程。利用学院现有资源和条件,充分挖掘和利用网络课程平台,开设公共选修课和专业拓展选修课,完善学院《学生学习成果认定与学分课程替代暂行办法》,推广学分和课程替代制度,鼓励学生选修选学,充分发挥学生学习的主动性和积极性,扬长避短,因材施教,促进个性化成长。②开展专家老师指导下的兴趣小组活动。充分利用学院专家工作室的优势和学生社团组织,开展有专家和老师指导下的兴趣小组活动,开展特殊兴趣学生喜闻乐见的技能技术性活动,提升学生的技能和技术,促进学生的个性化成长、成就和成才。③推动专升本等个性化教育培训和培养体系建设。根据学生的学习基础和目标,开展阶段性分层教学与分类培养,通过自考考试型专升本、全日制考试型专升本和职业技能大赛免试入学专升本,培养学生学历提升。

随着职业教育新发展,合肥科技职业学院育人工作将因事而化、因时而进、因时而新,继续基于三全育人理念,继续强化学生成人成才的育人效果,加强引导,传播新时代思想,精心策划,打造育人活动品牌,系统规划,加强多方交流,总结学习,提升人才培养水平。

## 应用型本科办学的探索与实践

（南通理工学院）

追随先贤张謇足迹,扎根"教育之乡"南通,自 2000 年建校以来,南通理工学院始终坚守"真心办学、良心育人"办学理念,聚焦地方性应用型办学定位,坚持产教融合,育人为本,办学之路越走越宽。

## 一、真心办学良心育人,坚守办学育人初心

"真心办学,良心育人"是南通理工学院创办者的初心和理念,是学校的办学之魂、立

校之本。二十年来,学校重投入、强激励、育人才、履责任,实现了高质量发展。

## (一) 公益办学,不求个人回报

学校始终坚持走公益性办学发展之路,举办者办学二十年未获取合理回报,办学结余全部用于学校再发展。校董事会每年将 75% 的学费收入作为学校教育教学经费,由校长支配使用;25% 由董事会支配用于学校基础设施建设。学校斥巨资引培应用型师资,提升实验实训条件,美化校园环境。

## (二) 以工为主,坚持育人为本

2004 年,学校审时度势及时调整专业结构,增设一批投入大、为社会发展所需的机械、汽车、建筑等工科专业。2014 年学校升本后,又调整设置了机器人工程、数据科学与大数据技术、自动化等专业,逐年增加办学投入。目前,教学仪器设备值总值达 1.3 亿元,并以每年超 10% 的比例递增。

## (三) 政策激励,建设人才队伍

学校充分发挥民办机制优势,加强应用型师资队伍的建设,稳定人才队伍。

(1) 引培结合。引进高职称、高学历人才,通过设立教授博士工作室,培育优秀中青年科研骨干,选派教师下企锻炼等方式,培养"双师双能"教师素质。近 10 年来,先后选送80 多位青年教师赴美、德等国家接受技能培训和提升学历学位。

(2) 政策激励。加大教科研奖励力度;全额报销在职教师攻读博士学位学费;在全国民办高校首创"期权"激励模式,五年来共发放 800 多万元期权奖励,吸引和稳定优秀人才。

## (四) 服务社会,培养应用人才

学校遵循"学必期于用、用必适于地"的服务理念,成立的江苏省高校人文社科校外研究基地的研究成果多次得到省市领导批示。学校每年开展对行业企业的大调研,不断调整和优化学科专业结构,完善应用型人才培养方案。学校连续两次获江苏省高校毕业生就业工作先进集体,近三年毕业生的年终就业率平均为 97% 以上。

# 二、党建引领事业发展,确保办学育人方向

"引领中心抓党建,抓好党建促发展",党建工作在政治、思想、组织、制度、作风、纪律等方面引领学校人才培养的中心工作。

## (一) 三向进入,交叉任职

学校建立了党委、董事会、行政三者之间的"三向进入,交叉任职"的协同治理体系。学校党委和董事会、行政相互之间职责明晰,分工合作,集体议事,共同决策。董事长是党

委会成员,校长、党委书记和副书记均是董事会成员,确保了党委有效参与学校的决策、管理,以及政治核心作用的发挥。

## (二)立德树人,德育为先

学校坚持"育人为本,德育为先",积极构建育人体系,将课程思政作为落实立德树人根本任务的关键环节。①通过打造学术文化品牌"紫琅大讲坛",实施全员参与的"牵手工程",利用社会重大热点事件进行主题教育,与校企合作单位"校企共建共融"党组织建设新阵地等,构建"三全育人"工作格局。②"课程思政"实现全专业全覆盖,形成以思想政治理论课为核心,专业课程、通识教育课程、特色课程为圈层的"课程思政环",由中心向外辐射,促进各类课程与思想政治理论课同向同行,形成协同效应,设立"课程思政"建设专项82项。

## (三)完善制度,优化管理

构建以学校章程为统领的管理制度体系,建立健全学习教育制度、党建业务工作融合制度、党组织生活制度、参与决策制度、民主管理制度等各类制度266项。从制度上落实"一岗双责"和教师党支部书记"双带头人",充分发挥院系作为党建思政工作的"大动脉"作用,将党建思政工作的触角向组织末端充分延伸,实现校院系三级联动发力,提高运行效率。建立"党委——党总支——党支部"三级党建和思政工作责任制,激活院系党组织的学术潜力和组织活力,增强党组织的话语权和影响力,提高了党建思政工作和业务工作融合发挥作用的优势与效能。

# 三、产教融合校企协同,多方联动育人成才

以深化产教融合校企合作为抓手,推进教育教学改革,以应用型科研激发应用型实践,促进应用型教学。

## (一)"六个共同"融合育人

校企共同优化专业设置、校企共同制定培养方案、校企共同集聚教学资源、校企共同实施教学活动、校企共同开展教学研究、校企共同促进学生就业。建立由政府部门、行业企业、研究院所和学校等参加的产教研合作委员会。学校聘请170多名企业高管及高级工程技术人员参与教学活动;论证本科专业的人才培养方案。学校与192家企业签订校企合作协议,与企业共建122个校内外实习实训基地。校企合作单位京东物流(华东区)共接收商学院107名实习生,录用59名毕业生。

## (二)"三项工程"强化育人

(1)实施"以能力为本"的"竞赛育人工程",要求每位学生必须获得4个学科竞赛学

分方能毕业。近三年,1 365 人次在挑战杯大赛、大学生创新创业大赛、大学生机器人大赛等 36 项高水平竞赛中斩获奖项。电气与能源工程学院的"紫琅工控"学生团队获得国家、省市级 36 个团体奖,成功授权受理发明专利 22 项。

(2)实施"以学生发展为中心"的"项目强化班培养工程"。启动共建"3D 打印技术项目班""机器人项目班"等 15 个新兴人才培养实战平台。

(3)实施"以应用为要"的毕业设计(论文)的"真题真做工程"。鼓励学生从实习企业的生产实际,从学科竞赛、创新创业训练项目、指导老师的横向科研项目中寻找"真题",面向真实情境解决真实问题。2018 届以来本科毕业设计(论文)选题中,在实验、实习、工程实践和社会调查等社会实践中完成的课题数分别占 83.39%、88.4% 和 86.1%。

### (三)"应用研究"反哺育人

(1)将科研资源用于教学。近三年,学校设立科研反哺教学专项课题 118 项,通过"应用研究"激发"应用实践",为人才培养提供教学资源。

(2)让科研能力强的优秀教师指导学生应用实践。每个学院都聘请了来自企业的副院长,全程参与各学院的人才培养工作。

(3)学院与企业联合研发,教师们将实际问题植入课堂,其科研过程即为指导学生解决实际问题的课堂教学过程。

学校 2017 年与南通安装集团合力打造校企合作平台——BIM 工程中心,组建校内师生研究团队,先后为南通创新区、盐城西高铁站、南京江北新区智慧园区等单位提供设计方案与技术服务,在南通地区的培训服务已超 1 000 人次。在中国科教评价研究院 2019 年的评价研究报告中显示,南通理工学院当年科研竞争力在全国 161 所民办本科高校中列第 25 位。

# 长三角地区民办学校现代治理探索典型案例

## 健全法人治理结构的实践探索

（上海浦东新区民办协和双语学校）

上海浦东新区民办协和双语学校是一所以"中西融合"为办学特色的九年一贯制民办学校，是浦东新区国际理解教育实验项目学校，学校有师生员工近 1 500 人，其中外籍师生占比较高，为了确保党组织在民办双语学校中的政治核心地位，充分发挥监督保证和战斗堡垒作用，学校党支部在协和教育中心党总支和上级党委的统一领导下，从 2018 年 11 月开始承接了上海市教育委员会《民办中小学非营利制度（健全法人治理结构）》的项目研究，内容主要包括：学校党组织与行政领导班子联席制度的建立与健全；多元综合的民办学校管理体系建设；通过与社区共建的方式来培养和发展党员、积极分子等。经过两年的实践探索，学校把党建工作纳入了学校章程，明确了党组织在学校法人治理结构中的地位，党支部书记必须是学校理事会成员，保证党组织在重大事项决策、监督、执行各环节有效发挥作用，完善了党组织与学校理事会日常沟通协商制度、党组织与行政领导班子联席会议制度等。这些制度的建立与完善，确保了正确的办学方向，彰显了"四个自信"，使党组织与学校行政领导班子的联系更为紧密，使学校在"中西融合"教育创新之路上行稳致远。

## 一、主要措施

### （一）建立健全法人治理结构

建立健全学校法人治理结构，是民办学校建立现代化学校制度、进行规范管理的基础，需要依法完善学校办学章程，完善监督管理机制和内部管理制度，加强和改善党的领导。章程是学校运行的基本准则，是学校的立校之本，它明确了学校内部各主体的法律地位和关系，规定了学校事务的决策权、行政权、监督权及其相应的义务，发挥着程序的限权作用，使学校的决策或规章制度的制定科学化、民主化和制度化，全面保障师生员工的合法权益,章程要有"学校宪法"品格。上海浦东新区民办协和双语学校为了进一步规范办学,在学校章程的制定实施过程中,突显了党支部的地位和作用,程序规范,记录翔实,学校的重大决策均经过理事会讨论并按《章程》规定予以表决,合法合规。2019 年 5 月,学校变更了法定代表人;经学校理事会推选,选举产生了第二届理事会成员;并通过举办者提名并协商确定产生了第一届监事会成员;同时,学校根据新法新政进行了《章程》变更,并选择将学校登记为非营利性民办学校。2019 年 8 月,浦东新区教育局核准了有关决策机构成员的变更,包括理事会与监事会;浦东新区民政局核准了《章程》,并准予了该校法定代表人变更的登记。2019 年 12 月,浦东新区教育局批复了该校登记为非营利性民办学校。学校坚持和完善了党支部领导下的校长负责制,使党的教育方针政策落实到学校工作的每一个环节,确保了依法开展学校的全面管理。2020 年 3 月,上海市教委认定上海浦东新区民办协和双语学校为"上海市依法治校示范校"。

## (二)建设和发挥党组织作用

上海浦东新区民办协和双语学校创办于 2008 年,建校初期,共有党员教师 3 名,学校设立了党小组,隶属于上海协和双语学校(总校)党支部,小组内定期召开会议、组织学习。随着学校办学规模的逐步扩大,党员教师人数越来越多,2013 年 12 月学校向上海市教育科学研究院党委办公室递交了《关于组建上海浦东新区协和双语学校党支部》的申请,于 2014 年 2 月收到上海市教育科学研究院党委办公室的同意批复,正式成立了上海浦东新区民办协和双语学校党支部,共有正式党员 27 名。2017 年按党章和上级党委的要求进行了第二届换届选举,2020 年 11 月党支部举行了第三届换届选举。

学校是培养社会主义建设者和接班人的重要阵地,共产党员的精神风貌、工作效能、工作作风,直接影响到党在教职工、学生、群众心目中的形象。共产党员作为党组织的一分子,其个体形象与党员队伍的整体形象、党的整体形象密不可分。因此,必须加强学校党组织建设,充分发挥党组织的战斗堡垒作用和党员的先锋模范作用。上海浦东新区民办协和双语学校党支部十分重视党组织自身建设工作,重点抓党员素质的提高,每月按时召开党员大会和主题党日学习活动,积极打造学习型党组织。为此,支部为全体党员和积极分子先后购买了《中国共产党章程》《习近平关于"不忘初心,牢记使命"论述摘要》《习近平新时代中国特色社会主义思想学习纲要》《习近平谈治国理政(第三卷)》等书籍,组织全体党员阅读,交流心得体会。除此之外,支部还组织全体党员收看了市委党校经济学教研部教授刘志广《学习贯彻习近平总书记考察上海重要讲话精神》的报告;2019 年 11 月学校党组织邀请中央社会主义学院、中华文化学院兼职教授蒋海来校进行了《解读中国密码,传承文化基因》的报告,全体党员、学校行政领导班子成员、部分非党员骨干教师一起聆听了报告,感受到了中华文化的内生动力和世界影响力,提升了对中华文化的自信心和作为中国人的自豪感;2019 年 11 月学校党支部组织全体党员和积极分子开展了"南湖红色之旅"参观活动,本次活动邀请学校管理层中的党外人士共同参加,一起接受了党史和革命传统教育,对党的诞生、成长历程有了一个更为全面深刻的认识,也更加激发了大家的爱国热情、工作热情。这些活动的开展,使党支部与学校行政领导班子的联系更为紧密。

## (三) 建设学校多元治理体系

在依法治校的大背景下,学校党支部积极鼓励、引导教职工、学生、家长积极主动地参与学校民主管理。教职工代表大会、家长委员会、少先队、共青团等组织建立起健全的工作机制,充分发挥起了自主管理、民主监督的作用。

### 1. 教职工代表大会

学校依照《中华人民共和国工会法》和《中国工会章程》实行教职工代表制,教职工代表每届任期三年,届满按期进行换届选举,工会经费审查委员会和工会女职工委员会同时选举产生。每学年召开 1～2 次教职工代表大会。上海浦东新区民办协和双语学校第二届三次教代会于 2020 年 1 月召开,会上全票通过了《学校工作报告》和《学校工会工作报告》。学校把教代会制度的执行情况纳入学校党组织建设目标管理和依法治校工作中一起部署、一起检查、一起考核,有效增强了民主管理,促进了班子建设,加快了依法治校的进程。

### 2. 家长委员会

学校家长委员会(以下简称家委会)分设班级和校级家委会,根据家委会候选人的条件要求,采用由家长个人自荐、家长互荐、班主任推荐和民主选举的方式选出家委会代表。学校定期召开家委会会议,家委会代表参与学校的民主管理,了解学校的各项情况,为学校发展献计献策,使家长真正成为学校教育的参与者、监督者和支持者。

### 3. 学生组织

学校德育机构健全,设立了小学的大队部,初中的共青团。每年的 10 月份定期召开少先队代表大会,为期一个多月,在此期间一方面举行大队干部竞选活动,包括候选人海报宣传、竞选演讲、代表投票表决等,另一方面少先队代表大会代表参与队内重大事务的讨论和决定,充分反映队员的心声,代表他们的意愿,并通过各种方式广泛征询、听取队员们的意见、要求和建议,经过整理归纳,形成提案,用书面形式提交大会讨论,并督促学校有关部门对提案进行答复与改进。

## 二、创新与成效

学校在健全法人治理结构实践中不断探索,发挥优势,寻求新的发展与突破。首先学校党支部积极与所在区的周家渡街道开展政校联建活动,以学校教育教学为主阵地,以服务社区活动为平台,学校和社区相互融为一体,利用双方共享的丰富资源,积极开展学校社区的共建活动,形成教育发展合力,并通过专业的党建机构构建系统的党员活动课程,充分发挥了党组织在学校中的战斗堡垒作用。2019 年 1 月,学校党支部与周家渡街道党建联建,为学校周边居民开展了"家门口"教育辅导专项服务,从居民最关心、最直接、最现实的问题入手,帮助居民解决困难,把全心全意为人民服务的宗旨落实到推进"家门口"服务工作中,为群众提供就近、便利、稳定的"家门口"服务。学校党员志愿者采用"特色体验课堂+寒假作业辅导"的形式,丰富内容,点对点辅导,让学生满意,让家长放心。本次活动是党建引领多元参与的成果,彰显了辖区资源在社会治理中发挥的作用,得到社区群众的一致好评。学校和社区的共建,形成了更加强大的教育合力,促进和谐社区又好又快地发展,加快和谐校园创建和素质教育进程的步伐,同时又为社区精神文明建设提供新方法,为学校教育教学工作开辟新渠道,开创了学校社区联动的新篇章。人民网 2019 年1 月 25 日对此次活动进行了特别报道,在社会上引起了广泛关注与好评。

其次学校党支部采取多种方法凝聚向党组织积极靠拢的新生力量。目前学校党支部共有党员 25 名,仅占全校教职工总数的 12%,要使得党组织在学校治理上发挥应有作用,党员队伍的壮大也非常重要。由于支部历年工作到位,凝聚力强,教职员工入党积极性很高,而上级又有入党名额限制,有些条件成熟的教师递交入党申请书好几年了,其中最长的已达 7 年之久,属于久经考验的培养对象了,但还是迟迟未获得培训和考察的机会。支部积极开展各类凝聚力工程,除了与递交入党申请的积极分子定期开展谈心谈话,及时了解他们的思想动态,也特邀递交入党申请书的同志列席参加党员活动,让他们紧紧团结在党支部周围。学校通过公示栏、党建工作室、网站等宣传平台,加强党组织的宣传工作,使得党组织的影响力渗透到学校的每个角落,党员的先进性引领着每位教职员工。党支部也已根据学校实际情况向上级党组织申请更多的名额,目前正在等待更多机会来吸收新鲜血液。

# 以教育公益事业助力社会治理进步的探索

（海亮教育集团）

教育强则少年强,少年强则国家强。古往今来,国家的繁荣昌盛与社会的蒸蒸日上,离不开教育事业的持续发展与进步,更离不开教育工作者的全身心投入与奉献。习近平总书记曾多次指出,建设教育强国是实现中华民族伟大复兴的基础工程,因此,站在新的历史时期,民办教育是否能够在高质量办好基础教育的前提下,通过教育公益事业助力社会治理进步,是衡量其办学成功与否的一项重要标准。

当前,我国依然面临着区域发展很不均衡的基本现状,而教育资源分配不均,教育教学质量差距过大是不容忽视、迫切需要解决的社会问题。如今,"贫困县"已经逐渐退出历史的舞台;但教育资源匮乏、教学水平低下尚未得到根本性改善,需要国家财政、社会力量予以资助的贫困学生依旧是规模庞大的群体。

"治贫先治愚、扶贫先扶智",只有将贫困学子的教育援助与乡村振兴、精准扶贫有机结合起来,才能真正解决贫困问题、避免"脱贫再返贫"的现象。因此,整合集团力量、协调集团资源,探索以教育公益事业助力社会治理进步,是海亮教育近年来的一项重要举措。

## 一、多领域践行教育公益事业

### （一）坚持做好"海亮·雏鹰高飞"培养工程

2014 年年底，海亮教育启动慈善公益长期项目——"海亮·雏鹰高飞"孤儿培养工程，每年上半年在全国范围内招募一定名额的孤儿，统一安排到海亮教育旗下的中小学校就读。截至 2020 年 9 月，共援助孤儿 219 人，涵盖全国 16 个省份，由集团全额承担孩子们"衣、食、住、行、医、保、教"的全方位培养费用，最高资助至硕士研究生毕业；其中有 59 人考入高校深造，7 人已经大学毕业参加工作，仍有 146 人在海亮学校就读。

### （二）砥砺服务"海亮·贫困少年英才"培养工程

2018 年 5 月，海亮教育正式启动"海亮·贫困少年英才"培养工程，每年通过各种渠道和方式，在全国范围内，特别是贫困地区招募成绩优异，因家庭贫困选择辍学或是无法升入心仪学府深造的孩子，到海亮学校享受与其他孩子一样的受教育机会，甚至倾斜教育资源帮助他们圆梦高校、引导他们未来返回家乡、造福桑梓。截至 2020 年 9 月，已经有来自众多贫困地区的 78 名少年英才，在海亮教育旗下品质最优的小学、初中就读，并且能够在班级内保持较为优异的成绩。

### （三）务实笃行"海亮援藏班"重点项目

2020 年 9 月，海亮援藏班正式开班。海亮教育与西藏那曲市色尼区达成协议，从当地各学校遴选了首批 30 名初一新生奔赴海亮教育旗下位于诸暨区域的天马实验学校，同时统筹协调优质教育资源，集全集团力量提供配套服务，帮助藏族孩子升入国内一流高校就读，以此续写浙江省对口援藏工作和海亮教育公益助学的新篇章，更是为国家统一、民族团结贡献着属于教育行业的力量。

### （四）全面启动县域(地区)教育振兴公益行动

2020 年 10 月起，海亮教育充分发挥集团蓄积的强大实力和能力，依托完备的教育教学体系与持续升级的智能校园系统，逐步在部分县域举办海亮学校，带动周边公民办学校，帮助提升区域整体教育水平，并通过为办学所在县域引回本地籍优秀人才、为区域内公办学校培养优秀名师、为所在县域留住优秀生源，实现"办一所名校，树一面旗帜，成一片森林"的宏伟目标。

## 二、教育公益助力社会治理进步

国家之责大于企业之利。习近平总书记在全国企业家座谈会上提出，企业既有经济责任、法律责任，也有社会责任、道德责任的要求。因此，坚定企业发展信心，推动企业效益高质量提升，就需要企业持续做好公益慈善事业，将大爱文化作为一项重要的经营理念，内化于心、外化于行。

海亮教育，作为一家沐浴着党和国家改革开放政策的阳光雨露而成长起来的民办教育集团，致力于成为"为党育人，为国育才"的教育领域标杆；在25年的发展历程中，它不忘初心，牢记使命，始终将服务教育扶贫事业摆在办学方略的重要环节，依托长期积累的教育资源、教学优势，以及丰富的办学经验，为贫困地区描绘着海亮方案，为解决社会问题、实现多元治理贡献教育力量。

事实上，对于一家民办教育集团而言，经济效益是立身之本。在这样一个竞争激烈的红海市场，民办学校需要依靠充足的资金招揽名师、吸引青年人才，也需要依靠丰富的资源扩大招生规模、研发具有自身特色的课程体系与教育教学模式；因此，在制定办学方略的过程中，民办教育更倾向于从利益得失出发，对于公益慈善这样一个需要投入大量资金与资源，甚至对整体教育教学水平会产生影响的事业，往往是心有余而力不足。

但是，也正是因为优秀的教育工作者离不开教育情怀的熏陶，经济效益并不是民办教育集团追求的全部，"社会功德"理应成为考核民办教育办学质量的另一项关键指标，并且在倡导教育公平的新时代具有更加重要的意义和价值。

海亮教育在多领域踏实践行的教育公益事业，无一不体现着对社会问题的思考、对治理进步的实践。做好"海亮·雏鹰高飞"培养工程，让孤儿"有家可回、有学可上"，是为提高整体人口素养做出努力；服务"海亮·贫困少年英才"培养工程，让贫困地区，特别是贫困农村、大山里的留守儿童能够走出逼仄的生存空间，迈向广阔的成长舞台，是在为知识改变命运创造最好的机遇和舞台；还有笃行"海亮援藏班"重点项目，让"汉藏一家亲"以教育的形式根植在这些优秀藏族学生的心中，是为了让民族团结成为中华民族伟大复兴事业的有力保障。

最值得一提的，是启动县域（地区）教育振兴公益行动。海亮教育以集团力量，为县域引流优秀本土人才，留住和培养本地优秀生源，为当地公民办学校培养优秀教师，用教育的独特魅力破解发展停滞、人才匮乏的困境，并能够辐射周边区域的其他学校、教师和学生，是一项功在当下、利及千秋的积极行动。

# 理顺三大关系，做好校外培训机构转型与发展

（温州嘉一教育培训集团）

2018年以来，教育部会同有关部门针对校外培训"有安全隐患、无证无照、'应试'倾向、超纲教学"等突出问题，开展了一系列规范整治活动。政策规范之下，行业企业合规成本增加、进入壁垒增高。

2020年初，一场突如其来的疫情席卷了祖国的大江南北，大量培训机构停课停业乃

至破产倒闭。疫情围困之下，虽然催生了在线教育市场的繁荣，但线下教学承压，缺少线上布局的中小型培训机构更是雪上加霜。

山雨欲来风满楼，发展已近二十载的校外培训行业确然已经走到了"百年未有之大变局"。但变局之下也暗藏转机，校外培训教育机构在新形势、新格局下如何做好转型与发展来应对政策规范、市场变化和疫情冲击这三座大山，是生死攸关的大问题。嘉一教育意识到，在校外培训行业转型升级的重要窗口期，要实现理念上的正本清源、发展上的提质增效和课程上的规范创新，才能迎接挑战、抓住机遇。

## 一、实现机构发展理念与教育使命的合二为一

培训机构的企业属性同应当肩负的教育使命并不冲突。只要正本清源，明晰机构定位和教育理念，校外培训机构同样可以做良好教育生态的建设者和维护者，促进学生的综合素质发展。

加强集团党组织建设，发挥党组织在集团的政治引领和组织优势，是确保机构始终坚持正确的发展方向和教育理念的根本保障。在学校规模不断扩大的基础上，嘉一教育一直注重建立健全工会、团组织、党支部机构，并为每个校区的党团工会配置专门的活动室用以定期开展党支部主题党日活动、"两学一做"学习教育和"不忘初心、牢记使命"主题教育，深入学习和贯彻党和国家对于校外培训教育发展的重要指示。在党组织建设上，嘉一教育一直实行把骨干教师培养成党员、把党员教师培养成业务骨干的"双培养"机制，重视在优秀青年教师、海外留学归国教师等高知识群体中发展党员。实现了一条以党建带群团组织建设的新路子，为推动集团的持续健康发展提供了有力的组织保障。

秉承以学生为本的教育理念，就必然要求机构摒弃"唯分数论"的培训目标。从孩子的角度来说，学习成长有自身的规律，不同个体之间的差异性同样显著，如不同学段学生的学习需求就泾渭分明。对于低年级学段的学生来说，是注重素质提升胜于课内知识的灌输。对于中高年级学段来说，是更渴望方法习得而非学习兴趣的激发。从家长的角度来说，成绩提升也从来不是选择机构的唯一标准，亲子改善的需求、孩子学习习惯的改善，也会是家长的诉求。如果机构不深入思考这些问题，终究会被家长和学生所抛弃。

## 二、力求机构发展质量与发展速度的相得益彰

追求规模的扩张和利润的增长是机构的天然诉求，也是机构发展的必然要求。但是作为一家教育机构，必须时刻警醒，规模增长和利润增加是建立在怎样的基础之上。机构可以有利图之，但绝不能唯利是图。只有提质增效、稳步先行，为市场提供多层次、多样化的教育产品，维护校外培训行业的可持续发展，才是机构发展的正途。

（1）头脑清醒理智投入，保障机构健康有序全速前进。2020年初的疫情，对于任何一家教育机构都是一场艰难的大考。但嘉一教育在疫情期间，新设了4个校区，新引进了近百余位资深教师和高级管理人才。

对于资本运作，举债经营，嘉一教育一向持敬而远之的态度。嘉一教育认为教育培训行业作为典型的收取预付费的行业，看似充裕的现金流极其容易蒙蔽双眼，刺激头脑，大笔投入。放到行业繁荣的时候，或许不会有问题，但一碰到这种危急时刻，就是最大的隐患。精打细算、谨小慎微或许会让企业错失一些扩大规模的机会，但却可以提高企业抵御风险的能力。

（2）全链条多角度服务，满足学员多层次的发展诉求。在素质教育改革进一步深化，对学生综合素质的要求进一步提升的大背景下，嘉一教育围绕K12教育这一核心业务横向丰富培训内容，与国内名牌大学、省内知名研学基地开展了全面合作，并与科研团队、高校专家共同研发了以培养学生科学综合能力为核心的特色研学课程。另外，嘉一教育一直在进行着为学员提供陪伴式成长，打造终身学习平台的尝试。形成了涵盖婴幼儿早教服务、高中升学服务、公务员培训服务和成人职业教育的全链条服务矩阵。尤其是高中升学服务，在近几年浙江省新高考改革的政策红利下，与学科培训业务形成了非常好的良性互动，将数千学子送入了理想高校。

## 三、确保机构发展与员工价值实现的一体两面

以人为本，调动一切积极因素促进企业与员工的共同成长，是校外培训机构谋求发展的必然要求，也是机构应当承担的社会责任。

与员工共甘苦，秉承以教职工为本的理念。2020年年初疫情以来，嘉一教育全体老师和员工万众一心，共度时艰，每一位嘉一人优先考虑的都是如何把眼前这个坎儿更好的迈过去，而不是谋求退路另觅高枝。这与机构长期的文化建设脱不开干系。自建校办学之初，嘉一教育就秉承以人为本的办学理念。以人为本不仅仅是以家长、以学员为本，同样也是以教职工为本，实施人性化的管理！

疫情以来，嘉一教育没有拖欠或者削减员工一分一毫的工资，为员工提供了稳定的薪酬待遇和完善的绩效福利。正是通过这一系列举措让员工体会到，嘉一不会抛弃任何一位与之并肩的战友。

除了在关键时刻保障好员工在前线拼搏的"后勤线"之外，嘉一教育也一直十分重视员工的个人价值实现与集团发展最大程度的结合。教培行业没有先来后到，政策和市场的变化随时会带来机遇，后来者完全有可能抓住机会迎头赶上。因此，嘉一鼓励集团内部教职工积极思考学习政策方向、市场变化，对于有能力、有资源、有创业意愿的员工可向集团提出申请，经集团考评通过后，由双方共同成立项目公司进行，由创业员工担任项目负责人。自该制度建立以来，集团内部已成功孵化出浙江新高考升学服务机构、公务员考试培训机构和婴幼儿早教服务机构，成了集团的有益补充。

"雄关漫道真如铁,而今迈步从头越"。校外培训教育从无到有,逐步发展成为一个量级惊人的重要市场,二十载可谓波澜壮阔。如何在新形势、新格局下做好转型与发展,是每一个校外培训机构面临的新课题。

嘉一教育培训集团将继续与教培行业的同仁一道在探索教培行业转型升级的道路共度时艰,砥砺前行,促进和推动我国校外培训事业规范发展。

# 附　录

## 上海市人民政府关于促进民办教育健康发展的实施意见

（沪府发〔2017〕94号）

各区人民政府,市政府各委、办、局:

为全面贯彻《中华人民共和国民办教育促进法》和《国务院关于鼓励社会力量兴办教育促进民办教育健康发展的若干意见》(国发〔2016〕81号,以下简称《若干意见》),结合本市实际,现提出促进上海民办教育健康发展的实施意见如下:

### 一、明确总体要求

#### (一)重要意义

改革开放以来,上海民办教育以提高教育质量为核心任务,注重机制创新,突出内涵建设,各级各类民办学校全面、协调、健康、有序发展。民办教育的发展,适应了经济社会发展需要,丰富了教育资源供给、深化了办学体制机制改革、创新了人才培养模式、满足了人民群众日益增长的多样化教育需求。民办教育已经成为上海教育事业的重要组成部分,是促进教育改革的重要力量和教育发展的重要增长点,为上海率先基本实现教育现代化做出了积极贡献。

#### (二)指导思想和基本原则

全面贯彻落实党的十九大精神,以习近平新时代中国特色社会主义思想为指导,牢固树立并切实贯彻创新、协调、绿色、开放、共享五大发展理念,全面贯彻党的教育方针,坚持社会主义办学方向,坚持立德树人,培育和践行社会主义核心价值观。从国家发展战略高度出发,服务上海"四个中心"和社会主义现代化国际大都市建设,全面落实《若干意见》中提出的各项政策措施,鼓励和引导社会力量兴办教育,促进民办教育持续健康发展,培养德智体美全面发展的社会主义建设者和接班人。

全面贯彻实施《若干意见》，应坚持"育人为本、德育为先，分类管理、公益导向，优化环境、综合施策，依法管理、规范办学，鼓励改革、上下联动"的基本原则。

### （三）实施目标

全面深化教育综合改革，大力扶持和引导社会力量兴办教育，提升民办教育治理水平、创新政府扶持机制、提高学校办学质量、彰显办学特色、规范办学行为，促进各级各类民办教育健康发展，初步建立适应上海城市发展定位要求，满足人民群众多样化、多层次教育需求的民办教育体系。

## 二、加强党对民办学校的领导

### （一）切实加强民办学校党的建设

贯彻落实《中共中央办公厅印发〈关于加强民办学校党的建设工作的意见（试行）〉的通知》（中办发〔2016〕78号），全面加强民办学校党的政治建设、思想建设、组织建设、作风建设、纪律建设，增强政治意识、大局意识、核心意识、看齐意识。坚持党的组织和党的工作全面覆盖原则，落实党的工作与民办学校发展，同步谋划、同步设置、同步开展。实现学校基层党组织全覆盖、党建工作上水平，有效发挥基层党组织的战斗堡垒作用和共产党员的先锋模范作用。积极做好党员发展和教育管理服务工作。制定关于进一步加强上海市民办高校党的建设工作的意见。

学校党组织领导班子成员的选配与任免，要报上级党组织批准。积极落实"双向进入、交叉任职"的规定，选好配强民办学校党组织负责人。民办学校党组织书记应当通过法定程序进入学校董（理）事会，办学规模大、党员人数多的学校，符合条件的专职副书记也可进入董（理）事会。党组织班子成员应按照学校章程进入行政管理层，党员校长、副校长等行政领导班子成员，可按照党内有关规定进入党组织班子。完善民办高校党政干部选聘机制，制定《上海市民办高校党组织领导干部选拔任用暂行办法》。民办高校党组织负责人兼任政府派驻学校的督导专员。涉及民办学校发展规划、重要改革、人事安排等重大事项，党组织要参与讨论研究，董（理）事会在作出决定前，要征得党组织同意；涉及党的建设、思想政治工作和德育工作的事项，要由党组织研究决定。坚持党建带群建，加强民办学校工会、共青团、妇联、教代会、学代会等群众组织和学生社团建设。把民办学校党组织建设、党对民办学校的领导作为民办学校年度检查的重要内容。

### （二）加强和改进民办学校思想政治教育工作

全面贯彻中央和本市关于加强和改进新形势下学校思想政治工作的部署，把思想政治教育工作纳入学校事业发展规划，把思想政治工作队伍建设纳入学校人才队伍培养规划，全面提升思想政治教育工作水平。制订实施民办高校党建和思想政治工作创新专项计划。切实加强思想政治理论课和思想品德类课程、教材、教师队伍建设,深入开展学科德育、课程思政教育教学改革,深入推进中国特色社会主义理论体系和党的十九大精神进教材、进课堂、进头脑,把社会主义核心价值观融入教育教学全过程、教书育人各环节,不断增强广大师生中国特色社会主义道路自信、理论自信、制度自信、文化自信。加强网络思政和易班建设,充分发挥网络思想政治教育功能。提高思想政治教育的针对性、实效性和吸引力、感染力,切实加强理想信念、爱国主义、集体主义、中国特色社会主义教育和中华优秀传统文化、革命传统文化、社会主义先进文化、民族团结教育,引导学生树立正确的世界观、人生观、价值观。大力开展社会实践和志愿服务(公益劳动),积极开展心理健康教育,加强心理健康教育教师配备。大力弘扬主旋律、传播正能量,全面提高教书育人、实践育人、科研育人、管理育人、服务育人、文化育人、组织育人的水平。

## 三、推进民办学校分类管理改革

### (一) 落实分类管理制度

制定《上海市民办学校分类许可登记管理办法》。对民办学校(含其他民办教育机构)实行非营利性和营利性分类管理,确保已设立的民办学校实现平稳过渡。举办者自主选择举办非营利性民办学校或者营利性民办学校,依法依规办理许可和登记。其中,实施义务教育的学校,不得登记为营利性民办学校。非营利性民办学校举办者不取得办学收益,办学结余全部用于办学,终止时的剩余财产继续用于其他非营利性学校办学。营利性民办学校举办者可以取得办学收益,办学结余依据国家有关规定进行分配。坚持教育的公益属性,积极鼓励和大力支持社会力量举办非营利性民办学校,无论是非营利性民办学校还是营利性民办学校都要始终把社会效益放在首位。

### (二) 明确已设学校过渡安排

2016 年 11 月 7 日前设立的登记为民办非企业单位法人的现有学校(以下简称"现有学校"),其举办者可以自主选择举办非营利性民办学校或者营利性民办学校,政府按照分类管理原则,根据其完成非营利性或者营利性选择以及后续相关工作的开展情况,予以差别化的扶持和管理,实现分类管理。对过渡阶段的现有学校,根据其法人属性予以管理。

经营性民办培训机构应当依法修订章程、健全法人治理结构、完善办学条件,在 2019 年 12 月 31 日前,取得办学许可证并办理完成其他相关手续。

### (三) 推进现有学校有序过渡

现有学校的举办者应当在 2018 年 12 月 31 日前,向主管部门提交关于学校办学属性选择的书面材料,未按期提交材料的学校不得转设为营利性民办学校。

选择登记为非营利性民办学校的,应当在 2019 年 12 月 31 日前,依法修订学校章程、

完善法人治理结构和内部管理制度、继续办学。

选择登记为营利性民办学校的，应当由学校组织进行财务清算，依法明确资产权属，按照国家和本市规定缴纳相关税费，重新办理法人登记手续，继续办学。其中，主要实施高等学历教育的学校，应当在 2021 年 12 月 31 日前完成上述工作；其他学校应当在 2020 年 12 月 31 日前完成上述工作。

### （四）完善退出机制

各有关部门、各单位应结合实际，健全各类民办学校退出机制，依法保护受教育者、教职工和举办者的合法权益。民办学校终止时，财产处置按照有关法律规定和学校章程处理。其中，新设立的非营利性民办学校终止时，清偿后的剩余财产继续用于其他非营利性民办学校办学。现有学校选择登记为非营利性民办学校后终止，或者未及选择直接终止，民办学校的财产依法清偿后有剩余的，按照有关规定给予出资者相应的补偿或者奖励，其余财产继续用于其他非营利性学校办学。营利性民办学校终止时，应当进行财务清算，清偿后的剩余财产依照公司法和学校章程中的有关规定处理。民办学校终止，应当及时办理注销办学许可和法人登记等手续。

### （五）建立补偿奖励机制

现有学校选择登记为非营利性民办学校后终止，或者未及选择直接终止，妥善安置受教育者和教职工并且规范开展相关工作的，根据出资者的申请，由主管部门会同相关职能部门综合考虑其在 2017 年 9 月 1 日前的出资、取得合理回报的情况以及办学效益等因素，从学校依法清偿后的剩余财产中给予出资者相应的补偿或奖励。补偿与奖励从学校剩余财产中的货币资金提取；货币资金不足的，从将其他资产依法转让后获得的货币资金中提取。剩余财产在扣除对出资者的补偿或奖励后，其余继续用于其他非营利性学校办学。

## 四、鼓励社会力量办学

### （一）完善准入制度

支持社会力量进入各级各类教育，提供优质教育资源，进一步优化民办教育生态。社会力量投入教育，只要是不属于法律法规禁止进入以及不损害第三方利益、社会公共利益、国家安全的领域，政府不得限制。实行准入负面清单制度，简政放权，推进一站式受理、窗口服务，吸引更多社会资源投入教育。支持社会力量举办各种层次类型的非营利性民办学校，鼓励社会力量举办或参与举办职业教育、继续教育、老年教育、社区教育和特殊教育等。民办学校的设置应当参照国家同级同类学校设置标准。制定完善上海市民办中小学、幼儿园、培训机构设置标准，规范审批程序、审批材料目录及相应的格式化文本。

### （二）创新教育投融资机制

多渠道吸引社会资金，扩大办学资金来源。鼓励社会资金进入教育领域举办学校或者投入项目建设。鼓励金融机构在风险可控前提下开发适合民办学校特点的金融产品，积极运用信贷、租赁、保险等多种金融手段支持民办学校发展，探索办理民办学校未来收入、应收账款、知识产权质押贷款业务。探索营利性民办学校以有偿取得的土地、设施等财产进行抵押融资，或根据自身发展需要而进行股权质押等投融资改革。引导社会力量创新教育投融资模式，依法依规为民办学校提供特色化、专业化的贷款、担保等服务。鼓励社会力量对非营利性民办学校给予捐赠。

### （三）试点多元主体合作办学

探索创新政府与社会资本在民办教育领域的合作机制，鼓励社会资本参与教育基础设施建设和运营管理、提供专业化服务。支持和吸引社会组织和公民个人以独资、合资、合作等多种方式参与办学，举办者可以用资金、实物、土地使用权、知识产权以及其他财产作为办学出资。探索举办混合所有制职业院校，允许管理者和骨干教师以资本、知识、技术、管理等要素参与办学并享有相应权利，在学校管理、人员聘用、人才培养、财务管理等方面充分发挥多元主体办学的体制优势。鼓励营利性民办学校建立股权激励机制。

## 五、完善政府扶持政策

### （一）落实税费优惠政策

民办学校按照国家有关规定享受相关税收优惠政策。对民办学校自用的房产、土地，免征房产税、城镇土地使用税。企业、个人通过公益性社会团体或者县级以上政府及其部门支持教育事业的公益性捐赠支出，按规定享受税收优惠政策。符合条件的非营利性民办学校与公办学校享有同等待遇，获得非营利组织免税资格的民办学校，符合免税条件的收入免征企业所得税。捐资建设校舍及开展表彰资助等活动的冠名，依法尊重捐赠人意愿。

民办学校用电、用水、用气等，执行与公办学校相同的价格政策。民办学校的举办者以不动产作为出资，因履行出资义务需要将有关不动产登记到民办学校名下的，只缴纳证照工本费和登记费。

### （二）实行差别化用地政策

民办学校建设用地按照科教用地管理。非营利性民办学校享受公办学校同等政策，可以按照划拨等方式供应土地。营利性民办学校按照国家相应的政策供给土地，只有一个意向用地者的，可按照协议方式供地。土地使用权人申请改变全部或者部分土地用途的，政府应当将申请改变用途的土地收回，按时价定价，重新依法供应。

### （三）试点市场化收费改革

制订民办教育收费管理办法，实行分类管理政策，规范民办学校收费，逐步扩大民办学校收费自主权。新设立或者完成过渡手续的非营利性民办学校收费，通过市场化改革试点，逐步稳妥推行市场调节价。营利性民办学校收费实行市场调节价，具体收费标准由民办学校自主确定。完善民办学校学费专户管理和收费公示等制度，健全民办学校收费监管机制。在过渡期间，民办学校需要调整现行教育收费标准的，应先按规定完成办学属性的重新登记，再按照程序调整收费标准。

### （四）加大财政投入力度

根据国家要求，因地制宜，调整优化教育支出结构，逐步加大对民办教育的财政扶持力度。各区可设立促进民办教育发展专项资金，将支持民办教育发展资金列入年度同级教育财政预算，向社会公开，接受审计和社会监督，提高资金使用效益。健全完善市、区两级专项资金的使用和管理办法，优化专项资金支出结构，鼓励、扶持、促进民办学校内涵发展和特色创建，支持和鼓励民办学校开展职业能力培训，加大财政对民办学校职业培训基础能力建设的支持力度，构建促进民办教育发展的公共服务平台，推动民办教育重大改革和发展。探索试点政府资金支持符合条件的非营利性学校的教育教学等设施建设。市、区两级政府明确政府补贴的项目、对象、标准、用途。健全义务教育阶段民办学校经费扶持机制，对义务教育阶段民办学校，按照不低于生均公用经费基准定额的标准给予补助。健全以招收进城务工人员随迁子女为主的民办小学办学成本政府补贴制度。

### （五）完善购买服务制度

鼓励向民办学校购买就读学位、课程教材、科研成果、职业培训、政策咨询等教育服务，不断完善购买项目、标准和程序，制定政府购买教育服务制度，完善购买服务绩效评价机制。支持民办学校与公办学校在管理、课程、科研等方面探索资源共享，积极鼓励公办学校与民办学校相互购买管理服务、教学资源、科研成果，形成相互委托管理和相互购买服务的新机制。探索不改变薄弱公办中小学公益属性的前提下由民办学校进行委托管理，鼓励民办中小学参与集团化办学。因地制宜开展地段内学生就近入读民办中小学与幼儿园的购买学位工作。鼓励民办学校开发适应市场和社会需要的各类教育公共服务项目，提高承接政府购买服务的能力。

### （六）健全完善基金制度

继续做大做强上海市民办教育发展基金会，市有关部门对上海市民办教育发展基金会予以支持。鼓励社会力量按照国家关于基金会管理的规定，设立民办教育发展基金会，充分发挥基金会在筹集社会资源和资金、非营利性民办学校资金支持、民办学校终止办学的剩余资产处置、非营利性民办学校改革发展和特色创新、促进公益性强的优质民办教育机构健康成长、鼓励社会力量兴办教育等方面的作用。引导营利性民办学校合作设立投资基金，用于学校创新发展，防范办学风险。

# 六、落实现代学校制度

## （一）健全学校法人治理结构

规范民办学校章程，健全学校决策机制。健全董（理）事会和监事（会）制度，董（理）事会和监事（会）成员依据学校章程规定的权限和程序共同参与学校的办学和管理。董（理）事会应当优化人员构成，由举办者或者其代表、校长、党组织负责人、教职工代表等共同组成。监事会中应当有党组织领导班子成员。探索实行独立董（理）事、监事制度。学校党组织要支持学校决策机构和校长依法行使职权，督促其依法治教、规范管理。

## （二）规范关键岗位选聘机制

学校关键管理岗位实行亲属回避制度，建立适应自身发展的标准化内部管理体系。探索职业校长制和公开选聘机制，依法保障校长行使管理权。民办学校校长应当熟悉教育及相关法律法规，具有 5 年以上教育管理经验和良好办学业绩，个人信用状况良好。一个自然人不得兼任同一个学校的董（理）事和监事。

# 七、强化规范发展

## （一）落实学校法人财产权

民办学校应当明确产权关系，建立健全资产管理制度。民办学校举办者应依法履行出资义务，将出资用于办学的土地、校舍和其他资产足额过户到学校名下。存续期间，民办学校对举办者的出资、国有资产、受赠的财产以及办学积累享有法人财产权，任何组织和个人不得侵占、挪用、抽逃。

## （二）健全资产和财务管理

进一步规范民办学校会计核算，建立健全学校内部控制管理制度和第三方审计制度。非营利性和营利性民办学校按照登记的法人属性，根据国家有关规定执行相应的会计制度。民办学校要明晰财务管理，依法设置会计账簿。民办学校应将举办者出资、政府补助、受赠、收费、办学积累等各类资产分类登记入账，定期开展资产清查，并将清查结果向社会公布。民办学校的办学经费只能在学校的资金账户中统一核算和使用，不得转往学校账户以外的资金账户。健全完善民办学校财务监管平台，建立民办学校财务评估体系。进一步完善民办学校财务管理办法和会计核算办法，制定民办学校会计基础工作规范管理指导意见，健全年度财务预算报告和决算报告报备制度。

### （三）规范学校办学行为

民办学校要诚实守信、规范办学。办学条件应符合国家和地方规定的设置标准和有关要求，在校生数要控制在审批机关核定的办学规模内。要按照国家和地方有关规定做好招生广告与简章的备案和发布工作，依法规范宣传与招生。各级各类民办学校应当按照国家规定颁发相应的证书或者发给证明文件。

### （四）明确安全管理责任

民办学校应当遵守国家有关安全法律、法规和规章，重视校园安全工作，确保校园安全技术防范系统建设符合国家和地方有关标准，学校选址和校舍建筑符合国家抗震设防、消防技术、应急避难等相关标准。建立健全安全管理制度和应急机制，制定和完善突发事件应急预案，定期开展安全检查、巡查，及时发现和消除安全隐患。加强受教育者和教职工安全教育培训，定期开展针对上课、课间、午休等不同场景的安全演练，提高师生安全意识和逃生自救能力。建立安全工作组织机构，配备学校内部安全保卫人员，明确安全工作职责。

## 八、提高办学质量

### （一）明确学校办学定位

积极引导民办学校服务社会需求，更新办学理念，深化教育教学改革，创新办学模式，加强内涵建设，提高办学质量。支持创办理念先进、课程设置多样、注重内涵发展和特色建设的民办中小学和幼儿园，继续实施民办中小学特色学校（项目）、民办优质幼儿园（项目）创建活动。职业院校应明确技术技能人才培养定位，服务区域经济和产业发展，深化产教融合、校企合作，提高技术技能型人才培养水平。鼓励举办应用技术类本科高等学校，培养适应经济结构调整、产业转型升级和新产业、新业态、新商业模式需要的人才。试点建设高水平民办高校和应用型特色高职，支持民办高校进行中高职、应用本科贯通培养改革，探索应用型人才产学合作培养模式，支持符合条件的民办高校设立专业硕士学位点，提升上海民办高校的办学层次和办学水平。充分发挥民办教育在完善终身教育体系、构建学习型社会中的积极作用。

### （二）保障依法自主办学

扩大民办高等学校和中等职业学校专业设置自主权，鼓励学校根据国家战略需求和区域产业发展需要，依法依规设置和调整学科专业。落实国家和上海关于招生的规定，支持民办学校参与考试招生制度改革。鼓励社会声誉好、教学质量高、就业有保障的民办高等职业学校，在核定的办学规模内，进一步优化招生计划分配模式、探索创新招生选拔机制、改进录取方式。民办中小学在完成国家规定课程前提下,自主实施教育教学活动。中等以下层次民办学校根据全市统一规定,在核定的办学规模内,面向社会自主招生。

### (三)培育优质教育资源

鼓励支持高水平有特色民办学校培育优质学科、专业、课程、师资、管理,整体提升教育教学质量,着力打造一批具有国际影响力和竞争力的民办教育品牌,着力培养一批有理想、有境界、有情怀、有担当的民办教育家。设立民办教育人才培养专项计划,培养一批民办教育专业研究人员、学校管理专业人员。鼓励民办高等学校和中等职业学校与世界高水平同类学校在学科、专业、课程建设以及人才培养等方面开展交流。引导行业企业与学校加强合作,鼓励具备资质的社会组织与企业建立体现职业教育特点的评估体系,把行业标准和岗位要求作为职业教育质量评价的重要依据。

## 九、保障师生权益

### (一)落实教师同等待遇

落实跨统筹地区社会保险关系转移接续政策,完善民办学校教师户籍迁移等方面的服务政策,探索创新民办学校教师聘任和交流制度。民办学校教师在资格认定、职务评聘、培养培训、评优表彰、教龄和工龄计算、社会活动等方面,与公办学校教师享有同等权利。非营利性民办学校教师享受当地公办学校同等的人才引进政策。引导鼓励民办学校建立教师收入与办学效益动态调整机制,合理提高人员经费在学校支出中的比例。探索建立民办学校教师从教奖励制度。吸引各类高层次人才到民办学校任教,做到事业留人、感情留人、待遇留人。

### (二)保障学生同等权利

民办学校学生在评奖评优、升学就业、社会优待、医疗保险、助学贷款、奖助学金等方面与同级同类公办学校学生享有同等权利。建立健全民办学校助学贷款业务扶持制度,提高民办学校家庭经济困难学生获得资助的比例。民办学校应当建立健全奖助学金评定、发放等管理机制,从学费收入中提取不少于5%的资金,用于奖励和资助学生。落实鼓励捐资助学的相关优惠政策措施,积极引导和鼓励企事业单位、社会组织和个人面向民办学校设立奖助学金,加大资助力度。

### (三)加强教师队伍建设

将民办学校教师队伍建设纳入教师队伍建设整体规划。民办学校要着力加强教师思想政治工作,建立健全教育、宣传、考核、监督与奖惩相结合的师德建设长效机制,全面提升教师师德素养。加强辅导员、班主任队伍建设,促进人员数量与专业能力满足办学需求。进一步完善民办学校教师培养机制,充分发挥上海市师资培训中心、上海市民办高校教师专业发展中心等第三方教师专业培训机构的作用,提高民办学校教师教学科研水平,促进教师专业发展,引导民办学校根据自身特点,形成分层分级的校本研修机制。民办学校要在学费收入中,安排一定比例资金用于教师培训。

### (四) 完善教职工社会保障机制

完善学校、个人、政府合理分担的民办学校教职工社会保障机制。民办学校应当依法为教职工足额缴纳社会保险费和住房公积金。鼓励民办学校通过建立年金制度、购买商业保险等补充养老保险方式,改善教职工退休后的待遇,试点对距退休时间较短的专职教师加速年金积累。对实施全日制学历教育的民办学校,将年金制度的建立与落实情况作为拨付民办教育专项资金的重要因素之一。

### (五) 维护师生合法权益

依法落实民办学校师生对学校办学管理的知情权、参与权,保障师生参与民主管理和民主监督的权利。完善民办学校师生争议处理机制,完善教职工代表大会和学生代表大会制度,尊重、维护和保障教师、学生的合法权益。

## 十、提升管理水平

### (一) 改进管理方式

积极转变职能,减少事前审批,加强事中事后监管,提高政府管理服务水平。进一步清理涉及民办教育的行政许可事项,向社会公布权力清单、责任清单,严禁法外设权。改进许可方式,简化许可流程,明确工作时限,规范行政许可工作。进一步健全完善民办教育管理系统,逐步实现以大数据为基础的审批备案、监督检查、统计分析、信用管理、风险预警、信息公开、社会服务等功能,探索建立审批与备案事项并联办理机制,提升管理效能。

### (二) 完善年检年报制度

加强民办教育管理机制建设,强化民办教育督导,主管部门与法人登记部门加强合作,完善民办学校年度检查和年度报告制度。对民办学校党组织建设、党对民办学校的领导、办学指导思想、办学条件、办学形式、办学层次、专业设置、课程教材、招生规模、教育教学质量、依法办学、资产财务管理、校园安全稳定、消防安全等方面的情况进行年度检查,引导学校加强自身建设,提高办学质量。年度检查的结果,通过政府网站向社会公示。

### (三) 加强风险防范

加强对新设立民办学校举办者的资格审查。完善民办学校财务会计制度、内部控制制度、审计监督制度,加强风险防范。推进民办教育信息公开,建立民办学校信息强制公开制度。建立违规失信惩戒机制,将违规办学的学校及其举办者和负责人纳入"黑名单",规范学校办学行为。对民办学校获得办学许可的情况,日常监督检查的情况,办学水平和质量进行评估的情况、年度资产财务状况、年度检查的结果以及对其违法行为进行处罚的情况,均应当通过学校网站、信息公告栏、电子屏幕等场所和设施公开,并可根据需要,设置公共阅览室、资料索取点方便调取和查阅。除学校已经公开的信息外,社会组织或者个人可以书面形式,向学校申请获取其他信息。探索建立民办学校、受教育者(家长)、保险公司共同参与的风险防范机制,完善学校重大责任事故处理和学校终止时善后事宜处理机制。

### (四) 建立综合监管机制

建立市、区、街镇三级联动的综合治理体系,健全联合执法机制,加大对违法违规办学行为的查处力度。教育、人力资源社会保障部门要加强行业管理,会同工商、民政、公安等有关部门和镇(乡)政府、街道办事处,形成巡查发现、受理分派、违法查处、检查督导、信息共享等各环节分工牵头负责、共同协作的机制,构建行政审批、登记注册、行业主管、行政执法相互衔接的综合监管机制。

## 十一、发挥各方作用

### (一) 完善政府协调机制

将发展民办教育纳入当地经济社会发展和教育事业整体规划,加强战略研究、标准制定、政策实施等工作,积极推进民办教育改革发展。建立完善由市、区教育部门牵头,编制、发展改革、商务、公安、民政、财政、人力资源社会保障、规划国土资源、住房城乡建设管理、税务、工商、金融、人民银行上海分行、银监、证监等部门参加的市、区民办教育工作联席会议,建立健全管理体制,完善多部门协调机制,综合解决社会力量办学中的体制机制障碍,研究破解制约民办教育发展重大问题。发挥"上海市民办教育工作会议"和"上海市民办高校党建工作会议"功能,推进落实民办教育相关政策。将鼓励支持社会力量兴办教育作为考核各级政府改进公共服务方式的重要内容。

### (二) 发挥社会组织作用

积极培育民办教育行业组织,支持上海市民办教育协会、上海市民办教育发展服务中心等开展工作,支持行业组织在行业自律、交流合作、协同创新、履行社会责任等方面发挥桥梁和纽带作用。探索建立民办学校第三方质量认证制度和质量监控制度,培育更多的社会机构参与民办学校办学过程和办学质量评估。第三方评估结果,可以作为业务管理部门对民办学校予以奖励、警告、限期整改直至取消办学资格的参考之一。充分发挥各类机构在民办学校评估认证、咨询服务、风险防范、融资贷款等方面的作用。

### （三）加强舆论宣传引导

各部门、各单位要认真贯彻落实《若干意见》精神，解放思想、凝聚共识、深化改革，制定具体措施，深入推进民办教育综合改革，总结体制机制改革的成功做法和先进经验，促进上海民办教育持续健康发展。加大对民办教育的宣传力度，按照国家有关规定，对民办教育改革发展作出突出贡献的集体和个人予以奖励和表彰，树立民办教育良好社会形象，努力营造全社会关心、共同支持社会力量兴办教育的良好氛围。

本实施意见自 2018 年 1 月 1 日起实施，有效期至 2027 年 12 月 31 日。

附件：本市各相关部门贯彻《上海市人民政府关于促进民办教育健康发展的实施意见》任务分工方案

上海市人民政府<br>
2017 年 12 月 26 日

# 江苏省关于鼓励社会力量兴办教育促进<br>民办教育健康发展的实施意见

（苏政发〔2018〕31 号）

各市、县（市、区）人民政府，省各委办厅局，省各直属单位：

民办教育是教育事业的重要组成部分，促进民办教育持续健康发展事关教育现代化建设。进入新时代，我省民办教育工作要认真贯彻党的十九大精神，以习近平新时代中国特色社会主义思想为指导，全面贯彻党的教育方针，坚持社会主义办学方向，坚持把立德树人作为根本任务，坚持分类管理、公益导向，创新体制机制，完善扶持政策，提高教育质量，加强规范管理，进一步调动社会力量兴办教育的积极性，努力办好人民满意的教育，为建设"强富美高"新江苏提供人才支撑和智力保障。根据《中华人民共和国民办教育促进法》和《国务院关于鼓励社会力量兴办教育促进民办教育健康发展的若干意见》（国发〔2016〕81 号）精神，现提出如下实施意见。

## 一、加强党对民办学校的领导

（一）发挥学校党组织政治核心作用。加强民办学校党的建设，选好配强民办学校党组织负责人，推行向民办高校选派党组织负责人，党组织负责人一般兼任政府督导专员；民办中小学、幼儿园党组织负责人一般从学校管理层中产生，符合条件的董（理）事长、校长经上级党组织同意也可担任党组织负责人。牢牢把握党对民办学校意识形态工作的领导权、话语权，确保学校按照党的教育方针办学，切实维护学校和谐稳定。落实全面从严治党要求,民办学校党务干部纳入教育系统党务干部教育培训体系,定期开展民办学校党建工作检查考核。

(二)增强思想政治教育的针对性实效性。将思想政治教育工作纳入民办学校事业发展规划,在机构、队伍、经费等方面给予有力保障。把社会主义核心价值观融入教育教学全过程、教书育人各环节,引导学生树立正确的世界观、人生观、价值观。民办高校按规定配备专职学生辅导员和专职心理健康教育教师。

## 二、创新民办教育体制机制

(三)实行分类管理。对民办学校实行非营利性和营利性分类管理,非营利性民办学校举办者不取得办学收益,办学结余全部用于办学;营利性民办学校举办者可以取得办学收益,办学结余依据国家有关规定进行分配。非营利性民办学校符合社会服务机构登记管理相关规定的,到民政部门登记为社会服务机构;符合《事业单位登记管理暂行条例》等有关规定的,到事业单位登记管理机关登记为事业单位。营利性民办学校依据法律法规规定到企业登记管理部门办理登记。同时实施义务教育与非义务教育的民办学校,非义务教育阶段登记为营利性法人的,必须与义务教育阶段分设,分别登记为不同类型的独立法人,财务资产独立核算。对 2017 年 9 月 1 日前经批准设立的民办学校,可自主选择为非营利性或者营利性民办学校,原则上在 2020 年 12 月 31 日前完成分类登记,如有需要可延期至 2022 年 12 月 31 日。(责任单位:省教育厅、省编办、省民政厅、省人力资源社会保障厅、省工商局)

(四)建立差别化政策体系。积极鼓励和大力支持社会力量举办非营利性民办学校,各地在政府补贴、购买服务、基金奖励、捐资激励、土地划拨、税收减免等方面对非营利性民办学校给予扶持。对营利性民办学校,可通过购买服务、税收优惠、优先保障供地等方式给予支持。(责任单位:省教育厅、省发展改革委、省财政厅、省人力资源社会保障厅、省国土资源厅、省地税局、省国税局)

(五)探索多元主体合作办学。各地要重新梳理民办学校准入条件和程序,进一步简政放权,吸引更多的社会资源进入教育领域。鼓励公办学校与民办学校相互购买管理服务、教学资源、科研成果。推广政府和社会资本合作模式,探索举办混合所有制职业院校。拓宽办学筹资渠道,鼓励组建教育融资担保公司,为民办学校提供贷款担保等服务,对产权明晰、办学行为规范、诚信度高的民办学校发放信用贷款。(责任单位:省教育厅、省发展改革委、省经济和信息化委、省财政厅、省人力资源社会保障厅、人民银行南京分行、江苏银监局)

(六)明确民办学校退出办法。捐资举办的民办学校终止时,清偿后剩余财产统筹用于教育等社会事业。2016 年 11 月 7 日《全国人民代表大会常务委员会关于修改〈中华人民共和国民办教育促进法〉的决定》公布前经批准设立的民办学校,选择登记为非营利性民办学校的,终止时依法依规进行财务清算清偿后有剩余的(出资额计算时间为 2017 年 9 月 1 日前),根据出资者的申请,从学校剩余净资产中给予出资者相应补偿,补偿数额为出资额(即学校在登记管理机关登记的开办资金数额)及其增值,增值按照清算当年中国人民银行 5 年期存款基准利率计算;同时,综合考虑出资者取得合理回报的情况、办学成本、办学效益、社会声誉等因素,可采取一次结算、分期奖励的形式,从民办教育专项资金和民办学校剩余净资产中给予出资者一定奖励,奖励数额不高于民办学校补偿后剩余净资产的 20%,其余财产继续用于其他非营利性学校办学。2016 年 11 月 7 日前经批准设立的民办学校,选择登记为营利性民办学校的,终止时财产依法清算清偿后有剩余的,依照《中华人民共和国公司法》和学校章程处理。2016 年 11 月 7 日后设立的民办学校终止时,财产处置按有关规定和学校章程处理。(责任单位:省教育厅、省编办、省民政厅、省财政厅、省人力资源社会保障厅、省审计厅、省工商局)

## 三、完善对民办教育的扶持政策

(七)注重财政资金引导。鼓励各地设立民办教育发展专项资金,用于发展非营利性民办学校。省财政继续安排民办高等教育发展专项资金,并根据民办高校办学绩效等给予综合奖补。建立健全民办教育政府补贴制度,完善政府购买服务的标准和程序,健全向民办学校购买就读学位、课程教材、政策咨询等教育服务的政策。义务教育阶段民办学校学生免除学杂费标准,按省定生均公用经费基准定额执行。对执行公办幼儿园收费标准的非营利性民办幼儿园,按照公办幼儿园同等标准安排生均公用经费拨款。(责任单位:省财政厅、省教育厅、省人力资源社会保障厅)

(八)落实税收优惠等激励政策。非营利性民办学校按规定享受与公办学校同等税收优惠政策。非营利性民办学校按照税法规定进行免税资格认定后,其符合条件的收入免征企业所得税。对取得社会力量办学许可证的非营利性民办学校承受土地、房屋权属用于教学的,免征契税。对企业办的各类学校、幼儿园自用的房产、土地,免征房产税、城镇土地使用税。对企业支持教育事业的公益性捐赠支出,在年度利润总额 12% 以内的部分,准予在计算应纳税所得额时扣除;超过年度利润总额 12% 的部分,准予结转以后 3 年内在计算应纳税所得额时扣除。从事学历教育的民办学校,对经有关部门审核批准收取的学费、住宿费等免征增值税。民办学校中的一般纳税人,提供非学历教育服务,可选择适用简易计税方法按照 3% 征收率计算缴纳增值税。对财产所有人将财产赠给学校所立的书据,免征印花税。对从事学历教育的营利性民办学校提供的教育服务免征增值税。(责任单位:省财政厅、省地税局、省国税局)

(九)健全民办学校用地、收费、资助等政策。各地要将民办学校新增建设用地统一纳入土地利用总体规划和年度新增用地规划,鼓励优先盘活现有建设用地,根据民办学校营利属性按规定供给土地。对现有民办学校登记为营利性的,应将其名下的划拨用地转为有偿使用,在不改变土地用途情况下,可按协议方式供地。举办者或出资者将所拥有的土地以原值过户到学校名下时,只收取工本费和登记费。放开营利性民办学校收费和非营利性民办学校非学历教育(除幼儿园外)收费,具体收费标准由民办学校依据培养成本等因素自主确定。在试点基础上有序放开部分学段非营利性民办学校学历教育收费,具体办法由省物价局会同有关部门另行制定。民办学校与公办学校学生按规定同等享受助学贷款、奖助学金等国家资助政策,民办学校应从学费收入中提取不少于5%的资金用于奖励和资助学生。(责任单位:省国土资源厅、省财政厅、省物价局、省教育厅、省人力资源社会保障厅)

(十)保障民办学校及其师生合法权益。民办学校在教学改革、专业建设、课题申报、科学研究、评优评先、教研成果奖励、科技平台建设、人才培养工程等方面与公办学校享有同等机会和待遇。高校招生计划增量部分应向办学条件好、管理规范的民办高校倾斜,对社会声誉好、教学质量高、就业有保障的民办高校,可在核定的办学规模内自主确定招生范围和年度招生计划。义务教育阶段民办学校招生,执行免试入学的法律规定。各地不得对民办学校跨区域招生设置障碍,跨区域招生的民办学校应到招生所在地主管部门备案,保证招生秩序稳定。民办学校教师在职务评聘、评优表彰、出国进修等方面与公办学校教师享有同等权利。民办学校应按规定为教职工建立补充养老保险。依法落实民办学校师生对学校办学管理的知情权、参与权。(责任单位:省教育厅、省发展改革委、省科技厅、省人力资源社会保障厅)

## 四、加快民办学校现代学校制度建设

(十一)完善法人治理结构和资产管理制度。民办学校应依法制定章程并按照章程管理学校,举办者依据学校章程规定的权限和程序参与学校办学和管理。董(理)事会要优化人员构成,监事会中应当有党组织领导班子成员。民办学校应明确产权关系,明确出资人、出资额度及出资比例,明确学校法定代表人。民办学校举办者应依法履行出资义务,将出资用于学校办学的土地、校舍和其他资产足额过户到学校名下。(责任单位:省教育厅、省编办、省财政厅、省人力资源社会保障厅)

(十二)规范学校办学行为。民办学校办学条件应符合设置标准和要求,在校生数控制在审批机关核定的办学规模内。民办学校应按照有关规定进行宣传和招生,招生简章和广告发布后须报有关部门备案。(责任单位:省教育厅、省人力资源社会保障厅)

(十三)严格安全管理责任。民办学校选址和校舍建筑应符合现行国家抗震设防、消防技术、安防建设等相关标准,教学用房、学生宿舍、食堂抗震设防类别不低于重点抗震设防类标准,新建学校应同步建成应急避难场所。加强师生安全教育培训,定期开展安全演练,发生安全责任事故的,依法依规追究学校和相关责任人责任。(责任单位:省教育厅、省公安厅、省人力资源社会保障厅、省住房城乡建设厅)

## 五、提高民办教育质量

(十四)引导学校科学定位。各地各有关部门要引导民办学校更新办学理念,深化教学改革,强化内涵建设,服务社会需求。学前教育阶段鼓励举办普惠性民办幼儿园,防止和纠正"小学化"现象;中小学坚持特色办学、优质发展,执行国家课程方案和课程标准;职业院校深化产教融合、校企合作,培养技术技能人才,服务区域经济和产业发展;高校突出高水平应用型,条件成熟的民办本科高校可举办研究生教育。(责任单位:省教育厅、省人力资源社会保障厅)

（十五）强化教师队伍建设。民办学校应着力加强教师思想政治工作,建立健全教育、宣传、考核、监督与奖惩相结合的师德建设长效机制。民办学校专任教师总量与生师比应达到国家和省有关规定,每年在学费收入中安排不少于5%的资金用于教师队伍建设。支持公办学校和民办学校通过委托管理、结对帮扶、互派校长教师等方式,共同提高教育教学水平。(责任单位:省教育厅、省人力资源社会保障厅)

（十六）引进培育优质教育资源。鼓励民办学校扩大对外交流合作,支持民办高校、中等职业学校与国外学校在学科、专业、课程建设以及人才培养等方面开展交流,支持民办高校、中等职业学校根据国家相关规定开展中外合作办学项目、引进外方优质教育课程,着力打造一批具有国际影响力和竞争力的民办教育品牌。(责任单位:省教育厅、省人力资源社会保障厅、省外办)

## 六、优化民办教育管理

（十七）改进政府管理方式。各级人民政府及其部门要积极转变职能,减少事前审批,加强事中事后监管,提高政府管理服务水平。省级层面建立由省教育厅牵头,省编办、省发展改革委、省公安厅、省民政厅、省财政厅、省人力资源社会保障厅、省国土资源厅、省住房城乡建设厅、省地税局、省工商局、省物价局、省国税局等部门参加的联席会议制度,协调解决民办教育发展中的重点难点问题。积极培育民办教育行业组织,支持行业组织及其他教育中介组织在引导民办学校坚持公益性办学、创新人才培养模式等方面发挥作用。鼓励各地和民办学校按照国家、省有关规定,表彰奖励对民办教育改革发展作出突出贡献的集体和个人。(责任单位:省教育厅、省编办、省发展改革委、省公安厅、省民政厅、省财政厅、省人力资源社会保障厅、省国土资源厅、省住房城乡建设厅、省地税局、省工商局、省物价局、省国税局)

（十八）实施监督检查制度。强化对新设立民办学校的举办者资格、资金投入、学校章程等方面的审核工作,加大对无证无照等违法违规办学行为的查处力度,不定期组织开展跨部门联合检查,推行综合执法。逐步建立民办学校信用评价、质量认证和评估制度。(责任单位:省教育厅、省编办、省民政厅、省财政厅、省人力资源社会保障厅、省工商局、省物价局)

江苏省人民政府

2018 年 2 月 22 日

# 浙江省人民政府关于鼓励社会力量兴办教育促进民办教育健康发展的实施意见

## （浙政发〔2017〕48 号）

各市、县（市、区）人民政府，省政府直属各单位：

为贯彻落实《中华人民共和国民办教育促进法》和《国务院关于鼓励社会力量兴办教育促进民办教育健康发展的若干意见》（国发〔2016〕81 号）精神，进一步促进我省民办教育健康发展，现提出如下实施意见。

## 一、切实加强党对民办学校的领导

（一）加强民办学校党的建设。认真贯彻落实党的十九大精神，以习近平新时代中国特色社会主义思想为指导，切实加强民办 学校党的政治建设、思想建设、组织建设、作风建设、纪律建设。民办学校党组织要发挥政治核心作用，强化思想引领，牢牢把握社会主义办学方向，牢牢把握党对民办学校意识形态工作的领导权，切实维护民办学校和谐稳定。

（二）加强和改进民办学校思想政治教育工作。把思想政治教育工作纳入民办学校事业发展规划，认真贯彻党的教育方针，全面提升思想政治教育工作水平。切实加强思想政治理论课和思想品德课课程、教材、教师队伍建设。提高思想政治教育的针对性、实效性和吸引力、感染力，引导学生树立正确的世界观、人生观、价值观。大力开展社会实践和志愿服务，积极开展心理健康教育。

## 二、进一步完善促进民办教育发展的政策体系

（三）建立分类管理制度。对民办学校实行非营利性和营利性分类管理。非营利性民办学校举办者不取得办学收益，办学结余全部用于办学。营利性民办学校举办者可以取得办学收益，办学结余依据国家有关规定进行分配。研究制定民办学校分类登记实施办法，选择登记为非营利性民办学校的，依法修改学校章程，继续办学；选择登记为营利性民办学校的，应当进行财务清算，依法明确土地、校舍、办学积累等财产的权属并缴纳相关税费，办理新的办学许可证，重新登记，继续办学。现有民办学校（2016 年 11 月 7 日前正式设立的）到 2022 年底前完成分类登记。

（四）拓宽社会力量办学空间。各地要科学制定教育总体发展规划，合理配置民办教育资源，积极开放教育投资和供给领域。设立民办学校应当符合当地教育发展的需求，具

备法律、法规规定的条件。各地要按照国家有关规定并结合实际制定和完善各级各类民办学校设置标准，放宽民办学校办学准入条件。支持各类办学主体通过融资、合资、合作等方式举办教育或参与办学。推广政府和社会资本合作（PPP）模式，鼓励社会资本参与教育基础设施建设和运营管理、提供专业化服务。支持公办学校与民办学校相互购买管理服务、教学资源、科研成果。鼓励社会力量举办社区教育、老年教育等。探索举办混合所有制职业院校。

（五）健全民办学校退出机制。民办学校终止办学时，应在学生和教职工权益优先、全面保障的基础上，由学校董事会（理事会）提出财务清算和师生安置方案，保证有序退出，维护社会稳定。

捐资举办的民办学校终止时，清偿后剩余财产统筹用于教育等社会事业。现有民办学校选择登记为非营利性民办学校的，终止时，民办学校的财产依法清偿后有剩余的，按照国家有关规定给予出资者一定额度的补偿或者奖励，其余财产继续用于其他非营利性民办学校办学。补偿或奖励数额综合考虑举办者原始出资和2017年8月31日之前投入的后续出资、已取得的合理回报以及办学效益等因素，民办学校所在地政府已出台相关规定或与民办学校有约定且仍具有法律效力的，从其规定（约定）；否则，由民办学校所在地县级以上政府确定。财政拨款、社会捐赠形成的净资产和补偿、奖励后的剩余资产属于社会公共资产，探索通过学校所在地民办教育公益基金会托管等方式进行管理。选择登记为营利性民办学校的，应当进行财务清算，依法明确财产权属，终止时，民办学校的财产依法清偿后有剩余的，依照《中华人民共和国公司法》有关规定处理。2016年11月7日后设立的民办学校终止时，财产处置按照有关规定和学校章程处理。

（六）加大对民办教育扶持力度。积极鼓励和大力支持社会力量举办非营利性民办学校，依法为营利性民办学校创造公平竞争的办学环境。各级政府和有关部门要在政府补贴、购买服务、基金奖励、捐资激励等方面对非营利性民办学校给予扶持；根据经济社会发展需要和公共服务需求，通过政府购买服务及税收优惠等方式对营利性民办学校给予支持。各级财政要高度重视民办教育投入，继续执行好现有对民办学校的支持政策；按照国家要求，将支持民办教育发展有关资金纳入预算，并向社会公开，接受审计和社会监督。义务教育阶段民办学校享受同等义务教育生均公用经费基准定额补助和"两免一补"政策。省级财政加大民办教育转移支付力度，专项用于支持各类民办教育发展；市县财政可根据当地实际设立民办教育发展专项资金。

（七）加强民办学校教师队伍建设。民办学校教师享有与公办学校教师同等的法律地位。各级政府要将民办学校教师队伍建设纳入教师队伍建设整体规划，制定支持和鼓励民办学校教师发展的政策措施。民办学校要重视教师队伍建设，足额提取教师培训经费，加大教师培训力度。

保障民办学校教师权益。全面推行民办学校教师人事代理制度，实行专任教师全员人事代理。民办学校教师在资格认定、职称评审、进修培训、科研课题申请、选优评先、国际交流等方面与公办学校教师享受同等权利。民办学校应依法组织教职工参加养老、医疗、工伤、失业、生育保险和大病保险,按规定足额缴纳社会保险费和住房公积金。符合条件的民办学校专任教师,可参加事业单位养老保险并同步建立职业年金。对为教师办理事业单位社会保险的民办学校,地方政府可给予一定比例的补助。鼓励民办学校按规定为参加企业职工基本养老保险的教职工建立企业年金,改善教职工退休后待遇。民办学校教师在不同养老保险制度间转移关系,其缴费年限可按规定连续计算。鼓励民办学校参照公办学校标准,为教师在参加基本医疗保险和大病保险基础上,办理补充医疗保险。

探索公办与民办学校教师合理流动机制。在编在岗公办学校教师流动到从事学历教育的全日制民办学校工作,除聘用合同另有约定以外,有关部门不得限制人员流动。原在编在岗公办学校教师到民办学校后,可按有关规定选择继续参加事业单位养老保险或参加企业职工基本养老保险。从事学历教育的全日制民办学校中经同级教育部门和人力社保部门备案的原在编在岗公办学校教师,今后若需重新流动到公办学校的,按照工作需要、编制和岗位空缺、专业对口、能否适应等原则,经同级教育部门和人力社保部门同意后直接考核聘用,相关信息应予公开;跨行业流动到其他事业单位的,应按新聘用人员公开招聘有关规定执行。公办学校教师在民办学校任教期间的工龄、教龄可以连续计算。

加强公办学校在编教师到民办中小学校任职任教管理。对于符合区域规划、弥补教育资源短缺、促进区域均衡发展的薄弱民办中小学校,当地政府可通过挂职、支教等形式,派遣一定数量的公办学校在编教师予以支持,派遣数量不得超过该民办中小学校教师总数的 20%。同一名公办学校在编教师在民办中小学校累计任职、任教时间不超过 6 年。违反相关规定配备公办学校在编教师的民办中小学校,必须承担相应区域的公共服务责任,其招生参照公办中小学校实施管理,更不得跨区域招生。

(八)落实税费优惠等激励措施。民办学校按照国家有关规定享受相关税收优惠政策。对企业办的各类学校自用的房产、土地,免征房产税、城镇土地使用税。对企业支持教育事业的公益性捐赠支出,按照税法有关规定,在年度利润总额 12% 以内的部分,准予在计算应纳税所得额时扣除;对个人支持教育事业的公益性捐赠支出,按照税收法律法规及政策的相关规定在个人所得税前予以扣除。非营利性民办学校与公办学校享有同等待遇,按照税法规定进行免税资格认定后,免征非营利性收入的企业所得税。对营利性民办学校增值税等按规定给予相应的税收优惠。民办学校用电、用水、用气、用热,执行与公办学校相同的价格政策。

(九)明确土地供应和基本建设政策。各地在规划教育设施布局时,要统筹民办学校和公办学校,并与城乡规划和土地利用总体规划做好衔接,给民办教育发展留出空间。民办学校建设用地按科教用地管理。非营利性民办学校享受公办学校同等政策,按划拨等方式供应土地;营利性民办学校可以按出让、租赁等有偿方式供应土地,只有一个意向用地者的,可按协议方式供地。土地使用权人申请改变全部或者部分土地用途的,政府应当将申请改变用途的土地收回,按时价定价,重新依法供应。

(十)依法保障民办学校办学自主权。实行更加开放的分类定价机制。营利性民办学校学费和住宿费实行自主定价。非营利性民办幼儿园收费实行市场调节价,具体收费标准由民办幼儿园自主确定;非营利性民办中小学校收费政策由各级政府按照市场化方向确定;非营利性民办高等学校学费和住宿费实行市场调节价。各级政府要依法加强对民办学校收费行为的监管。

落实民办学校招生自主权。民办高等职业学校可在核定的办学规模内自主确定招生范围和年度招生计划。中等以下层次民办学校按照国家和省有关规定,在核定的办学规模内,与当地公办同类学校同期面向社会自主招生。各地不得对民办学校跨区域招生设置障碍。民办学校应自觉维护地区招生秩序,严禁提前招生、掐尖式招生、违反规定变相考试选拔等,共同维护良好的教育生态。

鼓励民办高等学校和中等职业学校根据国家战略需求和区域产业发展需要,依法依规设置和调整学科专业。支持民办高等学校在完成国家规定课程前提下,自主开展教育教学、学校规划制订、内部机构设置等。支持民办高等学校承担国家和省重大科研任务,引导民办高等学校开展应用型研究,积极支持有条件的民办高等学校开展研究生教育和基础研究。民办中小学校在完成国家规定课程前提下,可自主开展教育教学活动。

(十一)拓宽民办学校融资渠道。创新教育融资机制。民办学校学费、住宿费收费权可用于质押,质押登记信息报批准设立的审批机关备案后,在中国人民银行应收账款质押登记公示系统登记。民办学校功能清晰、产权独立的非教育教学不动产可用于学校自身债务抵押,抵押登记信息报批准设立的审批机关备案后,由相关登记机关办理抵押登记手续。鼓励金融机构在风险可控前提下开发符合民办学校资金运行规律的资产证券化、项目收益债、教育公益信托、融资租赁等金融产品,为民办学校提供多样化的金融服务。

(十二)大力培育优质教育资源。实施民办教育品牌战略,鼓励民办学校内涵发展、特色发展和错位发展,加快建设一批高质量、有特色的品牌学校和教育集团,形成若干在国内外具有较大影响力和竞争力的民办教育品牌。积极引进国内外优质教育资源,支持民办学校开展国际交流,开拓全球教育市场。

(十三)保障民办学校学生权益。民办学校学生在评奖评优、升学就业、社会优待、医疗保险、助学贷款、奖助学金等方面与同级同类公办学校学生享有同等权利。依法落实各级各类民办学校学生资助政策,各级政府应建立健全民办学校助学贷款业务扶持制度,督促落实民办学校家庭经济困难学生资助政策。民办学校要建立健全奖助学金评定、发放等管理机制,从学费收入中提取不少于5%的资金,用于奖励和资助学生。

## 三、依法规范民办学校办学行为

(十四)规范法人治理。民办学校要依法制定章程,按照章程管理学校。健全董事会(理事会)和监事(会)制度,董事会(理事会)和监事(会)成员依据学校章程规定的权限和程序共同参与学校的办学和管理。民办学校的法定代表人由董事长(理事长)或者校长担任。探索实行独立董事(理事)、监事制度。

民办学校校长应熟悉教育及相关法律法规,具有 5 年以上教育管理经验和良好办学业绩,个人信用状况良好。依法保障校长行使教育教学和行政管理职权。学校关键管理岗位实行亲属回避制度。

(十五)规范资产管理和财务运行。民办学校应当明确产权关系,建立健全资产管理制度。民办学校举办者应依法履行出资义务,将出资用于办学的土地、校舍和其他资产足额过户到学校名下。存续期间,民办学校对举办者投入学校的资产、国有资产、受赠的财产及办学积累享有法人财产权,任何组织和个人不得侵占、挪用、抽逃。民办学校应将举办者出资、政府补助、受赠、办学积累等各类资产分类登记入账。完善学校内部控制制度,规范民办学校会计核算,非营利性民办学校执行民间非营利性组织会计制度,营利性民办学校执行企业会计制度,建立健全第三方审计制度。制定民办学校财务管理实施办法,完善民办学校年度财务、决算报告和预算报告报备制度。严格执行教育收费公示制度,主动接受社会的监督。

(十六)落实安全管理责任。民办学校应遵守国家有关安全法律、法规和规章制度,落实学校安全主体责任。学校选址、校舍建筑、安全技术防范系统建设等,应符合国家和地方相关标准。加强学生和教职员工安全教育、法制教育培训,强化安全意识,提高安全防护能力。

## 四、改进和提高管理服务水平

(十七)切实加强组织领导。进一步明确政府发展民办教育的责任。加强领导,成立由教育、机构编制、发展改革、公安、民政、财政、人力社保、国土资源、建设、工商(市场监管)、物价等部门参加的民办教育协商机制,协调解决民办教育发展中的重点难点问题。建立民办教育综合改革政策落实情况督查制度和专项督导制度,将鼓励支持社会力量兴办教育作为考核各级政府改进公共服务方式的重要内容。

(十八)统筹规划民办教育发展。各级政府要将发展民办教育纳入经济社会发展和教育事业整体规划,积极推进民办教育改革发展。研究制定民办教育发展规划,进一步明确今后一个时期民办教育发展的指导思想、发展目标和工作任务。

(十九)进一步改进政府管理方式。按照"最多跑一次"改革的要求,深化教育管理体制机制改革,加快推进民办教育治理体系和治理能力的现代化。各级政府和行政管理部门要减少事前审批,加强事中事后监管。充分发挥各类社会组织在民办教育公共治理中的作用。

(二十)健全监督管理机制。强化民办教育监管,完善民办学校年度报告和年度检查制度。加强对新设立民办学校举办者的资格审查。完善民办学校财务会计制度、审计监督制度,加强风险防范。研究制定民办学校信息公开和信用管理办法,建立违规失信惩戒机制,将违规学校及其举办者和负责人纳入黑名单。健全联合执法机制,加大对违法违规办学行为的查处力度。

（二十一）积极营造良好发展环境。深入推进民办教育综合改革，鼓励各地和学校先行先试。定期开展民办教育发展情况评估，总结推广先进典型经验。加大对民办教育的宣传力度，树立先进典型，努力营造全社会共同关心、支持民办教育发展的良好氛围。

浙江省人民政府

2017 年 12 月 26 日

# 安徽省人民政府关于鼓励社会力量兴办教育促进民办教育健康发展的实施意见

（皖政〔2017〕172 号）

各市、县人民政府，省政府各部门、各直属机构：

为贯彻落实《国务院关于鼓励社会力量兴办教育促进民办教育健康发展的若干意见》（国发〔2016〕81 号），结合我省实际，现提出如下实施意见。

## 一、总体要求

（一）指导思想。全面贯彻落实党的十八大和十八届三中、四中、五中、六中全会精神，深入学习贯彻习近平总书记系列重要讲话精神和治国理政新理念新思想新战略，深入学习贯彻习近平总书记视察安徽重要讲话精神，按照"五位一体"总体布局、"四个全面"战略布局和党中央、国务院及省委、省政府决策部署，牢固树立并切实贯彻创新、协调、绿色、开放、共享五大发展理念，按照建设五大发展美好安徽要求，全面贯彻党的教育方针，坚持社会主义办学方向，坚持立德树人，培育和践行社会主义核心价值观。以实行分类管理为突破口，创新体制机制，完善扶持政策，加强规范管理，提高办学质量，进一步调动社会力量兴办教育的积极性，促进民办教育持续健康发展，培养德智体美全面发展的社会主义建设者和接班人。

（二）基本原则。

育人为本，德育为先。把立德树人作为根本任务，把理想信念教育摆在首要位置，提高学生服务国家服务人民的社会责任感、勇于探索的创新精神和善于解决问题的实践能力。

分类管理，公益导向。实行非营利性和营利性分类管理，实施差别化扶持政策，积极引导社会力量举办非营利性民办学校。坚持教育的公益属性，无论是非营利性民办学校还是营利性民办学校都要始终把社会效益放在首位。

鼓励支持，依法管理。统筹完善教育、登记、财政、土地、收费等相关政策，营造有利于民办教育发展的制度环境。坚持"放、管、服"相结合,依法履职,规范办学秩序,全面提高民办教育治理水平。

创新推动,上下联动。依靠改革创新推动发展,坚持顶层设计与基层创新相结合,共同破解民办教育改革发展难题和障碍。

内涵发展,特色办学。引导民办学校更新办学理念,支持民办学校深化教育教学改革,提高办学质量,推动民办学校走内涵式、特色化发展之路。

## 二、加强党对民办学校的领导

(三)切实加强民办学校党的建设。全面加强民办学校党的思想建设、组织建设、作风建设、反腐倡廉建设、制度建设,增强政治意识、大局意识、核心意识、看齐意识。根据党章党规和《中共中央办公厅关于加强民办学校党的建设工作的意见(试行)》(中办发〔2016〕78 号)要求,加大民办学校党组织组建力度,实现党组织和党的工作全面覆盖。按照主管部门管理与属地管理相结合的原则,理顺民办学校党组织隶属关系,民办本科高校党组织关系隶属于省委教育工委,民办高职院校党组织关系隶属于设区市党委教育工作部门或教育行政部门党组织。民办中小学校党组织关系一般隶属于县(含市、区,下同)党委教育工作部门或教育行政部门党组织。民办技工学校党组织关系一般隶属于市、县人力资源社会保障部门党组织。民办培训机构党组织关系一般隶属于县教育行政部门或人力资源社会保障部门党组织。民办学校党组织要充分发挥政治核心作用,强化思想引领,牢牢把握社会主义办学方向,牢牢把握党对民办学校意识形态工作的领导权、话语权,切实维护民办学校和谐稳定。民办学校要高度重视党建工作,将党组织活动经费列入学校年度经费预算,保证党组织必要的活动经费、活动时间和活动阵地等,保证党务干部的工作条件和相关待遇。上级党组织对民办学校上缴的党费可全额返还学校党组织。选好配强民办学校党组织书记,推行向民办高校选派党组织书记制度。各地要将民办学校党建工作情况作为民办学校注册登记、年检年审、评估考核、管理监督的必备条件和必查内容。(省委组织部、省委教育工委、省民政厅、省人力资源社会保障厅、省工商局等按职责分工负责)

(四)加强和改进民办学校思想政治教育工作。坚持立德树人,把思想政治工作贯穿教育教学和育人的全过程,增强师生的道路自信、理论自信、制度自信、文化自信。增强思想政治工作的亲和力、针对性和学生的获得感,推动理论与现实、思想政治工作与业务工作、学校教育与社会实践、知与行相统一。适应形势发展变化和师生思想特点,强化互联网思维,把思想政治工作传统优势与信息技术深度融合,不断创新理念思路、内容形式、方法手段和制度机制,增强思想政治工作的时代感和时效性。充分发挥思政课教师队伍、专任教师队伍、专兼职辅导员队伍和学生骨干队伍等四支队伍的作用,建设好课堂教学、第二课堂、网络空间和社会实践等四大阵地,形成全员育人、全程育人、全方位育人的大格局。(省委宣传部、省委教育工委等按职责分工负责)

## 三、创新体制机制

（五）实施分类管理制度。对民办学校（含其他民办教育机构）实行非营利性和营利性分类管理。非营利性民办学校举办者不取得办学收益，办学结余全部用于办学。营利性民办学校举办者可以取得办学收益，办学结余依据国家有关规定进行分配。民办学校依法享有法人财产权。

举办者自主选择举办非营利性民办学校或者营利性民办学校，但不得设立实施义务教育的营利性民办学校。非营利性民办学校，符合《民办非企业单位登记管理暂行条例》等民办非企业单位登记管理有关规定的到民政部门登记为民办非企业单位，符合《事业单位登记管理暂行条例》等事业单位登记管理有关规定的到事业单位登记管理机关登记为事业单位。营利性民办学校，依据法律法规规定的管辖权限到工商行政管理部门办理登记。现有民办学校选择登记为非营利性民办学校的，依法修改学校章程，继续办学，履行新的登记手续；选择登记为营利性民办学校的，应当进行财务清算，经省级以下人民政府有关部门和相关机构依法明确土地、校舍、办学积累等财产的权属并缴纳相关税费，办理新的办学许可证，重新登记，继续办学。民办高校须在2022年年底前完成分类登记。其他学段的民办学校由各市、省直管县决定。分类登记办法另行制定。（省编办、省教育厅、省民政厅、省工商局等，各市、县人民政府按职责分工负责）

（六）建立差别化政策体系。积极鼓励和大力支持社会力量举办非营利性民办学校，对非营利性民办学校，各级人民政府要进一步完善并落实制度政策，在政府补贴、政府购买服务、基金奖励、捐资激励、土地划拨、税费减免等方面给予扶持。对营利性民办学校，各级人民政府可根据经济社会发展需要和公共服务需求，通过政府购买服务及税收优惠等方式给予支持。（省教育厅、省财政厅、省国土资源厅、省地税局、省国税局等，各市、县人民政府按职责分工负责）

（七）放宽办学准入条件。各地要按照非禁即准的原则，放宽办学市场准入，只要是不属于法律法规禁止举办实施的军事、警察、政治等特殊性质的民办学校，以及不损害第三方利益、社会公共利益、国家安全的领域，政府不得限制。实施社会力量办学负面清单，进一步简政放权，吸引更多的社会资源进入教育领域。（省发展改革委、省教育厅、省人力资源社会保障厅等，各市、县人民政府按职责分工负责）

（八）拓宽办学筹资渠道。鼓励和吸引社会资金进入教育领域举办学校或者投入项目建设。创新教育投融资机制，多渠道吸引社会资金，扩大办学资金来源。鼓励和引导金融机构在风险可控前提下开发适合民办学校特点的金融产品，探索办理民办学校未来经营收入、知识产权质押贷款业务，提供银行贷款、信托、融资租赁等多样化的金融服务。支持社会资金和民办学校依法依规利用BT（建设—移交）、BOT（建设—经营—移交）、企业债券、项目收益债、中期票据等融资工具投入学校项目建设。允许营利性民办学校以各种方式引入风险投资、战略投资,发行专项债券,通过资本市场进行规范融资。允许民办学校依照国家规定利用捐赠资金和办学结余设立教育基金,通过专业基金运营机构运作,实现保值增值,收益用于学校发展。鼓励社会力量对非营利性民办学校给予捐赠。对企业支持教育事业的公益性捐赠支出,按照税法有关规定,在年度利润总额12%以内的部分,准予在计算应纳税所得额时扣除;超过年度利润总额12%的部分,准予结转以后三年内在计算应纳税所得额时扣除。对个人支持教育事业的公益性捐赠支出,按照税收法律法规及政策的相关规定在个人所得税前予以扣除。实行民办学校收费分类改革。放开营利性民办学校收费和非营利性民办学校非学历教育收费,具体收费标准由民办学校依据培养成本等因素自主确定。在试点基础上有序放开非营利性民办学校学历教育收费。非营利性民办学校收费管理办法由省物价局会同有关部门另行制定。(省物价局、省教育厅、省财政厅、省地税局、省政府金融办、省国税局、人行合肥中心支行、安徽银监局、安徽证监局等按职责分工负责)

(九)探索多元主体合作办学。推广政府和社会资本合作(PPP)模式,各级财政对采取PPP模式建设运营的教育领域项目,通过财政奖励、运营补贴、投资补贴、融资费用补贴等方式鼓励社会资本参与教育基础设施建设和运营管理、提供专业化服务。积极鼓励公办学校与民办学校相互购买管理服务、教学资源、科研成果。各地可利用闲置的国有资产,鼓励有实力的企业和民间资本参与举办混合所有制职业院校,允许以资本、知识、技术、管理等要素参与办学并享有相应权利。鼓励民办学校通过兼并、收购、联合办学等方式,实现连锁、联盟和集团化发展。鼓励营利性民办学校建立股权激励机制。(省教育厅、省财政厅、省政府金融办、安徽证监局等,各市、县人民政府按职责分工负责)

(十)健全学校退出机制。捐资举办的民办学校终止时,清偿后剩余财产统筹用于教育等社会事业。2016年11月7日《全国人民代表大会常务委员会关于修改〈中华人民共和国民办教育促进法〉的决定》公布前设立的民办学校,选择登记为非营利性民办学校的,终止时,民办学校的财产依法清偿后有剩余的,根据出资者的申请,综合考虑出资者出资、取得合理回报的情况以及办学效益等因素,给予出资者相应的补偿和奖励,其余财产继续用于其他非营利性学校办学;选择登记为营利性民办学校的,应当进行财务清算,依法明确财产权属,终止时,民办学校的财产依法清偿后有剩余的,依照《中华人民共和国公司法》有关规定处理。具体办法另行制定。2016年11月7日后设立的民办学校终止时,财产处置按照有关规定和学校章程处理。

建立民办学校产权流转制度,规范举办者股权转让行为。除捐资举办的民办学校外,其他民办学校存续期间,出资或投资者对所有者权益(股权)可以增设、释股、转让、继承、赠予。产权流转要纳入所在地政府产权交易平台,规范操作。

民办学校举办者退出办学、转让举办者权益或者内部治理结构发生重大变化的,应事先公告,按规定程序变更后报审批机关核准或者备案。(省教育厅、省财政厅、省人力资源社会保障厅等,各市、县人民政府按职责分工负责)

## 四、完善扶持制度

（十一）加大财政投入力度。县级以上人民政府应按照《中华人民共和国预算法》《中华人民共和国教育法》《中华人民共和国民办教育促进法》等法律法规和制度要求，调整优化教育支出结构，加大对民办教育的支持力度。财政扶持民办教育发展的资金要纳入预算，并向社会公开，接受审计和社会监督，提高资金使用效益。（省财政厅、省审计厅等，各市、县人民政府按职责分工负责）

（十二）创新财政扶持方式。县级以上人民政府应建立健全政府补贴非营利性民办学校制度。民办义务教育阶段学校同等享受义务教育生均公用经费基准定额补助政策，民办学校在获取生均公用经费补助后，要等额减收在校学生学费。完善政府购买服务的标准和程序，建立绩效评价制度，制定通过委托、承包、采购等形式向优质民办学校购买就读学位、课程教材、科研成果、职业培训、政策咨询等教育服务的具体政策措施。各地可根据国家有关规定，多渠道筹措和设立民办教育发展基金并成立相应的基金会。基金会应依照国家法律法规和基金会章程有关规定，接受和管理捐赠资金，组织开展各类有利于民办教育事业发展的活动。（省教育厅、省财政厅、省人力资源社会保障厅等，各市、县人民政府按职责分工负责）

（十三）落实同等资助政策。民办学校学生与公办学校学生按规定同等享受助学贷款、奖助学金等国家资助政策。各级人民政府应建立健全民办学校助学贷款业务扶持制度，提高民办学校家庭经济困难学生获得资助的比例。在民办幼儿园就读的家庭经济困难的幼儿、孤儿和残疾儿童同等享受学前教育资助。义务教育阶段民办学校学生同等享受公办学校"两免一补"资金标准。高中教育阶段、高等教育阶段民办学校学生与公办学校学生按规定同等享受助学贷款、奖助学金等国家资助政策。民办高校国家助学贷款借款学生，在校期间利息全部由财政补贴。民办学校要建立健全奖助学金评定、发放等管理机制，应从学费收入中提取不少于5%的资金，用于奖励和资助学生。落实鼓励捐资助学的相关优惠政策措施，积极引导和鼓励企事业单位、社会组织和个人面向民办学校设立奖助学金，加大资助力度。（省教育厅、省财政厅、省地税局、省国税局等，各市、县人民政府按职责分工负责）

（十四）落实税费优惠等激励政策。民办学校按照国家有关规定享受相关税收优惠政策。对企业办的各类学校、幼儿园自用的房产、土地，免征房产税、城镇土地使用税。出资人以不动产用于办学，原有不动产过户到民办学校名下且不属于买卖或交换行为的，免除办理过户手续中的行政事业性收费。非营利性民办学校与公办学校享有同等待遇，按照税法规定进行免税资格认定后，免征非营利性收入的企业所得税。捐资建设校舍及开展表彰资助等活动的冠名依法尊重捐赠人意愿。民办学校用电、用水、用气、用热，执行与公办学校相同的价格政策。（省物价局、省教育厅、省财政厅、省地税局、省国税局等，各市、县人民政府按职责分工负责）

（十五）实行差别化用地政策。民办学校建设用地按科教用地管理。各级人民政府应将民办学校建设用地纳入土地利用总体规划和年度用地计划,保障民办教育发展用地需求。非营利性民办学校享受公办学校同等政策,按划拨等方式供应土地。营利性民办学校按国家相应的政策供给土地。只有一个意向用地者的,可按协议方式供地。土地使用权人申请改变全部或者部分土地用途的,政府应当将申请改变用途的土地收回,按时价定价,重新依法供应。（省国土资源厅等,各市、县人民政府按职责分工负责）

（十六）保障依法自主办学。扩大民办高等学校和中等职业学校专业设置自主权,鼓励学校根据国家战略需求和区域产业发展需要,依法依规设置和调整学科专业。民办高校可自主设置高职专业(除国家控制布点专业外),报省教育厅备案;申请设置《普通高等学校本科专业目录》内的本科专业(除国家控制布点专业外),报教育部备案。民办中小学校在完成国家规定课程前提下,可依法自主开展教育教学活动。支持民办学校参与考试招生制度改革。社会声誉好、教学质量高、就业有保障的民办高等职业学校,可在核定的办学规模内自主确定招生范围和年度招生计划。中等以下层次民办学校按照国家有关规定,在核定的办学规模内,与当地公办学校同期面向社会自主招生。各地要依法依规落实民办学校跨区域招生政策,不得设置障碍。（省教育厅等,各市、县人民政府按职责分工负责）

（十七）保障学校师生权益。完善学校、个人、政府合理分担的民办学校教职工社会保障机制。民办学校应依法为教职工足额缴纳社会保险费和住房公积金。鼓励民办学校按规定为教职工办理补充养老保险,改善教职工退休后的待遇。民办学校教职工在不同养老保险制度间转移养老保险关系,其缴费年限可按规定连续计算。在我省民办学校就业的教职工,可以将户口迁移至学校所在地落户。有合法稳定住所的,在常住地直接登记为家庭户;无稳定住所的,可以在就业地人才交流中心登记集体户。凡取得相应教师资格证书并与民办学校签订劳动合同的教师,均可参加人事代理。民办学校教师在资格认定、职称评聘、培养培训、课题立项、评优表彰等方面享有与公办学校教师同等的权利。非营利性民办学校教师享受当地公办学校同等的人才引进政策。切实保障学生合法权益,民办学校学生在评奖评优、升学就业、社会优待、医疗保险、户口迁移等方面,享受与同级同类公办学校学生同等权利。依法落实民办学校师生对学校办学管理的知情权、参与权,保障师生参与民主管理和民主监督的权利。完善民办学校师生争议处理机制,维护师生的合法权益。（省教育厅、省公安厅、省人力资源社会保障厅等,各市、县人民政府按职责分工负责）

## 五、加快现代学校制度建设

（十八）完善学校法人治理。民办学校要依法制定章程,按照章程管理学校,将党组织建设有关内容纳入学校章程,明确党组织在学校法人治理机构中的地位,保证党组织在重大事项决策、监督、执行各环节有效发挥作用。健全董事会(理事会)和监事(会)制度,董事会(理事会)和监事(会)成员依据学校章程规定的权限和程序共同参与学校的办学和管理。董事会(理事会)应当优化人员构成,由举办者或者其代表、校长、党组织负责人、教职工代表等共同组成,其中 1/3 以上的理事或者董事应当具有 5 年以上教育教学经验。监事会中应当有党组织领导班子成员。探索实行独立董事(理事)、监事制度。健全党组织参与决策制度,积极推进"双向进入、交叉任职",学校党组织领导班子成员通过法定程序进入学校决策机构和行政管理机构,党员校长、副校长等行政机构成员可按照党的有关规定进入党组织领导班子。学校党组织要支持学校决策机构和校长依法行使职权,督促其依法治教、规范管理。董事会(理事会)依据法律和章程的规定,参照同级同类公办学校校长任职的条件聘任校长,依法保障校长行使管理权。民办学校校长应熟悉教育及相关法律法规,具有 5 年以上相应教育管理经验和良好办学业绩,个人信用状况良好。学校关键管理岗位实行亲属回避制度。完善教职工代表大会制度、学生代表大会制度和工会制度,保障教职工参与民主管理和监督。(省教育厅、省人力资源社会保障厅等按职责分工负责)

(十九)健全资产管理和财务会计制度。民办学校应当明确产权关系,建立健全资产管理制度。民办学校举办者应依法履行出资义务,将出资用于办学的土地、校舍和其他资产足额过户到学校名下。其中投入民办学校的货币资产,要经法定验资机构验资后过户,非货币资产要经有资质的中介机构评估后过户,未完成资产过户的民办学校应于重新分类登记前完成过户。存续期间,民办学校对举办者投入学校的资产、国有资产、受赠的财产以及办学积累享有法人财产权,任何组织和个人不得侵占、挪用、抽逃。进一步规范民办学校会计核算,建立健全第三方审计制度,定期制作年度财务会计报告并公布第三方审计结果。非营利性和营利性民办学校按照登记的法人属性,根据国家有关规定执行相应的会计制度。民办学校要明晰财务管理,依法设置会计账簿。民办学校应将举办者出资、政府补助、受赠、收费、办学积累等各类资产分类登记入账,定期开展资产清查,并将清查结果向社会公布。依据民办学校法人属性和登记类型,探索建立符合民办学校特点的财务管理办法,完善民办学校年度财务、决算报告和预算报告报备制度。财政部门要会同教育、人力资源社会保障、审计、物价、工商等有关部门加强对民办学校财务状况的监管,对不按照国家规定收费、退费及抽逃办学资金、挪用办学经费的民办学校,依法予以查处。(省物价局、省教育厅、省财政厅、省人力资源社会保障厅、省审计厅、省工商局等,各市、县人民政府按职责分工负责)

(二十)规范学校办学行为。民办学校要诚实守信、规范办学。办学条件应符合国家和地方规定的设置标准和有关要求,在校生数要控制在审批机关核定的办学规模内。要按照国家和地方有关规定做好宣传、招生工作,招生简章和广告向社会发布前送审批机关备案。具有举办学历教育资格的民办学校,应按国家有关规定做好学籍管理工作,对招收的学历教育学生,学习期满成绩合格、达到毕业要求的颁发毕业证书,未达到学历教育要求的发给结业证书或者其他学业证书;对符合学位授予条件的学生,颁发相应的学位证书。各类民办学校对招收的非学历教育学生,根据国家有关规定发给结业证书或者培训合格证书。(省教育厅、省人力资源社会保障厅等按职责分工负责)

(二十一)落实安全管理责任。民办学校应遵守国家有关安全法律、法规和规章,重视校园安全工作,确保校园安全技术防范系统建设符合国家和地方有关标准,学校选址和校舍建筑符合国家抗震设防、消防技术等相关标准。学校法定代表人要履行学校安全和稳定工作第一责任人的职责。建立健全安全管理制度和应急机制,制定和完善突发事件应急预案,定期开展安全检查、巡查,及时发现和消除安全隐患。加强学生和教职员工安全教育培训,定期开展针对上课、课间、午休等不同场景的安全演练,提高师生安全意识和逃生自救能力。建立安全工作组织机构,配备学校内部安全保卫人员,明确安全工作职责。(省教育厅等,各市、县人民政府按职责分工负责)

## 六、提高教育教学质量

(二十二)明确学校办学定位。积极引导民办学校服务社会需求,更新办学理念,深化教育教学改革,创新办学模式,加强内涵建设,提高办学质量,充分发挥民办教育促繁荣、寻差异、扬个性的作用,与公办教育保基本、促公平、打基础的职能形成差异和互补,努力形成公办民办教育错位竞争、协调发展的格局。学前教育阶段鼓励举办普惠性民办幼儿园,坚持科学保教,防止和纠正"小学化"现象。中小学校要执行国家课程方案和课程标准,坚持特色办学优质发展,满足多样化需求。职业院校应明确技术技能人才培养定位,服务区域经济和产业发展,深化产教融合、校企合作,提高技术技能型人才培养水平。鼓励民办本科高等学校积极创建地方应用型高水平大学,民办高职院校积极创建地方技能型高水平大学,培养适应经济结构调整、产业转型升级和新产业、新业态、新商业模式需要的人才。充分发挥民办教育在完善终身教育体系、构建学习型社会中的积极作用。(省教育厅等,各市、县人民政府按职责分工负责)

(二十三)加强教师队伍建设。各级人民政府和民办学校要把教师队伍建设作为提高教育教学质量的重要任务。各级教育行政部门要将民办学校教师纳入教师队伍建设整体规划,与公办学校教师同步建设、同步培训。鼓励支持公办学校教师到民办学校支教,支教期间其原有的公办教师身份、档案关系和社会保险等均保持不变,工龄、教龄连续计算。民办学校要本着"稳定队伍、优化结构、提高素质"的原则,努力建设一支规模适当、素质优良、专兼结合的教师队伍。规范教师选聘标准与流程,严把入口关。强化教师培训培养,学校要在学费收入中安排一定比例资金用于教师培训,提升教师的政治素质和专业水平。要关心教师工作和生活,提高教师工资和福利待遇,建立激励机制,做到事业留人、感情留人、待遇留人,强化教职工的主人翁意识,增强归属感和获得感。(省教育厅、省人力资源社会保障厅等,各市、县人民政府按职责分工负责)

(二十四)培育引进优质教育资源。鼓励支持民办学校创建优质学科、专业、课程、师资、管理,整体提升教育教学质量,深化人才培养模式和教育教学改革,着力打造一批具有影响力和竞争力的民办教育品牌,加强民办学校治理体系和治理能力建设,着力培养一批有理想、有境界、有情怀、有担当的民办教育家。鼓励民办学校开展区域间、校际间的交流与合作,共享共建优质教育资源,促进教育事业发展和办学水平的提高。鼓励民办高等学

校和中等职业学校与世界高水平同类学校在学科、专业、课程建设以及人才培养等方面开展交流。（省教育厅等按职责分工负责）

## 七、提高管理服务水平

（二十五）强化部门协调机制。各级人民政府要将发展民办教育纳入经济社会发展和教育事业整体规划，加强制度建设、标准制定、政策实施、统筹协调等工作，积极推进民办教育改革发展。省政府建立由省教育厅牵头，省编办、省发展改革委、省物价局、省公安厅、省民政厅、省财政厅、省人力资源社会保障厅、省国土资源厅、省住房城乡建设厅、省地税局、省工商局、省国税局、人行合肥中心支行、安徽银监局、安徽证监局等部门参加的联席会议制度，协调解决民办教育发展中的重点难点问题，不断完善制度政策，优化民办教育发展环境。各地也应建立相应的部门协调机制。将鼓励支持社会力量兴办教育作为考核各级人民政府改进公共服务方式的重要内容。（省编办、省发展改革委、省物价局、省教育厅、省公安厅、省民政厅、省财政厅、省人力资源社会保障厅、省国土资源厅、省住房城乡建设厅、省地税局、省工商局、省国税局、人行合肥中心支行、安徽银监局、安徽证监局等，各市、县人民政府按职责分工负责）

（二十六）改进政府管理方式。各级人民政府及有关部门要积极转变职能，减少事前审批，加强事中事后监管，提高政府管理服务水平。进一步清理涉及民办教育的行政许可事项，向社会公布权力清单、责任清单，严禁法外设权。改进许可方式，简化许可流程，明确工作时限，规范行政许可工作。充分运用民办教育管理信息系统，推广电子政务和网上办事，逐步实现日常管理事项网上并联办理，及时主动公开行政审批事项，提高服务效率，接受社会监督。（各市、县人民政府，省教育厅、省民政厅、省人力资源社会保障厅、省工商局等按职责分工负责）

（二十七）健全监督管理机制。加强民办教育管理机构建设，强化民办教育督导，落实民办学校年度报告和年度检查制度。加强对新设立民办学校举办者的资格审查。完善民办学校财务会计制度、内部控制制度、审计监督制度，加强风险防范。推进民办教育信息公开，建立民办学校信息强制公开制度。教育行政部门、人力资源社会保障部门要建立信息公示和信用档案制度，主要对民办学校取得办学许可情况、日常监督检查情况、实施督导和评估情况、受奖惩情况、信用记录等信息进行记录，并向社会公开。建立违规失信惩戒机制，将违规办学的学校及其举办者和负责人纳入"黑名单"，并同步归集至政府信息公开网站和信用网站，规范学校办学行为。健全联合执法机制，县级以上地方人民政府教育行政部门或人力资源社会保障行政部门会同同级公安、民政或工商行政管理等有关部门，共同加大对违法违规办学行为的查处力度。大力推进管办评分离，建立民办学校第三方质量认证和评估制度。民办学校行政管理部门根据评估结果，对办学质量不合格的民办学校予以警告、限期整改直至取消办学资格。（省发展改革委、省教育厅、省公安厅、省民政厅、省人力资源社会保障厅、省工商局等，各市、县人民政府按职责分工负责）

（二十八）发挥行业组织作用。积极培育民办教育行业组织，支持行业组织在行业自律、交流合作、协同创新、履行社会责任等方面发挥桥梁和纽带作用。依托各类专业机构开展民办学校咨询服务等工作。支持民办教育协会等行业组织及其他教育中介组织在引导民办学校坚持公益性办学、创新人才培养模式、提升人才培养质量等方面发挥作用。（省教育厅、省民政厅、省人力资源社会保障厅等按职责分工负责）

（二十九）切实加强宣传引导。大力推进民办教育综合改革，鼓励市、县和学校先行先试，学习借鉴国家民办教育综合改革试点地区和学校的成功做法及先进经验。加大对民办教育的宣传力度，按照有关规定奖励和表彰对民办教育改革发展作出突出贡献的集体和个人，树立民办教育良好社会形象，努力营造全社会共同关心、共同支持社会力量兴办教育的良好氛围。（省委宣传部、省教育厅等，各市、县人民政府按职责分工负责）

安徽省人民政府

2017 年 10 月 17 日

# 后　记

　　《长三角民办教育发展报告（2010—2020年）》由上海民办教育协会组编，具体委托上海市教育科学研究院民办教育研究所负责编撰和出版。《长三角民办教育发展报告（2010—2020年）》力图反映2010年以来长三角地区三省一市各级各类民办教育发展的现状、成绩、挑战和趋势。

　　《长三角民办教育发展报告（2010—2020年）》一书由综合报告、类别报告、专题报告、典型案例和附录等五部分构成。

　　综合报告部分对长三角地区整体和三省一市的民办教育事业进行了全貌展示，全面地梳理与分析了长三角地区整体民办教育发展的基本情况，运用数据与实例客观地反映长三角地区民办教育发展状况、近年成绩、面临挑战与未来展望，并分别介绍了上海市、江苏省、浙江省和安徽省民办教育发展的总体情况。

　　类别报告部分以学段为划分基准，通过数据分析、趋势研判和案例比较，分析介绍了长三角地区整体的民办学前教育、基础教育、职业教育与高等教育的改革与发展状况，分析了其面临的挑战并提出相关建议。

　　专题报告部分探讨了长三角地区在特定民办教育领域的探索情况，努力总结可复制的先进经验与模式，以期发挥长三角地区在全国民办教育事业改革发展中的引领作用。专题包括民办学校党建与思想政治工作创新、民办教育政策改革进展及优化建议、民办学校师资建设与发展、民办学校育人模式创新、独立学院转设挑战与路径、民办高等教育发展一体化国际比较、民办学校现代学校制度探索和民办教育协会组织发展等。

　　典型案例部分汇集了三省一市民办教育各个学段学校的典型案例，对长三角地区民办教育改革发展成就进行佐证和展示。

　　附录部分汇编了近些年以来影响我国民办教育领域发展的重要政策文件、三省一市在探索民办教育分类管理改革过程中形成的制度性成果，以及长三角地区民办教育协同高质量发展的基本情况等。

　　本书主要由三省一市科研机构及相关院校科研人员完成撰写，各部分具体分工如下：《长三角地区民办教育发展总报告》由董圣足、刘荣飞、公彦霏执笔；《上海市民办教育发展报告》由方建锋、张歆执笔；《江苏省民办教育发展报告》由阙明坤、纽勤章、倪涛执笔；《浙江省民办教育发展报告》由吴华、邱昆树执笔；《安徽省民办教育发展报告》由杨磊、朱玉娟、王蓓蓓执笔；《长三角地区民办学前教育改革与发展》由章露红执笔；《长三角地区民办基础教育改革与发展》由田光成执笔;《长三角地区民办职业教育改革与发展》由吴国兵、武月锋、席清才、余新宏、汪兵执笔;《长三角地区民办高等教育改革与发展》由阙明坤、许松、倪涛、杨克瑞执笔;《上海民办高校的党建与思想政治工作创新》由尹福会执笔;《长三角地区民办教育政策改革进展及优化建议》由潘奇执笔;《长三角地区民办学校师资建设与发展》由张璐执笔;《长三角地区民办学校育人模式创新》由刘耀明执笔;《长三角地区独立学院转设挑战与路径》由阙明坤、倪涛、康亚华执笔;《加快推进长三角地区民办高等教育发展一体化的国际比较》由徐绪卿执笔;《长三角地区民办学校现代学校制度探索》由操晓峰、王力、王根杰执笔;《长三角地区民办教育协会组织发展》由王彬、蒋园园执笔。本书在组编过程中,得到了三省一市教育行政部门和民办教育协会的大力支持。此外,项目组秘书潘奇副研究员和刘荣飞博士做了大量的沟通、协调和统稿工作,原上海市教育委员会办公室副主任林洵多先生和原上海市教育科学研究院副院长忻福良先生对书稿进行了细致而专业的修订,立信会计出版社编辑王艳丽女士对本书的审校提供了诸多帮助,我们在此一并表示感谢。

限于时间与精力,本书可能存在疏漏和不当之处,诚请读者批评指正!

编　者
2021 年 4 月